浙江省高等教育学会　浙江省高校课程思政教学改革联盟　组织编写

计伟荣　主　编

U0647931

理思行健

理工农医类

高校课程思政教学优秀案例

ZHEJIANG UNIVERSITY PRESS

浙江大学出版社

图书在版编目（CIP）数据

理思行健 ： 高校课程思政教学优秀案例 ： 理工农医
类 / 计伟荣主编. — 杭州 ： 浙江大学出版社，2022.4
（2022.6重印）
ISBN 978-7-308-22425-3

Ⅰ．①理… Ⅱ．①计… Ⅲ．①思想政治教育－教案
（教育）－高等学校 Ⅳ．①G641

中国版本图书馆CIP数据核字（2022）第045100号

理思行健：高校课程思政教学优秀案例（理工农医类）

计伟荣　主编

责任编辑	王　波	
责任校对	沈巧华	
封面设计	春天书装	
出版发行	浙江大学出版社	
	（杭州市天目山路148号　　邮政编码　310007）	
	（网址：http://www.zjupress.com）	
排　　版	杭州林智广告有限公司	
印　　刷	杭州宏雅印刷有限公司	
开　　本	787mm×1092mm　1/16	
印　　张	28	
字　　数	548千	
版 印 次	2022年4月第1版　2022年6月第2次印刷	
书　　号	ISBN 978-7-308-22425-3	
定　　价	108.80元	

编委会

前　言

习近平总书记强调："思想政治工作从根本上说是做人的工作，必须围绕学生、关照学生、服务学生，不断提高学生思想水平、政治觉悟、道德品质、文化素养，让学生成为德才兼备、全面发展的人才。"[①] 在高等院校全面推进"课程思政"建设是贯彻落实这一要求的重要举措。

"课程思政"的主力军是广大教师，主战场是面向学生开设的每一门课程。在青年学生成长的关键阶段，一线教师责任重大，要积极运用习近平新时代中国特色社会主义思想铸魂育人，精心筛选教学内容，巧妙设计教学环节，以春风化雨的方式让"课程"与"思政"实现紧密融合。

近年来，浙江省高校课程思政教学改革联盟以习近平新时代中国特色社会主义思想为指导，认真学习贯彻习近平总书记关于教育的重要论述和全国教育大会精神，引领并帮助浙江省高校教师贯彻课程思政理念并付诸教学实践，共同研讨课程思政教学改革的理念、内容和方法，推进课程思政教学改革交流与合作，实现平台共筑、资源共建、成果共享，引领浙江省高校课程思政教学改革，为浙江省率先实现教育现代化做出贡献。

浙江是中国革命红船的起航地，是中国改革开放的先行地，也是习近平新时代中国特色社会主义思想的重要萌发地。习近平总书记明确嘱咐浙江要努力成为新时代全面展示中国特色社会主义制度优越性的重要窗口。红船精神、"绿水青山就是金山银山"理念、新发展理念、"八八战略"、"枫桥经验"等为课程思政建设提供了丰富的素材。省高校课程思政教学改革联盟引领各高校立足省情校情，坚持立德树人中心环节，大力推动以"课程思政"为目标的课程建设和课堂教学改革，深入挖掘课程和教学方式中蕴含的思想政治教育元素和德育功能，由此涌现出了一批具有鲜明特色和借鉴价值的优质课程。

本书内容涵盖理、工、医、农等学科门类，涉及相关专业共计 50 门课程。所选案例注重在专业知识中挖掘思政元素的切入点、动情点、融合点，呈现出不同学科专业在知识传授、能力培养和价值塑造融为一体的独特育人价值；展示了学校类型丰富、相互支撑、百花齐放的课程思政建设成效，展现了教师铸魂育人的崇高思想和不辱使命的责任担当。

在本书付梓之际，特别感谢本书编委会、联盟秘书处单位——浙江工业大学。感谢所有提供课程思政教学案例的老师，感谢参与指导案例编写的浙江工业大学教务处全体工作人员，感谢大力支持课程思政建设工作的各高校和评审专家，本案例集的成功出版离不开大家的通

---

① 习近平.习近平谈治国理政（第二卷）[M].北京：外文出版社，2017:377.

力合作。

　　立德树人成效是检验高校一切工作的根本标准。面对新形势、新任务、新要求，通过课程思政建设，进一步提升教师立德树人思想境界、推进课堂质量革命、形成育人工作合力，任重而道远。希望本书的出版，能为高校教师开展课程思政教学提供启示借鉴，为各院校实施高质量课程思政工作提供参考。

目 录

浙江省高校课程思政优秀教学案例 一等奖

浙江省高校课程思政优秀教学案例

特 等 奖

系统解剖学

张晓明 ——

浙江大学　医学院

一、课程概况

系统解剖学是按照人体各系统来阐述正常器官形态结构位置的科学，属于形态学范畴，是医学主干课程，也是医学生学习其他专业课程的基础。医学生只有掌握人体各系统器官的正常形态结构和位置毗邻，才能正确理解人体的生理和病理发展过程，正确判断人体的正常与异常，从而对疾病进行正确的诊断和治疗。作为医学生学习的第一门专业基础课，本课程以课程实验对象——"无语良师"为核心载体，开展融合"医学史""抗疫精神""爱国校友""科技创新"等主题的人文思政教育，让学生明确学习目的，激发学生学习动力，培养具有家国情怀、全球视野、仁心仁术、求是创新的卓越医学人才。

本课程由浙江大学医学院开设，作为临床医学等专业的一门专业必修必选课程，共80学时，安排在秋冬或春夏学期开课。

二、课程目标

（一）知识目标

能理解并掌握系统解剖学的基本理论、知识、技能和科学研究方法，能应用解剖学术语分析描述人体运动系统、消化系统、呼吸系统、泌尿系统、生殖系统、循环系统、内分泌系统和神经系统各主要器官正常形态、结构和位置。

（二）能力目标

通过课堂讲解、文献阅读、案例分析与讨论等，培养学生应用解剖学知识分析和研究临床相关问题的能力。通过线上线下混合式教学、翻转课堂等，培养学生自学能力、表达能力、文献检索能力和终身学习的能力。

（三）价值目标

育人目标：培育家国情怀、服务人民生命健康的使命感和责任感；树立"敬佑生命、救死扶伤、甘于奉献、大爱无疆"的医者精神；培养全球视野和理性诚信、求是创新、独立自主的科学精神。

三、思政元素

以学生为中心，依托"无语良师"和临床案例两个核心载体，线上线下、课内课外、基础临床"三位一体"相结合，第一课堂（课堂讲授）、第二课堂（校内实践）、第三课堂（社会实践）和第四课堂（海外交流）协同培养，构建全过程全方位课程思政教育生态圈。本课程着重从人格修养、家国情怀、国际视野和求是创新四个维度，培养"敬佑生命、救死扶伤、甘于奉献、大爱无疆"的卓越医学人才。

四、设计思路

系统解剖学是研究人体各器官系统的正常形态结构、位置毗邻的形态科学，是最重要的医学基础课，也是学习其他医学课程的前置课，课程研究和实验对象是我们人类本身——人体。课程教学内容涉及面广，教学难度较高。为了将思政教育有效融入课堂，根据临床医学等专业人才培养目标，以立德树人为根本，以人格修养、家国情怀、国际视野和求是创新为主线，针对课程和学生特点，在教学大纲、教案以及教学过程中无形融入课程思政元素。如表1所示，将教学内容、教学方法和思政元素紧密结合，并借助于适当有效的教学手段，让学生明确学习目的，激发学生学习动力，让学生熟悉医学，爱上医学，并以成为一名光荣的白衣战士为荣（正所谓知之者不如好之者，好之者不如乐之者），实现全人育人。

表1 课程章节思政元素的教学设计

课程章节	重要思政元素	相关联的专业知识或教学案例
绪论	家国情怀、文化自信	1. 通过介绍解剖学的发展历史，讨论分析祖国医学的贡献：中国古代传统医学四大经典著作之一《黄帝内经》就明确提出了"解剖"和一直沿用至今的脏器的名称；两宋时期的《五脏六腑》《存真图》的绘制、清代王清任的《医林改错》详细描绘了各个脏器形态结构。 2. 课堂分析讨论我国解剖学发展史，以及一直沿用至今的几乎全部脏器的名称，举例如股骨，英语、法语、葡萄牙语和拉丁语等都称femur，汉语称股骨，因为我国古代就已发现并命名了股骨
介绍课程研究对象：人体	"敬佑生命、救死扶伤、甘于奉献、大爱无疆"的医者精神	1. 课程研究对象："无语良师"。医学生把那些无偿捐献遗体的志愿者们尊称为——"无语良师"：他们虽默默无语，却是最耐心的师长，为医学生的学医之路架起重要桥梁。 2. 依托本校国家红十字会志愿者基地，开展课外实践采访"无语良师"家属、社区器官（遗体）捐献志愿者等特色活动，同时课堂汇报介绍"无语良师"案例及心愿"宁愿身上划千刀 也不想病人身上错一刀"，培养医学生"敬佑生命、救死扶伤、甘于奉献、大爱无疆"的医者精神

课程章节	重要思政元素	相关联的专业知识或教学案例
消化系统	有理想，有创新，学榜样，做贡献	肝脏是人体最大的消化腺。在我国，肝癌是导致全民死亡的第二大癌症，目前尚无有效治愈方法，同时大部分患者按国际标准无法进行肝移植治疗。浙大校友浙医一院肝胆胰外科主任郑树森院士在国际上首次提出肝癌肝移植受者选择的"杭州标准"，将肿瘤直径扩大到8厘米，并在原有条件的基础上，增加了血清甲胎蛋白和肿瘤组织学分级作为条件限制，在保证手术存活率的同时，扩大了肝癌肝移植受者的范围，挽救了一大批肝癌患者
呼吸系统	四个自信，"生命至上，举国同心，舍生忘死，尊重科学，命运与共"的抗疫精神	此次新冠病毒常累及呼吸系统，结合新冠肺炎疫情介绍和浙大抗疫的故事：浙大强化高水平大学的使命担当，通过上线抗疫经验、参与医疗救治、越洋连线交流、发表学术论文等形式与世界各国分享抗击疫情成果，为全球抗疫贡献浙大力量，受到中央表彰，让学生感受四个自信。 讲授我们身边的抗疫故事和抗疫英雄。通过对疫情中的这些平凡的人和事的讨论学习，学习"生命至上，举国同心，舍生忘死，尊重科学，命运与共"的抗疫精神
泌尿系统	健康所系，生命所托，培养关爱病人，负责任、有担当	课程结合相关临床案例：患者行子宫切除时，由于子宫动脉和输尿管相邻，因此结扎子宫动脉时极易损伤输尿管。文献检索临床输尿管误扎案例，课堂分析讨论原因；并请学生从解剖学角度分析思考经验教训。让学生感受健康所系、生命所托的责任感，培养珍惜生命、关爱病人，负责任、有担当的卓越医学人才
循环系统	生命热度与大爱无疆，求是创新，为攻克医学绝症努力奋斗	讲授心脏时导入"无语良师"案例：何山小，他身患进行性肌营养不良症，他的理想是今后就读浙江大学医学院，和同学们一样成为一名光荣的白衣战士。无奈中学时由于心衰而离世，父母遵从他的遗愿，把遗体捐献给浙大医学院。最终作为"无语良师"来到了浙江大学，他的名字永久铭刻在"无语良师"碑上。由于年龄相仿，学生感同身受，体会到"无语良师"的生命热度与大爱无疆。从解剖学角度分析讨论心脏的结构变化和心衰死亡的关系。引发学生思考生命的意义，鼓励学生科学创新，树立理想信念，为攻克医学绝症而努力奋斗
感觉器官	以人民为中心，培养高尚医德，树立为医学事业奋斗终生的崇高理想，为健康中国建设做贡献	眼球的任何结构病变，均会导致视觉改变直至失明。融合浙大校友"时代楷模"姚玉峰医生案例，建立"姚氏法角膜移植术"，并成立了我国唯一一家培训基地，为千万患者带去光明。文献检索角膜移植最新进展，讨论"姚氏法角膜移植术"的解剖学结构基础，以及自己今后的理想：以人民为中心，树立为医学事业奋斗终生的崇高理想，为健康中国建设做贡献
神经系统	国际视野，勇于探索，求是创新	神经系统结合讲授浙江大学对外宣布"双脑计划"重要科研成果，求是高等研究院"脑机接口"团队与浙江大学医学院附属第二医院合作完成国内第一例植入式脑机接口临床研究，患者可以完全利用大脑精准控制外部机械臂与机械手实现三维空间运动，意味着浙大脑机接口技术已经跻身世界最先进水平。从解剖学结构基础分析讨论，由此培养学生国际视野，鼓励积极探索、求是创新、开拓医学前沿

五、实施案例

案例1： 讲授绪论时介绍课程，系统解剖学是研究人体各器官系统的正常形态结构、位置毗邻的形态科学，是学习其他基础医学和临床医学课程的重要基础课，课程的研究和实验对象是我们人类本身，医学生把那些捐献遗体的志愿者们尊称为——"无语良师"，结合"无语良师"的人文思政教育，让学生感受"无语良师"的大爱精神，感受生命的伟大和珍贵，培养"敬佑生命、救死扶伤、甘于奉献、大爱无疆"的医者精神（见图1）。

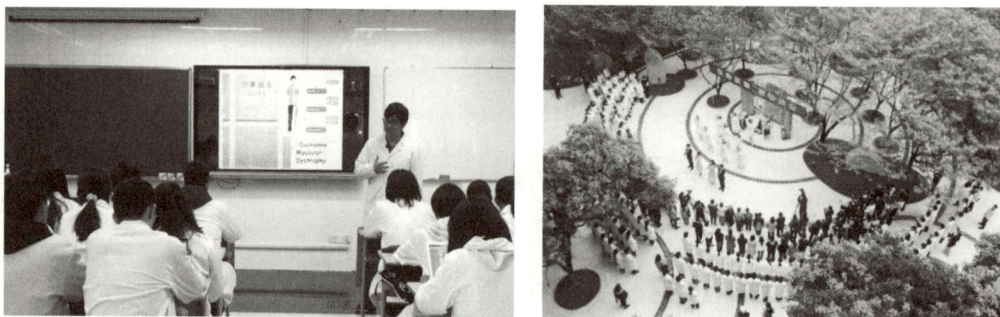

图1　案例1

课程结合"无语良师"人文思政教育，依托本校国家红十字会志愿者基地，通过课外实践采访"无语良师"家属社区器官（遗体）捐献志愿者等特色活动，校园举办"无语良师"纪念活动，课堂汇报介绍"无语良师"案例及心愿："宁愿身上划千刀 也不想病人身上错一刀"，课后在线学习和讨论，培养医学生"敬佑生命、救死扶伤、甘于奉献、大爱无疆"的医者精神。构建了"一个中心、两个载体、三位一体和四课堂融通"的课程思政教育模式，实现了医学专业课融合思政教育的模式创新：以学生为中心，依托"无语良师"和临床案例分析讨论两个核心载体、线上线下、课内课外、基础临床"三位一体"相结合，第一课堂（课堂讲授）、第二课堂（校内实践）、第三课堂（社会实践）和第四课堂（海外交流）协同培养，构建全过程全方位课程思政教育生态圈，培养"敬佑生命、救死扶伤、甘于奉献、大爱无疆"的卓越医学人才。

案例2： 讲授消化系统最大消化腺肝脏时，介绍肝癌已成为我国当前致死的第二大癌症，引入校友中国工程院院士、浙医一院肝胆胰外科主任郑树森教授，在国际上首次提出肝癌肝移植受者选择的"杭州标准"，引起了国际肝移植学者高度关注和广泛接受，挽救了一大批肝癌患者。"融入有理想，有创新，学榜样，做贡献"等思政元素（见图2）。

消化系统由消化道和消化腺两大部分组成。消化道包括口腔、咽、食管、胃、小肠（十二指肠、空肠、回肠）和大肠（盲肠、阑尾、结肠、直肠、肛门）等部分。消化腺包括三对唾液腺（腮腺、下颌下腺、舌下腺）、肝脏和胰脏。人体最大的消化腺是肝脏，也是肿瘤最容易发生的脏器之一。我国肝癌的发生率约占全球的45%，肝癌已成为当前致死的第二大癌症，给人民群众带来了极大的负担，目前尚无有效治愈方法。同时大部分患者按国际标准，无法进行肝移植治疗，失去了治疗的机会。浙江大学校友郑树森院士（见图2），在国际上首次提出肝癌肝移植受者选择的"杭州标准"，将有效手术的肿瘤直径扩大到了8厘米，并在原有条件的基础上，增加了血清甲胎蛋白和肿瘤组织学分级作为条件限制，从而在保证手术存活率的同时，让肝癌肝移植受者的范围明显扩大，挽救了一大批肝癌患者，引起了国际肝移植学者高度关注和广泛接受。让学生讨论分析其解剖学基础和最新研究进展。

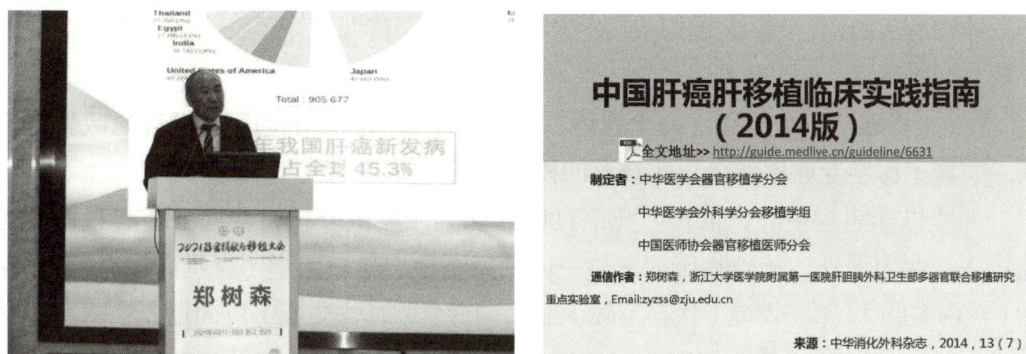

图2　案例2

案例3：在讲授呼吸系统时，通过线上线下相结合的课程讲授，融合新冠肺炎疫情介绍和浙江大学抗疫故事，使学生增强四个自信，学习"生命至上，举国同心，舍生忘死，尊重科学，命运与共"的抗疫精神，培养高尚医德，树立为医学事业奋斗终生，为健康中国建设做贡献的崇高理想（见图3）。

结合新冠肺炎疫情介绍和浙江大学抗疫故事，介绍在这次救治工作之中，这么多的医务人员不畏艰辛，挺身而出，逆风而上。警察、社区志愿者、环卫工作者等全国其他各行各业的人民也齐心协力抗击疫情，这种精神是值得所有学生学习的。学习"生命至上，举国同心，舍生忘死，尊重科学，命运与共"的抗疫精神，家国有难、使命必达、科学防护、全力以赴、众志成城、攻坚克难。树立为医学事业奋斗终生，为健康中国建设做贡献的崇高理想。

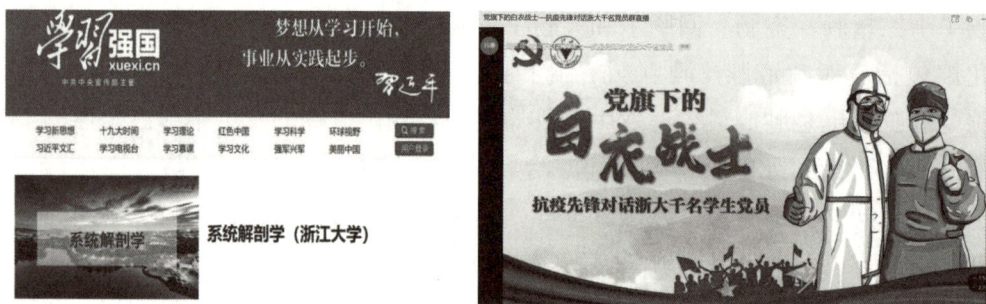

图3　本在线课程和浙江大学抗疫先锋对话

六、特色及创新

（一）课程依托国家级一流本科课程"系统解剖学"

本课程2020年入选首批国家"一流本科课程"，该课程全英文讲授，向全球在线开放，影响力大。

（二）构建"一个中心、两个载体、三位一体和四课堂融通"的课程思政教育模式，实现了医学专业课融合思政教育的模式创新

课程以学生为中心，依托"无语良师"和临床案例分析讨论两个核心载体，线上线下、课内课外、基础临床"三位一体"相结合，第一课堂（课堂讲授）、第二课堂（校内实践）、第三课堂（社会实践）和第四课堂（海外交流）协同培养，融合"医学史""抗疫精神""爱国校友"和"科技创新"等主题的人文思政教育，让学生明确学习目的，激发学生学习动力，培养具有家国情怀、全球视野、仁心仁术、求是创新的卓越医学人才。

（三）党建引领，党团班社联动，教学环节立体推进

通过党建引领，党团班社联动，教学环节立体推进，建设课程思政教育基地——医学院"生命之约、大爱无疆——无语良师"文化长廊和"无语良师"实践基地，为四课堂融通奠定基础。同时整体规划"医学史""抗疫精神""爱国校友""科技创新"等为主题的课程思政案例，潜移默化地融合于课程专业知识讲授中，从人格培养、家国情怀、国际视野和浙大精神四个维度培养卓越医学人才，实现教学内容、教学形式、教学组织和实践基地形式的创新。将一门令人望而生畏"冷冰冰"的解剖专业课，建设成首个有"温度"的生命大课。

七、教学效果

（一）明确了学习目的，激发了学习动力

作为浙江大学医学生接触的首门医学专业课程，该课程思政教学模式研究表明，本课程改革能激发学习动力，提高学习成绩，增强学生对知识的理解和运用。问卷调查显示，97.5%的学生对该课程表示满意，并对此给予高度评价；86.2%的学生认为本

课程思政改革能显著提高课堂教学效果、明确学习目的、激发学习动力（见图3）。

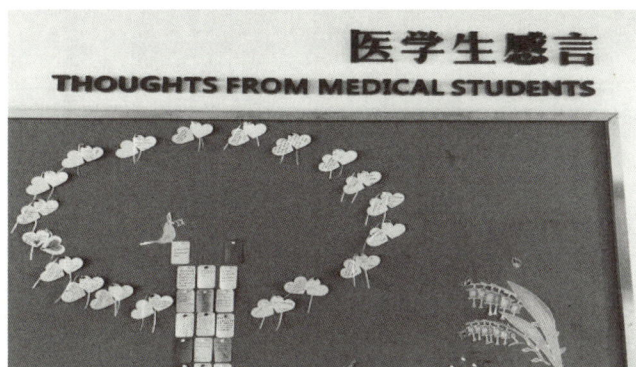

图3　学生学习感言

（二）课程获批首批国家级一流课程和国家级课程思政示范课程，课程建设分享推广力度大

本课程（https://www.icourse163.org/course/ZJU–1003256005）已经在中国大学MOOC平台上开展了6期教学（目前是第7次开课）。本在线课程同时还对全国高校学生和社会学习者开放，同时选择了杭州医学院和浙江中医药大学作为线下互动高校，围绕课程常见问题组织学生进行线下讨论，并将过程实录上传至慕课平台，以引导线上学生讨论。这种方式充分调动了学生学习积极性，引发了学生对所学知识更深的思考，线上课程6期开课的选课总人数共3万多人，共享范围广，地域跨度大，受益学生多。课程学员除团队成员所在学校之外，还分布在山东大学、四川大学、复旦大学、中南大学、南方医科大学、广西医科大学、成都中医药大学等二十余所院校，学习者对课程的参与度较高，深受好评（课程评价优秀，4.7分，见图4）。

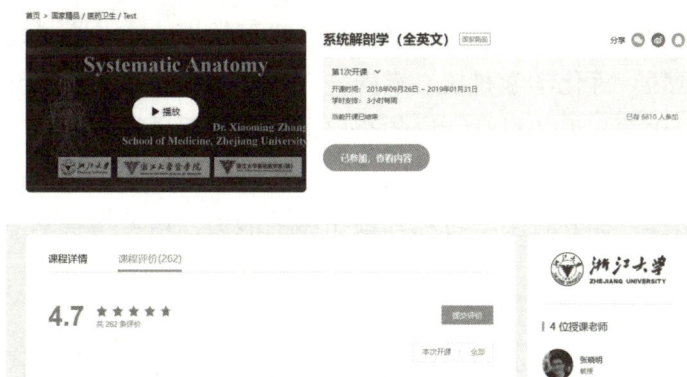

图4　在线课程

普通化学（H）

方文军

浙江大学　化学系

一、课程概况

"普通化学（H）"课程，3学分，面向浙江大学竺可桢学院的一年级本科新生开设。普通化学后面括号中的H是Honors的缩写。本课程于2008年列入浙江大学竺可桢学院首批荣誉课程。它可追溯到1984年浙江大学创建混合班时开设的普通化学课程，它是浙江大学几代普通化学教育工作者接续努力的代表性成果。2018年，纳入具有浙江大学特色的三层次（普通化学甲—普通化学乙—工程化学）普通化学通识教育新体系中的第一层次，开启了浙江大学普通化学教育的新征程。

本课程由方文军、王勇、聂晶晶、沈宏等老师担任主讲，聘请马克思主义学院钟为民老师进行思政把关，辅导员汤凝协助整理课程思政案例。

二、课程目标

（一）教学目标

依据浙江大学"德才兼备、全面发展、求是创新、追求卓越"的人才培养定位和知识–能力–素质–人格全面发展（KAQ2.0）的人才培养理念，充分认识竺可桢学院学生的"学科基础、自我发展、社会参与"等方面的实际需求，关注"宏观辨识与微观探析、变化观念与平衡思想、证据推理与模型认识、实验探究与创新意识、科学精神与社会责任"等化学学科核心素养，在化学一级学科层面上介绍现代化学的全貌。注重讲授化学知识和科学结论的获取过程，传授科学研究的主要思想和一般方法，让学生体会化学的基本研究思路，培养科学创新的意识。通过现代媒体技术开展大量课外阅读，提升自主学习和知识拓展的能力，培养终身学习、追求卓越的意识。

（二）育人目标

深度挖掘和提炼普通化学知识体系中所蕴含的思政元素和精神内涵，针对选课群体适度调整课程的广度和深度，适当增加课程的人文性，提升时代性和开放性。把马克思主义立场观点方法的教育与科学精神的培养结合起来，注重科学思维方法的训练和科学伦理的教育，提高学生正确认识问题、分析问题和解决问题的能力，培养学生探索未知、追求真理、勇攀科学高峰的责任感和使命感，激发科技报国的家国情怀和使命担当。努力促进学生在"科学精神、学会学习、健康生活、责任担当、实践创新"等方面都得以发展。

三、思政元素

（一）品德修养

在掌握化学学科知识的同时，树立攀登科学高峰的远大理想，涵养实事求是、开拓创新的理性精神；运用自然辩证法和科学方法论，理解科学认识来源于实践，科学是不断发展的开放体系，鼓励自由探索，提倡怀疑和批判；树立科学道德，遵循学术规范和科学伦理，培养责任担当，形成正确的人生观和价值观。

（二）家国情怀

了解我国化学化工领域的一些重大进展，领会科学技术与国家民族强盛之间的强相关性，坚定科技报国的时代使命感；解读国家战略需求中的若干重大科学问题，引导学生全面客观认识国情，充分体会中国特色社会主义制度的优越性，坚定四个自信。

（三）全球关切

理解科技发展对人类文明的推动作用，增强为推动人类文明进步而勇攀科学高峰的使命感；拓展国际视野，培养学生全球关切的责任感，树立人类命运共同体意识，传承科学精神为全人类造福；了解我国部分"卡脖子"技术中的基础研究问题，在国际力量深刻变化的环境下增强忧患意识和担当意识。

（四）浙大精神

介绍优秀校友学习、科研经历，提炼浙大人的共同价值追求和人格品质，引导学生传承求是创新校训；介绍浙大取得的重大科学成果和为国家做出的贡献，引导学生深刻体悟海纳江河、启真厚德、开物前民、树我邦国的浙大精神。

四、设计思路

（一）教学设计

教学设计思路和方法可用如下的①②③④来概括：①认识一门课程。该课程是普通化学，实施通识教育，重点是要培养学生用化学的观点思考问题。②把握两条主线。包括定量规律和物质结构。强化从定性上升到定量认识普遍规律，强化深入物质结构知其所以然。③理解三个方面。把化学核心内容和方法凝练为三个方面，即1个通道（从原子到分子再到分子聚集体），2个问题（热力学问题和动力学问题），3个因素（温度、压强和组成）。④掌握四条原则。化学的初心是创造新物质为人民谋幸福，化学的使命是提供新知识、新方法为民族谋复兴；化学反应蕴含着全部的化学历史和期盼；原子分子是化学认识问题的出发点；构建微观图像是理解问题的基本方法。⑤给予五点建议。以思考代替题海战术；不断练习文字、公式、图像之间的相互切换；能够组合、类比、外推；自觉完成足够量的课外阅读；加强课程思政，善于哲学提升。

（二）思政融入

课程思政教学设计过程中，注重理解课程思政的本质是立德树人，理念是协同育人，方法是显隐结合；把握教师队伍是主力军，课程建设是主战场，课堂教学是主渠道的理念；强化学科知识教学和课程思政育人有机融合，做到润物无声。

主要从品德修养、家国情怀、全球关切和浙大精神等不同层面提炼育人元素。重点是把化学教学与学生的健康成长、科学思维、科学方法、科学精神等教育有机融合。设计了20个课程思政案例，内容尽可能取材于学生身边、学校和浙江，使之既具有学科背景，又具有浙大特色、浙江特色。与教学内容相匹配的思政融入点及其实现方式如表1所示。

表1 "普通化学（H）"课程思政元素的融入

序号	课程章节	重要思政元素	教学案例和实现方式
1	绪论	科学思维、科学方法；责任感和使命感，家国情怀；浙大精神	案例 1 ~ 2：徐光宪"稀土不了情"和451天浙大学缘；周厚复和他的子女们与浙江大学。课堂讲解和讨论，课外阅读；课余参观周厚复化学实验大楼
2	第1章 气体、液体和固体——状态方程	科学精神、工匠精神：理解科学发展过程的艰辛和成果应用时的自豪	案例 3：从求是学子到中科院院士——侯虞钧；MH方程的建立与发展。课堂讲解和讨论，课外阅读；课余参观校史馆和院士长廊
3	第1章 气体、液化和固体——亚稳状态	科学思维、科学精神：了解马太效应，理解胜利果实来之不易	案例 4：化学中的尺度效应。课堂讲解，课外阅读
4	第2章 化学热力学基础——热和功	家国情怀：理解我国科学家的卓越贡献和无私奉献	案例 5：热化学与"两弹一星"；马兰谣（全军挂像英模林俊德和"两弹元勋"王淦昌等浙大著名校友）。课外阅读
5	第2章 化学热力学基础——熵和自由能	健康成长：维持低熵，不自我封闭	案例 6：熵与健康成长。课堂讲解，课外阅读
6	第2章 化学热力学基础——化学平衡	科学思维：联系具有普遍性，形式相似往往有深刻的内在根源	案例 7：平衡规律的普遍性。课堂讲解，课后总结
7	第3章 电化学	健康成长：理解"索取最少，给予最多"的崇高境界	案例 8：把握理想和现实的差距。课堂讲解，课外阅读

序号	课程章节	重要思政元素	教学案例和实现方式
8	第4章 化学动力学基础——反应速率和反应机理	健康成长：木桶效应，补短板；量变到质变；知行合一	案例9：及时找出差距并补齐短板。讲解和讨论，课外阅读
9	第5章 物质结构——测定和规律	科学思维：理解内因的重要性	案例10：结构决定性质。讲解和讨论，课外阅读
10	第5章 物质结构——理论和解释	科学方法，科学精神："实验是最高法庭"	案例11：科学研究中不能想当然。讲解和讨论，课后总结
11	第6章 有机化学基础——分类和结构	科学思维："天使和魔鬼共舞"，要善于甄别	案例12：自然带来的启示和思考。讲解和讨论，课外阅读
12	第6章 有机化学基础——反应和生物大分子	科学精神，家国情怀：理解团结的力量和自力更生、艰苦奋斗的价值	案例13～14：诺贝尔奖级的成果——人工合成牛胰岛素；一个以中国人名字命名的化学反应（黄鸣龙）。讲解和讨论，课外阅读
13	第7章 配位化学基础——结构和理论	科学思维："山外有山，天外有天"	案例15：难溶盐的溶解。讲解和讨论，课外阅读
14	第7章 配位化学基础——合成和应用	科学思维，科学方法；求是创新，追求卓越	案例16："混合"带来高水平成果（浙大故事）。讲解和讨论，课外阅读
15	第8章 仪器分析基础	科学方法和科学精神：学科交叉；锲而不舍；甘坐冷板凳	案例17～19：学科交叉的价值（屠呦呦）；火星上的生命探测；"两山理论"与化学。讲解和讨论，课外阅读
16	总结	知识—能力—素质—人格；家国情怀	案例20：实干兴邦——侯氏制碱（侯德榜）。讲解和讨论，课程总结

五、实施案例

案例1

1.教学内容

普通化学的内容和学习方法。

2.思政融入点

科学思维、科学方法；责任感和使命感，家国情怀。

3.案例内容："我与化学学习"

介绍著名化学家的教育思想；介绍徐光宪"稀土不了情"和451天浙大学缘。徐光宪（1920—2015年），浙大校友，浙江上虞人，著名化学家、教育家，2008年度"国家最高科学技术奖"获得者，"中国稀土之父"。

4. 实施方式

课堂讲解和讨论，课外阅读。案例的PPT如图1所示。

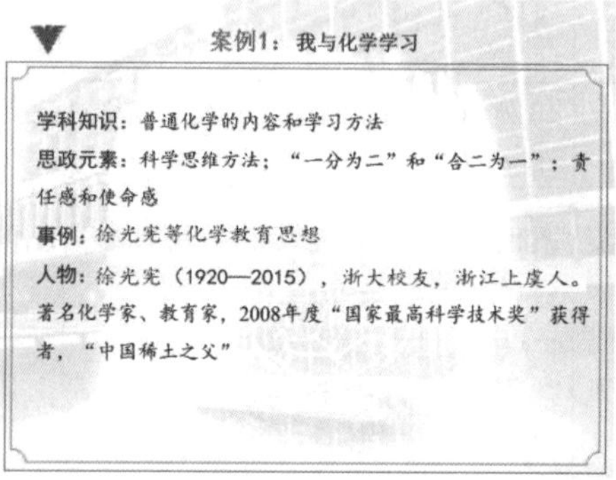

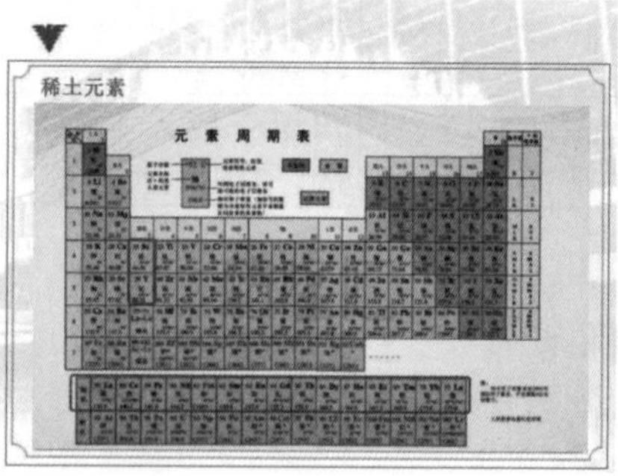

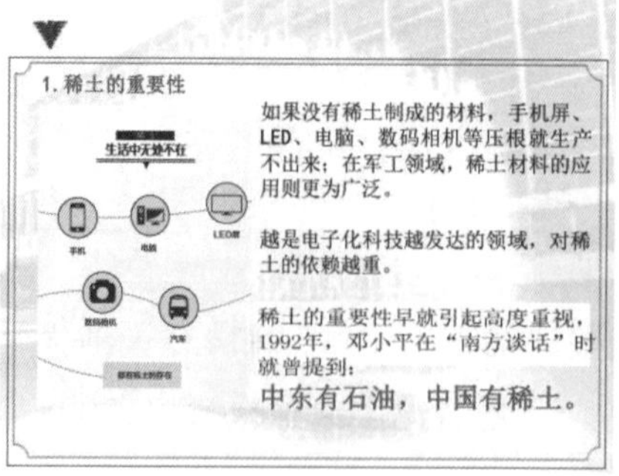

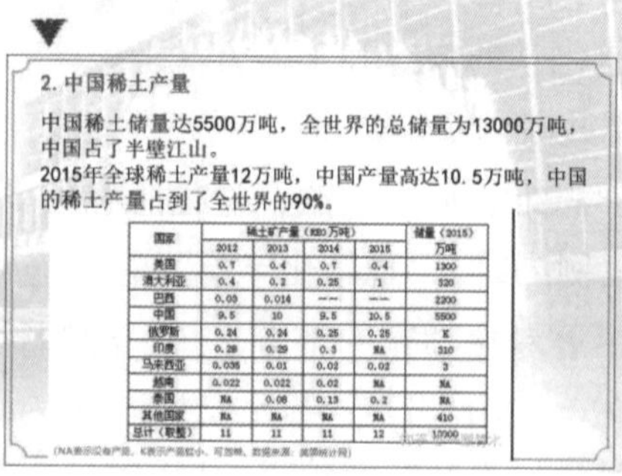

国家	稀土矿产量（REO万吨）				储量（2015）万吨
	2012	2013	2014	2015	
美国	0.7	0.4	0.7	0.4	1300
澳大利亚	0.4	0.2	0.25	1	320
巴西	0.05	0.014	——	——	2200
中国	9.5	10	9.5	10.5	5500
俄罗斯	0.24	0.24	0.25	0.25	K
印度	0.28	0.29	0.3	NA	310
马来西亚	0.035	0.01	0.02	0.02	3
越南	0.022	0.022	0.02	NA	NA
泰国	NA	0.08	0.13	0.2	NA
其他国家	NA	NA	NA	NA	410
总计（取整）	11	11	11	12	13000

3. 中美贸易战

美国的电子元器件等高科技产品的生产严重依赖中国的稀土资源，其稀土供应的80%来自于中国。

毫无疑问，美方想利用中国出口的稀土所制造的产品，反用于遏制打压中国的发展，中国人民决不会答应。

——人民日报

'Don't say we didn't warn you': A phrase from China signals the trade war could get even worse

现如今，中国稀土行业能取得这样的成绩，能够有底气反击美国，不得不提到一个人，那就是徐光宪。

---

4. 祖国需要之时挺身而出

直至20世纪70年代，我们的稀土生产工艺都大幅落后于世界水平，只能生产稀土精矿和稀土混合物等产品，在需要应用高纯度的单一稀土元素时，就只能高价向国外购买。

1972年，52岁的徐光宪"半路出家"，接下了一项特别的紧急任务——分离稀土元素中性质最为相近的镨和钕，纯度要求很高，虽然这和他之前的研究方向并无太大关联，但徐光宪毅然然接下了这项任务，开始了又一次研究方向的转变。

---

5. 建立串级萃取理论，改写稀土产业格局

白天"摇漏斗"，晚上琢磨串级理论。一周工作80个小时，没有节假日。

最后的萃取流程里，包含了一百多个公式，每一个公式都是徐光宪的血汗

1978年，徐光宪开办"全国串级萃取讲习班"，把他的科研成果在国营工厂里无偿推广。

从徐光宪院士刻苦攻关出串级萃取理论，出现稀土分离技术零的突破开始，经过几代中国科研工作者的努力，中国终于在稀土加工技术上赶英超美，成为世界第一。

---

6. 451天的浙大缘

1935年，徐光宪曾考入绍兴稽山中学，就读了一年之后，还是改考了浙大高工土木科，从此与浙大结下不解之缘。

1937年，抗日战争全面爆发，浙大西迁。高工于11月宣布停课停办。徐光宪无奈地黯然离开母校，回到上虞老家。

他在浙大高工读书451天。把浙大视为科学知识启蒙的母校，始终对母校怀着一份牵挂、一心期盼和一腔热情。1993年7月，徐光宪应邀任浙江大学化学系兼职教授。

---

7. 徐光宪院士的教育思想

21世纪科学发展的两大趋势(徐光宪院士语)：
学科的高度分化——"一分为二"
理论的高度统一——"合二为一"

两大趋势是矛盾的统一，是"分析"和"综合"两大科学方法，体现了唯物辩证法的精妙。

启示：
分类学习，各个击破；
组合学习，归纳提升。

物理学：

牛顿把Kepler的天体三大运动规律、阿基米德原理、钟摆定律、流体力学定律等统一为牛顿力学。

Maxwell把电学、磁学、光学统一为Maxwell电磁波理论。

相对论又把牛顿力学和Maxwell理论统一起来。

21世纪物理学的难题将是把相对论和量子力学统一，把微观、亚观、宏观和宇宙学(宇宙学)统一起来，建立超统一理论或万有理论。

生物学：

动物学、植物学、微生物学、生物分类学、生物形态学、生物遗传学、达尔文进化论、DNA基因论等正在统一为基因进化论，创建新系统生物学。

达尔文的进化论认为所有生命都有共同的祖先，通过"物竞天择"的原则，进化为各种物种。

细胞生物学说明这个祖先就是单细胞微生物。

分子生物学认为单细胞微生物都由DNA分子变异发展而来。

化学呢？

让我们在学习和思考过程中不断归纳总结！

我要当学霸

图1　案例1的PPT

案例2

1.教学内容

普通化学的内容和学习方法。

2.思政融入点

家国情怀、爱校荣校、浙大精神。

3.案例内容："我与浙江大学"

介绍周厚复和他的子女们的贡献和情怀。周厚复（1902—1970年），有机化学家，化学教育家。1933年至1942年任浙江大学化学系主任。周厚复在国内最早探讨电子学说在有机化学中的应用。1944年他撰写的有关原子结构理论的论文，被英国皇家学会推荐为诺贝尔化学奖评选论文。

4.实施方式

课堂讲解和讨论，课外阅读；课余参观周厚复化学实验大楼。案例的PPT如图2所示。

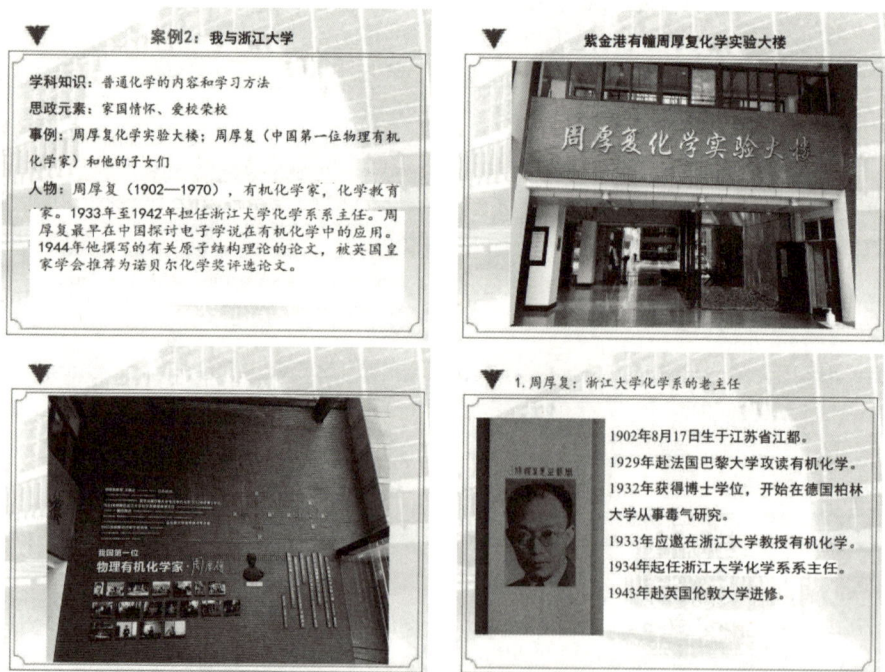

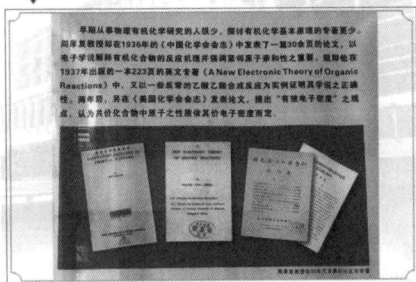

早期从事物理有机化学研究的人很少，探讨有机化学基本原理的专著更少。周厚复教授却在1936年的《中国化学会会志》中发表了一篇30余页的论文，以电子学说解释有机化合物的反应机理并强调苯环系于桥和性之重要。继即他在1937年出版的一本223页的英文专著《A New Electronic Theory of Organic Reactions》中，又以一般实例介绍乙酸乙酯合成反应以为例证明其学说之正确性。尚未即，另在《美国化学会会志》发表论文，提出"有效电子密度"之观点，以为共价化合物中原子之性质提供其部分价电子密度测定。

1948年周厚复先生移居我国台湾，任台北工业试验所有机研究室主任，1970年5月17日因肝病辞世于台北。

周厚复先生与家人　　周厚复先生与他的学生

2. 江芷：浙江大学化学系的优秀学子

江芷（1912—1987），字沅子，江西婺源人。

1934年毕业于浙江大学化学系，留校任助教。后受聘于浙江省立女子中学。1937年，抗战军兴，江芷随女子中学迁至浙江桐庐。

1943年7月，江芷与时任四川大学理学院院长的周厚复先生结婚。

1948年，江芷和周厚复及子女迁往我国台湾，先后在台湾师范大学附中、私立中国文化大学、私立华冈中学任教，任文化大学副教授、华冈中学校长。

1987年7月在美国普林斯顿去世，享年76岁。

许多学生听了她的课后上了化学，选择攻读化学，因此成了专家、教授，在台湾她曾被评为"模范教师"，桃李满天下。

江芷在浙大读书时　　江芷与子女在台湾合影

3. 周厚复与江芷的子女们：把大爱献给浙江大学

大女儿周蔚云：我们一共有十个兄弟姊妹（其中包括原来留在大陆的我和绮妹，以及在台湾成长的八个弟妹），学业、事业都各有成就，有的是科学家、企业家，有的是医生、大学教师，还有的是各类专门人才。

大纾弟，他继承父亲的科学研究事业，曾担任台湾地区研究院化学研究所所长并曾担任中国科学院上海有机化学研究所名誉教授，以及浙江大学客座教授，他在有机合成方法及应用研究上做出了耀眼成就，获得过许多国际的荣誉和奖项，他为两岸学术交流也曾付出过大量的心血。

1996年，周大纾和浙大化学系共同发起成立"周厚复教育基金"。弟弟周大绪，林妹周若芸、周维芸、周立芸等人共同捐资，支持浙大化学系的建设和发展。

捐建周厚复化学实验大楼

2002年4月，周厚复子女周若芸和孙乃超夫妇、周立芸和白宁生夫妇向浙江大学捐资人民币1000万元，在紫金港校区建造周厚复化学实验大楼，以此来纪念他们的父亲——周厚复先生对化学研究以及浙大化学系的建设和发展所做出的贡献。

设立浙江大学教育基金会江芷生物科技基金

2017年12月，孙乃超先生、周若芸女士伉俪及其所属公司向浙江大学捐赠150万美元设立浙江大学教育基金会江芷生物科技基金，专项用于支持浙江大学师生创新创业。

此次捐赠是为纪念他们的母亲——浙江大学的优秀校友江芷女士。

二位年事已高，仍常年拼搏在科研一线，工作严谨踏实，生活俭朴淡泊，用实际行动将爱国爱校的家风传承发扬光大。

江芷奖学金背后的故事不仅给大家带来感动，更重要的是能够帮助成为浙大学子在科研道路上坚定前行的力量。这也体现老一辈浙大人求学、求知的初心和使命——公忠坚毅、能担大任、主持风气、转移国运。

图2　案例2的PPT

案例3

1. 教学内容

状态方程（EOS）。

2. 思政融入点

科学精神、工匠精神。

3. 案例内容：侯虞钧——从求是学子到中科院院士

主要介绍马丁-侯状态方程（MH EOS）的建立、发展与应用。侯虞钧（1922—2001年），浙江大学化工系教授，中国科学院院士，我国化工热力学的主要奠基人之一。侯先生50余年锲而不舍，潜心研究，创立和发展了著名的马丁-侯状态方程（MH EOS）。这是浙江大学的骄傲。

4. 实施方式

课堂讲解和讨论，课外阅读；课余参观校史馆和院士长廊。案例PPT如图3所示。

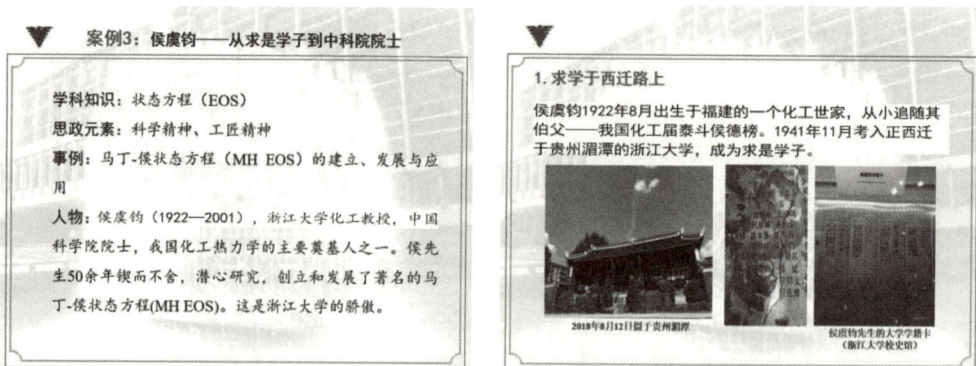

案例3：侯虞钧——从求是学子到中科院院士

学科知识：状态方程（EOS）

思政元素：科学精神、工匠精神

事例：马丁-侯状态方程（MH EOS）的建立、发展与应用

人物：侯虞钧（1922—2001），浙江大学化工教授，中国科学院院士，我国化工热力学的主要奠基人之一。侯先生50余年锲而不舍，潜心研究，创立和发展了著名的马丁-侯状态方程(MH EOS)。这是浙江大学的骄傲。

1. 求学于西迁路上

侯虞钧1922年8月出生于福建的一个化工世家，从小追随其伯父——我国化工届泰斗侯德榜。1941年11月考入正西迁于贵州湄潭的浙江大学，成为求是学子。

2018年8月12日摄于贵州湄潭

侯虞钧先生的大学学籍卡（浙江大学校史馆）

2. 学成后科教报国

1945年6月于浙大毕业，1946年9月赴美国，先后在威斯康辛大学、密歇根大学获得化工硕士、博士学位。1956年6月，谢绝密歇根州立大学的盛情挽留，辞去助理教授职务，冲破重重阻力回到祖国，投身“向科学进军”热潮中。

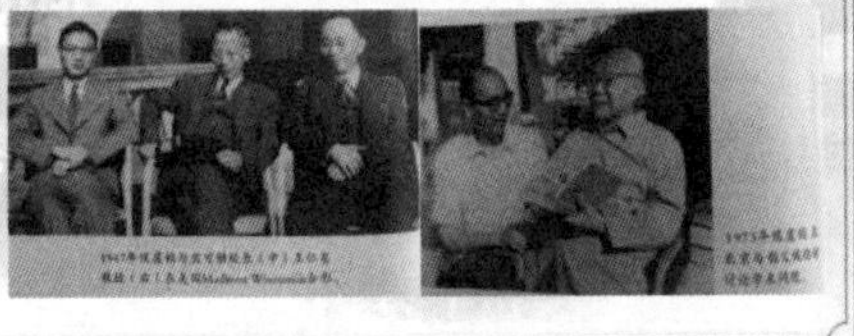

3. 创立Martin-Hou状态方程

侯先生于1953年在美国化学工程师学会旧金山年会上报告了他与马丁(Martin J J)共同提出的气体状态方程，于1955年在AIChE J创刊号上发表，即著名的MH(55)状态方程(Martin J J, Hou Y C, AIChE J, 1955, 1:142)：

$$p=\frac{RT}{V_m-b}+\frac{A_2+B_2T+C_2\exp(-kT_B)}{(V_m-b)^2}+\frac{A_3+B_3T+C_3\exp(-kT_B)}{(V_m-b)^3}+\frac{A_4}{(V_m-b)^4}+\frac{B_5T}{(V_m-b)^5}$$

当年没有计算器和计算机，仅靠用笔、纸、计算尺把如此复杂的方程进行完美的求解，可想而知该需要付出怎样的辛劳！

方程的推演

侯先生从多方阱非球形硬粒子理论出发，经过40多步的推导、近似与化简，得出较其他状态方程更为合理、全面的幂级数形式方程——马丁侯状态方程。

$$P=f_1/(V-b)+f_2/(V-b)^2+f_3/(V-b)^3+f_4/(V-b)^4+f_5/(V-b)^5 \quad (19)$$

where f's are functions of temperature and b is a constant.

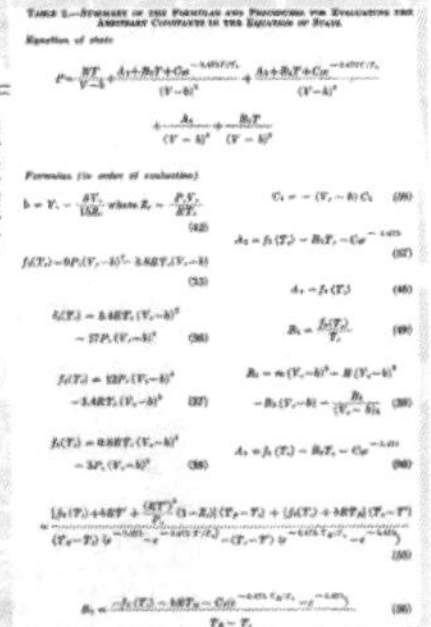

原文献中部分推导过程（各参数的计算）

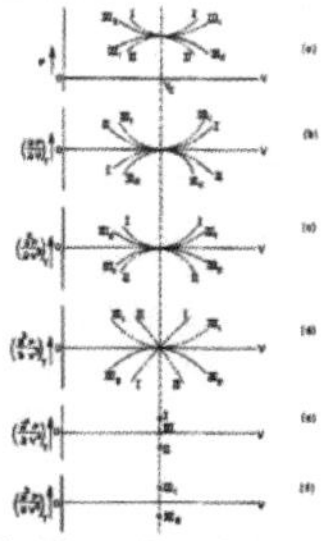

FIG. 4. PRESSURE-VOLUME DERIVATIVES

方程的验证

TABLE I.—CONSTANTS EVALUATED FOR THE EQUATION

	CO_2	H_2O	C_6H_6	N_2	C_3H_6	H_2S	C_3H_8
T_c	547.5°R.	1165.1°R.	562.66°K.	126.1°K.	364.92°K.	672.4°R.	666°R.
P_c	1069.4 lb./sq. in.	3206.2 lb./sq. in.	48.7 atm.	33.5 atm.	45.61 atm.	1,306.0 lb./sq. in.	618 lb./sq. in.
V_c	0.03454 cu. ft./lb.	0.0503 cu. ft./lb.	3.36 cc./g.	90.1 cc./g. mole	0.191 liter/g. mole	1.565 cu. ft./lb. mole	3.220 cu. ft./lb. mole
Z_c	0.27671	0.23246	0.27683	0.29171	0.290602	0.28329	0.278465
m	14.0	22.6	0.625	1.647	0.81	12.8	6.47
β	3.25	3.05	3.25	3.30*	3.25	3.25	3.25
T_B/T_c	2.3	2.1	2.15	2.5	2.3	2.3	2.3
T'/T_c	0.80	0.83	0.80	0.79	0.791	0.794	0.799
b	0.007495	0.0063101	0.730231	22.1466*	0.0487575	0.368096	0.714398
R	0.24381	0.59645	1.05052	82.066	0.083055	10.73	10.73
A_2	−8.9273631	−85.7394396	−4104.138	−1592238.2	−10.2233808	−21206.0776	−44105.1544
B_2	0.005262476	0.0312961744	2.62510	3,221.616	0.0061804454	9.7631723	21.127023
C_2	−150.97587	−2590.5815	−59333.234	−22,350,950	−153.061055	−318,608.803	−738,929.321
A_3	0.18907819	3.00248249	8553.304	89,845,367	1.219453756	21133.013	88,025.6002
B_3	−0.0000704617	−0.00082418321	−3.89169685	−134,024.05	0.00074168283	−7.41557345	−28.1649342
C_3	+0.0831424	112.96068	156032.7	1,518,821,653	21.7717909	381,344.629	1,846,304.2
A_4	−0.002112459	−0.0567165067	−8699.2791	−2,467,297,480	−0.068940713	−9897.9772	−89,907.6635
B_5	1.9665683×10⁻⁶	4.2388378×10⁻⁷	7.53651	244,915,183	3.0985878×10⁻⁶	3.3036675	63.416365

All the constants for the equation of state are given in units of T_c, P_c, and V_c for that compound.

*β for N_2 could be 3.25 depending upon the manner by which the checked points on the critical isotherm are interpolated from experimental data reported.

侯先生在验证状态方程的准确性和适用性时，选择了性质差异较大的7种气体，分别是CO_2、H_2O、C_6H_6、N_2、C_3H_6、H_2S和C_3H_8。

$$\Delta H=\int_{T_1}^{T_2}C_v^{\circ}dT+\Bigg|PV+\frac{A_2+\left(1+\frac{5.475T}{T_c}\right)C_2e^{-5.475T/T_c}}{(V-b)}+\frac{A_3+\left(1+\frac{5.475T}{T_c}\right)C_3e^{-5.475T/T_c}}{2(V-b)^2}+\frac{A_4}{3(V-b)^3}\Bigg|_{V_1,T_1}^{V_2,T_2} \quad (61)$$

$$\Delta S=\int_{T_1}^{T_2}C_v^{\circ}dT+\Bigg|R\ln(V-b)-\frac{B_2}{V-b}-\frac{B_3}{2(V-b)^2}+\left(\frac{C_2}{V-b}+\frac{C_3}{2(V-b)^2}\right)\left(\frac{5.475}{T_c}\right)e^{-5.475T/T_c}\Bigg|_{V_1,T_1}^{V_2,T_2} \quad (62)$$

4. 发展Martin-Hou状态方程

他作为方程的创始人之一，改革开放以后继续发展和研究MH方程，使之同时适用于液相（1981）和固相（1995）。1986−1990年期间，用统计热力学证明了马丁—侯方程，形成了完整的理论体系。该方程可用于高压汽液平衡、液液平衡，及含固体物系的相平衡等的计算。

MH(81)EOS:

$$p=\frac{RT}{V_m-b}+\frac{A_2+B_2T+C_2\exp(-kT_B)}{(V_m-b)^2}+\frac{A_3+B_3T+C_3\exp(-kT_B)}{(V_m-b)^3}+\frac{A_4+B_4T}{(V_m-b)^4}+\frac{B_5T}{(V_m-b)^5}$$

MH方程同时精确地适用于非极性物质、极性物质、纯物质和混合物等体系，这是一般状态方程难以达到的。

MH(81)方程经进一步改进后，其适用范围可扩展到固相，该方程中增加了三个常数：A_6、B_7和b_s。

MH(95)EOS:

$$P=\frac{RT}{V-b}+\frac{A_2+B_2T+C_2e^{\frac{-5.475T}{T_c}}}{(V-b)^2}+\frac{A_3+B_3T+C_3e^{\frac{-5.475T}{T_c}}}{(V-b)^3}+\frac{A_4+B_4T}{(V-b)^4}+\frac{B_5T}{(V-b)^5}+\frac{A_6}{(V-b_s)^6}+\frac{B_7T}{(V-b_s)^7}$$

改进后的状态方程MH（95）对一般物质，在三相点到临界点温度，计算的饱和液相、汽相摩尔体积的偏差基本保持与MH（81）方程的准确度，而固相摩尔体积的偏差在几千大气压下仅在10%左右，一般压力下在5%以内，需要输入的数据仅三相点下的V_t^s数据。

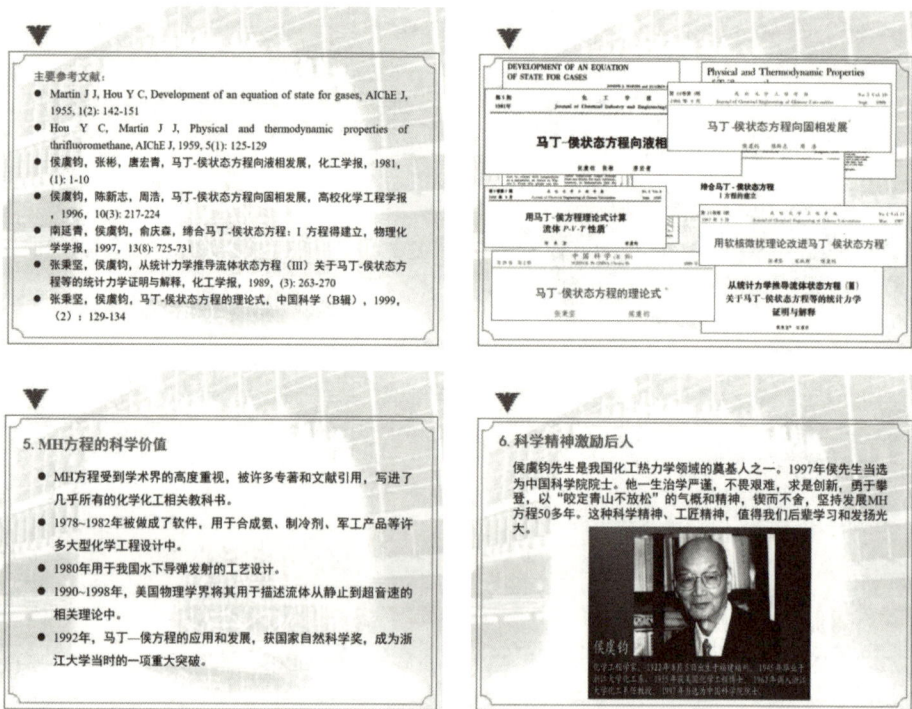

图3 案例3的PPT

六、特色及创新

（一）面向KAQ2.0的高阶性定位

从"立德树人"根本任务出发，总体设计课程教学体系。化学独特的学科知识、解决问题方式，对于培养学生探索未知、追求真理、勇攀科学高峰的责任感和使命感，培养精益求精的科学精神、工匠精神有特殊的作用。形成合适的化学思维方式是大学生必须具备的基本素质。

（二）强化化学学科核心素养教育

注重讲授化学知识和科学结论的获取过程，介绍科学研究的思路和方法，让学生体会量变与质变、特殊与普遍、分类与归纳、形象与抽象、平衡与守恒等化学学科思想，激发学生探究知识的兴趣和价值判断与独立思考的潜力，培养解决科学问题的能力。

（三）适度增加时代性、人文性和开放性

以具有一定挑战性的、最核心的"定量规律"和"微观结构"为主体组织教学内容，反映学科全貌，体现时代特征，有利于学生掌握宽厚的基础知识，培育高度的逻辑思维能力。挖掘化学知识中的哲理和思政内涵，通过课程思政案例，将抽象

概念具体化、形象化，寓价值观引导于知识传授和能力培养之中。

（四）强化学习过程引领

引导学生通过课外阅读、自主学习、课堂讨论、网络交流等形式扩展知识面，加深理解，提升学科能力。同时，每周安排现场答疑，面对面交流思想和学习方法，切实帮助学生解决疑难问题，关注学生的成长。

七、教学效果

（一）课程有良好的示范影响力

普通化学（H）已形成比较完整的课程思政教学体系和有机融合的课程思政案例。课程入选2020年浙江大学一流本科课程，2021年浙江大学课程思政示范课程，2021年教育部课程思政示范课程、课程思政教学名师和团队；2021年浙江省第一批省级课程思政示范课程、课程思政示范基层教学组织。

（二）学生有良好的学习获得感

学校督导完整地听课后给予了较高评价。认为我们的教学"融知识教学与育人为一体"，认为"教学理念先进，方法合适。注重培养学生素质、能力，授之以渔"。

学生学习本课程后有获得感。有学生写到："一个通道，两个问题，三个因素。我之前仅仅局限在面对高中化学竞赛、自招考试，现在仿佛进入了一片新世界——化学竟然可以这么简洁、这么富有哲学意义！"有学生感悟到："大学不培养做题机器，而是培养一流人才，所以其实我们更应该去体会的是大学化学中的思想。学化学的"初心"——是为了祖国科技事业的发展。找到学化学的"初心"是我们从高中到大学需要转变的心态。深刻体会化学这门课中的哲学观点，找到不同事物之间的联系，应该是我们在大学中要做到的事。"还有学生写到："我很佩服您把化学原理与这么多生活、社会现象相结合的思考，对于'新事物想要取代旧事物会遇到很多阻力'与过饱和、过冷、过热现象之间的联系我一直印象深刻，高中时只关注做题，觉得这讲起来很莫名其妙，但是在这个学期的学习与思考中，我开始觉得这可能才是学科中最神奇的部分。"

学生有获得感是我们的最大追求，也是对我们不断提高教学质量的鞭策。

信息可视化

陈为

浙江大学　计算机科学与技术学院

一、课程概况

"信息可视化"是一门专业选修课程，面向大三、大四年级计算机科学与技术专业本科生开设。本课程在计算机专业和软件工程专业知识体系中均属于应用型知识。课程的主要任务是向学生介绍如何用丰富的可视化表达方法和技术来理解、处理和发布复杂的数据。我们将介绍可视化基础知识，并以淘宝数据、宋词数据等为例展示数据可视化之美。完成该课程的学习后，学生将了解可视化与可视分析的基本思想和主要方法，具备一种可视地理解数据的思维，进而具备采用可视化技术提升分析数据的能力。课程辅助教材《可视化导论》一书，集合了教学团队多年的教学经验与成果。

2019年，课程分别在中国大学MOOC、智慧树和学堂在线三个平台上线。截至2021年初，三个平台共计参与学习人数29255人。其中，在智慧树平台上学生评价"认为课程具有通识性、启发性，学习比较有收获"；课程入选了2020年秋冬学期智慧树网"双一流高校专业课程Top 100"。

二、课程目标

（一）知识目标

（1）掌握数据可视化的审美能力。

（2）掌握数据可视化基本方法。

（3）具有分析数据的能力。

（4）能将个人发展与社会发展、国家发展结合起来，具有为国家学习、为民族学习的热情和动力。

（二）能力目标

培养厚基础、宽视野、高素养、深钻研、重实践，在计算机科学与技术及其相关研究领域具有国际竞争力的基础研究及应用开发综合型人才。

（三）价值目标

将思想政治工作贯穿到课程体系之中，在传授课程知识的基础上引导学生将所学到的知识和技能转化为内在德性和素养，注重将学生个人发展与社会发展、国家发展结合起来，激发其为国家学习、为民族学习的热情和动力，帮助其在创造社会价值过程中明确自身价值和社会定位。我们以疫情数据、宋词数据等真实数据为例展示数据可视化，注重数据科学思维方法的训练和科技伦理的教育，培养学生探索未知、追求真理、勇攀科学高峰的责任感和使命感，培养学生精益求精的大国工匠精神。

三、思政元素

（一）教学设计理念

核心教学理念是"科教协同，全方位育人"，具体包含3个方面：

1.全方位育人的导学体系

建立党建科教协同育人机制，坚持科研导学因材施教制度，探索全方位育人导学体系的高效机制。

2.多学科思维融通的教育教学体系

建立融合数据科学、设计学、计算机等多学科知识点的教育教学体系，建设革新的可视化课程，形成面向科研—教学—科普的多层次教材，建立与国际顶尖科研机构的交流实习实训基地。

3.打造产学研一体的人才培育体系

构建产学研一体的培育体系，推动国内可视化领域"产–学–研"生态圈的构建，形成与学术同行、创新名企、教研高地的协同协作网络。

（二）教学方法

以教师讲授为主，辅以多媒体手段，同时组建助教团队及时更新案例库（见图1）。课程涵盖了数据可视化当前研究的热点和动向，既介绍了基础知识和前沿研究情况，又分析了具体的案例。不但课堂内容生动有趣，还培养了学生的观察和思考能力。

教师讲授 ＋ 多媒体 ＋ 助教团队

图1　教学方法

充分利用课程思政资源，包括"双带头人"工作室数字化党建馆实践基地以及课程思政研究中心浙江大学党建大数据分析平台。思政平台均由课程教师带领学生党员结合自身专业知识打造，起到了很好的教学辅助作用。主要包含以下内容：

1."双带头人"工作室数字化党建馆实践基地（见图2）

混合现实（Mixed Reality，MR）项目"真理的味道"，该项目对《共产党宣言》首个全译本进行数字扫描。通过MR技术，观众可以观看习近平总书记讲述"真理的味道如此甘甜"的视频，以虚实融合的方式逐页查看《共产党宣言》首个中文全译本的内容；还可以通过翻书动作，为党送上自己的祝福标语。

增强现实（Augmented Reality，AR）项目"国球荣耀"。乒乓球是我国的国球，本项目与中国乒乓球协会合作，通过真实展品、资料视频以及AR技术的结合，观众可以观看乒乓球在中国从兴起到辉煌的精彩历程，体会中国健儿在世界舞台上披荆斩棘、勇攀高峰的中国精神，领略科技助力备战奥运的风采，从而激励新时代大学生发奋图强，努力改革创新，肩负起兴国强国的重任。

大屏可视化项目有"浙江大学党建大数据分析平台""全球尺度三维大气数据可视化系统""宋词缱绻，何处画人间"。

图2 数字化党建馆实践基地

2.浙江大学党建大数据分析平台

组建以学生党员为核心的技术团队，利用计算机专业知识，以技术优势助力党建工作，构建党建工作仪表盘，作为课程思政研究中心，宣传党的理论。该党建大屏部署在浙江大学计算机学院蒙民伟楼大屏室（见图3），展示了浙江大学各学院的党建、微党课开展情况。

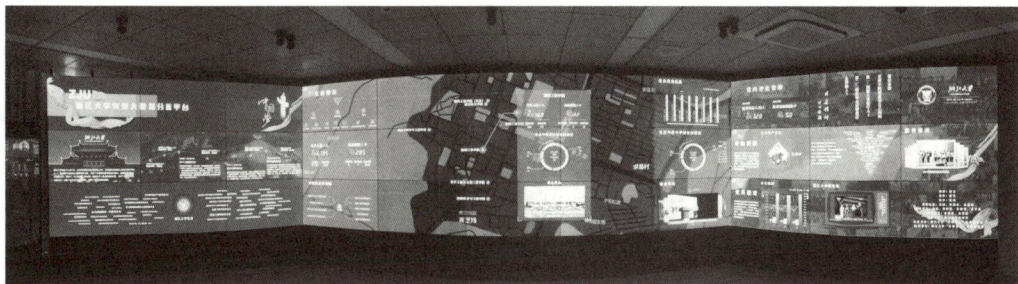

图3　党建大屏

四、设计思路

课程中融入思政元素的设计如表1所示。

表1　课程章节思政元素的教学设计

课程章节	重要思政元素	相关联的专业知识或教学案例
可视化介绍与综述	家国情怀、民族自信、辩证思维	通过可视化让学生体会人类社会的发展很美好，但国家之间发展水平不平衡，也可以看到中国发展很快
统计数据的可视化	创新精神、辩证思维	让学生了解各种图表的功能，有独立判断能力，能够准确读懂图表所传达的信息
高维数据的可视化表达	科学精神、民族自信	通过深入讲解疫情数据可视化，让学生对可视化技术与前沿有新认识，也可以激发大家从事科研工作的热情
非结构文本信息的表达	中国智慧、文化自信	向学生宣传中国传统文化，教导他们以最优的技术助力"传统文化"传播，树立文化自信。在课堂上结合宋词数据可视化讲解文本数据可视化这个知识点
科学计算可视化	创新精神、团队协作	通过该课程的讲授，激发学生的民族自豪感，以期在未来为我国科研事业添砖加瓦

五、实施案例

案例1：通过数据展示中国发展的迅速，引导学生将个人发展与社会发展、国家发展结合起来，激发其为国家学习、为民族学习的热情和动力（见图4）。

讲解统计学家汉斯·罗斯林（Hans Rosling）作品《全球200年间经济走势可视化》《亚洲何时崛起》。汉斯·罗斯林在《全球200年间经济走势可视化》这个作品中用数据阐释全世界200年间的经济走势，用来说明人类社会的发展很美好，但国家之间发展水平不平衡。《亚洲何时崛起》一书讲述了中国在过去的一个世纪里拼命追赶欧美经济体的过程，并以新的视角解读当今世界的贫困问题。

1800年以来，世界人民一直在与贫困做斗争。随着工业革命的开始，欧洲和美国人民的收入开始增加。到了20世纪，世界开始分裂成了富裕的西方和相对落后的亚非。但是在20世纪80年代，中国和其他经济体发展速度惊人，他们开始摆脱贫困，并缩小了与欧美国家的差距。

2020年面对新冠肺炎疫情的严重冲击和严峻复杂的国内外环境，我国坚持统筹疫情防控和经济社会发展工作，加大宏观政策的对冲力度，在全球主要经济体中率先控制住疫情，率先复工复产，率先实现经济正增长。

在极不平凡的2020年，中国经济取得了极不平凡的成就。2021年1月18日，国家统计局公布了2020年的经济数据，我国经济总量迈上百万亿元的大台阶，比上年增长2.3%，成为全球唯一实现经济正增长的主要经济体。

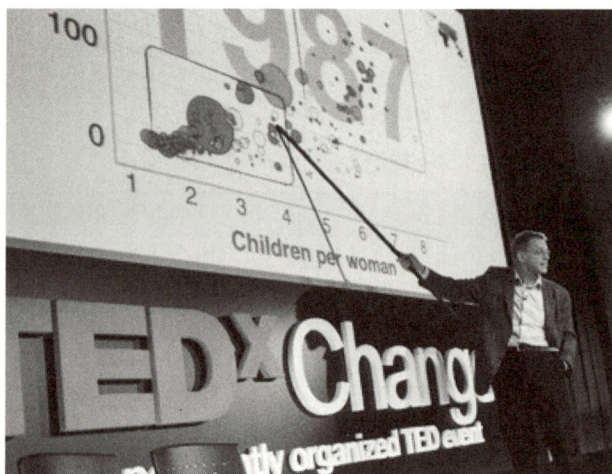

图4　案例1

案例2：向学生宣传中国传统文化，教导他们要以最优的技术助力"传统文化"传播，树立文化自信（见图5、图6）。

唐诗宋词是中华民族五千年的瑰宝，也是历史的见证。为了向学生宣传中国传统文化，教导他们要以最优的技术助力"传统文化"传播，树立文化自信，在课堂上结合了宋词数据可视化讲解文本数据可视化这个知识点。

文化是一种精神、一种信念、一种力量，是民族的血脉，是人民的精神家园。中华优秀传统文化，是中华民族的"根"和"魂"，是中华民族的血脉，是中华民族精神的标识，是当代中国核心价值观的思想渊源，也是全人类弥足珍贵的精神瑰宝。习近平总书记在中央党校建校80周年庆祝大会上的讲话中指出："中国传统文化博大精深，学习和掌握其中的各种思想精华，对树立正确的世界观、人生观、价值观很有益处。"①

《宋词缱绻，何处画人间》选取权威的传统文化宋词资料库《全宋词》为样本，

① 人民网.习近平在中央党校建校80周年庆祝大会暨2013年春季学期开学典礼上的讲话[EB/OL].（2013-03-04）[2021-12-30].http://theory.people.com.cn/n/2013/0304/c49169-20670182.html.

分析词作近21000首、词人近1330家、词牌近1300个，挖掘数据纬度涵盖词作者、词作所属词牌名、意象及其所承载的情绪，描绘出了两宋319年间，那些闪光词句背后众多优秀词人眼中的大千世界。

作品包括描述词人生平轨迹的时空图、描述意象及其对应情绪表达的关系图以及可视化诗词韵律的点画线图。交互页面设计风格借鉴宋画简洁朴质层次分明的特质，选取中国水墨画配色，且多用留白，渲染宋词的清朗宁静的氛围。

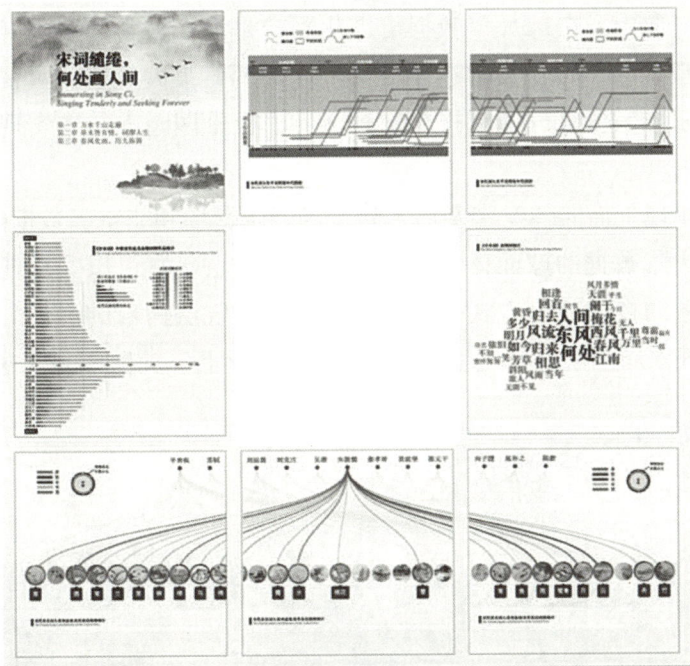

图5　案例2资料1

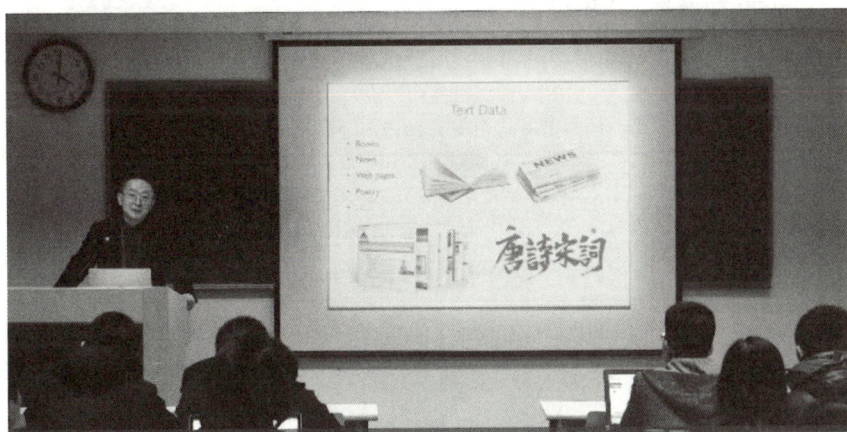

图6　案例2资料2

27

案例3：通过该课程的讲授，激发学生的民族自豪感，以期在未来为我国科研事业添砖加瓦（见图7）。

党的十八大报告强调，中国科技创新必须坚定不移走自主创新道路，指明了科技创新的必然路径。中国走自主创新道路主要有以下两方面优势：一是充分发挥我国的制度优势；二是坚持自力更生是我党的优良传统。科技创新的本质要求是自主创新，自主创新离不开自力更生。习近平总书记关于"一带一路"和构建人类命运共同体的倡议，体现出科技创新既要自力更生，也应包容开放。

国家卫星气象中心全球大气数据可视化平台是浙江大学与中国气象局国家气象卫星中心合作建立的，其开发构建了一个全球尺度三维大气数据可视化系统。这是我国首款全球三维数值大气体可视化分析软件，也是国际上首次实现全球多模态三维大气体可视化。

这个系统实现了面向各类密度场、向量场、张量场和非空间数据的可视化方法，设计了适用于大气数据的球面体绘制和混合绘制方法。它可以采用任意视角、任意切割方式、任意的视觉映射方式交互地观察三维大气层内部的属性分布。目前，该系统已在中国气象局国家卫星气象中心部署并稳定运行，得到气象专家的广泛好评。

图7 全球大气数据可视化平台

六、特色及创新

这门课程的特色创新主要体现在教学内容的跨学科交叉上。它将思政教育和数据科学、设计学、计算机融合在一起，打造符合新时代学生需求的课程体系。

七、教学效果

课程取得了丰富的教学成果，学生围绕着"中国传统文化可视化"发表了一系列的作品（见图8），例如在新华网发布的两则数据新闻，结合了科研需求制作的六个可视分析系统。这些作品有的获得了国家级、校级的奖项，有的发表在了学术期刊上，很好地体现了"科教协同，全方位育人"这一课程教学理念。具体包含以下内容：

2018年9月，《宋词缱绻，何处画人间》发表于新华网；

2018年10月，《唐代女诗人群像》发表于新华网；

2019年3月，《历史人物不确定性推理可视分析》获得浙江大学第一届研究生人工智能创新大赛二等奖；

2019年5月，《宋词研究的新视角：文本关联与时空可视分析》发表于《计算机辅助设计与图形学学报》；

2019年7月，《云中诗阙》获得浙江大学第二届研究生人工智能创新大赛三等奖；

2020年3月，《历史人物群体可视分析》投稿于2020年顶级可视化会议；

2020年7月，《为你写诗》预发表于《计算机辅助设计与图形学学报》；

2021年3月，《历史人物群体特征可视分析》投稿于2021年顶级可视化会议。

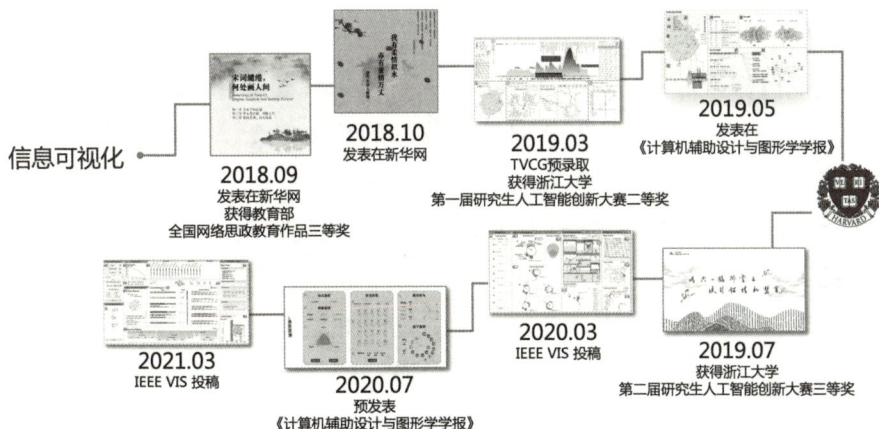

图8 课程作品（学生作品）

微积分（甲）Ⅰ Ⅱ

苏德矿、童雯雯、朱静芬、毕惟红

浙江大学　数学科学学院

一、课程概况

当今世界正以惊人的速度向前发展，科学技术的进步是建立在数学的原理之上的，数学的理论创造了新的工作方式、生活方式和思维方式。数学已成为人类文化的核心部分，这是因为数学的应用遍及自然科学和社会科学。数学的推理证明的过程中显示的力量和美也大大地丰富了人们的精神文化领域。

微积分是以函数为研究对象，运用极限手段（如无穷小与无穷逼近等极限过程）分析处理问题的一门数学学科，学时数为192学时。教学内容有：函数极限与连续、一元函数的微分学、一元函数的积分学、无穷级数、矢量代数与空间解析几何、多元函数的微分学、多元函数的积分学等。课程采用讲授与讨论相结合的方法。

二、育人目标

（一）知识目标

通过本课程的教学，使学生掌握微积分学的基本概念、基本理论、基本方法和具有比较熟练的运算技能，为学习后继课程和进一步获取数学知识奠定必要的数学基础；使学生受到高等数学的思想方法熏陶和运用它们解决实际问题的基本训练。

（二）能力目标

通过微积分的学习和训练，培养学生一定的抽象思维能力、逻辑推理能力、空间想象能力。有助于培养学生认真细致、严谨、踏实、一丝不苟的作风，使学生具有精益求精的态度。可以使学生具有扎实的数学基础知识、宽阔的数学知识面，使学生今后在自己的专业领域和实践工作中，具有探索和提出问题、分析研究、建立数学模型并利用计算机、数值计算等工具解决问题的能力。

（三）价值目标

（1）通过微积分的学习和训练，学生可以增强拼搏精神和应变能力，可以调动探索精神和创新能力。

（2）通过微积分的学习和训练，让学生学习科学家的奋斗精神，树立献身科学的信念，为实现中华民族伟大复兴的中国梦而奋斗。

三、思政元素

紧密围绕"懂、透、精、趣、情、德"六字要诀，通过创新性课堂教学，实现思政元素的有机融合。

懂："胸怀大局"，引导学生不仅要学懂所学的专业知识，更要坚定理想信念。坚持不懈用习近平新时代中国特色社会主义思想铸魂育人，切实增强"四个意识"，坚定"四个自信"，做到"两个维护"。践行和培育社会主义核心价值观，引导学生树立学为人师、行为世范的职业理想。

透："贯穿全程"，结合幸福微积分理论等独特的优秀专业及传统文化元素，将思政教育贯通人才培养体系全过程。

精："精益求精"，结合教学课程大纲和专业知识，任课老师坚持每天微博答疑交流三小时，实现传道情怀和解惑能力的双向提升。

趣："创新方式"，创新融媒体方式，结合实践经验，运用"浙江大学苏德矿""矿爷课堂"微博、一直播平台及中国大学MOOC平台与思政教育结合的先进技术和引流经验，注重发挥信息技术优势，营造好学乐学的教育氛围，提升学习者的创新意识。

情："情怀担当"，通过学校和师生间正能量故事讲述（见图1），强化对学生家国情怀的培养，强调把对家国的爱、对教育的爱、对师生的爱融为一体，争做有理想信念、有道德情操、有扎实学识、有仁爱之心的"四有"好老师。

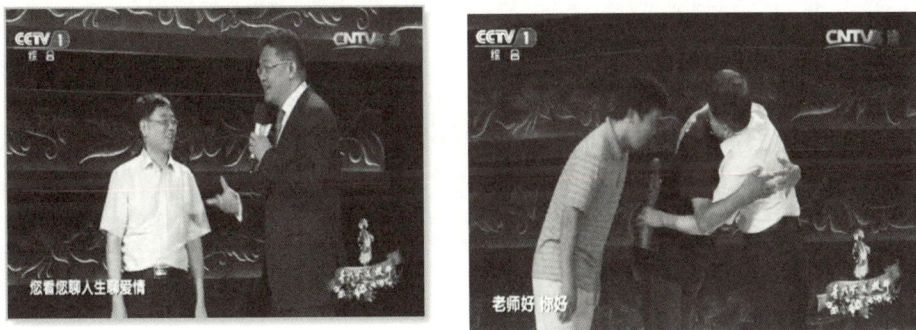

图1　正能量故事

德："立德垂范"，以浙大师德先进典型案例为教辅材料，在课程教学中注重加强师德师风教育，引导学生自觉以德立身、以德立学、以德施教，形成为党育人、为国育才新典范。

四、设计思路

本课程负责人苏德矿为"全国十大最美教师""全国优秀共产党员""浙江大学永平杰出数学贡献奖"等荣誉获得者，在教育教学方面拥有非常丰富的育人经验，熟悉教书育人规律，了解学生学习需求和思想特点。本课程深挖课程思政元素，将标杆人物的示范引领、融媒体教学手段的创新应用和课程思政元素有机融入相结合（见表1）。

本课程以教育教学六字要诀"懂、透、精、趣、情、德"为线索，以"胸怀大局、贯穿全程、精益求精、创新方式、情怀担当、立德垂范"为内核，结合教育教学核心能力及职业要求、专业优秀传统文化故事、核心价值观正能量故事及典型人物先进事迹等主要内容，创新融媒体技术手段，引导学习者坚定理想信念和家国情怀及责任担当。

表1　课程思政元素的融入

序号	教学内容	思政融入点	融入点的实现方式
1	数列极限	树立共产主义信念	介绍数列极限的产生与发展
2	费马定理	梦想与事业	介绍费马猜想、哥德巴赫猜想
3	数列极限的唯一性	一个人要有宏伟的目标，并为此奋斗	介绍数列极限的性质
4	中值定理	发扬科学精神、探索科学研究方式	讲解罗尔定理、拉格朗日定理、泰勒公式等
5	矢量量代数	团队合作精神	介绍矢量的运算

五、实施案例

案例1

1.教学内容

介绍数列极限定义。数列极限是微积分中最核心、最重要、最难和最基本的内容，数列极限的思想贯穿于整个微积分之中。

2.思政融入点

树立共产主义理想信念。

3.案例内容

讲授数列极限时，将数列极限的思想贯穿于整个微积分之中。这时候我们就会讲到数列极限就像微积分"草原"上的"星星之火可以燎原"，从而联想到中国共产党自从诞生以后，就像草原上的"星星之火可以燎原"，因为中国共产党代表最广大人民群众的根本利益，所以中国共产党能不断发展壮大。

4.实施方式

课堂讲授（见图2）。

图2　讲解数列极限

案例2

1.教学内容

介绍费马定理。

2.思政融入点

梦想与事业。

3.案例内容

在讲到费马定理时，我们很自然地就会介绍到费马猜想。

（1）皮埃尔·德·费马（1601年8月17日—1665年1月12日），法国律师和业余数学家。他在数学上的成就不比职业数学家差。他对数论最有兴趣，对现代微积分的建立有所贡献，被誉为"业余数学家之王"。

英国人安德鲁·怀尔斯（1953年4月11日—　）10岁的时候就被费马大猜想引住了，解决此问题就成了他的梦想，为此他选择了数学作为终身职业，在牛津大学、剑桥大学分别读了本科、博士，在普林斯顿大学做教授就研究这个问题。他对数学的最大贡献就是用了十几年的时间，于1994年证明了历时350多年的著名的费马定理。

（2）猜想内容：当正整数 $n > 2$ 时，关于 x、y、z 的方程 $x^n+y^n=z^n$ 没有正整数解。

数学家陈景润的梦想：1948年，勤奋的陈景润考上了福州英华书院，正好清华大学航空工程系主任留英博士沈元教授来到了这所中学，为学生讲授数学课。 一天，沈元老师在数学课上给大家讲了一个故事："200年前有个法国人发现了一个有趣的现象：4=2+2，6=3+3，8=5+3，10=5+5，12=5+7，28=5+23，100=11+89，…每个大于2的偶数都可以表示为两个素数之和。大数学家欧拉说过：'虽然我不能证明它，但是我确信这个结论是正确的。'"从那时起，陈景润对这个奇妙问题产生了浓厚的兴趣，引发了他的勤奋。1973年，他发表了著名论文《大偶数表为一个素数与不超过两个素数乘积之和》(即"1+2")，引起轰动，在国际上被命名为"陈氏定理"。他为数学事业的发展做出了重大贡献。

4.实施方式

课堂讲授（见图3）。

图3　讲解费马定理

案例3

1.教学内容

介绍中值定理。

2.思政融入点

发扬科学精神、探索科学研究方式。

3.案例内容

牛顿曾经说过一句话"我之所以能取得成功，是因为站在巨人的肩膀上"。从这一节的内容里，让学生看到科学家是怎样站在前人的肩膀上，消化已有的成果，如何发现，如何猜想，如何推陈出新，创造出新的定理；同时介绍这些科学家为科学事业，如何拼搏，从而获得丰硕的成果。告诉学生在学习中要努力拼搏，攻坚克难，为以后从事科学研究打下坚实的数学基础。

4.实施方式

课堂讲授（见图4）。

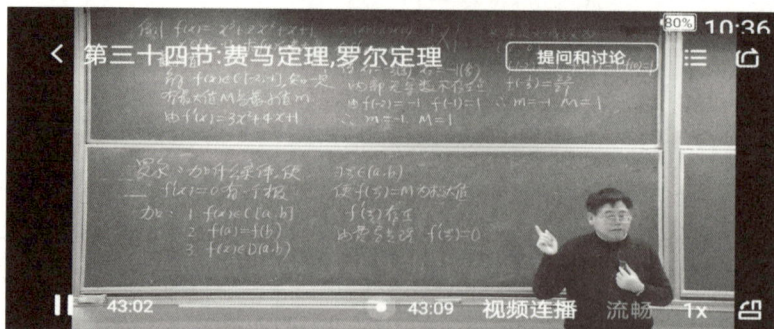

图4　讲解中值定理

六、特色及创新

（一）用活融媒体，创新课程思政建设形式

用活融媒体，创新课程思政建设形式。在课前课间，播放一些对学生学习有帮助、对学生的人生观有教育、对开阔学生视野有益的视频。面向全国学习者，潜心专注"微博课堂"，建立了实名认证的"浙江大学苏德矿""矿爷课堂"微博，为全国学生答疑微积分。除对微积分知识的答疑外，还在微博里和学生交朋友，转发央视微博、人民日报微博的好文章，传播正能量，引导学生奋发向上，做一个有理想、有抱负的人。同时，利用一直播平台，面向全国学习者进行课堂直播，仅2017年3月至2020年1月，就发起了900多场直播，每次都有数千至上万人次观看。

（二）带好教学团队，深挖课程思政元素

教学团队以老中青结合的梯队建设，注重自身传帮带，同时不断总结本科生教学实践中的经验，以教学研讨的方式，总结整理成"教学的六字要诀"。将"懂"（胸怀大局）、"透"（贯穿全程）、"精"（精益求精）、"趣"（创新方式）、"情"（情怀担当）、"德"（立德垂范）等思政元素融入课程之中，强化育人意识，找准育人角度，学习育人方法，提升育人能力。

图5为央视新闻1+1与苏德矿老师的视频连线直播。

图5 央视视频连线

七、教学效果

建设了紧密围绕"懂、透、精、趣、情、德"六字要诀的"微积分"课程，通过创新性课堂教学，实现思政元素的有机融合。

我们把育人放在和教学一样重要的位置上，结合教学内容向学生传授做人的道理。希望能把人生观、价值观和理想信念渗透到教学中去，引导学生奋发向上。

师生感言：

"原汁原味的课堂，一黑板，一粉笔，一老师。没有PPT纷繁炫目的特效，但这正是这门课最打动我们的地方，也是高等数学这门课最好的呈现方式。"（见图6）

"这门课让我们这些外校学生也过了一把"浙大瘾"，让我们对浙江大学充满了由衷的尊敬和向往。老师讲得非常好，细致入微而又不乏幽默，善于将抽象的高数用形象的物体来比喻。"

"矿爷的课逻辑性很强，定理的证明，能够让我们充分地感受到数学的严密性，而且矿爷的课也能够让我们的思维变得严谨而富有逻辑性。矿爷的分析综合法，给了我们一种解题的方法，而且类型多样，方法多样，更体现了数学的魅力。"

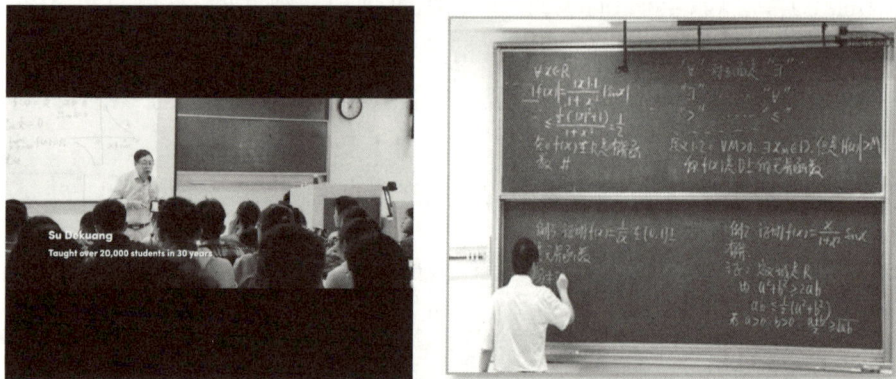

图6　课堂板书

"听苏老师的课是一种思维上的享受。"

"苏老师的课是小课堂大世界。"

"苏德矿既讲专业课，也讲人生课，让枯燥的课堂变得幽默风趣，把育人的工作做得润物无声，在上好专业课的同时，融入课程思政，是立德树人的典型。"（见图7）"苏老师的教学方法非常值得借鉴，对开展好课程思政教学有很大的帮助！"

图7 师生感言

微积分团队在中国大学MOOC上开设了微积分（一）（二）（三），自2018年开设以来，注册人数达50余万人，学生给予的评价分别是5星、4.9星、5星（见图8）。2020年，苏德矿负责的"微积分"课程入选国家级线上一流课程。

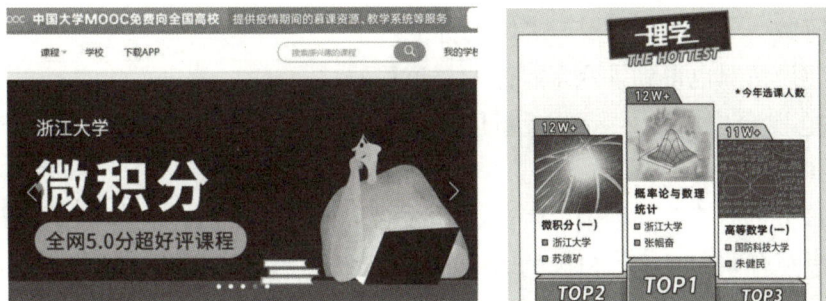

图8 微积分选课人数和评分

团队负责人苏德矿在省内外多所高校给学生演讲"大学四年，有梦想，更要坚持"（见图9），通过讲述苏老师本人的求学之梦、唱歌之梦、爱情之梦和教师之梦，与学生分享大学如何学习生活。苏德矿老师多次通过直播来演讲这一主题，有一次点击量达100万次，受到学生的欢迎和好评。同时还在省内外近百所高校分享教学经验，在浙江省六个高教园区和全国部分高校做现场教学示范公开课，起到了良好的辐射作用。

2021年，苏德矿负责的"教学的六字要诀"课程入选国家级课程思政示范课程。

图9　高校演讲

2019年11月，苏德矿给重庆大学青年干部培训班培训后，学员的评价是："无愧'矿爷'这个称呼，打造金课，核心在于把学生捧在手心，真正站在学生的角度去思考教学方法和技巧，与时俱进，用学生爱听的语言上课，受益匪浅，感谢苏老师的分享。"2019年10月，苏德矿给四川省高校第8期高层次综合人才培养培训班培训后，学员的评价是："苏教授学高为师，身正为范的典范，对教学的热情令人印象深刻。"2019年7月，苏德矿给郑州大学青年人才政治理论和创新发展培训班培训后，学员的评价是："矿爷能够将枯燥的微积分讲得如此生动，让我得到了很多启发，也明白了如何做一个好老师以及好老师的标准。"

课程建设情况也得到了众多媒体的报道：

中央电视台白岩松主持的《新闻1+1》："百万"名师"矿爷"，22分钟视频，2014-09-10；

光明日报：苏德矿，用生活解读高等数学，2015-08-31；

中央电视台东方时空：口碑的力量你懂的，学生感受微积分的乐趣，06:50视频，2016-05-02；

人民网–中国共产党新闻网：永远践行党旗下的承诺，介绍浙江省苏德矿等三位全国优秀共产党员的事迹，2016-08-19；

人民日报：教授玩直播，万人同上课，2017-04-16；

新华社：浙大教授玩起"网络直播"，2017-03-24；

新华网：2017年度全国教书育人楷模推选活动，编号：21，姓名：苏德矿，"百万矿爷"和他的"苏式"微积分——记浙江大学教授苏德矿，2017-07-07；

澎湃新闻网：浙大网红教授，直播上课微博答疑，教育要跟上时代，2017-03-24；

中央新闻频道：新闻周刊人物回顾，苏德矿"网红"高数课，00:54视频，2017-05-09；

新华社每日电讯：愿每个孩子都能"微分了忧伤，积分了希望"，2019-09-09。

场地设计与分析

陈炜、梅歆 —

浙江工业大学　设计与建筑学院

一、课程概况

　　针对场地的分析与设计是人居环境设计的重要环节。"场地设计与分析"是环境设计专业结合基础理论与实践指导的一门特色课程，内容适用于环境设计、风景园林、建筑及城乡规划等相关学科，具有多学科交叉的鲜明属性。本课程作为环境设计专业培养计划中不可或缺的一环，积极响应中央城镇化建设不同阶段的号召，持续深入挖掘课程价值，将思政元素巧妙融入教学过程。课程以2021年中央一号文件《中共中央国务院关于全面推进乡村振兴加快农业农村现代化的意见》为指导，引导学生立足传统文化、发扬"浙江精神"、深度学习传承传统文化、坚持真诚质朴务实的生活美学态度、提倡融合创新，为建筑与室内设计、景观与城市规划设计、美丽乡村规划设计、环境设施与艺术陈设设计等方向培养具有良好人文底蕴、全球当代视野、优秀审美能力的创新复合型设计人才。本课程属于浙江工业大学设计与建筑学院环境设计专业人才培养计划中第五学期的必修课程，总计48学时，3学分。

　　课程以思政为引领，聚焦美丽浙江大花园建设，对接"浙江精神"，与区域文化与区域经济互动，打造"设计＋工程＋艺术"三位一体的课程特色。课程现阶段的实践环节以"乡村振兴"和"城市更新"为主要选题，带领学生密切关注"美丽中国"发展，积极投身城镇化建设，创作优秀的环境设计作品。

二、课程目标

（一）知识目标

（1）较为全面地了解场地设计与建筑设计、景观设计的关系。

（2）掌握场地调查与分析的基本内容与方法。

（3）熟悉场地设计的内容与过程。

（二）能力目标

（1）掌握场地设计的综合作图设计过程。

（2）初步掌握运用场地设计分析法进行项目选址及规划构思的能力。

（3）能够较熟练地运用设计原理进行设计，为景观与建筑总图设计打下扎实基础。

（4）具备主动辩证思考能力，能够分析、创造、表达具有美感的方案。

（三）价值目标

（1）具有作为设计师及相关职业人员的社会责任感、职业道德与专业素养。

（2）明确专业要求及职业发展目标。

（3）树立中华民族优秀传统和时代精神的价值标准。

三、思政元素

本课程基于美丽乡村建设，紧密结合习近平新时代中国特色社会主义思想理论创新发展、协调发展、绿色发展、开放发展、共享发展的新发展理念和"求真务实、诚信和谐、开放图强"的浙江精神，促进思政教育在课程中的真实落地。

（一）天人合一

指导学生通过场地设计优秀案例的赏析与自我创作，学习在设计中融合自然元素，提倡人工与自然环境和谐发展，以中国传统的"天人合一"为目标，秉持"知行合一、道法一体"理念，追求天、地、人、风、水的有机结合，保护青山绿水，实现永续发展。

（二）家国情怀

"家国情怀"在增强民族凝聚力、建设美丽环境、提高幸福感与获得感等方面都有重要的时代价值。课程在教学培养环节中，强调家国情怀，凸显民族自豪感，深挖新时代的中国智慧，促进浙江建设新时代全面展示中国特色社会主义制度优越性重要窗口作用在教学过程中的体现。

（三）文化自信

人居环境设计根植传统文化，本课程特色在于挖掘并发扬中国优秀传统文化。本课程将传统文化与当代科学技术相结合，推进新时代场地设计的文化传承，实践"传统的就是现代的，民族的就是世界的"理念，在当代语境下，在对未来发展的前瞻性思考前提下，认清世界文化发展动态，加强学生对传统人居环境文化的了解，并传承、打造具有中国特色的现代化人居环境设计。

（四）创新精神

课程在基础教学的同时，鼓励学生避免盲目借鉴、积极使用田野调查方法展开现场调研，在实践中启发学生的创新思维。根据调研获取的场地人文环境、自然环境、社会环境现状与特征，巧妙运用当地特有材料，在设计中发挥地域优势，培养具有创新能力、观察能力、实践能力的优秀设计人才。

（五）求真务实

课程积极响应国家政策，聚焦当前中国新型城镇化建设中的突出矛盾，贯彻"以人为本"理念，在设计中结合"乡村振兴"和"美丽乡村"政策，引导学生关注长三角尤其是浙江乡村新发展，激发学生基于本地居民真实生活模式，思考如何切实解决城乡环境中人的生活、生存、生态问题。

四、设计思路

（一）课程体系

课程建设体系（见图1）强调创意复合式设计人才的培养目标和路径，通过完善创意复合式人才培养目标定位、建立理论实践复合国际化教学模式、构建跨专业复合实践能力培养模式、构筑互动联动的培养方式等途径，对标浙江省一流课程建设标准。

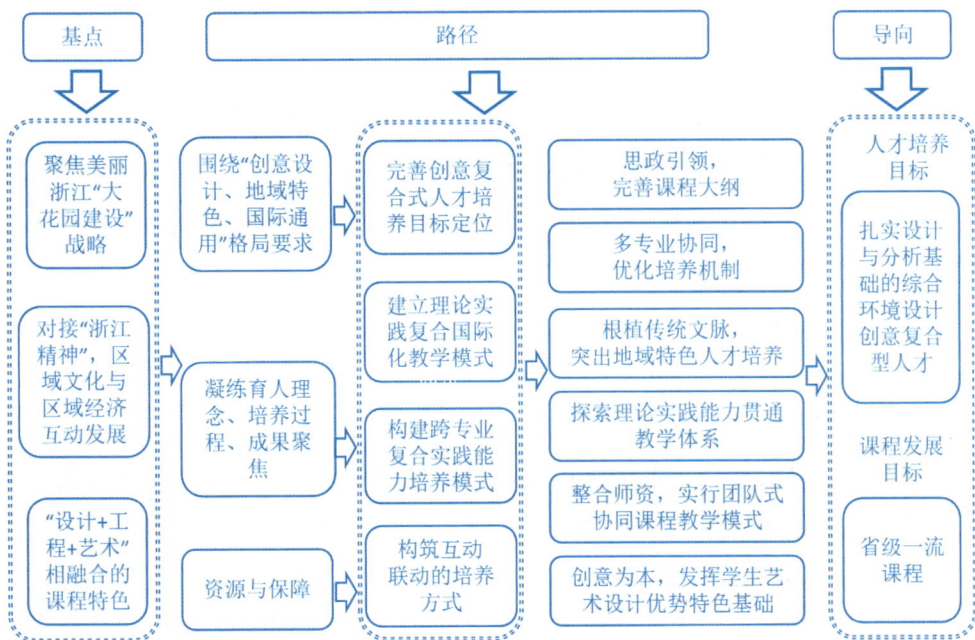

图1　"场地设计与分析"课程建设体系

教学课程思政设计（见表1）通过理论概述、专题设计讨论、成果汇报3个模块分阶段要求学生全面了解、分析场地与周边环境和适用人群的关系，通过切实落地的场地调研访谈、充分的前景规划预判、扎实的基地勘探测绘、合理有力的落地方案提出等一整套分析设计流程，熟练掌握并运用专业方法和技术，达到课程内容教学、素质教育、思政教育的培养目标。

表1 "场地设计分析"课程思政设计思路

教 学 模块	思政元素	相关的专业知识或教学案例			
		教学内容	作业要求	专业知识	教学案例
理论概述	天人合一文化自信求真务实	下达课程引导书、考察列表及要求	自我深化场地设计理论体系与典型案例实践方法，明确课程目的及考察要求	掌握场地考察方法及各类项目的特点与设计注意事项	近年各类国家级、省级获奖作品
专设讨题计论	天人合一家国情怀文化自信创新精神求真务实	按专题考察要求组织考察、报告和讨论	围绕考察列表深入研究项目的设计内容及方法，准备考察，完成方案，撰写报告	针对具体场地进行实地勘察，制定设计步骤，详细罗列设计内容	乡村主题与城市主题的优秀案例和获奖作品
成果汇报	文化自信创新精神求真务实	案例设计与分析分组研讨，修改问题，进行课程展汇报讲评	总结并自我延展课程内容，调整作业效果，强化理论体系及实践操作	对课程作业、设计理论及实践方法做延伸探讨，提炼设计重点与特色	往届优秀作业

（二）教学组织与方法

本课程响应"金课"建设与教学改革需求，结合现有教学条件和工作基础，坚持"课题嵌入"，从人才培养定位、课程体系结构、教学组织模式3方面展开探索与实践（见图2）。针对教学培养中需求端和供应端的主要矛盾，提出社会所需的人才类型、知识技能、实施保障等教学内在逻辑，倡导"以赛促学、以展促评、以评促教"的人才培养思路，建立"教学组织、课程体系、目标定位"人才培养模式，建立"赛评展结合、教学用相长、多主体参与"的人才培养机制，多元协同打造"课题嵌入式"人才培养模式。

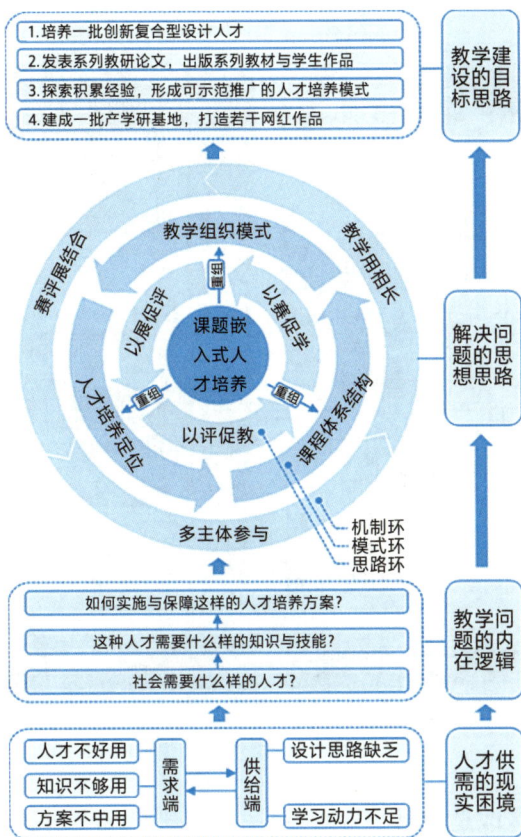

图2 "课题嵌入"的"场地设计与分析"课程人才培养模式建设思路图

五、实施案例

（一）案例1：街区改造设计

案例（见图3）位于上海市金山区下坊村，是蜜梨种植园的附属仓库。下坊村在"美丽乡村"建设中为唤醒乡村新活力，打造新老村民共同向往的生活，开启了乡村街道复兴改造计划。设计以街区中某一节点为抓手，提出"梨享"主题，谐音"理想"，旨在打造历史农耕与现代风情交融，同时具备操作性和资本回报率，可满足多种人群需求的多元空间载体。通过发挥"梨园"经济，赋予场地独特的"梨文化"；通过田园采摘、梨园戏曲、梨花观赏等特色活动项目，形成文旅核心的场地特色。设计体现教学课题鲜明的"天人合一、家国情怀、求真务实"的思政元素。

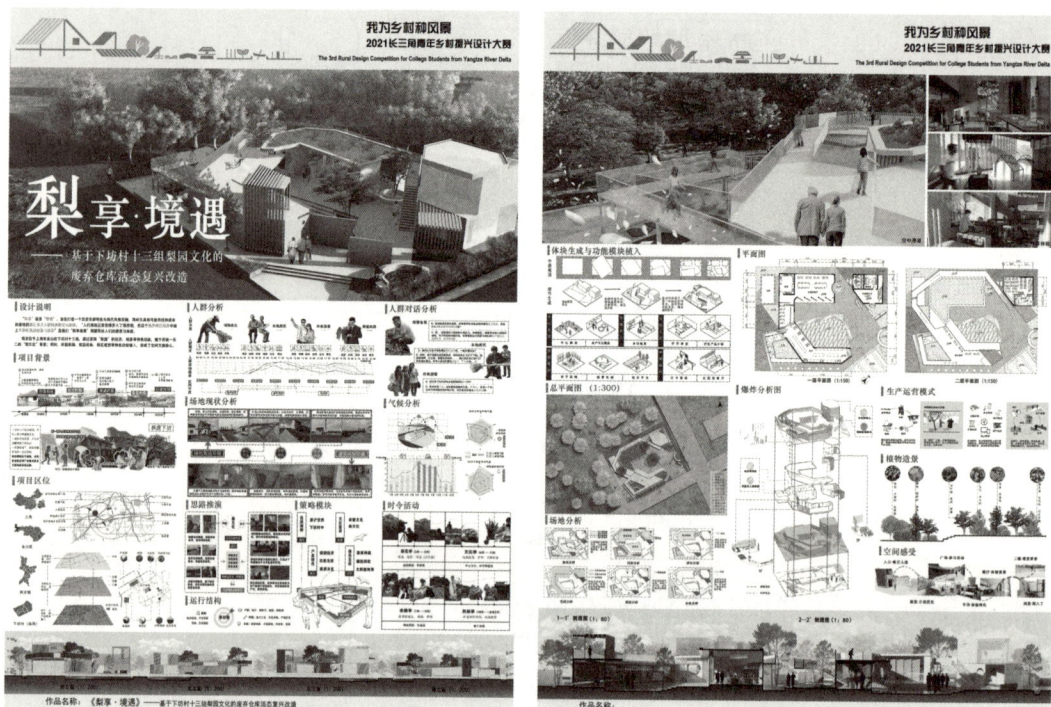

图3 街区改造教学案例作品

（二）案例2：厂区改造设计

该设计（见图4）"唤醒"了上海金山区朱泾镇新泾村深井水厂单一的场地现状，就地取材，加工回用，保留了场地原有的水塔、草棚，将其改造为瞭望塔与茶室，使新生建筑和谐地融入周边环境。此外，设计还追溯了朱泾镇的历史脉络，提炼出场地文化与历史记忆，并以此为基础，结合原有建筑的结构特征，在场地中新建出文化长廊、戏台空间等区域，营造了村史馆与休闲活动一体化的村民活动空间。该作品在现状分析、理念提取与设计创新的过程中做到了尊重历史、延续文脉，充分展现了本课程提倡的"文化自信"与"创新精神"两项思政元素。

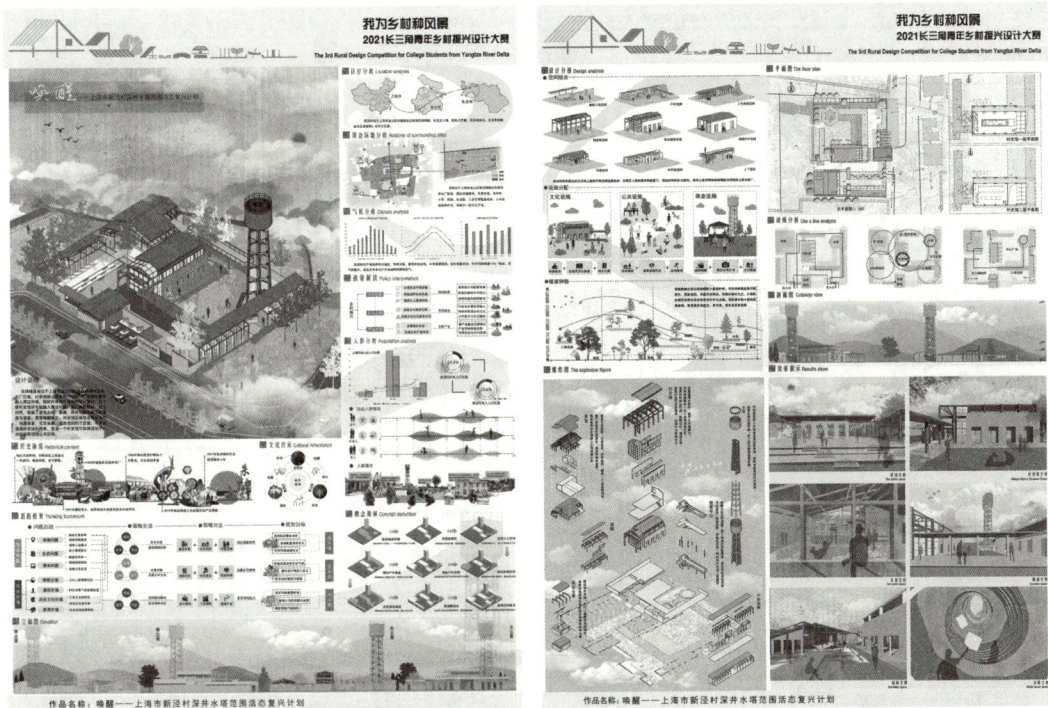

图4　厂区改造教学案例作品

（三）案例3：城市公园改造设计

该作品（见图5）聚焦城市公共空间的微更新改造设计。团队通过网络信息搜索，初步了解杭州西湖的平湖秋月景点各方面信息，再深入完成为期一周的实地考察，详细调查分析平湖秋月的历史背景、周边环境、气候状况、建筑布局、需求分析、空间使用活动等设计背景。设计方案针对平湖秋月景区旅游人群的实际需求，重点考虑场地空间与气候环境的关系，形成观水、戏水、划水等多种临水空间。教学与设计过程着重体现"天人合一、求真务实"的思政元素，实现了建设美丽环境、提高幸福感与获得感等重要的时代价值目标，营造出具有公共性、体验性的城市公共景观场所。

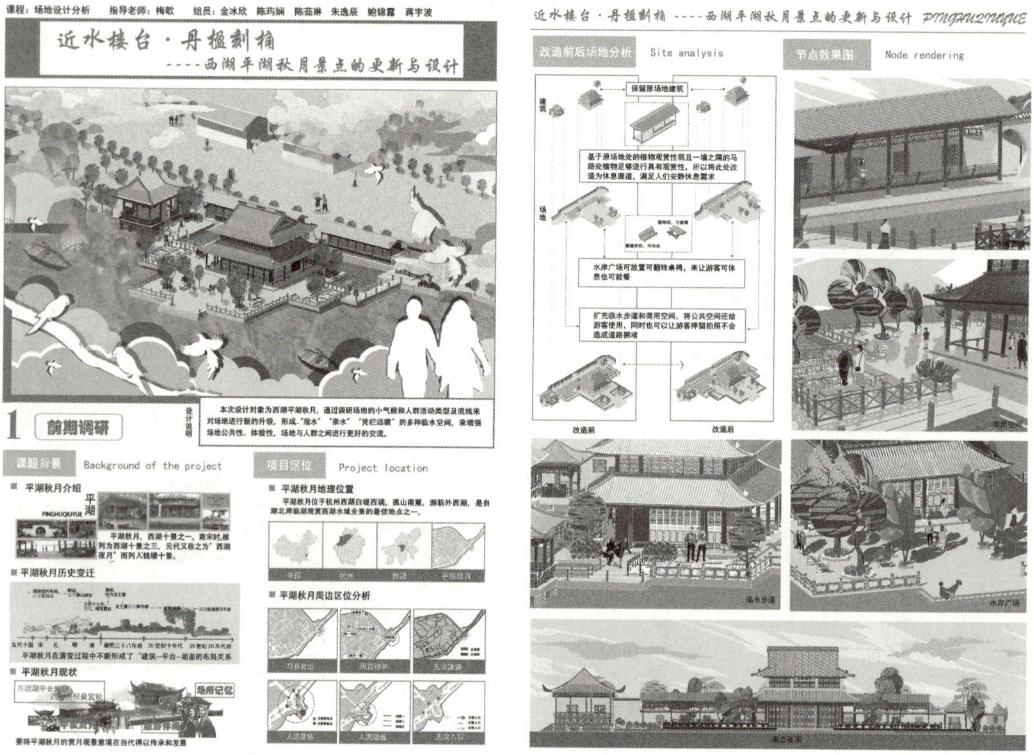

图5　城市公园改造教学案例作品

（四）案例4：乡村改造规划设计

"十四五"规划针对新农村建设，全面提出提升基础设施建设、加强农业生态保护、改善农村人居环境、丰富乡村经济业态、健全城乡融合发展、推进乡村旅游等政策措施。项目（见图6）以上海乐高乐园与金山北为业态核心，围绕上海金山区枫泾镇下坊村，新建枫泾镇娱乐度假区。设计注重强农富农，做实乡村振兴样板；持续推进"美丽乡村＋幸福家园"建设；加强城乡建管，提高宜居宜业品质。通过项目规划，大力发展农业旅游，打造集生态农庄、田园观光、休闲住宿、特色餐饮、亲子乐园于一身，田意、闲意、匠意三位一体的田园综合体。设计主打乡村田间的季节性变化，从四季的种植采摘、农业劳作、农作物线上线下售卖、现场烹饪等互动模式中建立亲子休闲度假区。设计过程始终秉持"天人合一、文化自信、求真务实"的思政理念，较好地达到了本课程教学目标。

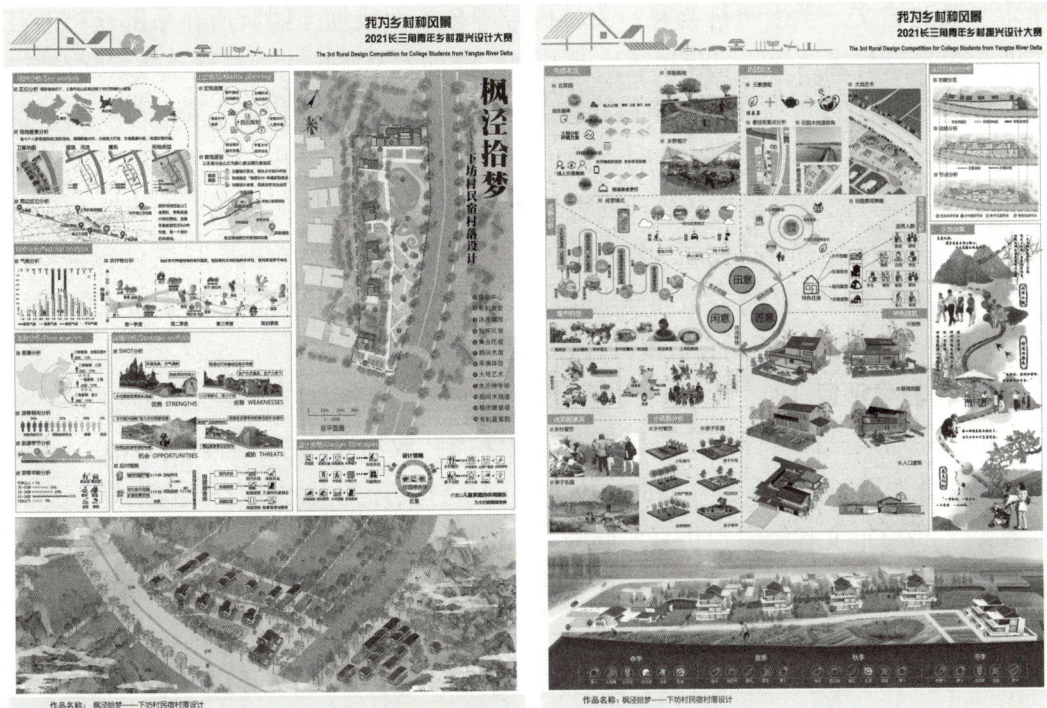

图6 乡村改造规划设计教学案例作品

六、特色及创新

（一）思政引导的复合式人才培养

对标"一流金课"建设要求，以"浙江精神"为引领，在教学环节中始终凸显天人合一、家国情怀、文化自信、创新精神、求真务实的课程思政元素。体现专业课程的高阶性、创新性、挑战度，紧随城乡建设政策导向，结合设计学前沿技术与原创特色，立足场地实际情况，激发学生学习探索的兴趣，培养学生综合解决实际问题的能力，全方位体现"立德树人成效"的培养目标。

（二）课题嵌入式的教学模式推进

资料收集、场地考察、政策解读、课堂讨论、线上交流、虚拟仿真实验、阶段性汇报、结课汇报、竞赛宣讲等多环节交互穿插，分任务布置、任务完成、总结汇报3个阶段打造完整的课程教学。模拟实际项目操作流程，坚持理论结合实践，通过与项目管理者、运营者、使用者的直接交流与沟通，促进学生对思政要求的深入思考，激发学生自主学习与探索的动力。

七、教学效果

课程改革至今成果丰硕，课程建设已支撑本教学团队获得教学项目、学术报告、学术与教改论文、学生学科竞赛、荣誉称号等多方面成绩。团队所在系部获批浙江工业大学设计与建筑学院课程思政实践基地、浙江省高密度人居环境小气候实验室；团队成员获批2020年浙江省产学协同育人项目、浙江省虚拟仿真实验教学项目；团队教师在2020第二届风景园林与小气候国际学术研讨会作"校园户外空间夏季小气候环境提升设计研究"报告，公开发表学术与教改论文16篇，指导学生获得2019第二届浙江省环境生态科技创新大赛、2020"我为乡村种风景"——长三角青年乡村征选设计大赛等11项奖励，指导学生作品入选2020中国环境设计学年奖作品集2件，《心心相印 共克时艰——同心抗疫设计作品选》1件。

（一）教学项目

依托"场地设计与分析"课程建设，教学团队成功获批浙江省教育厅2020年度省级产学合作协同育人项目"面向未来的新型乡村设计类人才联合培养模式"，浙江省教育厅2020年度省级虚拟仿真实验教学项目"高密度人居环境小气候感受与空间使用分析虚拟仿真实验"。

（二）学生学术论文

课程教学过程中学生撰写的学术论文共有15篇已公开发表：《江浙地区古建牛腿木雕装饰纹样美学价值》《耗散理论视角下小城镇发展研究——以诸暨陈宅镇为例》《建筑类型学视角下安昌古镇空间研究》《一池三山对传统园林空间布局的影响》《国槐绿在新中式园林中的应用研究》《基于互动理念的儿童户外行为与户外空间的关联性研究》《浅谈中国古典园林中亭建筑的运用》《历史街区更新改造设计研究——以黄山屯溪老街为例》《基于城中村环境的城市新居民归属感的重建》《基于参数化统计方法的夏季户外开敞空间小气候对人群行为活动影响初析》《景观BIM流程在户外小气候设计中的辅助应用研究》《小气候适应性策略在弹性景观微改造中的模拟应用初探》《夏季户外空间小气候适应性微改造初探》《杭州夏季户外风景园林空间小气候测定研究》《杭州户外空间小气候环境改造策略与模拟研究》。论文从教学目标与意义、教学改革内容、教学过程、教学评价体系等方面介绍了"场地设计与分析"课程主要成效，对新时代背景下的同类课程教学具有一定的借鉴意义与价值。

（三）学生学科竞赛

课程与乡村振兴发展、共创美好环境的政策密切相关，教学以传统文化为切入点，促使学生在学习之中关心时政，设计适应社会发展的作品。"场地设计与分析"课程教学团队在课程改革之后，多次辅导学生参加国内外专业设计大赛，获得多项奖项，赢得学界良好反响（见图8、图9）。

图8　浙江省第二届大学生环境生态科技创新大赛奖状

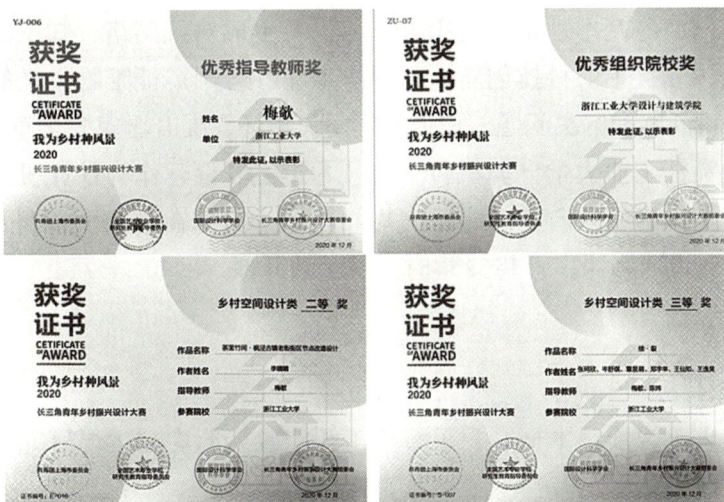

图9　2020"我为乡村种风景"——长三角青年乡村征选设计大赛奖状

人工智能导论

徐新黎、王万良

浙江工业大学　计算机科学与技术学院

一、课程概况

人工智能是一门研究如何使机器具有能听、会说、能看、会写、能思考、会学习、能适应环境变化、能解决面临的各种实际问题等功能的学科。作为人工智能的入门课程，该课程主要阐述知识表示、推理、搜索、智能计算、专家系统、机器学习、人工神经网络等基本理论与实用方法，以及生成对抗网络、知识图谱等前沿内容。课程倡导独立自主的科技创新，引导学生能够运用辩证唯物主义的思想与方法观察问题、分析问题和解决问题，增强爱国主义情怀，提升国家安全意识。

该课程由浙江工业大学计算机科学与技术学院开设，作为计算机科学与技术等专业的一门专业必修或方向必选课程，共48学时，安排在第四个学期开课；作为全校科学素养的通识选修课程，共32学时，每学期开课。

二、课程目标

（一）知识目标

（1）掌握人工智能基本概念，了解人工智能发展简史和主要研究领域，熟悉人工智能研究热点。

（2）掌握知识表示、逻辑推理、模糊推理、A*搜索、遗传算法、机器学习、人工神经网络等基本理论与方法，了解智能优化、机器学习、深度学习等典型应用。

（3）了解人工智能应用中现代工具、技术及资源的现状和使用方法及局限性。

（4）了解人工智能新技术和有关问题求解的创新方法，熟悉人工智能系统的运行和实现过程。

（二）能力目标

（1）能够通过文献分析和总结应用人工智能方法解决复杂工程问题的可能途径。

（2）能够持续追踪人工智能新技术，具有终身学习的意识。

（3）能够在人工智能的工程应用中分析社会、安全、法律、环境等因素。

（4）能够对人工智能系统提出设计思路并积极验证和探索，具有创新和自主学习能力。

（5）能够对人工智能应用技术方案进行可行性和有效性分析，理解复杂工程领域的应用实践对环境、社会可持续发展的影响。

（三）价值目标

（1）正确运用辩证思维认识人工智能的本质及双面性，分析人工智能对社会、环境、法律等的影响，掌握人工智能相关技术的伦理边界。

（2）增强民族自豪感和自信心，建立人工智能发展的危机感，提升国家安全意识，培养社会责任感和爱国情怀。

（3）激发投身人工智能基础研究的热情，弘扬探索未知、敢于创新的精神，培养独立自主的科技素养，提升自主创新意识。

三、思政元素

结合蓬勃发展的新一代人工智能以及人工智能与经济社会的深度融合，该课程着重培养学生的科技创新、辩证思维与家国情怀。

（一）科技创新

发展人工智能，要从人工智能的底层算法模型出发。通过人工智能在语音识别、图像识别、文本识别等领域所取得的重要成果，激发学生探索未知、敢于创新、不断学习的热情，建立人工智能与生物学科、认知学科、艺术学科、文学学科、医学学科等的多学科交叉创新思维，培养学生独立自主、严密精确的科技素养，点燃学生应用人工智能新技术解决实际问题的兴趣。

（二）辩证思维

随着人工智能技术的快速发展，人工智能一方面使社会生活更加便利，另一方面也带来了社会治理、政府监管、社会伦理、法律规范等方面的挑战。在人工智能方法的分析与应用中，让学生从辩证唯物主义等哲学高度认识人工智能的双面性及其对社会、环境、法律等的影响；以机器学习中损失函数对经验风险和结构风险的平衡等为例，引导学生运用辩证思维深入分析相关算法及其应用时碰到的一些问题。

（三）家国情怀

人工智能作为国家发展战略，大力宣传吴文俊等杰出的中国科学家以及中国在超级计算机、量子计算机、人工智能方面的成就，增强学生的民族自豪感和自信心，引导学生正确认识世界和中国发展大势，以人工智能的硬件基础——智能芯片等入手，建立危机感，提升国家安全意识。

四、设计思路

人工智能是一门综合性交叉学科，课程教学内容涉及面广，教学难度较高。为了将思政教育有效融入课堂，根据计算机科学与技术等专业人才培养目标，以立德树人为根本，以社会主义核心价值观教育为主线，针对课程特点以及授课对象的认知能力，在教学大纲、教案以及教学过程中融入课程思政元素，如表1所示，各章节教学设计上依靠巧妙的构思、科学的设计，将教学内容、教学方法和思政教育紧密结合，并借助于恰当的课堂教学手段，使教书与育人浑然一体。

表1　课程章节思政元素的教学设计

课程章节	重要思政元素	相关联的专业知识或教学案例
绪论	家国情怀、民族自信、辩证思维	1. 利用国务院《新一代人工智能发展规划》、教育部《高等学校人工智能创新行动计划》等文件，引导学生正确认识世界和中国发展大势。介绍华为智能手机从芯片发布到芯片断供，使学生建立危机感，提升国家安全意识。 2. 宣传中国在量子计算机、类脑芯片等方面的成就，以及人工智能成功的一些商业应用，增强学生的民族自豪感和自信心。 3. 关于智能计算机，引导学生思考有自由意志的人工智能操控政治经济所带来的伦理问题。从人工智能发展的3个层次，辩证认识人工智能的本质及双面性
知识表示	中国智慧、文化自信	1. 引入苏东坡、王安石的菊花诗得出知识的相对正确性，引入《三国演义》火烧赤壁故事得出知识的不确定性，弘扬中国文化与中国智慧。 2. 结合《三国演义》"诸葛亮智算华容"介绍冲突、冲突消解的基本概念以及冲突消解方法，引导学生树立文化自信、正确认识时代责任
推理方法	科学精神、民族自信	1. 引入伽利略在证明哥白尼的日心说时违反了经典逻辑的例子，启发学生追求严谨精确的科学精神。 2. 引入"Zadeh悖论"对证据理论的合成公式的合理性进行质疑，启发学生树立质疑问难以及纠错臻美的科学精神。 3. 通过介绍我国研制成功的第一台模糊逻辑推理机以及刘应明院士被授予"FuzzyFellow"奖，树立学生的民族自信
搜索求解策略	创新精神、辩证思维	1. 从极小极大搜索到 α-β 剪枝，再到蒙特卡洛树搜索以及 AlphaGo 算法解读，引导学生发挥创新思维以及精益求精的工匠精神。 2. 在对蒙特卡洛树搜索的UCB1置信区间教学中，引入挖矿的例子，启发学生运用辩证思维思考对过去奖励和未来奖励的平衡
智能计算及其应用	创新精神、团队协作	1. 通过遗传算法与达尔文的"物竞天择，适者生存"、鸟群觅食与粒子群算法等，建立人工智能与生物学科交叉创新思维，以及向大自然不断学习的创新精神。 2. 利用群智能算法的基本思想，即通过群体中个体之间的协作和信息共享来寻找最优解，培养学生的团队协作精神
专家系统与机器学习	家国情怀、民族自信、团队协作	1. 结合关幼波肝病诊断专家系统，针对老中医等人类专家知识不断丢失，甚至很快就要失传的情况，通过建造专家系统这一有效的途径来收集、管理和运用专家经验知识，培养家国情怀。 2. 通过专家系统开发环境"天马"、百度成功预测2014年世界杯所有比赛结果等案例，建立民族自信。 3. 通过"三个臭皮匠顶个诸葛亮"、多只蚂蚁合作搬迁木头等引出集成学习，让学生分析如何通过团队协作提升机器学习算法的性能

续表

课程章节	重要思政元素	相关联的专业知识或教学案例
人工神经网络及其应用	科学精神、创新精神、技术伦理	1. 从神经网络研究的曲折道路，看科学研究坚持不懈的精神，引导学生树立远大抱负，培养脚踏实地的科学精神。 2. 通过介绍从视觉机理提出卷积神经网络，从对抗思维提出生成对抗网络，以及计算机作画、动漫设计、诗歌写作机器人、医学影像识别等，引导学生建立人工智能与认知学科、艺术学科、文学学科、医学学科等的多学科交叉创新思维。 3. 结合疫情，让学生分析智能监控识别等相关技术与隐私的界限，如何在保证隐私的情况下实现技术的有效利用与合理、合法利用

五、实施案例

案例1：从智能芯片、人工智能开源框架等入手，提升人工智能发展危机感，激发学生的基础研究热情（见图1）

宣传《新一代人工智能发展规划》，让学生从国家发展战略的高度认识人工智能；以智能芯片为例，讲述华为从2017年9月发布首款智能手机芯片到2020年9月15日芯片断供，让学生建立危机感，提升国家安全意识；介绍2020年秋季赛中徐新黎老师带队的2名学生参加华为MindSpore网络模型挑战赛并获得奖项，并对比讨论人工智能开源框架，如国外的Tensorflow、Pytorch，百度的PaddlePaddle等，激发学生投身人工智能基础研究的热情。

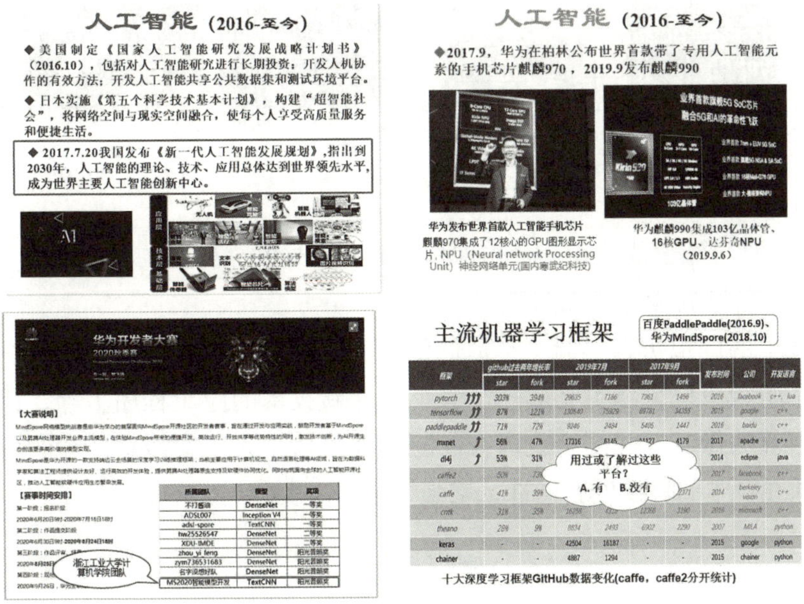

图1　案例1

案例2：以科幻电影、自动驾驶等为例，辩证认识人工智能技术的边界及伦理（见图2）

以生动的科幻电影和电视剧为例，比如关于智能计算机，引导学生思考有自由意志的人工智能操控政治经济所带来的人工智能伦理问题，并结合2016年开始建设的杭州城市大脑思考人工智能技术的合法应用；在机器学习教学中，以陨石撞地球的分类模型为例，辩证地分析数据不平衡所造成的问题及解决方法；从2017年7月百度宣布开源自动驾驶系统Apollo到2017年12月18日北京交通委印发《北京市关于加快推进自动驾驶车辆道路测试有关工作的指导意见（试行）》，分析人工智能对社会、法律等的影响。

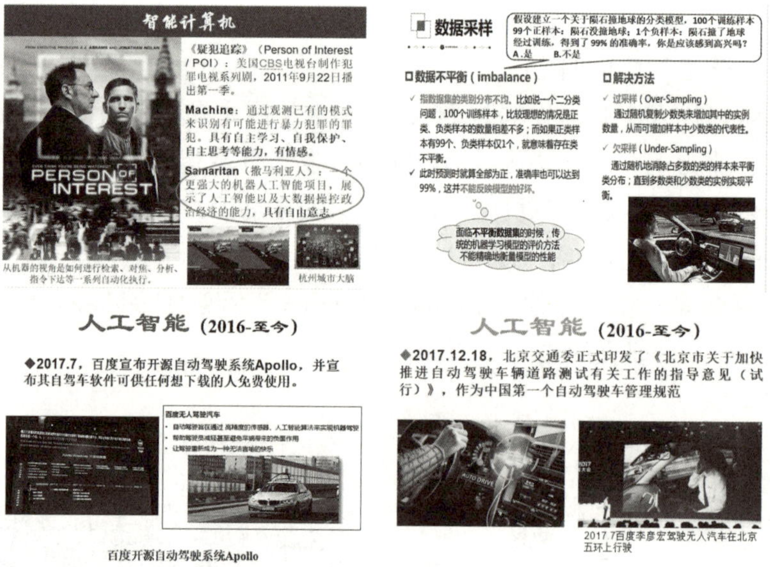

图2　案例2

案例3：通过线上线下相结合的课程实验，倡导独立自主的科技创新精神，增强学生解决实际问题的能力（见图3）

通过线上的虚拟仿真实验（包括遗传算法和深度神经网络等）以及线下的自主实验（以小组为单位，自主完成一个人工智能新技术的应用程序）等，让学生从人工智能底层算法做起，并结合我国在新冠肺炎疫情中人工智能新技术的应用（见图4），倡导独立自主的科技创新精神，增强学生解决实际问题的能力。

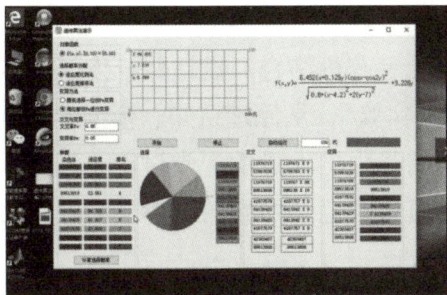

（a）遗传算法虚拟仿真实验

（b）深度神经网络虚拟仿真实验

图3　课外虚拟仿真实验

大数据人工智能强劲助力疫情防控复工复产

□ 2020年2月28日，国务院联防联控机制举办以"新冠肺炎的防控和医疗救治"为主题的新闻发布会。中国工程院院士、中国电子科技集团公司总经理吴曼青表示，疫情期间，人工智能大数据在抗击疫情工作中发挥了特别积极的作用。

➢ 疫情态势分析：密切接触者测量仪。

➢ 物资保障调度：疫情防控国家重点医疗物资保障调度平台。

➢ 发热检测：研发了多种红外测量设备，通过与人工智能相结合，可以快速识别谁是发热患者。

➢ 物质投送：智能无人投送系统在武汉、重庆等地区开展了一些无人的非接触式的物资的投送工作，减少投送风险。

➢ 其他：药品筛选、疫苗研发、辅助诊断、病毒溯源。

http://news.cctv.com/2020/02/28/ARTILDm8hUPhb5uz4WnTJIIG200228.shtml
https://www.bilibili.com/video/av89644003?from=search&seid=10161116796592735499

图4　人工智能大数据助力疫情防控复工复产

六、特色及创新

（一）国家教学名师领衔主讲

领衔主讲的王万良教授2014年入选首批国家"万人计划"教学名师，组建了4个以全国高校教师为主的近2000人的人工智能教学微信群，分享人工智能课程建设及教学经验，国内影响大。

（二）思政教育融合深入

持续跟踪人工智能的发展，融合人工智能前沿内容，运用体现学术价值和思政元素的图文并茂的教学案例，坚持启发诱导，利用问题情境引发学习意愿，用有趣的故事启动学习，激发学生的学习兴趣，同时结合我国在新冠肺炎疫情中人工智能新技术的应用，引导学生应用新理论解决工程问题。

（三）教学环节立体推进

讲课视频、课堂讨论、单元测试、虚拟实验等有机结合。设计并开发了丰富的课程实验，特别是"神经网络深度学习虚拟仿真实验"，从原理认知、模型学习到古镇人流视频分析应用，增强学生解决实际问题的能力。大量的课堂讨论（例如"人工智能是否可以超越生物智能？"等）促进学习者对思政内容的思考，激发学习者回答问题的积极性。

七、教学效果

（一）本校学生课程作品丰富

浙江工业大学计算机科学技术学院每年有400多名本科生必修或选修该课程，自2018年4月起结合"中国大学MOOC"平台，该课程开展了4个学期的MOOC+翻转课堂教学，采用线上线下混合模式考核。学生始终保持强烈的兴趣，表现出良好的应用创新意识，涌现了一批优秀的学生作品，例如智能少儿手绘板（含数字、汉字和语音识别）（见图5）、基于深度学习的安全帽检测系统（含人脸识别）（见图6）、基于YOLOv3的口罩佩戴检测应用（见图7）、基于古诗知识图谱的智能问答系统等。

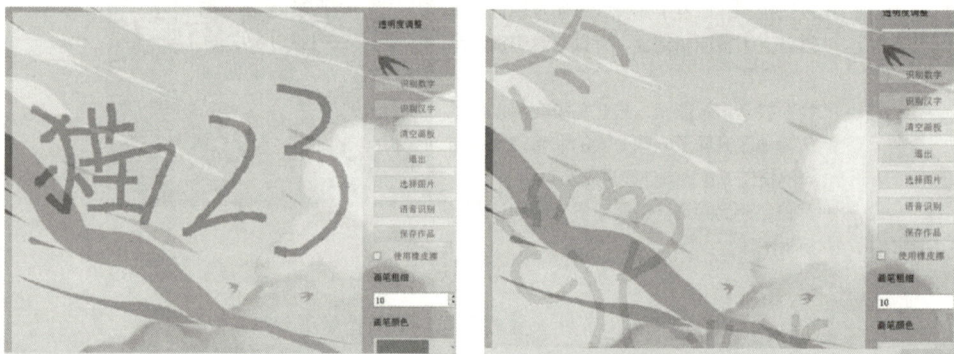

图5　智能少儿手绘板（含数字、汉字和语音识别）（学生作品）

图6　基于深度学习的安全帽检测系统（含人脸识别）（学生作品）

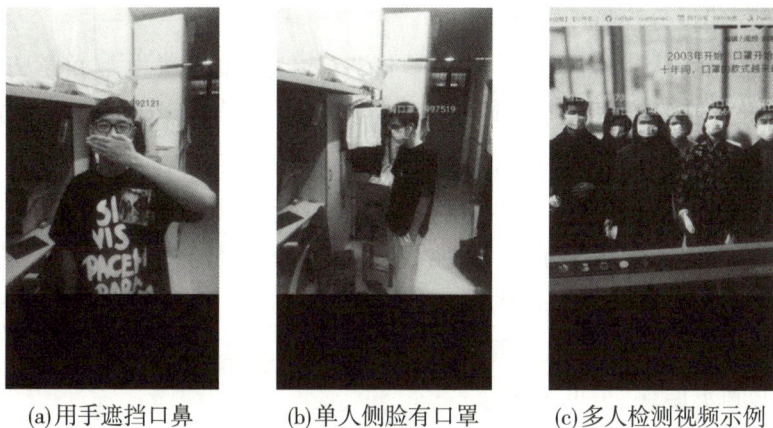

(a)用手遮挡口鼻　　　　(b)单人侧脸有口罩　　　　(c)多人检测视频示例

图7　基于 YOLOv3 的口罩佩戴检测应用（学生作品）

为满足校内其他学院学生对人工智能的学习需求，自2018年9月开始，人工智能作为全校公选课已开设6个学期（目前是第7次开课），已有30多个专业的学生选修。学生普遍认为该课程点燃了他们在本专业领域应用人工智能的兴趣。

（二）校外学习者参与积极

该课程（https://www.icourse163.org/course/ZJUT- 1002694018）已经在中国大学MOOC平台上面向全国高校以及社会学习者开展了7期教学（目前是第8次开课）。据前3次的开课统计，在有明确标注所在高校的学习者中，有成绩的选课者来自南京大学、浙江大学、东南大学、同济大学、苏州大学、大连海事大学等，共计39个高校的学生。学习者对课程的参与度较高，其中第2～3期有19863人选课，参与讨论的人数达3480人，发帖总数近20662贴，如图8所示。

图8　人工智能导论MOOC课程讨论

（三）课程建设分享推广力度大

近几年课程团队组织了全国高等学校人工智能课程建设与教学方法研讨会、2019中国杭州人工智能西溪学术论坛等多个会议，参会的高校教师近200人，企业近40家。王万良教授应邀多次在教育部全国高校教师网络培训中心主讲"人工智能导论"课程等，在国家教育行政学院主讲人工智能与教育变革专题。2020年12月10日，徐新黎老师在研讨会上分享了人工智能导论课程思政建设经验（http://www.cs.zjut.edu.cn/jsp/news.jsp?neId=8207）。2021年4月21日，王万良教授的"教之以事而喻诸德——国家一流课程'人工智能导论'思政教育实践"被中国教育网络学院选为"课程思政典型案例"（见图9）。

图9 国家一流课程人工智能导论思政教育实践

软件质量保证与测试

丁智国 ——

浙江师范大学　数学与计算机科学学院

一、课程概况

（一）课程名称

软件质量保证与测试。

（二）教材

《软件测试方法和技术》（第3版），朱少民主编，清华大学出版社"十二五"普通高等教育本科国家级规划教材。

（三）授课对象

数学与计算机科学学院软件工程专业大三学生。

（四）课程简介和教学内容

"软件质量保证与测试"是软件工程专业核心课程。该课程主要介绍软件测试的基本原理、方法和技术。内容包括软件测试概述、软件测试方法与过程、黑盒测试、白盒测试、软件测试管理及主流的测试工具等。课程内容的理论性和实践性都比较强，因此，在掌握软件测试的基本原理、方法和技术的同时，应注重测试技能的培养。本课程以课堂教学为主，辅以主题讨论、案例教学和实验教学。同时，将课程思政贯穿教学全过程，结合学科特色与课程特色，弘扬社会主义核心价值观，落实立德树人的教育方针。

二、课程目标

在学完本课程后，学生将能达到以下三个课程目标：

（一）知识目标

深入理解软件测试在现代软件开发过程中的重要性，掌握软件测试基本理论、方法和技术。掌握黑盒测试、白盒测试的概念和测试用例设计方法，了解常用的软件测试工具。

（二）能力目标

能对软件工程领域复杂问题进行分析，制定测试计划，组建测试团队，选择测试方法，设计测试用例，开展手工测试或灵活选择自动化测试工具执行测试。能对测试结果进行分析和统计。

（三）价值目标

塑造文化自信，具备团队合作精神、团队协作能力、专业技能、职业素养和社会责任感。

三、思政元素

（1）培养自主创新，增强民族自信；

（2）培养文化自信，文化认同，传承中华文明；

（3）培养循序渐进，一丝不苟精益求精的工匠精神，启发科学思维；

（4）培养具有正确的人生观、价值观的软件测试人才，增强职业素养、职业道德并遵纪守法。

四、设计思路

教学活动的主体是教师和学生，为了将专业课程内容和思政内容无缝对接，达到潜移默化的教学效果，将教师和学生两方有机融合，教师通过专业课程的教学，实现知识传授，在课堂教学中融入思政元素，达到价值引领，最终实现人才培养的目标，而学生通过知识学习，技能训练，思政熏陶，最终成长为合格人才。如图1所示。

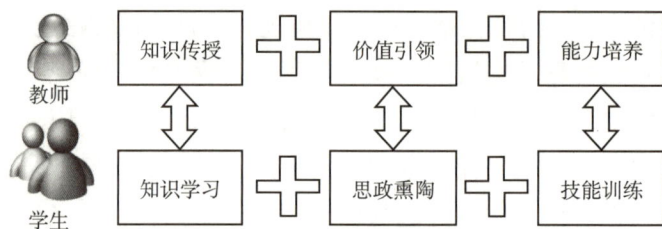

图1　教学活动架构

针对"软件质量保证与测试"课程，为了克服传统教学只关注知识传授而不重视价值引领和能力培养的弊端，或者即使引入思政内容，也让学生感觉牵强附会或生搬硬套的问题，在教学过程中，除了深耕课程内容，仔细研判思政点之外，还需要多种策略和教学方式综合应用，可以采取的方法如下：

1.全方位覆盖法

思政教育要融入专业教学全过程，每一个过程都应该有思政的影子，因此在人才培养方案，教学计划制订，课程教学大纲编制，教学内容设置，教学活动实施和教学效果评价等多方面都应该有所体现，全方位多角度开展思政教育。

2.画龙点睛法

在思政内容融入专业课程教学过程中，专业知识点是"龙"，思政元素是"睛"，两者应该相得益彰。例如讲解白盒测试逻辑覆盖标准的时候，由于该知识点包含了6种不同的逻辑覆盖标准，从低到高，从简单到复杂，教学过程是个循序渐进优化测试用例设计的过程。讲解过程中，要让学生明白好的测试用例需要不断完善和优化。引入古人在古典诗词创作中的字斟句酌，仔细推敲，从而欣赏中国古典诗词之美，提升人文素养。进一步引出中国制造，中国设计的精益求精的工匠精神，弘扬社会主核心价值观——敬业，从而水到渠成，实现知识传授和价值引领双重目标。

3.专题嵌入法

针对某个课程教学点，将课程思政内容直接嵌入课程介绍。比如在讲解中国软件测试发展现状和软件测试工程师等相关知识点时，让学生了解中国IT发展和软件测试在现代软件开发过程中扮演的重要角色，引入软件测试工程师职业，讲解职业素养要求和社会对软件测试人才需求的相关内容，激励学生既修学又修身，做一名合格软件测试工程师。

在具体的课程教学过程中，课程部分教学内容和思政育人目标如表1所示。针对教学内容7和8，本文第五部分"实施案例"给出了详细的课程设计和实施过程。

表1　课程内容与思政元素融合的教学设计

序号	教学内容	课程思政
1	软件测试背景和发展现状	介绍中国软件测试行业现状，展示中国软件产业的蓬勃发展及对社会经济发展的巨大推动作用，增强国家自豪感
2	软件质量相关术语和概念	从软件质量引入社会主义建设工程质量，作为社会主义建设者，应该以质量为衡量成果的重要指标。作为软件工程师，应该开发高质量的软件产品
3	软件测试工程师职业及能力要求	让学生明白软件测试工程师的工作是对社会有益的，学生能以掌握的专业技能为社会主义建设服务，培养职业自豪感和爱岗敬业的优良品质，弘扬社会主义敬业核心价值观
4	软件测试过程和团队	强调团队协作，团队责任和团队精神，敢于做螺丝钉，也勇于当领航人，挑重担
5	软件缺陷的起源、定义和经典案例	介绍软件缺陷的相关术语、概念和经典案例，思政教学中引入中国软件产业蓬勃发展的现状和中国软件在智能控制等方面的应用
6	软件测试方法及软件测试的各个阶段	描述软件测试方法及软件测试的各个阶段，思政教学中引入"循序渐进、脚踏实地地做事"
7	黑盒测试方法——边界值测试用例设计	讲解边界值测试方法的基本原理和方法，基于软件更容易在边界上出现故障的事实。思政教学中引入职业边界、道德边界、法律法规等

续表

序号	教学内容	课程思政
8	白盒测试方法——基于逻辑覆盖的测试用例设计	在教学过程中引入中国古典诗词的创作过程让学生深入理解测试用例的"设计"特性，一方面让学生体验中华古典诗歌之美，另一方面让学生感知中国传统文化魅力，传承中华文明。进一步引入精益求精的测试用例思想，淬炼精品的工匠精神
9	自动化软件测试及工具介绍	思政教学中引入中国软件测试发展及工具开发，激励各位学生勇于创新，为中国设计、中国制造、中国创新添砖加瓦
10	测试管理和过程	思政教学中引入"遵循客观规律，科学做事"

五、实施案例

案例1：黑盒测试方法之边界值测试（坚守职业道德底线，遵纪守法）

1.课程标题

黑盒测试方法——边界值测试用例设计。

2.教学内容

边界值测试方法的原理，边界值方法设计测试用例的方法，即一般边界值测试用例、健壮性边界值测试用例、最坏情况下边界值测试用例、最坏情况下边界值健壮测试用例，边界值测试用例设计方法的使用范围及优缺点。能针对具体的问题，设计测试用例并执行测试（见图2）。

3.授课时长

80分钟。

4.教学方法

多媒体PPT讲解，启发式教学法，案例教学，实验教学。

5.思政元素

道德底线，遵纪守法，职业素养。

6.思政引入

坚守人生底线和职业底线，遵纪守法。

例1：59岁现象

由边界值测试方法引入社会上典型的"59岁现象"，又称"最后捞一把"现象，是指领导干部在退休前夕，认为"有权不用，过期作废"，大肆贪污受贿的现象。这给党、国家和人民带来巨大的损失。软件测试工程师掌握着高科技，要坚守职业道德底线，具备职业操守，不要运用自己的专业知识触及"灰色地带"为自己谋利。

例2：简历大数据公司巧达科技

公司，利用科技侵犯用户的隐私权，侵犯公民个人信息，触犯监管红线。造成的后果是公司从高管到技术员工一起受到法律制裁。

强调高科技人才合理运用掌握的高新技术，不触犯法律底线。对大学生而言，要遵守校纪校规；作为专业人才，要坚守职业道德准则；作为企业，要遵守企业道德准则，了解相关法律法规。

通过讲解边界值测试方法的基本原理和方法，让学生了解软件更容易在边界上出现故障。作为社会主义的建设者，在任何时候，都应该坚守职业道德底线，不越红线；作为掌握高科技的人才，具备职业操守和社会责任感，不运用科学技术触碰"灰色边界领域"谋取私立，遵纪守法，共同建设社会主义法治社会。

7.教学目标

学生通过本次课程学习，掌握边界值测试用例设计方法，能针对具体的问题设计测试用例并开展测试活动；同时，教师告诫青年学生坚守职业道德底线，遵纪守法。

8.教学重点

边界值测试用例设计方法，针对给定的特定工程实际应用，设计测试用例，执行测试并对测试结果进行统计分析。

引入思政元素，强化职业素养，强调职业道德并遵纪守法。

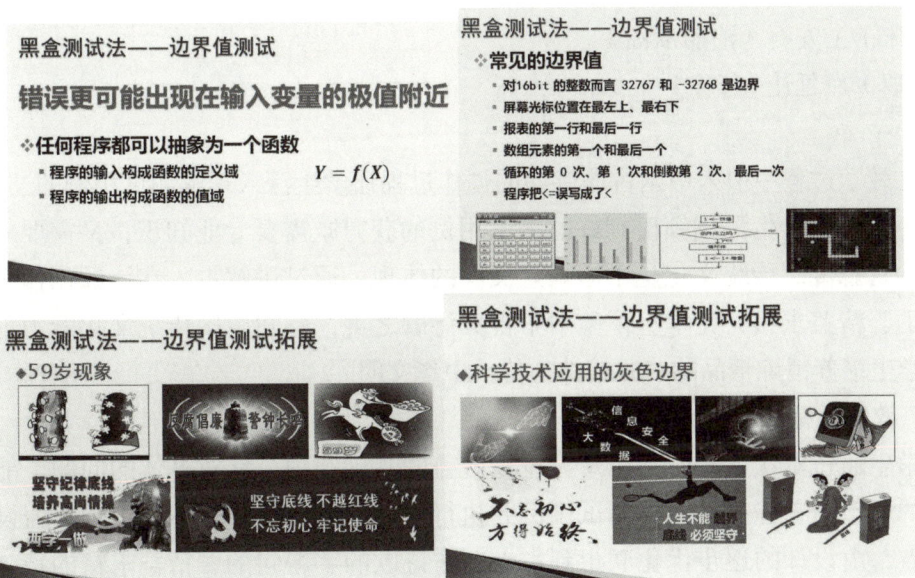

图2　案例1

案例2：基于逻辑覆盖的白盒测试用例设计（欣赏中华古典诗词之美，培养锤炼精品的工匠精神）

1.课程标题

白盒测试方法——基于逻辑覆盖的测试用例设计。

2.教学内容

基于逻辑覆盖测试设计用例，包括语句覆盖、判定覆盖、条件覆盖、判定／条件覆盖、条件组合覆盖、路径覆盖；讲解每种逻辑覆盖的定义、知识点；分析每种方法的不足（见图3）。

3.授课时长

80分钟

4.教学方法

多媒体PPT讲解，启发式教学法，案例教学，实验教学

5.思政元素

精益求精，工匠精神，文化自信

6.思政引入

体验中华古典诗词之美，培养锤炼精品的工匠精神并熏陶文化自信。

通过中国古典诗歌赏析（播放诗歌朗诵音频，讲解古典诗词创作中的字斟句酌、精益求精精神）。

（唐）王维《使至塞上》

（宋）王安石《泊船瓜洲》

（唐）卢延让《苦吟》

……

在教学过程中引入中国古典诗词的创作过程让学生深入理解测试用例的"设计"特性，同时让学生深刻领悟到好的测试用例的获得既需要专业知识，又需要一丝不苟的认真态度。传统文化是中国灿烂文明的体现，通过讲解古人在诗歌创作中的字斟句酌、精益求精，让学生体验中华古典诗歌之美，感知中国传统文化魅力，进而激励学生培养锤炼精品的工匠精神，传承中华文明。

7.教学目标

学生通过本次课程学习，掌握逻辑覆盖的基础知识，针对具体的问题，能给予给定的逻辑覆盖标准，设计测试用例并执行测试。同时，了解不同逻辑覆盖设计的关键点，由设计的逐步优化联想到古人创作诗歌的字斟句酌、精益求精的精神，通过欣赏古典诗词及其创作过程，弘扬中国传统文化。

8.教学重点

基于各种逻辑覆盖标准设计，针对给定的实际工程问题，设计测试用例，并执行测试用例，并对测试结果进行分析统计。

潜移默化引入思政元素，达到知识传授和教书育人双目标。

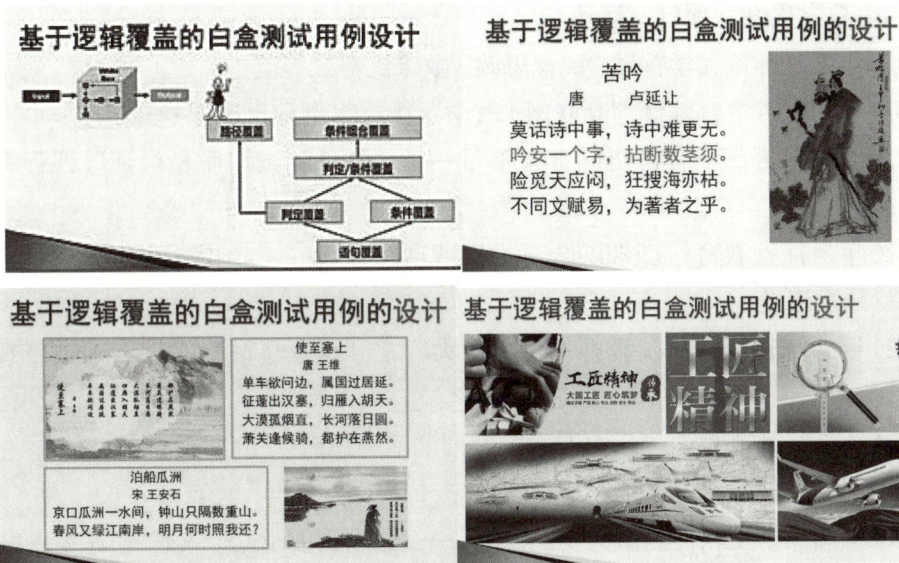

图 3　案例 2

六、特色及创新

"软件质量保证与测试"是软件工程专业的核心课程，理论性和工程性都很强，本课程精挑细选，采用"教学内容+思政"模式，将理论知识和思政内容无缝对接，实现了教学形式的"潜移默化"，达到了教学效果的"润物无声"，特色和创新点详述如下：

（1）牢记立德树人的教育宗旨，精准研判，将课程思政内容贯穿专业课程教学（课程大纲）并提出"一基础、二原则、三结合、四能力"的课程思政建设策略，实现了价值引领和知识传授的双重目标。

（2）遵循"教学内容+思政"的指导思想，专业知识的讲解实现"画龙"，思政引入达到"点睛"，将社会主义核心价值观等融入工科教学课堂。

（3）多种教学方式方法灵活应用（课前任务驱动，课中情景案例、主题讨论，课后强化巩固和拓展），运用反转课堂实现以学生为中心的教学理念；多种教学技术和载体综合运用，课堂参与度高，教学效果好。

七、教学效果

（一）教学科研论文

丁智国."课程思政"视阈下理工类专业课教学改革探索——以"软件质量保证与测试"为例.中国信息技术教育，2020（10）：99–101.

丁智国.软件质量保证与测试课程的课程思政建设.计算机教育，2020（5）：82–85.

（二）教学奖励、项目、活动

2019年浙江师范大学首届"课程思政"微课比赛二等奖；

2019年浙江省本科院校"互联网＋教学"优秀案例和示范课堂二等奖；

2020年教育部产学合作协同育人项目——"软件测试与质量保证"课程教学内容改革；

2020年浙江省教育厅产教融合三类实践项目建设——虚拟环境下软件系统性能测试实验开发建设；

2021年浙江省首届高校教师教学创新大赛之"课程思政"微课专项大赛理科组三等奖；

2021年浙江师范大学"活力课堂"系列"活力思政"工作坊活动。

（三）学生培养

2019全国大学生软件测试大赛总决赛——自主可控测试 个人赛 三等奖一项；

2020全国大学生软件测试大赛总决赛——Web 应用测试 个人赛 二等奖一项，三等奖两项；

浙江师范大学第九届"挑战杯"自然科学类学术论文"一种改进的软件缺陷预测研究"校赛三等奖。

（四）教学效果展示

课堂引入

知识点讲解

提问

引导启发

2020 年教育部产学合作协同育人项目

2020 年省教育厅产教融合三类实践项目

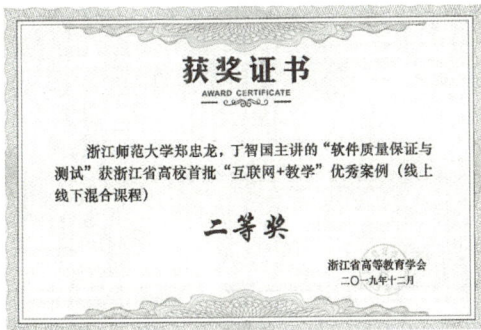

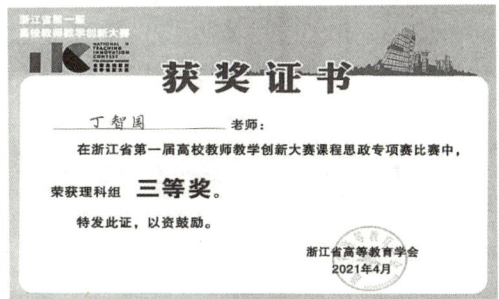

2019 年省本科院校"互联网+教学"优秀案例评（线上线下混合课程）二等奖

2021 年省首届高校教师教学创新大赛之"课程思政"微课专项大赛理科组三等奖

2021 年浙江师范大学"活力思政"工作坊活动

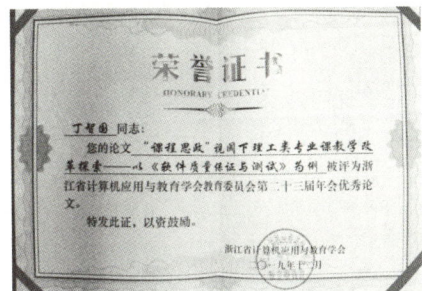

2021 年浙江师范大学"课程思政"活动展板

2019 年浙江省计算应用教育学会优秀论文

2019 年全国大学生软件测试总决赛成绩

软件测试团队

2020 年全国大学生软件测试总决赛成绩

浙江师范大学第九届"挑战杯"三等奖

自动控制原理 [①]

赵晓东、马玉良、骆吉安

杭州电子科技大学 自动化学院

一、课程概况

  自动控制技术广泛应用于先进制造业、航空航天、国防军工等众多领域。自动化装置在我们的生活中也无处不在。自动控制原理是研究自动控制基本规律的科学，是分析和设计自动控制系统的理论基础。本课程介绍自动控制的基本理论及其工程分析和设计方法，使学生清晰掌握线性反馈控制系统的基本原理和基本概念，并了解非线性控制系统的基本概念。初步学会利用时域法、频率特性法以及根轨迹法等经典控制理论方法来分析、设计自动控制系统；掌握控制系统基本实验和实践技能，培养学生设计控制器、调整控制参数、分析和解释数据的能力。在达成知识目标的同时重视高阶能力培养，尤其是动手解决实际控制工程问题的能力。而这对学生的系统观、辩证观、创新意识等综合素质提出了更高要求。自动控制技术是先进制造业、航空航天、国防军工等领域的核心技术，因而课程特别强调培养学生的情感价值观。未来从事这一行业的学生必须具有高度的爱国情怀、探索求真和一丝不苟的工匠精神。

  自动控制原理授课对象为自动化、电气工程及自动化等专业大二学生，学时为72学时，每学期选课人数超过500人。该课程多年来持续进行教学改革实践，取得了显著的教学成果。2014年出版"十二五"普通高等教育本科国家级规划教材《自动控制原理》，2020年被评为国家一流课程。

二、素质培养目标与思政元素融合

  课程旨在培养具有高度的爱国情怀、探索求真和一丝不苟工匠精神的"治国、平天下"的大国重器制造者。因此在"授业"的同时更加重视"传道"，"格物致知，正心修身"是课程的座右铭。课程设置了以下明确的素质培养目标：

---

① 浙江省"十三五"第二批教学改革研究项目，编号PX-32191163。

（1）培养学生爱国精神与专业自豪感、精益求精的工匠精神、科学创新意识；

（2）培养学生的系统观、辩证观和科学研究思维方法；

（3）培养学生的工科人文情怀和团结协作精神。

课程注重结合教学内容和特点，充分挖掘其中蕴含的辩证哲学、创新思维、工匠精神等育人元素。对每一章节的教学内容和知识点，有针对性地设计了相应的思政元素，见表1。

表1　自动控制原理课程思政元素

项目	章节	课程思政元素
理论教学	自动控制一般概念	1. 工业 4.0 的机遇与挑战； 2. 控制论创始人钱学森的爱国和治学精神； 3. 大国重器激发爱国热情和专业自豪感、工匠精神
	控制系统数学模型	1. 辩证唯物主义中的认识论，阐述如何发现科学问题； 2. 数学变换所蕴含的诚信、友爱、平等的思想； 3. 卷积定理所蕴含的"不积跬步，无以至千里"的道理
	线性系统时域分析	1. 从系统的稳定性和稳态精度指标看待"矛盾论"； 2. 从系统快速性，阐述执行能力对个人在职场中的作用； 3. 从提高系统的抗扰动性，阐述加强自身能力的培养
	根轨迹法	1. 从根轨迹概念及绘图方法引申出科学研究中的化繁为简、主要矛盾与次要矛盾的关系； 2. 学会在科学研究中假设条件
	线性系统频域分析	1. 导引学生从哲学角度思考创新、科学研究方法； 2. 控制工程中反映的物质与意识的辩证关系，实事求是，树立正确的理念
	线性系统校正方法	1. 从 PID 控制器引申出数学中"最优美的一定是最简单的"大道至简的哲学道理； 2. 控制器设计中蕴含的辩证思维和矛盾论
	线性离散系统分析与校正	1. 从离散系统与连续系统的对应知识点引申出科学研究的借鉴和创新方法； 2. 从经典控制理论到数字计算机的发展引申出人类科学进步、数字浙江与人工智能未来
	非线性系统分析	1. 了解非线性普遍性原理； 2. 从非线性系统线性化引申出矛盾的辩证哲学原理； 3. 从"蝴蝶效应"引申出碳排放概念和环境保护意识
实验环节	典型环节时域响应和稳定性分析 线性系统的频率响应分析 线性系统校正	1. 培养学生理论联系实际的动手能力； 2. 培养学生用电安全、工程素养和一丝不苟的精神； 3. 培养学生团队合作意识和社会分工的螺丝钉精神
小组项目	电加热炉温度控制 双容水箱液位控制 直流电机转速控制	1. 从实际工程抽象数学问题的能力； 2. 创新意识和工程实用意识； 3. 系统观、矛盾观和辩证思维； 4. 一丝不苟和科学严谨的精神； 5. 合作意识、交流表达能力； 6. 追求完美的精神和认真态度

三、课程思政设计思路

　　课程注重知识点与育人元素的无缝衔接和自然结合，力求达到"盐溶于水"的无痕思政。通过对与知识点相关的工程案例、人物传记、科研前沿、教师自身科研经历的介绍实现拓展知识、引领价值观，培养学生的专业自豪感、爱国精神、工匠精神和责任担当。

　　（1）在教学过程中将科学家们的典故传记融入理论和工程案例中，介绍他们的爱国情怀和感人故事。比如，中国控制科学的创立者、航空航天的奠基人钱学森先生冲破重重阻挠毅然回国投身祖国建设事业的故事就是对爱国精神的最好诠释。"嫦娥工程"探月活动、"天宫一号"空间站、"天问一号"火星探测、"北斗导航"等大国重器都是最好的控制工程案例，蕴含着丰富的控制理论与实践，通过将这样的案例引入教学过程，增加学生的专业自豪感，使学生坚定未来从事科学研究的志向（见图1）。

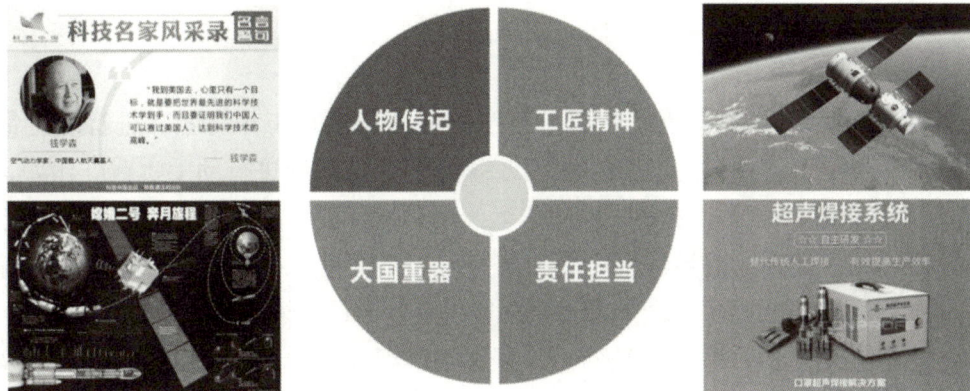

图1　课程思政设计思路1

　　（2）将身边教师的科研经历融入工程案例中，通过亲身经历和感悟进行润物无声的思政教育。比如，赵晓东老师曾参加"神舟飞船"的预研工作，通过讲述飞船轨道舱模拟系统的环境控制系统研发与调试过程，传递"严谨、一丝不苟、精益求精"的工匠精神。2020年，自动化学院杨勇老师团队和孔亚广老师团队开展科技攻关，突破技术难点，使消杀机器人、方舱医院和超声焊接口罩设备先后投入抗疫前线，关键时刻老师们挺身而出的奉献精神和社会责任感是对学生最好的言传身教。

　　（3）课程注重通过思考题和讨论题来增强学生探索、思考、发现知识点背后深层次联系和内在本质的能力，从而达到培养学生的辩证思维、全局观系统观、科学创新意识的目的。课程设置了20个主题讨论和100个思考题，让学生通过讨论和思考来深度挖掘理论背后的本质和内涵；学生通过课堂、MOOC讨论区、课程QQ群和微信群对上述问题和课程疑难进行讨论和互动。课程注重通过翻转课堂、小组项目、汇报答辩、竞赛实践等多种形式，增加学生理论联系实际的锻炼，培养学生的团队意识、工匠精神（见图2）。

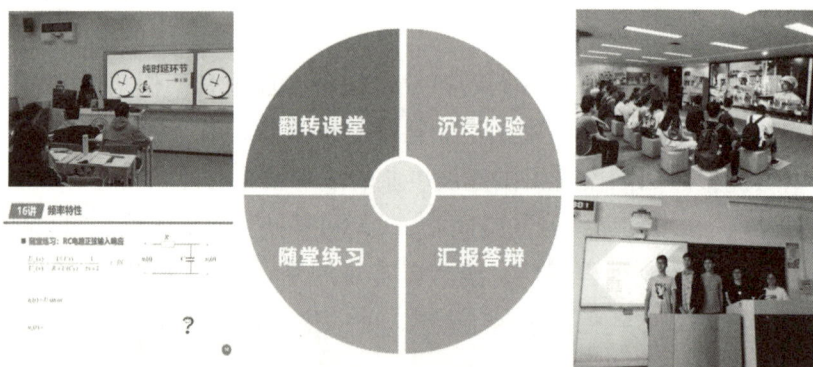

图2　课程思政设计思路2

四、思政实施案例

将反映学科前沿的工程案例引入教学中。介绍项目工程背景，进行理论简化分析和控制器设计，并让学生通过更易于实现的相似系统进行动手实践。比如，课堂上，详细介绍了中国"玉兔"号月球车的结构、性能、操控手段、自主运行原理（见图3）；课下，教师指导学生组装和调控智能车并参加智能车比赛，学生在编程和调试的过程中，遇到了一个个书本中未曾讲解的难题，通过查找资料、热烈讨论、创新设计和反复试验，实现了从前沿工程案例学习控制理论，到将理论应用于实际控制系统的高阶能力培养目标，同时培养了学生探求科学真理、团队合作、迎难而上的精神和意识。

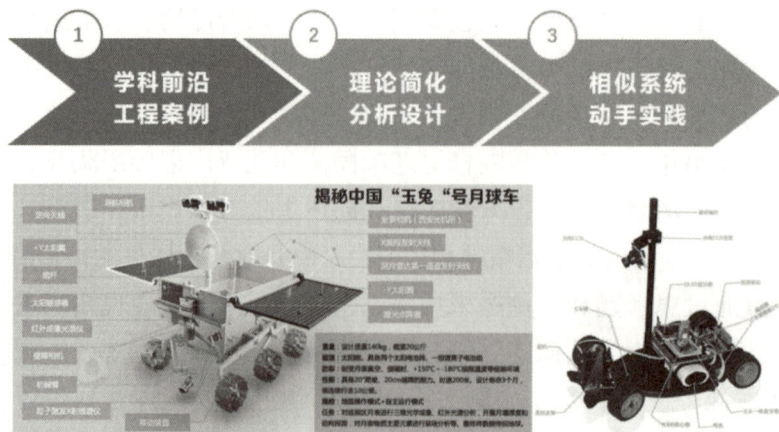

图3　课程思政实施案例1

　　课程注重通过思考题和讨论题来增强学生探索、思考、发现知识点背后深层次联系和内在本质的能力，从而达到培养学生的辩证思维、全局观系统观、科学创新意识的目的。比如关于系统的稳定性判别，学生在不同章节分别学习了劳斯判据、根轨迹法、奈氏判据、伯德判据四种方法，通过深入思考和主题讨论，明白这四种方法内在本质联系都是系统特征方程，而不再是割裂的单独的知识点。教学过程始终注意跟踪最新的学科前沿。2021年4月初讲到劳斯判据这一知识点时，恰好马斯克的星舰10成功发射并垂直回收，任课教师在第二天上课时播放相关视频，并引导学生进行分析。建立与此密切相关的钟摆和倒立摆的数学模型并对它们的稳定性进行比较。发起了独轮平衡车稳定性控制的主题讨论，加深了学生对劳斯判据的认知（见图4）。

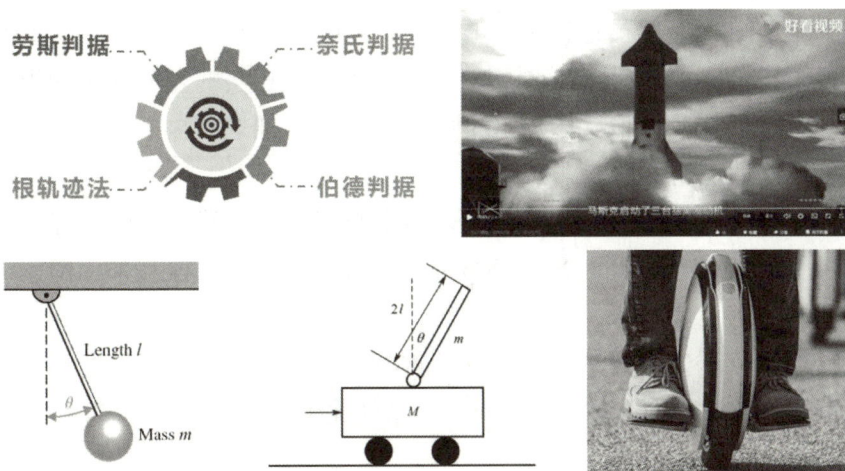

图4　课程思政实施案例2

五、结语

　　自动控制原理课程将思想政治教育贯穿于教学全过程，实现价值性和知识性的统一。课程针对理论教学、实验环节、小组项目的每一环节教学内容和知识点，有针对性地设计了相应的思政元素，通过工程案例、人物传记、科研经历、主题讨论等多种思政形式达到专业知识与育人元素深度融合。注重"实践—理论—实践"的理论联系实际思政育人，增加学生理论联系实际的锻炼，培养学生的团队意识、工匠精神，增强学生对矛盾论、实践论、辩证法等哲学思想的理解，内化社会主义核心价值观，起到"随风潜入夜，润物细无声"的潜移默化、春风化雨效果，完成立德树人的根本任务。

航海学 (1)

丁天明

浙江海洋大学　船舶与海运学院

一、课程概况

　　航海技术专业主要是为国际海运业培养具有远洋船舶驾驶和营运管理能力、符合相关国际公约和国家船员适任标准要求的高级航海技术应用型人才。"航海学(1)"课程是航海技术专业的专业核心课程，主要培养学生扎实的航海基础知识和船舶定位能力，也是在校学生考取无限航区3000总吨及以上船舶三副的主要考证课程，课程的理论性和实践应用性强。

　　课程先后被列为校级重点建设课程、专业核心课程、线下一流课程等，2019年通过海事主管部门课程认证，2021年被列为省级一流课程。课程采用国家级规划教材，建有课程网站、考证训练与考试系统，建有海图作业、电子海图显示与信息系统、航海仪器等实验室，建有国家级实验教学示范中心、省级虚拟仿真实验中心和中国海员技能大比武基地，教学资源丰富，条件优越。

二、课程目标

　　课程以培养具有国际竞争力的高素质航海技术应用型人才为宗旨，结合海岛地域优势和专业办学特色，强化航海专业知识应用能力培养，注重课程思政隐性教育，落实"立德树人"根本任务，将价值塑造、知识传授、能力培养有机融合，力求实现育人和育才相统一，努力培养学生远洋船舶三副基本适任能力。

（一）知识目标

　　传授航海基础知识和船舶定位理论，让学生掌握地理坐标、航向方位、航速航程、航用海图等基本概念，掌握航迹推算、陆标定位、电子定位、天文定位等基本原理，培养严谨求实学风和优良专业素养。

（二）能力目标

　　理论联系实践，培养学生掌握海图识读、海图改正、航迹绘算、船舶定位等实践技能和船位误差分析方法，培养安全意识、团队意识和创新精神，提升学生的社会责任感。

（三）价值目标

课程教学有机融入思想政治教育元素，积极传承中国传统航海文化，锤炼航海精神，渗透爱国主义教育，提升学生的爱国情怀和民族自豪感。

三、思政元素

课程紧紧围绕专业人才培养，以"专业思政"为引领，开展课程思政建设，根据不同章节内容，挖掘课程教学资源和思政元素，把德育的核心内容有机分解到课程的不同章节中，力争把思想价值引领贯穿课程教学的全过程，努力促进知识与技能、过程与方法、情感态度与价值观的三维统一。

课程基础知识部分，讲解司南、指南针的发明及其在航海上的应用与历史贡献；船舶定位部分，讲解中国古代地文航海技术、天文导航定位技术以及北斗导航定位系统的自主开发与应用等，积极提升课程思政隐性教育效果，各章课程思政元素及思政教育切入点见图1。同时，课程利用课外教学环节，依托国家级实验教学示范中心、中国海员技能大比武基地等教学平台资源，强化课程思政教育，积极提升学生的专业技能，培养学生的纪律意识和拼搏精神。

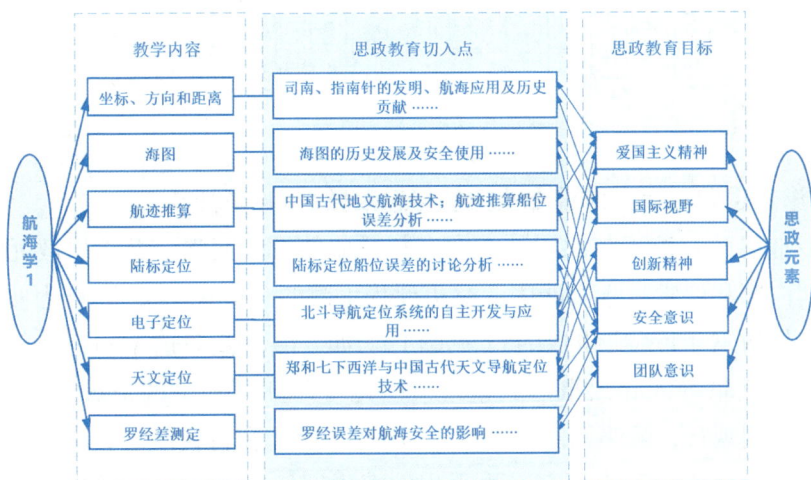

图1　教学内容与思政元素

四、设计思路

坚持立德树人，强化顶层设计，优化教学内容，改革教学方法，营造内外环境，提升教学效果。

（一）依托培养目标，强化课程顶层设计

专业主要面向国际海运业培养船舶驾驶专业人才，具有岗位适任性、国际通用

性、法律法规性、国防军事性等特点，要求毕业生具备良好的专业素质、思想素质、心理素质和科学文化素质。本课程从专业人才培养目标和培养特点出发，强化课程教学内容与课程思政的顶层设计（见图2）。课程基于新工科建设背景和OBE理念，结合海事公约、法规的变化，及时优化教学内容，使之满足STCW公约及其修正案和我国海船船员适任培训大纲的要求，并有机融入思政元素，通过优化教学资源，改进教学方法，强化平台支撑，积极提升课程教学效果。

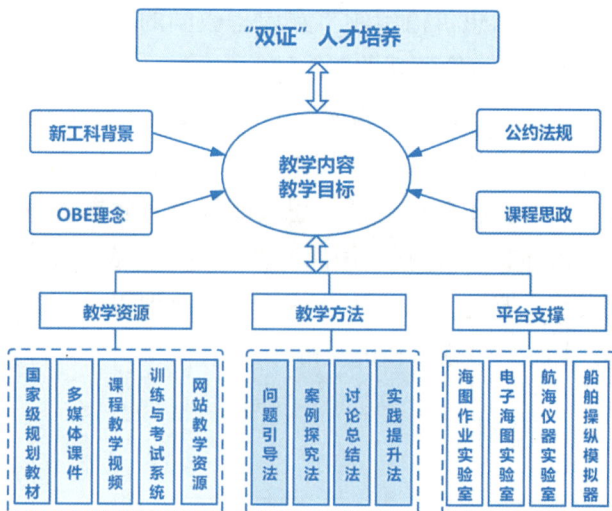

图2　课程教学设计思路

（二）渗透思政元素，促进专业教学与思政教育同向同行

基于专业思政，挖掘与课程教学内容相适应的思政元素，并将思政元素有机融入课程教学内容和课堂教学实践中，避免课程思政的"形式主义"，努力实现"课程承载思政、思政寓于课程"的效果（见图1）。如"磁罗经"这一知识点的教学设计中，采用古代文献导入和故事形式呈现，引用《萍洲可谈》的记载"舟师识地理，夜则观星，昼则观日，阴晦则观指南针"，阐述指南针在古代航海技术发展中的作用以及对世界航海做出的巨大贡献，再引出航海磁罗经是由中国古代指南针基础上逐步发展而成的，内容衔接自然流畅，既渗透爱国主义教育，又拓展学生的国际视野，既激发学生兴趣，又增强学生认同，达到潜移默化的教学效果。

（三）改革教学方法，提升课程思政教育实效

合适的教学方法，可以提升课堂教学和思政教育的效果。采用问题引导法，一是需要考虑问题的思政属性，二是需要考虑问题与教学主题的关联性，同时还应考虑问题的趣味性和启发性，这样才能起到问题引导的预期效果。运用案例探究法，注重设计不同层次的教学案例，由浅入深，引导学生思考，强化互动提问，提升学生的理解能力。结合专题讨论法，注重培养学生的团队意识、创新精神和分析应用能力。借助实践提升法，利用课外教学环节，布置思考题和综合练习题，培养学生自主学习能力和实践应用能力。

（四）打造教学内外环境，支撑课程思政教育

专业实施半军事化管理，课程借助这一优势，鼓励学生统一着装上课，培养学生的集体意识和纪律意识；建立基于ISO9000的船员培训质量管理体系，课程教学严格按体系运行，持续保障了课程教育教学质量；建立中国海员技能大比武基地，搭建在校学生、航运企业海员同台竞技的平台，培养学生的专业技能和拼搏精神；依托国家级实验教学示范中心等平台，促进创新意识和海员岗位适任能力的培养（图3）。

图3　课堂内外教学实践场景

五、育人元素实施案例

案例：航海六分仪

（一）案例的教学目标

培养学生掌握航海六分仪的结构原理和使用方法，培养学生的安全意识、创新意识和爱国主义精神。

1.知识目标

熟悉六分仪结构，掌握六分仪工作原理、误差校正及指标差测定方法，夯实专业基础。

2.能力目标

具备利用六分仪测定天体高度的能力，正确理解六分仪的测角误差及对天文定位带来的影响，提升专业能力。

3.价值目标

传承航海文化，培养学生的安全意识、创新意识和爱国主义精神，提升家国情怀和民族自豪感。

（二）案例教学的重点与难点

1.重点

六分仪结构特征、测角原理、误差校正、指标差及天体高度测定方法。

2.难点

正确把握误差校正与指标差测定方法。

（三）案例教学流程与方法

坚持OBE理念，注重理论知识与实践应用的有机结合，教学内容与思政元素的无缝融合。天文定位属于传统的定位方法，六分仪是天文定位的主要仪器。课程以"中国古代天文定位技术"引出主题，以"六分仪的由来与发展"过渡到课堂教学的主要内容（见图4）。根据教学内容，合理采用图片、动画、实物设备等工具，采用问题法、案例法、讨论法等教学方法，激发学生学习兴趣，启发学生思考，通过互动提问，总结讨论，促进学生参与式学习，既培养了学生的专业能力，又培养了学生的安全意识和创新精神，提升了家国情怀和民族自豪感。

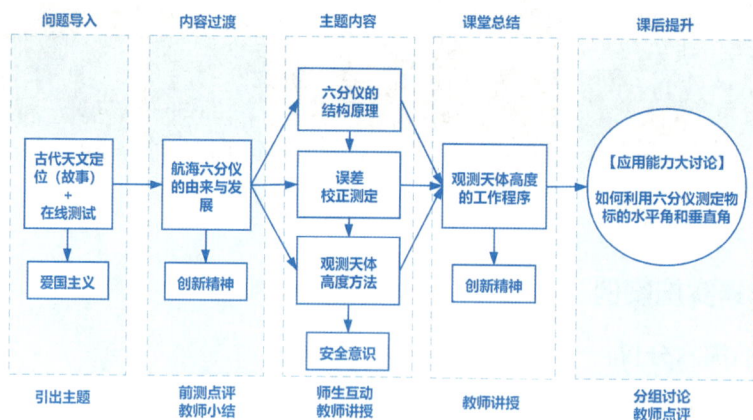

图4　课堂教学设计

（四）教学内容与实施

1.问题导入

中国古代天文导航定位技术及其对世界航海发展的影响。

内容提要：中国古代天文导航定位技术磁罗盘、牵星术、郑和航海图等的应用、中国古代天文导航定位技术对世界航海发展的影响等。

教学方法：故事开头、问题引导、学生回答、教师点评。

思政元素：渗透创新意识和爱国主义教育，提升民族自豪感。

2.内容过渡

航海六分仪的由来与发展。

内容提要：伊萨克·牛顿提出六分仪工作原理，1732年，英国海军开始使用原始仪器，最大测量角度90°，被称为八分仪。1757年，约翰·坎贝尔船长将八分仪的测量夹角提高到120°，发展成为六分仪。其后六分仪的测量夹角逐渐提升到144°，但六分仪名称一直沿用至今。

教学方法：教师提问、学生回答、教师补充。

思政元素：渗透创新意识，培育创新精神。

3.主题内容

（1）航海六分仪的结构、测角原理和测角读数。

内容提要：六分仪的结构特征、测角原理、主弧和余弧角度读取方法（见图5）。

教学方法：采用图片、动画和实物设备演示等教学手段和案例教学方法，教师主讲，互动提问。

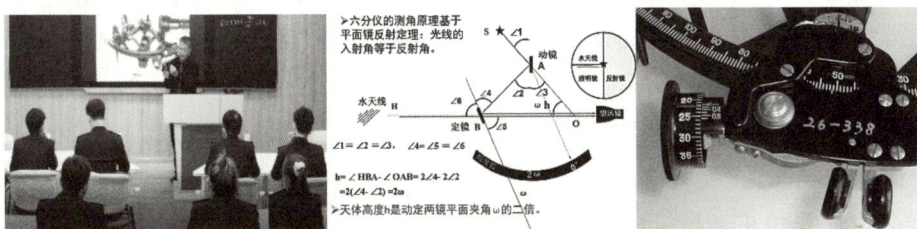

图5　六分仪结构与测角原理

（2）航海六分仪的检查和校正。

内容提要：六分仪的测角误差永久性误差、可校正误差的概念及分类；动镜差的产生原因、检查及校正方法（见图6，实物演示）；定镜差的产生原因、检查及校正方法（动画演示）；指标差的概念、产生原因及利用水天线、星体和太阳测定指标差的方法（见图7，动画演示）等。

教学方法：采用实物设备演示和动画等方法，教师主讲，互动提问。

思政元素：渗透创新意识和航海安全意识教育。

图6 动镜差校正方法

图7 指标差测定三种方法

（3）利用航海六分仪观测天体高度的方法。

内容提要：利用六分仪观测星体高度、观测太阳高度的方法，重点强调天体高度测量的注意事项。观测关键点包括大摆找切线、小摆找切点、微摆等待相切。

教学方法：采用实物设备演示和动画演示相结合的教学方法，教师主讲，互动提问。

思政元素：培养学生严谨求实学风。

4.课堂总结

六分仪误差校正和指标差测定工作程序。

内容提要：总结六分仪误差校正和指标差测定的工作流程；总结利用六分仪观测天体高度的程序及注意事项。

教学方法：互动讨论，教师总结。

思政元素：渗透创新意识，培育创新精神。

5.课后提升

讨论主题：如何利用六分仪测定物标的水平角和垂直角？

组织形式：分组讨论，借助课程网络教学平台和微信群，交流互动。

思政元素：既是学生个性化的展示，也是团队协作成果的展示，培养学生的团队意识、创新意识和学习能力。

六、特色及创新

（一）服务专业人才培养，顶层设计课程思政元素

航海技术专业主要培养远洋船舶驾驶人才，具有岗位适任性、国际通用性、法

律法规性、国防军事性等特点，要求毕业生具备良好的专业素质、思想素质、心理素质和科学文化素质。课程紧紧围绕专业人才培养目标和特点，积极构建与课程教学内容相适应的思政元素，使思政元素与教学内容有机融合，促进课程教学与思政教育同向同行，形成协同效应，更好地支撑专业人才培养。

（二）优化教学方法，提升课程思政教育效果

确立"学生中心、产出导向、持续改进"理念，既重视理论知识和实践能力培养，也重视课程思政育人。强化教学设计，优化教学方法，采用图片、视频、动画等教学手段和问题法、案例法、讨论法等教学方法，避免思政元素与教学内容的生硬机械组合，努力实现自然的有机融合，促进课程思政教学实效。

（三）发挥平台资源作用，强化课程思政育人

优化课程教学模式，发挥课外教学环节功能，支撑课程思政育人。专业实施半军事化管理，建立基于ISO9000的船员培训质量管理体系，建有国家级实验教学示范中心、省级虚拟仿真实验中心和中国海员技能大比武基地。课程积极依托专业教学平台资源，培养学生的专业技能和拼搏精神，提升海员岗位适任能力，培养团队意识、纪律意识、创新意识，提升了学生的专业精神、爱国情怀和民族自豪感。

七、教学效果

课程满足STCW公约及其修正案和我国海船船员适任培训大纲的要求，通过海事主管部门课程认证，并获批省级一流课程。课堂教学学生满意度高，学生评教分在全校名列前茅，主讲教师获校教学优秀奖。学生参加无限航区3000总吨及以上船舶三副考证，本课程的考试通过率高于全省平均通过率。课程积极服务专业人才培养，学生创新能力明显增强，近两年主持国家大创和省新苗计划8项，授权发明和实用新型专利12项，发表学术论文26篇。毕业生就业质量高，2018届就业对口度为71.3%，2017届、2018届学生在海运国企、海事部门、海警等单位就业达46.4%。毕业生综合素质高，得到中波轮船、天津中散、江苏远洋、宁波海运、鑫裕盛、厦门海隆等多个用人单位的好评，上海华洋海事科技发展有限公司来校设立了专业奖学金，毕业生深受用人单位欢迎。

医学伦理学

石统昆、王凤华

嘉兴学院 医学院

一、课程概况

　　医学伦理学用医学知识护航健康，用仁爱之心守卫生命，用伦理规范解除困惑；博闻，求善，至真。培养学生从思想上重视医德和伦理，树立人文关怀本质；将所学知识应用融入日常生活和临床实践；反思伦理现实问题，更新知识与技能，实现医德伦理与生命健康的精神内化，形成为医学事业奋斗的高尚伦理素养与思想境界。

　　本课程是嘉兴学院国家一流专业临床医学的专业课程，医学人文课程模块的核心课程，主要教学对象是临床医学专业本科学生，24学时，1.5学分。获批浙江省新形态教材项目、浙江省线上一流课程、浙江省首批课程思政示范课程。本课程在"智慧树"网站面向全国高校开放，在嘉兴市和绍兴市专业技术人员继续教育平台面向全社会开放，获得了广大师生和医务工作者的良好评价。

　　课程教学团队由专任教师及临床教师组成，获批浙江省第一批课程思政示范基层教学组织。负责人为多家医院的医学伦理委员会委员，获得浙江省首届高校教师教学创新大赛"课程思政"专项赛二等奖、全国首届"智慧树杯"课程思政示范案例教学大赛卓越案例奖，以及多项浙江省高校教师教育技术成果奖等荣誉。

二、课程目标

　　本课程依据学科专业特点、课程建设发展方向，结合国家新医科"培养良好人文素质和职业素养"的培养目标，嘉兴学院"有特色、善创新"的应用型大学办学定位，及"医德为先，能力为重"的专业人才培养需求，确定课程教学目标。

（一）知识目标

（1）能够总结医德伦理的基本理论、原则、准则和范畴。

（2）能够辨识不同临床实境中的基本原理和规范体系应用。

（二）能力目标

（1）能够运用课程知识，形成思辨能力，处理临床情境中的伦理问题。

（2）能够针对临床复杂情境，从医学伦理视角理解和处理医疗难题。

（三）素质目标

领悟并熟练运用医学伦理和职业规范，具备良好职业素养，体现"红船精神＋"价值内涵。

（四）思政目标

以红船精神为引领，依据"红船精神＋"思政育人模式（"1238"模式，见图1），一核两翼三驱八联动。红船精神为内核引领，显性教育和隐性教育两翼共振，依托线上线下、课内课外、校内校外混合驱动，实现家国情怀、社会责任、价值理想、正谊明道、医者仁心、大医精诚、求真求实、协同合作融合联动，聚焦于培养学生"热爱生命、品格高尚、求真务实、永攀高峰"的责任感和使命感，让学生做一个有品格、有追求、有奉献的人。

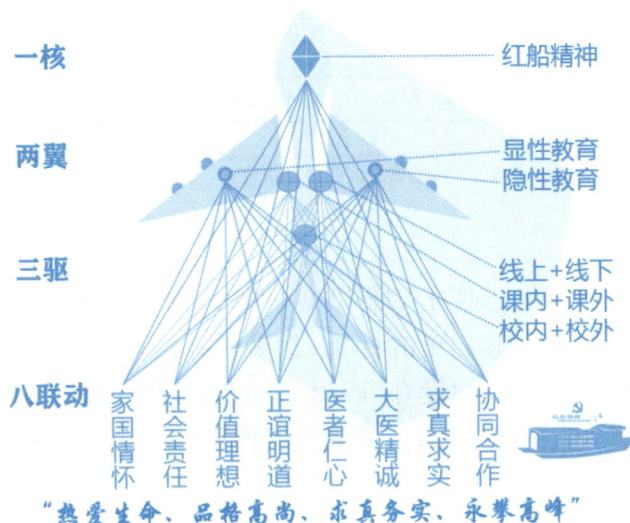

图1 "1238"模式

三、课程设计思路

教学设计以学生为中心，以成果为导向，采用案例式、启发式、体验式、探究式等多元教学方式，线上线下、课内课外、校内校外联动，显性教育和隐性教育融合，科学设计课程目标、课程导入、主体内容和课程拓展，实现知识、能力、素质和思政育人的全方位育人（见图2）。教学全程融入"红船精神＋"思政育人元素，注重理论与实践结合，知识能力与价值内涵融合，提高学生发现问题、分析问题和解决问题能力，培养学生做人、做事的责任担当与使命感。

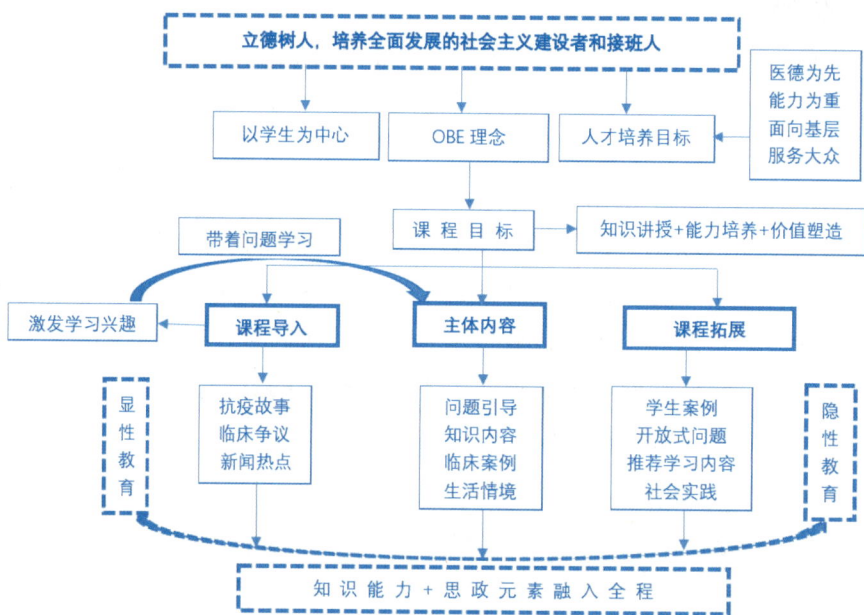

图2 教学设计思路

（一）蕴含思政元素

体现于"红船精神＋"思政育人模式的"一核八联动"，红船精神内核引领，家国情怀、社会责任、价值理想、正谊明道、医者仁心、大医精诚、求真求实、协同合作融合联动，培养社会主义建设有用人才。结合本课程的"红船精神＋"思政育人模式（"1238"模式），以思政育人元素为课程核心内容，融入课程全程。比如，融合白求恩、孙思邈等名人事迹，培养学生的奋斗奉献、理想价值、社会责任；融合林巧稚、钟南山等大医精神，培养学生的精诚仁爱、社会责任、家国情怀；融合权利义务、医患关系等，培养学生的使命担当、求真求实、医者仁心和社会责任；融合支援武汉抗疫事迹，组织学生与抗疫英雄座谈，培养学生的抗疫精神、责任使命、家国情怀；融合课程的伦理原则、准则、规范和红船精神，培养学生解决复杂临床情境中伦理困惑的能力，使其具备扎实的伦理功底和高尚的医德情怀。

（二）教学切入点

体现于"红船精神＋"思政育人模式的两翼，显性教育和隐性教育同频共振。教学采用案例式、启发式、体验式、探究式等多元教学方式，实施过程体现三全育人，达到显性教育和隐性教育相辅相成。结合医疗实践的抗疫精神、伦理挑战、医德热点、医患矛盾、热点新闻等诸多前沿和时代问题，思政元素与伦理规范共振共鸣实现显性教育；同时以问题隐喻、反向辩驳、实训引导、考评反馈等形式，促使学生辨析自醒，将思政元素内化为精神内涵实现隐性教育。依据专业和学科特点，多层递进，思政育人元素潜移默化地内化于心，入脑入心成为精神食粮，引领学生的人生方向。

（三）实施路径

体现于"红船精神＋"思政育人模式的三驱，依托线上线下、课内课外、校内校外混合驱动，在不同时间、不同地点、不同资源、不同途径的层级架构下，使学生能够高效利用碎片化时间，时时学习且有效学习。在多元混合教学模式中，以国情民生、医疗热点、名人事迹、模拟演练等方式，采用开放讨论与互评，思维发散与聚焦，师生互动与互助，教师价值引领，学生价值升华，融合知识能力与思政元素，润物无声。通过多层立体化实施路径架构，逐层推进，层层递进，思政元素如小河淌水涓涓细流，又如百川汇聚，润脑润心。

四、教学案例设计

（一）教学内容

医学伦理的基本原则。

（二）育人元素

"红船精神＋"思政育人模式的"一核八联动"，培养社会主义建设有用人才。结合医学伦理的尊重、有利、不伤害和公正原则，培养学生乐于奉献、正谊明道、大医精诚的精神和社会责任感。

（三）教学方法

依托"红船精神＋"思政育人模式，采用案例式、启发式、参与式、思政元素全程融入的多元混合教学模式，以学生为中心，以成果为导向教学育人。注重理论与实践结合，知识能力与价值内涵融合，提高学生认识问题、分析问题和解决问题能力，培养学生做人、做事的责任担当和使命感。

（四）教学案例

案例1：不签字的手术

某日，浙江德清县人民医院的一名27岁的产妇周某在剖腹产后2小时出现弥漫性血管内出血的症状。医生依据产妇有流产病史且子宫有创伤，认为继发出血的可能性最大，决定进行子宫切除术，否则极易引发大出血，甚至导致死亡。

● 引导学生讨论、思辨：（1）医疗紧急情况的急救与处置；（2）神圣生命面前的取舍与担当。

妇产科主任和主治医生先后向患者丈夫说明病情的危急情况，需要他在手术告知书上签字。但患者丈夫不接受，认为"妻子来的时候好好的，身体也一直很好，怎么就病危要切子宫了呢"，一直不肯签字。时间一分一秒地过去，患者在当前治疗下依然血流不止。

• 引导学生讨论、思辨：（1）家属拒不签字不符合尊重原则，生命危急的紧要关头有什么好的办法，尤其是技术层面以外的办法？（2）尊重原则冲突，此时如何评估和衡量有利、不伤害和公正原则？

按规定，没有患者家属签字，医生一般不能进行手术。眼看周某流出的血比输入的血还多，医院副院长立即联系湖州市妇保院的产科专家前来会诊，并向县卫生局作了汇报，得到了"抢救病人、尽我们职责"的指示。

• 引导学生讨论、思辨：（1）神圣生命不容放弃；（2）一身白衣的职责使命；（3）伦理原则的思考。

4个小时过去了，内科、外科、血液科、妇产科的主任医生以及湖州市妇保院专家纷纷到位。可是，患者丈夫仍不肯签字。

• 引导学生讨论、思辨：（1）我们能做什么？（2）是什么样的力量让你这么做？

针对这种情况，抢救小组决定："生命高过一切，家属不签字，主治医生联合签字（首创）！"由两位主治医师在手术告知书上联合签字，并马上展开手术抢救。

• 引导学生讨论、思辨：（1）一个人签字的个人行为转换为两个人签字的团队行为，风险有什么变化？（2）你愿意这样做吗？（3）这个方法怎么样？（4）你是否有更好的方法？

患者子宫被切除后，腹腔仍流血不止，医院发出病危通知书，但患者丈夫仍不签字。最后，还是由主治医生联合签字，继续手术。

要想止血需要用纤维蛋白原，而这种药非常稀少，只有浙江大学附属第一医院才有。已是深夜，但县卫生局和医院共同努力联系，耗时1个多小时，纤维蛋白原和血小板这些救命的药被送到德清县人民医院。经过几个小时的奋战，患者血压终于开始稳定，最终渡过难关。

• 引导学生讨论、思辨：（1）尊重、有利、不伤害、公正四原则的辩证关系；（2）战胜疾病你有什么感受？（3）你觉得是救了一个患者，还是救了一个家庭？（4）算不算为家庭幸福和社会安宁做了贡献？

案例2：最美逆行者

视频案例"首例新冠肺炎逝者遗体捐献病理解剖的故事"：得益于患者和家属的无私奉献和知情同意，2020年2月16日，华中科技大学同济医学院法医病理学刘良教授团队完成了全国首例新冠肺炎逝者的遗体解剖工作，并成功拿到新冠肺炎病理组织。遗体捐献者来自上海援助湖北医疗队所负责的危重病房，主管医生在日记中写道，对于捐献者和家属，感谢他们的无私和奉献。

• 引导学生讨论、思辨：（1）在特殊情况下是否可以未获知情同意就开展遗体解剖？（2）对于未知病毒，谁也不知道自己会不会感染上，会不会因此而死去，你怎么看这些冲在第一线的逆行者们？（3）你会舍己救人，为了更多的人勇于奉献吗？

刘良教授谈到遗体解剖时说，"我们进去就先给他鞠躬，对捐献者非常非常地尊敬，他能把自己遗体捐出来，能做家属工作，他的贡献非常大，我们给他鞠躬的时间特别长，非常感谢这些人，他们就是大爱，也是为了我们人类健康！"，"通过取得的病理组织，明确了病因，打破了很多谣言，为未来临床治疗危重症患者提供了依据"。

- 引导学生讨论、思辨：（1）患者做家属工作是不是为了知情同意？（2）舍了自己为了更多人的健康，应该获得怎样的尊重？

2020年开始的新冠肺炎疫情影响到了每一个人，全世界都希望能够早日战胜病毒。我们现在取得了重大成绩，也找到了抗击病毒的方法，还研制出了疫苗，这与新冠肺炎逝者的遗体捐献是密不可分的，可以说，他们默默地捍卫了人类健康和生命，悲伤的背后是奉献。

- 引导学生讨论、思辨：（1）少数人舍命换来多数人的安康，符合有利原则吗？（2）作为救死扶伤的医者，我们也在默默地奉献，你如何看待？（3）未来的职业生涯中，遇到了巨大风险你会怎样选择？

五、特色与创新

（一）课程特色

（1）作为国家一流专业临床医学的医学人文模块核心课程、课程思政示范课程，结合国情民生、医疗热点、抗疫精神，思政元素融入授课全程。

（2）结合专业和学科特点，以红船精神为引领，打造"红船精神＋"思政育人模式，即"1238"模式——一核两翼三驱八联动的混合式教学模式。

（3）理论与实践并重，以学生为中心，培养学生认识问题、分析问题和解决问题的综合能力，培养学生"热爱生命、品格高尚、求真务实、永攀高峰"的责任感和使命感。

（二）教学团队

（1）教学团队由专任教师及附属医院临床教师构成。

（2）教师梯队架构合理，理论实践经验丰富，有效推动"两性一度"。

（三）教学创新

1.教学方法

采用案例式、启发式、互动式、探究式、显性隐性等多元教学方法，以学生为中心，以成果为导向教学育人。

2.教学内容

专业内容涵盖医学伦理学、医学心理学、内科学、护理学、临床抗疫，各学科交叉整合，优势互补，充分保障教学内容的前沿性、教学资源的代表性、实践技能的应用性、内容整合的高阶性。

3.教学组织形式

线上课程依托"智慧树"网站平台的视频课程、教学资源、互动讨论、考核系统等完成教与学的闭环。通过嘉兴市、绍兴市等专技人员继续教育平台公益开放，拓宽了广泛有效的学习路径，扩大了医学人群的学用范围。各类学习平台不但提升了更多人群的伦理素养，还能够反哺学生教育，形成了医疗工作者互助互学的闭环。

六、教学成效

课程教学依托"红船精神＋"思政育人模式，培养学生思辨运用医学伦理基本理论、基本原则和规范准则，领悟内化"家国情怀、社会责任、价值理想、正谊明道、医者仁心、大医精诚、求真求实、协同合作"，融为自身的职业素养与精神境界。通过案例教学、思维导学、学生悟学、师生互动、生生互动，实现课堂有触动、课后有延展，学生感悟到更多的责任担当，学做事、会做人，成为一个有品格、有追求、乐奉献的人。

完善教学设计，实现多维教学路径有效提升知识广度，多元教学方法有效提升技能精度，"红船精神＋"思政元素有效提升情感温度，"红船精神＋"思政育人模式有效提升思政课程与专业课程的协同效应，聚焦课程的创新性、高阶性和挑战度，修炼教学内功，完善教学设计，丰富课程资源，满足学生成长需求，不断提升学生的学习兴趣、学习能力、学习获得感和精神境界。

材料科学基础

邰玉蕾

温州大学　化学与材料工程学院

一、课程概况

材料科学基础课程主要围绕结构组成—工艺—性能—应用这一课程主线，讲解各类材料的结构特征、常见性能以及应用实例。培养学生掌握材料的典型晶态结构与缺陷、非晶态结构、相结构等各层次结构与材料宏观性能之间的关系，理解材料在工程设计中的主要性能要求，熟悉各类材料的主要性能特点。从而使得学生能够根据材料的结构特点对其主要的宏观性能进行初步推测，并能够根据工程中对材料性能的需求，初步设计和筛选具有适宜的组成和结构的材料。

该课程由温州大学化学与材料工程学院开设，作为四年制本科材料科学与工程专业的必修课、先导课，同时也是本专业的核心课程。共64学时，安排在第四个学期开课。

二、课程目标

（一）知识目标

（1）设定材料科学与工程本科专业的目的本身，就是要打破以往以材料划分专业的限制，根据生产实践需要，培养面向各类材料领域，具有材料科学与材料加工方面较全面综合知识、具有一定的开发和使用材料的能力的学生，这同样也是本门课程的最终目标。

（2）课程的教学从原子的电子结构入手，由微观至宏观，系统阐述原子的结合键、热力学、动力学、晶态和无定型结构，材料微观结构的演化以及通过工艺变量来控制材料显微层次结构的方法。

（3）掌握材料的各种工程性能及材料在实际工程中的设计理念和应用原则。

（4）了解各种材料的新结构、新合成技术、新表征方法、新应用领域以及材料领域研究的创新思维方法。

（二）能力目标

（1）对普遍存在于三大基础材料的各层次结构与宏观性质之间的规律，以及材料的结构与材料的设计、加工之间的内在联系有所认识。

（2）能够学会更好地理解、使用和开发材料，达到课程对应培养标准的要求，并为后续各专业课程的系统学习打下基础。

（三）价值目标

（1）通过讲授材料的结构组成、工艺、性能、应用之间的关系，培养学生工程师的科学思维，从专业知识的角度增强学生对所学专业的责任感、认同感和自豪感。

（2）在授课过程中，注重在讲解专业理论知识的同时，分析材料科学发展的艰难，使学生们体会科学发展过程中面对的困难和挑战，激发学生实事求是、勇于探索的科学精神。

（3）积极结合我国所面对的技术瓶颈和难题，培养学生大胆建设、谨慎求证的科学精神，以及为国家科技腾飞贡献自己的一分力量的觉悟。

三、思政元素

从大师人物、重大工程案例、新材料设计发展等方面着手，将其与本地、本行业特点、学生个人能力和事业发展相结合，挖掘材料科学基础课程中的思想政治教育元素，将其与专业课程的教学内容相融合。引导学生关心国家的科技发展，紧跟时代脉搏，培养学生的工科伦理理念、精益求精的大国大匠精神、科技报国的家国情怀和使命担当。

四、设计思路

以典型工程事故案例为课程导入，既导入课程，也将工程伦理教育融于其中。在授课过程中，以案例教学和PBL教学方式，以大师人物、重大工程案例、我国本专业相关的行业发展方向、课程相关的最新专业文献为思政切入点，体现课程的知识引领性和价值引领性。

五、实施案例

案例：从几种金属强化手段入手，提升学生对基础知识运用于实际研究的理解深度，使得学生对国家金属高端合金的应用场景和迫切需求有所了解，激发学生的专业认同感、使命感、科技报国以及家国情怀，并对工程伦理、科学创新思维方法有一定的认知。

「环节1」课前预习

教学内容：

- 利用讯飞爱课堂布置线上预习任务，并查看预习情况。
- 利用浙江省高等学校在线开放课程共享平台上温州大学开设的"材料科学基

础"5.5以及中国大学MOOC平台上中南大学开设的"材料科学基础"的6.15、6.16布置线上预习任务,并查看预习情况。

教学目的:

- 利用丰富的线上资源,学生可以进行课前预习,提高课堂知识接受度。
- 授课方式与时间:线上、线下相结合。

「环节2」应变强化金属内容的课程导入

教学内容:

【案例1分析】"永不沉没"的泰坦尼克号的沉没原因分析(见图1)。

图1 泰坦尼克号沉没原因分析

【切入思政元素】工程伦理教育。

- 以泰坦尼克号沉没图片导入主题,利用提问法激发学生兴趣。
- 分析事故。
- 引出材料性能(强度、韧性和脆性)对工程安全性的重要性。
- 引出材料缺陷与材料性能的关系。
- 引出工程师的责任与义务。

【引发思考】作为材料工程师在工程设计中应尊重、遵从哪些"工程伦理理念"?

教学目的: 专业知识导入与工程伦理教育。

授课方式与时间: 启发式互动教学、案例教学(3分钟)。

「环节3」应变强化原理(重点)

教学内容:

【问题】应变强化的概念和原理是什么?

- 以图片、动画说明应变强化的概念和基本原理(图2)。

- 低碳钢拉伸过程中的应力–应变关系（视频资料）。

【引导1】拉伸过程中的弹性变形和塑性变形如何？

【引导2】不同阶段的塑性变形如何？

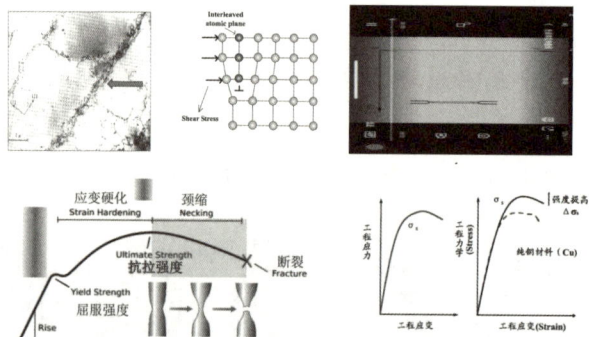

图2 应变强化

【提问】应变强化利用哪个阶段的塑性变形？

- 以图表说明应变强化提高材料屈服强度。
- 引出应变强化的定义。

教学目的：

- 掌握并理解应变强化的概念及其在金属增强中的效用。
- 强调塑性变形的可利用性以及颈缩的不可利用性。

授课方式与时间：启发式互动教学（7分钟）。

「环节4」应变强化的应用（难点、思政教育切入点）

教学内容：

【案例2说明】应变强化在工业金属锻造中的应用。

- 以图片呈现应变强化进行金属增强的工业案例（见图3）。

应变强化——金属增强（工业领域应用）

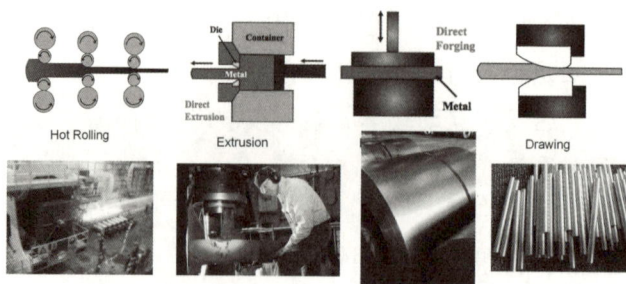

图3 应变强化在工业金属锻造中的应用

【专业知识与思政教育融合】

- 以图表说明 我国钢铁行业现状与发展方向（见图4）。
- 引出大师人物。
- 引出航母钢板背景。
- 引出2035年远景目标中对高性能、高品质金属材料的需求。
- 融合温州本地企业在高品质金属材料方面的成果。
- 引出专业责任感。
- 引出专业认同感。
- 引出大国大匠精神。
- 引出工程环保理念。
- 引出政治意识。
- 引出大局意识。

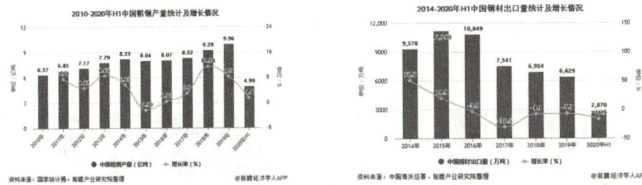

图4　钢铁行业现状与发展

【案例3说明】应变强化在最新科学研究中的应用（见图5）。

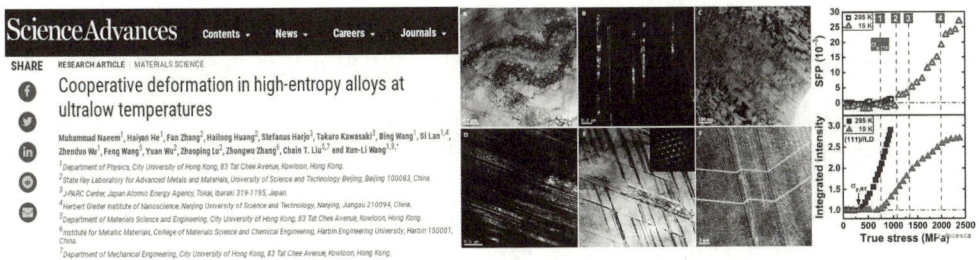

图5　应变强化在最新科研中的应用

- 利用应变强化并结合滑移、孪生机制提高材料强度和韧性，制备高性能合金。
- 提升正确认识问题、分析问题和解决问题的能力。
- 训练结构组成—工艺—性能—应用的科学思维。
- 强化家国情怀与使命担当。
- 激发科学探索精神。

教学目的：
- 深化应变强化的实际应用理论和工业价值。
- 强化应变强化的优缺点和韧脆转变温度的实际意义。
- 融合课程思政，以大师人物、2035年远景目标、重大工程、新性能金属合金在航母钢板领域的应用潜力及迫切需求为切入点，将专业知识与课程思政浸润式有机融合。
- 启发学生作为"材料人"的专业认同感和作为"中国人"的责任感。

授课方式与时间：案例式教学、启发式互动教学、双语教学（10分钟）。

「环节5」细化晶粒强化金属的课程导入

教学内容：

【案例4分析】挑战者号航天飞机事故分析（见图6）。

图6　航天飞机事故分析

【专业知识与思政教育融合】
- 以挑战者号航天飞机事故图片导入主题，利用提问法激发学生兴趣。
- 分析事故。
- 引出材料性能（强度、韧性和脆性）对工程安全性的重要性。
- 引出我国航空航天发展现状。
- 引出航空航天发动机零部件的重要性。
- 引出工程师的责任与义务。

- 强化工程伦理教育。
- 增强民族自豪感和国家自信心。
- 激发责任感和使命感。

【引发思考】如何制备出高强度、高韧性的高性能金属材料？

教学目的：专业知识导入与工程伦理教育。

授课方式与时间：启发式互动教学、案例教学（3分钟）。

「环节6」晶粒细化强化金属材料原理（重点）

教学内容：

【问题】晶粒细化的概念和原理是什么？

- 以图片说明晶粒细化的概念和基本原理。
- 两晶粒多晶体构件的拉伸实验分析。

【引导1】晶粒细化对材料强度有什么影响？

【引导2】晶粒细化对材料塑性有什么影响？

【提问】如何细化晶粒?

- 以图表说明晶粒尺寸与屈服强度的定量关系。
- 引出晶粒细化为强化金属的有效手段，是因为可以有效地增加晶界面积，并可以量化计算（见图7）。

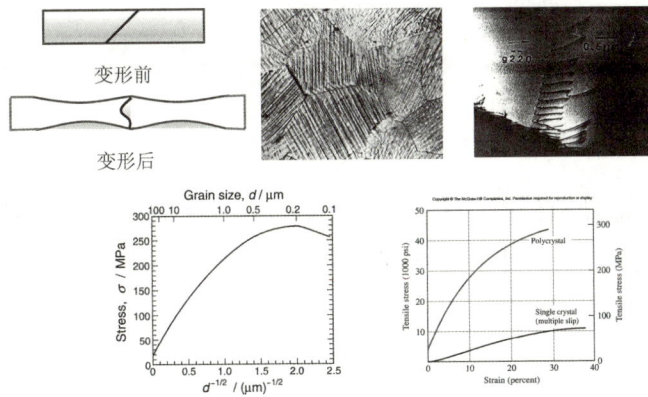

图7　晶粒细化

- 进行图表分析，细化晶粒后材料的微观结构和宏观性能的变化。
- 建立超链接，加入国际常用的晶粒尺寸的计量方法ASTM的计算标准，扩展学生知识。
- 融入双语教学，加入英文专业词汇和专业知识的讲解。

【专业知识与思政教育融合】

- 训练学生理论联系实际的能力。
- 培养探索未知的科学精神。
- 培养科学思维、分析问题和解决问题的能力。

教学目的：

- 强化晶粒细化的概念和原理。
- 深入理解晶粒尺寸与材料强度之间的关系。
- 加强对细化手段的理解。

授课方式与时间：互动式讨论、启发式主动教学、比较分析、双语教学（6分钟）。

「环节7」晶粒细化的应用（难点、思政教育切入点）

教学内容：

【提问】晶粒细化在传统金属加工工艺过程如何应用？

【案例5说明】举例说明常见的奥氏体加工工艺中晶粒细化的应用。

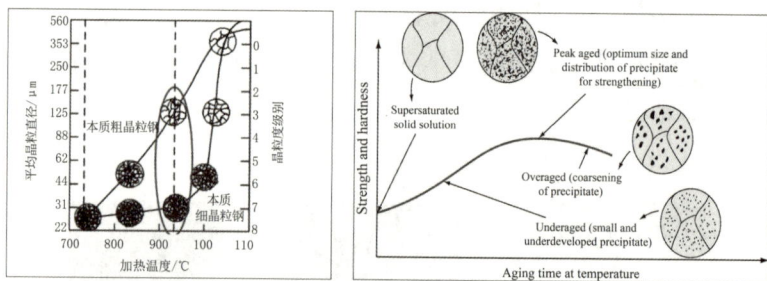

图8　晶粒细化程度与加工温度和时间的关系

- 以图表讲解晶粒细化程度不同与加工温度、加工时间的关系（见图8）。
- 引出在金属加工过程中有哪些因素可能会对材料力学性能产生影响。

【专业知识与思政教育融合】

- 以图表说明我国航空航天发展现状（见图9）。
- 引出大师人物。
- 引出C919航天发动机背景。
- 引出3D打印金属零部件的加工方式。
- 引出2035年远景目标中对高性能、高品质金属零部件的需求。
- 融合浙江省政府对高品质金属材料的需求。
- 引出专业责任感。
- 引出专业认同感。

- 引出科学的创新探索精神。
- 引出大国大匠精神。
- 引出政治意识。
- 引出工程伦理教育。

图9　我国航空航天发展现状

【提问】用晶粒细化制备的金属是否还可以使用其他的加工方法获得高强度、高韧性的发动机零部件？

【案例6说明】晶粒细化在最新科学研究中的应用

- 引出利用晶粒细化提高材料强度和韧性，制备高性能合金的科学研究发展方向（见图10）。

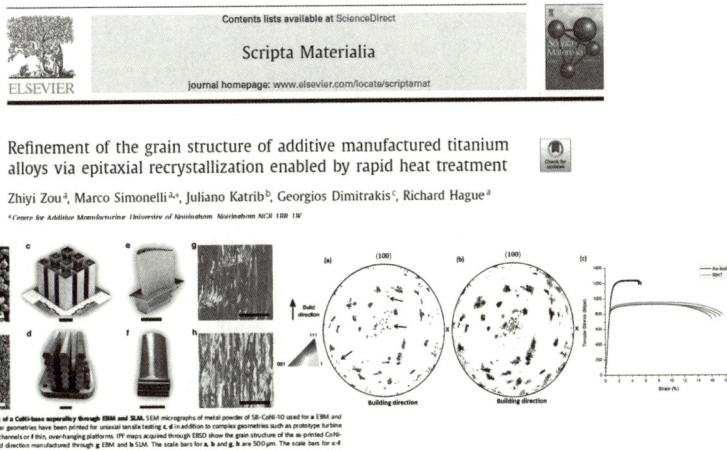

图10　晶粒细化在最新科研中的应用

- 提升正确认识问题、分析问题和解决问题的能力。
- 引导学生关注我国科技热点、难点、痛点问题。
- 通过对比，引导学生正确认识我国技术的优势与不足。
- 培育科技独立自主的意识。
- 培育家国情怀、责任担当精神。
- 加强科学思维的训练。
- 培养科学自信。

教学目的：

- 理解掌握晶粒细化在传统金属加工工艺中的应用原理。
- 深入讲授晶粒细化在前沿科学研究中的应用。
- 融合课程思政，将专业知识与课程思政浸润式有机融合。

授课方式与时间： 案例分析、双语教学（8分钟）。

「环节8」课堂总结与提升

教学内容：

- 利用讯飞爱课堂的随机点答或抢答的方式向学生提问并总结本节课程的要点。
- 思考题：在应变强化和晶粒细化中，材料的结构、性能、应用之间存在着怎样的联系？
- 扩展题：应用在深海领域的钢材应具备什么性能？如何选用？

【 **专业知识与思政教育融合** 】

- 培育探索未知、永攀科学高峰的意识。
- 培育科技报国的意识。

教学目的： 课堂内容专业知识小结，融合课程思政提出思考题和扩展题，启发学生进行思考。

授课方式与时间： 总结启发（3分钟）。

「环节9」课后作业与反馈

教学内容：

- 利用www.coursera.org平台上 Materials Science: 10 Things Every Engineer Should Know 中 Dislocations Explain Plastic Deformation 的内容，布置课后学习任务。
- 利用智慧教室讯飞爱课堂发布作业和课堂教学反馈，及时总结。

教学目的：

- 巩固课堂教学。
- 扩展学生知识。
- 丰富考核方式，采用"互联网+"教学手段。
- 一流课程与课程思政建设相辅相成。

授课方式与时间： 课后学习。

六、特色及创新

（1）充分利用智慧教学、"互联网＋"教学、线上线下相结合等教学手段，并在课堂上利用视频、动画和微课、慕课等丰富的教学方法提高教学效果。加入过程评价考核，科学全面评价成绩，以评促学。课堂中加入科技前沿文献，更新教学内容，紧跟科技发展。

（2）采用案例事故分析的方法，融入工程伦理教育。

（3）教学过程中秉着"易理解，理思路，重应用"的原则，坚持理论教育与实践活动有机结合，激励学生知行合一，激发学生参与科研项目研究和科技创新创业项目的热情和自信心。

（4）把握思政教育的规律，找准需求点。引导学生思考作为"材料人"的理想和追求，建立专业认同感。

（5）构建"1+N"的课程思政建设模式，"1"围绕专业知识的理论基础和实际应用，"N"围绕"国之重器"的超级工程，聚焦材料专业学科前沿，深挖国家急需解决的重大技术中蕴含的尖刻科技与创新精神，以"大师人物"的艰辛历程和奉献精神激发学生的兴趣和积极性，并将思政教育元素"浸润"进专业课堂，引导学生坚定"四个自信"，并对自身所肩负的使命和国家的重托有更深的认同。

七、教学效果

（1）多元的教学手段、丰富的课程资源、双语的介入、线上线下的结合、科学全面的评价方法极大地激发了学生的学习热情，扩展了学生的视野，并获得了较高的课程评教成绩（见图11）。

图11　课堂教学和课程评教

（2）显性与隐性的思政元素的融入，增强了学生作为"材料人"的责任感和使命感，引导学生关注国家重大科技难题和发展目标，提高了学生的专业自信心，锻炼了学生的科学思维和科学方法论，坚定了学生科技报国的信念。使得学生在国家级、省级、校级各项创新创业竞赛中屡获佳绩，其中，获得中国国际"互联网+"大学生创新创业大赛国际赛道本科生创意组金奖、浙江省大学生职业生涯规划大赛的创新创业赛道荣获金奖和铜奖（见图12）、温州大学国际"互联网+"大学生创新创业省赛网评选拔赛金奖。

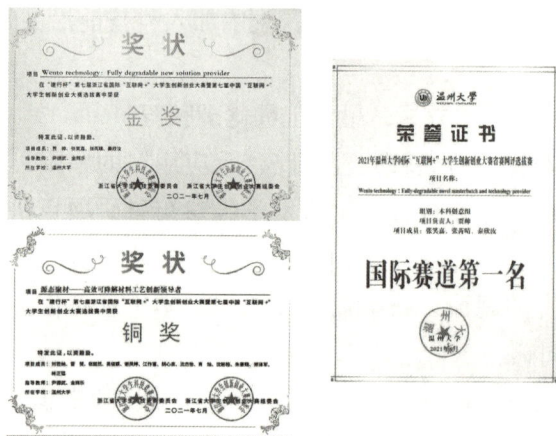

图12　获奖情况

工程材料与成形技术

徐云杰

湖州师范学院　工学院

一、课程概况

工程材料与成形技术是机械工程专业必修的专业基础课程，主要讲授金属材料与成形的基础理论，合理选择工程材料及成形的方法。内容包括：材料的力学性能、金属材料的组织结构、常用金属材料及热处理、常用非金属材料和新材料、金属材料的常用成形方法及应用、毛坯选择的主要依据以及机械零件材料选择的原则与方法。课程结合职业教育特色，理论知识以应用为目的，以必需、够用为度，以培养高素质技能人才的职业技能、职业素养和提高职业水平为目标，强调学生实践能力、创新能力和工匠精神的培养。

二、课程目标

以培养理论扎实、技艺精湛、师德高尚的高素质匠师为标准，结合湖州师范学院地方应用型本科定位、师范教育特色和大一新生的特点，践行学校"明体达用"校训，落实立德树人根本任务，引导学生熟悉该领域前沿技术，掌握材料与成形基础理论、经济合理地选择材料和成形工艺的基础知识；培养学生创新能力、核心技术的自主研发能力、多学科交叉融合独立解决复杂问题的能力，以及精湛的操作技能和熟练的教育教学能力；以培养"两山匠师"为首要目标，在绿色和创新理念引领下，引导学生深刻理解并自觉遵守职业规范，弘扬工匠精神，培育更多新工科人才走技能成才、技能报国之路，为迎接世界未来之大变局，努力成为世界主要科学中心和创新高地而奋斗！

三、"两山匠师"思政元素的凝练

湖州是"绿水青山就是金山银山"理念的发源地，以"绿水青山就是金山银山"理念为引领，深入挖掘其中适合本课程的绿色和创新两个核心元素。围绕培养双师型机械中职师资的职业师资特色，从社会文化积累、工作情境和个人经历三方面下手，抓住"机械""中职""师资"三个关键词凝练思政元素。机械为基础，承载绿色和创新的使命；中职为定位，强化技能和操作；师资为特色，重在师德师风。基于这个思路，以"两个核心，三种职业，三个层面，三个维度"提炼"两山匠师"课程思政元素（见图1）。以"绿水青山就是金山银山"理念的绿色和创新为核心，从工程师、技师、教师三种职业，国家、社会、职业三个层面，时间、空间、社会三个维度凝练思政元素并与"三能"自然融合，以匠心做思政，用思政育匠师。

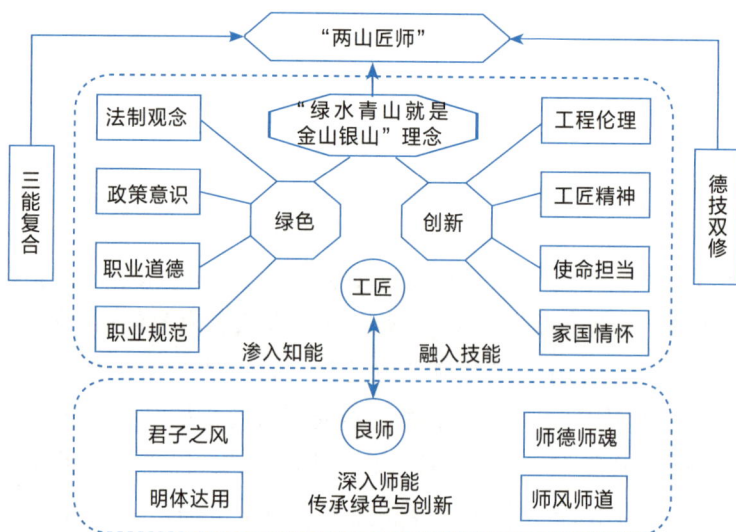

图1 "两山匠师"课程思政元素

（一）"绿水青山就是金山银山"理念的绿色元素

"绿水青山就是金山银山"理念的绿色引领环境的法治发展，要求学生学习践行生态治理政策，坚守职业道德、践行职业规范，护航绿色发展。

针对铸造、锻造、焊接等成形工艺生产中可能产生的烟气、粉尘、废水、噪声等环境污染因素，将"绿色发展"理念下的国家环境法治思政元素，包含《环境保护法》等融入课程，培养学生绿色工程生态观、工程师的生态责任意识和可持续发展的观念，树立法制观念，依法守法。同时关注国家、省、市三个层面与机械行业领域相关的政策文件，例如碳达峰、碳中和、打响蓝天保卫战、五水共治、"国家、省、市"的发展规划等，培养学生在政策的引导下科学地分析问题、解决问题的能力。

培养工程师和技师的职业道德、职业标准，教师的师德师风。在工程制造与建造等活动中秉承绿色可持续发展理念。

（二）"绿水青山就是金山银山"理念的创新元素

科技发展和创新是实现绿色低碳发展的根本出路，"绿水青山就是金山银山"理念的创新需要具备新时代的工匠精神，遵守工程伦理，砥砺家国情怀，激发使命担当。

讲述"大国工匠"创新故事，展示"大国工匠"劳模形象，弘扬"大国工匠"敬业、精益、专注、创新的工匠精神。在工程案例教学中纳入工程的伦理维度，融入"绿色发展"中蕴涵的伦理目标、伦理关系和伦理问题。提升工程师伦理素养，加强工程师社会责任，推动可持续发展，促进人与自然的协同进化。

立足前沿、了解国情，培养四个自信；融入干在实处、走在前列、勇立潮头的浙江精神；融入湖州的地方文化和学校的校风校训。潜移默化培养学生的爱国、爱党、爱家的情怀。激励学生不忘初心，达成制造强国的使命担当，助力我国成为工程教育强国的使命担当，传承工匠精神的使命担当。

（三）时间、空间、社会三个维度

时间、空间、社会三个维度与"绿水青山就是金山银山"理念的绿色和创新相辅相成，相互配合，形成了立体的"两山匠师"课程思政体系。

时间维度分纵向和横向两个维度，纵向维度思考过去、当下和未来。譬如关于绿色环境保护法的立法时间。横向维度，思考同一时间节点的古今中外，弘扬民族自信、文化自信。譬如从三星堆出发探讨古埃及、古巴比伦、古印度的铸造和巴蜀文化铸造的渊源。

空间维度，从一个知识点，譬如操作规程，到一条知识线，譬如行业标准，到一个知识体系，譬如大国工匠的使命担当。

社会维度，充分考虑人、文化、环境等因素对行业、职业带来的影响。

四、设计思路

（一）人才培养模式剖析

本专业围绕培养行业"两山匠师"的特色，以"强化师能、突出技能、激励创新意识"为核心，提出师能（教育教学能力）、技能（实践操作能力）、知能（理论知识能力）"三能"复合，同时融入"两山匠师"的德育元素，形成"三能复合，德技双修"的人才培养模式。基于人才培养模式，修订课程的教学大纲，形成以知能为核心，师能、技能为两翼，"两山匠师"思政元素贯穿始终的育人思路。

（二）实施路径

系统、全面地梳理课程思政与知识、能力之间的逻辑关系，从教学模式、课程体系、教学方法、师资提升、评价体系等方面协同发力，通过学知识、练技能、强师能、增素质、成匠师五个步骤，将"两山匠师"思政元素与"三能"自然融合，德技双修塑造"两山匠师"职业人格品质，三能复合养成"两山匠师"三种能力，多维评价促评促建促改，形成"两山匠师"课程思政体系（见图2）。

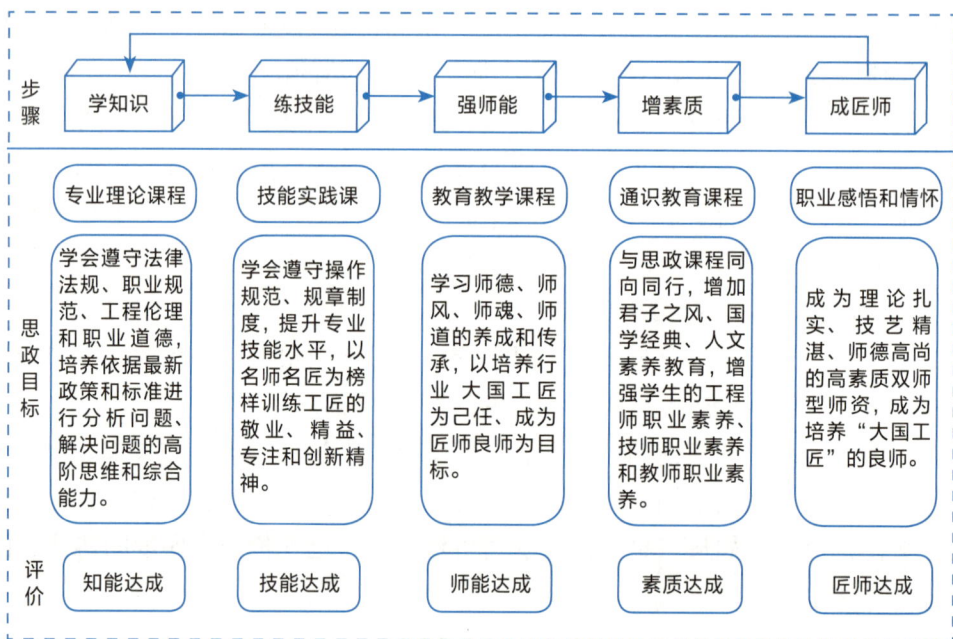

步骤	学知识 →	练技能 →	强师能 →	增素质 →	成匠师
思政目标	专业理论课程	技能实践课	教育教学课程	通识教育课程	职业感悟和情怀
	学会遵守法律法规、职业规范、工程伦理和职业道德，培养依据最新政策和标准进行分析问题、解决问题的高阶思维和综合能力。	学会遵守操作规范、规章制度，提升专业技能水平，以名师名匠为榜样训练工匠的敬业、精益、专注和创新精神。	学习师德、师风、师魂、师道的养成和传承，以培养行业 大国工匠为己任，成为匠师良师为目标。	与思政课程同向同行，增加君子之风、国学经典、人文素养教育，增强学生的工程师职业素养、技师职业素养和教师职业素养。	成为理论扎实、技艺精湛、师德高尚的高素质双师型师资，成为培养"大国工匠"的良师。
评价	知能达成	技能达成	师能达成	素质达成	匠师达成

图2　课程思政体系

发挥课堂教学主渠道作用，落实落地课程思政育人实效。"一体三环六步"组织实施课堂教学。课前自习、课中互动、课后提升、全程思政、全程评价、全程改进，教学过程六位一体，教师教学组织形成闭环；课前、课中、课后一体化智慧教学，学生学习形成闭环；课前引入思政、课中渗入思政、课后深入思政，学生素质培养形成闭环。课堂教学中课程思政按照图3的螺旋上升式的路径加以实施。

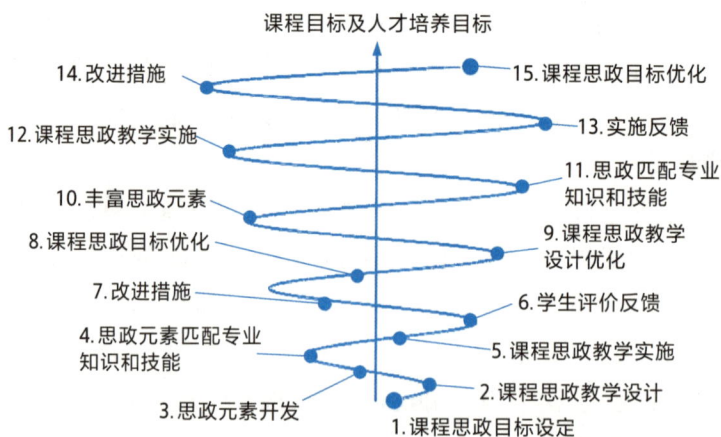

课程目标及人才培养目标

14.改进措施　　15.课程思政目标优化
12.课程思政教学实施　　13.实施反馈
　　11.思政匹配专业知识和技能
10.丰富思政元素
8.课程思政目标优化　　9.课程思政教学设计优化
7.改进措施　　6.学生评价反馈
4.思政元素匹配专业知识和技能　　5.课程思政教学实施
3.思政元素开发　　2.课程思政教学设计
　　1.课程思政目标设定

图3　课程思政的螺旋式实施路径

五、课程思政实施案例

以《工程材料与成形技术》第9章第1节"焊接工艺基础"为例，实施情况如表1所示。

表1　课程思政实施案例

授课内容	焊接工艺基础
所属课程	工程材料与成形技术
适用对象	师范类院校机械专业大一学生
教学目标	【知识】掌握常用金属材料焊接基础知识，了解焊接新工艺、新技术及其发展趋势； 【能力】能根据待焊接材料，合理选择焊接材料、方法和设备； 【思政】引导学生深刻理解并自觉遵守工程职业道德和规范，履行责任，在设计环节中考虑健康、安全、法律以及环境等因素，了解核心技术和创新的重要性，培养学生的家国情怀和使命意识
教学策略与方法	教学策略：结合大一新生学习的特点，发挥"线上线下一体化"优势，提出教学目标，组织、提炼教学内容，安排教学顺序，指导学生线上、线下自学。 线上线下混合教学方式：线下为主、线上为辅，线下采用"雨课堂+实体课堂"，线上采用"雨课堂+在线课堂+微信、钉钉群"的方式。 教学方法：采用"案例—问题—理论—方法—创新意识—思政"六环相扣教学方法，结合智慧教学工具，在课堂互动交流中进行思想引导
设计思路	以日常生活常见案例引入，在学生讨论的基础上，抛出问题，引入思政；评测要解决抛出的问题是否已掌握了前期知识，要解决抛出的问题还需要什么理论知识，进而引入学习目标，找到解决问题的方法和创新点，引入思政；通过教学互动的方式，实时评测学生课堂表现，调整授课进度和授课内容，评测本节课所学内容，最后进行总结以及知识拓展

教学过程设计

教学思路	教学内容	思政内容
	课前任务推送，课中手机扫码进入课堂，初步了解预习、复习的情况。	
1. 前测	启发思考：分组讨论，头脑风暴解决两个钢管连接问题。 回顾前期知识：（1）应用学过的连接技术或者工艺能否解决问题？（2）引入问题：日常见到的桥梁是什么连接？初识焊接应用领域	通过观察日常生产生活，培养学生提出问题、分析问题的能力；对比湖州"三绝"之一的宋代潮音桥和现代日月大桥制造手段，分析焊接应用范围。渗透文化自信

续表

项目		
	"大国工匠"李万君："一枪三焊"破解复兴号"腿脚"难题。引入焊接的概念，应用先进的技术解决问题的方法	讲述"大国工匠故事"，培养创新意识、工匠精神。引用习近平总书记在两院院士大会上的讲话，增强科技竞争力的根本是突破关键核心技术。激励学生的使命担当
2. 导入		
3. 学习目标	通过分析引入教学目标	
4. 参与式学习、讲解理论	案例讲解常见的熔焊、压焊和钎焊的焊接过程特点。 以本案为例学习职业教育的教学方法	观察生活，学会提出问题、分析问题、解决问题的方法。体悟职业教育的特点
	讲解焊接接头的组织和性能、常用焊接方法之一手工电弧焊	由焊接烟气污染引入"绿色发展"理念；结合打响蓝天保卫战活动，掌握环保政策法规，增强职业道德和环保意识

	焊接方法的技能操作实践，学会使用电焊机	通过动手操作，掌握职业规范、强化工匠精神、丰富安全用电常识、增强环保意识
5. 实践操作		
6. 总结	总结本次课的基本要点，梳理课程的思政元素，引导学生反思内容	总结思政要点，进一步深化"两山匠师"思政要素
7. 教学反思	采用"案例—问题—理论—方法—创新意识—思政"六环相扣教学法，让学生体验了从生产生活中提炼问题、应用基本理论分析问题，解决问题的完整过程。通过PPT、动画、图片、视频等多种教学资源，结合智慧教学手段交互式互动学习让学生融入学习过程中，将"两山匠师"的思政元素潜移默化融入课程中，创造了一个有温度的教室，取得了非常好的"明体达用"的效果，得到了学生的充分肯定。课后需进一步丰富教学资源，丰富课程思政案例库	

六、特色及创新

（一）课程思政体系创新

依据深度融入课程思政的人才培养模式，以"德技双修、三能复合、五步进阶、多维评价"系统、全面地梳理了本门课中课程思政与知识、能力之间的逻辑关系，明确了课程思政的内涵和实施路径；多方协同发力，构建了立体、多元的课程思政体系。

（二）思政目标明确，突出职业教育师资特色

紧扣培养"大国工匠"良师的目标，以"两个核心，三种职业，三个层面，三

个维度"提炼"两山匠师"课程思政元素，将"两山匠师"思政元素融入知识学习中，传承工匠精神，以"两山匠师"良师育"大国工匠"大师，形成"两山匠师"思政品牌。

（三）融入课程思政的混合智慧教学方法创新

"一体三环"组织实施线上线下混合式智慧教学，实现教学组织闭环、学生学习闭环、素质培养闭环；课前引入思政、课中渗入思政、课后深入思政，"两山匠师"课程思政元素全程融入教学过程中；落地落实"两山匠师"培养目标任务。

七、实施效果及成果

（一）教师层面

（1）通过提炼"两山匠师"课程思政元素，完整、全面、系统地梳理了课程思政与知识、能力之间的逻辑关系，明确了课程思政的内涵和实施路径。

（2）深入、全面地培养了教师自身的思政意识，增强了教师思政能力，提升了教师素养，达到以己育人，以良师育"良师"的效果。

（3）在实施智慧教学的过程中，增强了教师的教学设计能力和智慧教学能力，践行了"以学生为中心，明体达用"的教学理念。

（二）学生层面

（1）明确了课程的价值目标，提高了育人效果。讲好"两山"绿色故事、践行"两山"工匠精神、学好"两山匠师"思政，对于培养学生的家国情怀、社会责任感和历史使命感等具有积极的教育作用。

（2）注重课程设计，满足了大学生对有难度的高质量学习、有技术的高质量操作、有水平的高质量思政的需求。课程的挑战度增加了，学生的获得感也增强了。

（3）充分利用智慧教学工具，实时互动与统计，同步实现价值塑造、能力培养、知识传授三位一体的教学目标，教学方法接地气，课堂互动感强，学生参与度高。

（三）课程成果

该门课程是省级课程思政基层教学组织的重要支撑课，获浙江省课程思政优秀教学案例特等奖，已经逐步形成了"两山匠师"课程思政品牌。"三能复合，德技双修"的人才培养模式获校教学成果一等奖，是校级课程思政示范课。创新教学法获浙江省"互联网+"优秀案例特等奖。在浙江省高等学校课程思政现场交流会（教育类）做主题报告和展示。成果推广累计受益学生超5000人，受益教师超500人，学生的能力得到了全面的提升，成果辐射范围广，社会反响好，有很好的示范作用。

园林专业课程链

韩远彬 ——

丽水学院　生态学院

一、课程概况

本课程以计算机辅助设计一（AutoCAD）、计算机辅助设计二（PS + SU）和山区美丽乡村建设规划专题三门课程作为思政教学内容，将三门课程链接，融入思政元素，有利于整体化、科学化教学，提高课程思政育人效果。该三门课程涉及园林专业核心课、专业方向课、专业实践课，在园林专业培养中占重要地位，在专业课程体系及内容上精心安排思政元素，设置"少而精"的思政内容，做到相互促进、有机融合、水到渠成。通过思政"课程链"构筑"红"为底、"绿"为特色的思政教育体系，探索课程思政育人新模式（见图1）。以"红"为底色，传承红色基因，在课程实践中融入红色文化村项目设计；以"绿"为特色，依托美丽乡村建设规划专题，培育乡村振兴人才。

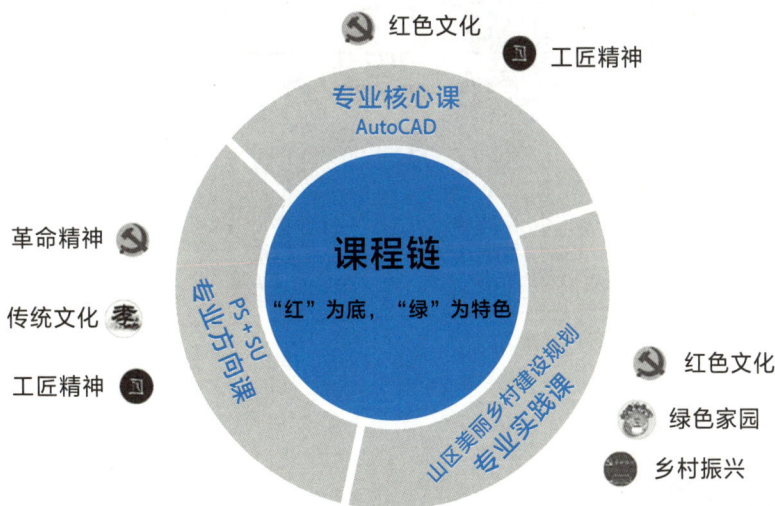

图1　"课程链"结构

园林专业人才培养除了要求学生具有广博的知识和熟练的技能外，还需学生具备传统的优良美德、大国工匠精神、爱国情怀。该"课程链"教学在内容设置上能够很好地表达思政元素效果，将思政理论、意识形态与专业课程内容相结合，寻找切入口，防止标签化、生硬化、空泛化的课程思政教学。有利于课程思政元素有效厚植，就如"盐"入"菜"中，效果适当，恰如其分。将党和政府的指导思想传播给下一代，担起课程思政重任。

二、课程目标

课程目标导向如图2所示。

（一）课程专业目标

通过"课程链"思政教学，让学生能应用所学专业理论知识、实操专业技能，完成特定实践内容，并以图文并茂的形式表达设计作品，展现思政内涵。

（二）立德树人目标

通过"课程链"思政教学，把育人为本作为教学中根本任务，能潜移默化地让学生感受思政教育，将思政元素厚植学生大脑，培养学生爱国、爱家情怀，传承中华美德，达到立德树人目标。

图2　课程目标导向

三、思政元素

（一）工匠精神

中华传统文化最为讲究"大国匠心"，而审美，也致力于追求工匠精神。在面对专业化、规范化、品牌化的园林事业发展时，每个从业者必须秉持工匠精神面对每次设计作品，同时尽善尽美地完成施工。

在中国古典皇家园林和私家园林造园史上纵横千年的香山帮，有着精湛技术，通过一砖一瓦,一手一拳一掌,完成浓墨重彩的宏伟古建筑。弘扬园林工匠精神,才能推动园林事业的发展,为城市和乡村创建宜居、宜业、宜游、宜文的美好家园。

(二)中国传统文化

文化是民族的灵魂,教育是文化的生机。中国传统文化是反映中华民族特质和风貌的文化,汇集着中国五千年的思想文化和观念形态,也是社会主义核心价值观的源泉。在山区美丽乡村建设规划专题课程教学中,要完成课程实践项目就必须了解和挖掘乡村的传统文化,整理分析传统文化元素,通过图纸方式表达视觉效果和文化特征。在课程中融入传统文化思政元素,让学生在走向社会时懂得"孝悌忠信、礼义廉耻、仁爱和平"精髓,让学生更加热爱自己的校园、家园和国家,同时有利于学生个人幸福、家庭和谐和国家安定。

(三)党史精髓文化

"课程链"教学中如何潜移默化植入党史文化是课程思政的关键点所在,在课程设置中安排有关丽水市莲都区雅溪镇岱后村红色研学基地项目工程设计和缙云县双溪口乡周扎村"初心广场"实践项目,让学生在项目实践前带着"问题"去查找相关红色革命文献资料,将思政元素有机融入课堂、课后,就如"盐"入"菜"中,恰如其分。

(四)乡村振兴

民族要复兴,乡村必振兴。在课程体系中传授乡村产业、社会主义文明建设和农村生态文明建设等内容,鼓励学生毕业后从事乡村振兴工作,提高乡村治理水平。

四、设计思路

(一)设计思路与思政内容框架(见图3)

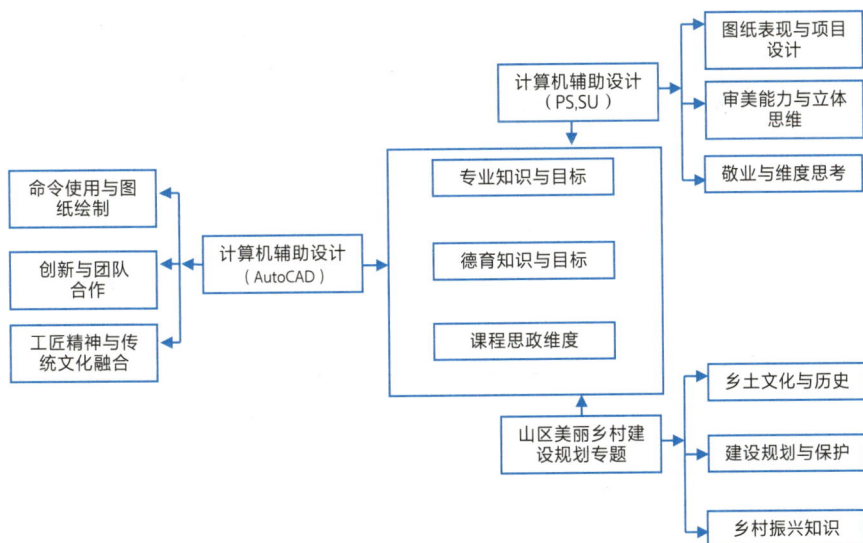

图3 设计思路与思政内容框架

（二）课程思政设计程序

（1）根据课程内容寻找课程与思政的结合点；

（2）考虑有机融合、润物无声的施教方法与技巧；

（3）根据课程章节设计思政环节，合理布置；

（4）制订实施方案和考核办法；

（5）效果评价、反思过程和改进措施。

（三）课程思政内容与组织实施方法

课程思政内容与组织实施方法如表1所示。

表1　课程思政内容与组织实施方法

课程名称	具体内容	衔接育人元素	组织实施方法
计算机辅助设计一（AutoCAD）	县委旧址戏台施工图绘制	秉着工匠精神完成县委旧址戏台施工图绘制，践行社会主义核心价值观	采用翻转课堂教学方式，课前布置，带着问题去完成设计作品，再面对面与学生交流、探讨
	县委旧址广场设计作品绘制	秉着工匠精神完成县委旧址广场设计作品绘制，挖掘红色革命精神，植入设计作品	同上
计算机辅助设计二（PS+SU）	平面设计（红色文化与设计融合）	"红色育人"将丽水市莲都区传统村落红色文化（传统文化、党史资料）融入设计作品，植入党建精神内涵，通过作品表达视觉效果	筛选和分析党史文献资料，播放红色文化村微视频，在"做"中植入党建内涵，用图表现
	三维效果图绘制(乡土文化与设计融合）	同上	同上
山区美丽乡村建设规划专题	"初心广场"设计方案	缙云双溪口乡周扎村是典型的红色红花村，将思政元素与设计有机融合，潜移默化地滋养学生品质，培养学生的爱国情怀和社会责任感	以"缙云双溪口乡周扎村初心广场设计竞赛"作为思政元素，采取翻转教学，完成设计方案
	乡村设计大赛	以"农信杯"浙江省大学生乡村振兴创意大赛为课程实践项目	通过组建团队，以乡村振兴创意大赛为契机，构建"乡村振兴+"育人模式，传播"人与自然和谐相处"的生态思想

五、育人元素实施案例

思政元素与课程有机融合的情况如图4所示。

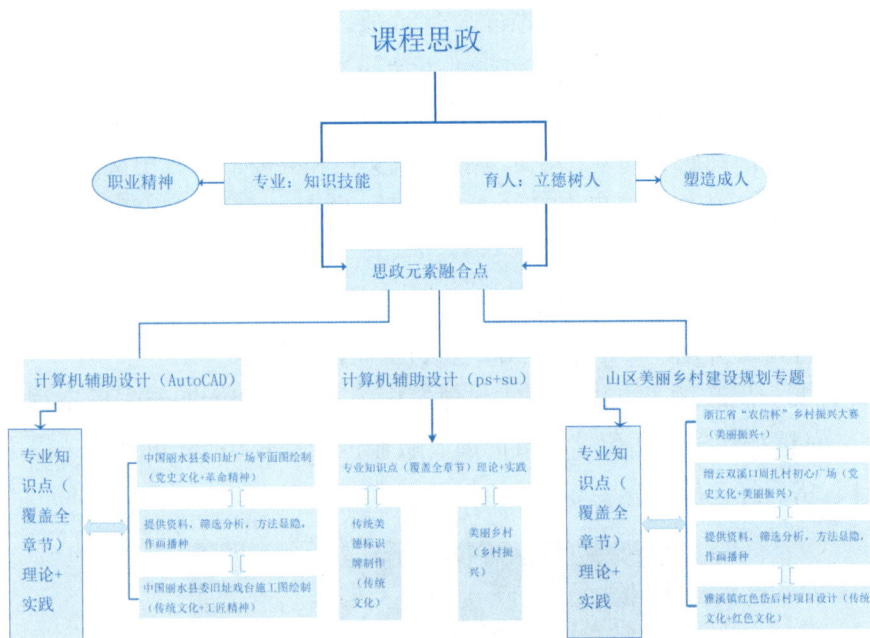

图4 思政元素与课程有机融合情况

（一）计算机辅助设计一（AutoCAD）课程思政教学案例

主要融合中国工匠精神、中国文化（古建筑史），植入其他思政元素。

1.教学方法

教学实施路径如图5所示。

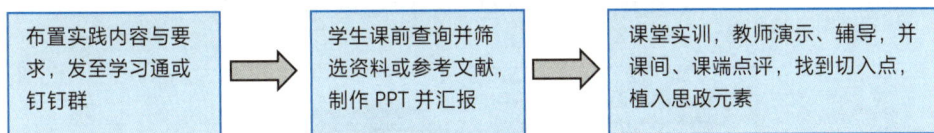

图5 实施路径

2.思政元素融合点

中国工匠精神＋爱岗敬业＋古建筑文化＋红色文化。

3.作业提交方式

（1）学生提交至学校在线泛雅平台。

（2）提交时间：老师发布作业2.5周后上交（由于设计图纸工作量大），过时提交视为未交。

4.考核形式

（1）讨论：采取线上线下讨论（主要集中于课堂，同学讲解设计作品，其他同学对设计内容展开讨论），占30%。

（2）完成设计作品：根据设计作品评定成绩，占70%。

案例一：中共丽水县委旧址戏台施工图绘制（见图6、图7）

步骤一：课前提供党史资料，如《莲都区党史》《红色岱后》等书籍，要求学生查找明清时期江南民居、祠堂、寺庙等古建筑文化和县委旧址党史文化。

步骤二：学生用PPT汇报自己的方案作品，作品中需要体现故事节点和设计理念。要求独立完成作品汇报方案。

步骤三：老师点评设计作品并提出修改意见，在点评时找到切入点植入思政元素，如中国古建筑文化、工匠精神、红色文化和合作精神。

思政元素：思政融入点体现于古代建筑史（清康熙四十四年朱氏宗祠，区文保建筑），工匠精神和传统文化（做事严谨、敬业，守规矩）；红色文化（以中共丽水县委旧址、岱后红色故事为主）。

图6 中共丽水县委旧址内戏台现状

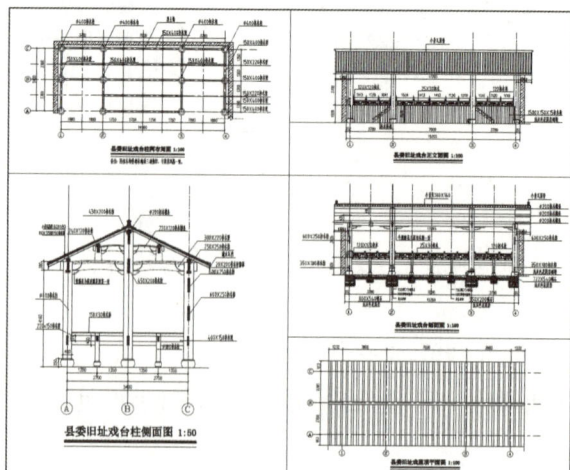

图7 中共丽水县委旧址内戏台改造设计图

案例二：中共丽水县委旧址"初心广场"设计平面图绘制（见图8、图9、图10）

提供党史资料：《莲都区党史》和《红色岱后》书籍，查阅这两本书籍和其他党史资料并对其内容进行归纳总结。课前要求学生查阅总结，课中讨论，课后修改提炼。

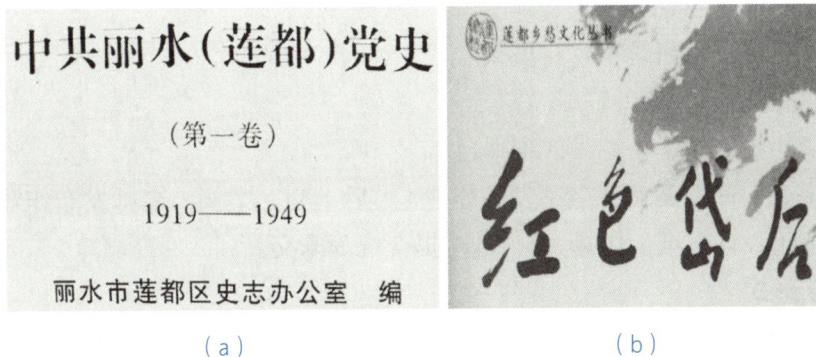

（a） （b）

图8 《莲都区党史》和《红色岱后》书籍

步骤一：两人分成一组，随机抽取组成团队。

步骤二：课前提供党史资料，如《莲都区党史》《红色岱后》等书籍，要求学生认真阅读和筛选与本设计方案相关的革命故事和红色文化。

步骤三：学生用PPT汇报自己的设计作品，作品中需要体现故事节点和设计理念。要求两人一组完成作品汇报，每人出一个设计方案。

步骤四：老师点评设计作品并提出修改意见，在点评时找到切入点植入思政元素。

思政元素：本次思政融合点主要体现于团队合作精神（通过团队合作大幅提高工作效率，降低时间成本；准时完成任务，引入实验室机房管理制度）和爱党、爱国教育（党史教育时引入"邱少云的故事"和大学生入党动机案例，体现爱国信仰）。

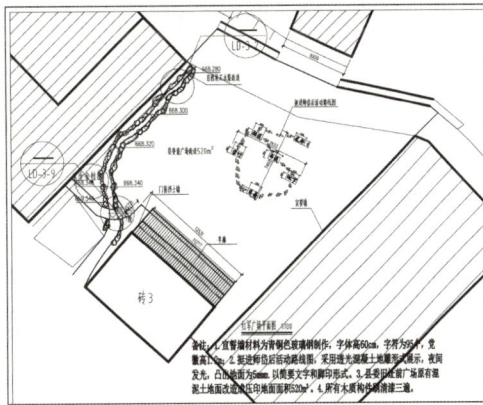

图9 中共丽水县委旧址"初心广场"现状　　图10 中共丽水县委旧址"初心广场"改造平面图

（二）计算机辅助设计二（PS＋SU）课程思政教学案例

主要涉及中国传统文化，融入革命精神等思政元素。

1.教学方法

知识点串讲＋现场场地解读分析。

2.思政元素融合点

传统文化＋红色研学＋乡村振兴。

3.作业提交方式

（1）学生提交至学校在线泛雅平台。

（2）提交时间：案例一老师发布作业1周后上交，案例二老师发布作业2周后上交初稿（由于设计图纸工作量大），过时提交视为未交。

4.考核形式

（1）讨论：采取线上线下讨论（主要集中于课堂，同学讲解设计作品，其他同学对设计内容展开讨论），占30%。

（2）完成设计作品：根据设计作品评定成绩，占70%。

案例一：传统美德标示牌设计（见图11、图12）

图11　带领学生走访入户，了解村内名人
故居、革命烈士家属

图12　烈士家属标示牌设计

步骤一：课前提供党史资料，如《莲都区党史》《红色岱后》等书籍，要求学生认真阅读和筛选与本设计方案相关的革命故事、革命人物。

步骤二：学生用PPT汇报自己的设计作品，作品中需要体现故事节点和设计理念，要求独立完成设计作品。

步骤三：老师点评设计作品并提出修改意见，在点评时找到切入点植入思政元素。

思政元素融入点：

（1）革命精神。提供党史文化资料，带领部分学生实地走访入户，了解革命前辈的革命故事，完成相应调查任务，回来筛选分析，通过图纸表达相应设计理念。

通过这种方式学生更容易接受红色教育，体会现在美好生活的来之不易，激励自己更加努力学习，毕业后以革命精神为动力，认真工作，爱岗敬业。

（2）传统文化。通过走访和实地调研，亲身感知乡村的传统文化。感悟如果没有中国传统美德，就相当于没有灵魂，和谐美好的氛围才是弘扬中国传统美德的目标。从自身做起，尊老爱幼，孝敬长辈。

案例二：三维效果图绘制（乡土文化与设计融合）

根据设计内容，选择合适场地，完成相应图纸设计。步骤与案例一相似，通过表达设计作品，感受思政教育带来的收获（见图13）。

图13 中草药＋乡土特色＋红军故事

思政元素融入点：

（1）优秀乡土文化。设计时选用中草药植物，引入战争时期药品缺乏、红军用中草药疗伤的故事，用乡土材料体现乡村特色，可以借助乡土文化这面"镜子"，让学生窥见家乡的历史痕迹，警示学生不要盲目追求和崇拜国外流行文化。

（2）党史教育。通过设计表达可以让学生了解土地革命、抗日战争、解放战争时期，家乡人民对党、人民军队的感情，他们不计任何报酬，冒着生命危险为民族事业做出了巨大牺牲和贡献。

（三）山区美丽乡村建设规划专题课程思政教学案例

主要涉及党史精髓文化，融入乡村振兴、传统文化等思政元素。

1.教学方法

知识点串讲＋现场场地解读分析。

2.思政元素融合点

传统文化＋红色研学＋乡村振兴。

3.作业提交方式

（1）学生提交至学校在线泛雅平台。

（2）提交时间：老师发布作业后根据工作量确定上交时间（由于设计图纸工作量大），过时提交视为未交。

4.考核形式

（1）讨论：采取线上线下讨论（主要集中于课堂，同学讲解设计作品，其他同学对设计内容展开讨论），占30%。

（2）完成设计作品：根据设计作品评定成绩，占70%。

5.案例的实施步骤

步骤一：三人一组，组成设计大赛小队，设立组长，要求分工明确。

步骤二：学生用PPT汇报自己的设计作品，要求每人都参与汇报。

步骤三：老师点评设计作品并提出修改意见，在点评时找到切入点植入思政元素。

案例一：缙云双溪口乡周扎村"初心广场"设计大赛（见图14、图15）

图14 竞赛场地现状

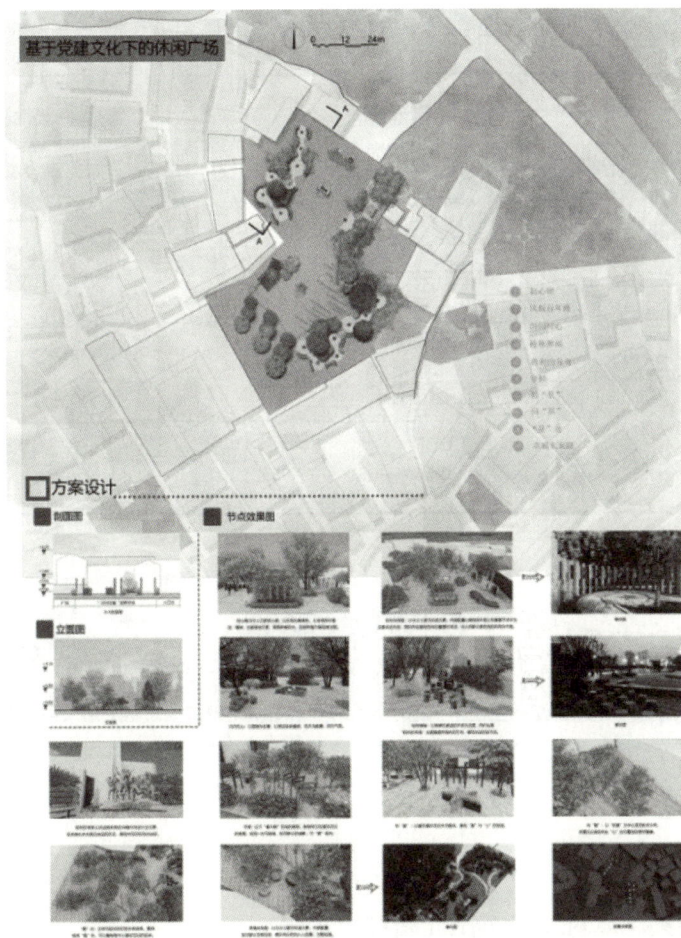

图15 "初心广场"学生设计作品

思政元素融入点：

（1）乡土文化如何融入红色文化。

乡土文化诞生于人民群众的劳动生活，代表着劳动人民的生活状态，与群众精神文化生活是密切相关的。在不同历史时期有其不同特性，红色文化也不是浙西南独特的文化，全国各地都有很多各具特色的红色文化，比如井冈山、延安等。浙西南地方乡土文化的历史和革命精神才是有别于其他地方的文化。通过挖掘文化特性，让学生更加热爱党、生活、国家，坚定实现自己的理想和信念。

（2）团队合作、锻炼交流与表达。

团队合作可以节省时间成本，合力完成任务，培养学生社会责任感和自豪感；交流与表达，可以锻炼学生与人沟通能力，培养学生自信心和积极乐观向上的精神。倡导学生以领域专家为榜样，树立正确价值观，成为社会有用人才。

案例二：乡村振兴创意大赛教学案例（见图16）

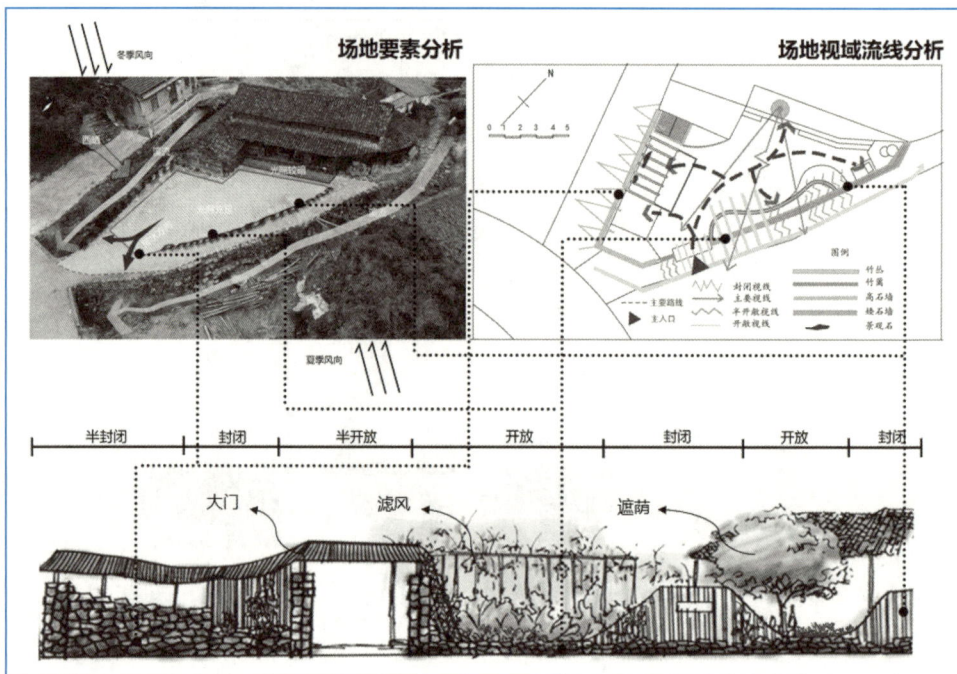

图16　学生设计作品

思政元素融入点：

（1）乡村振兴（乡村文化、工匠精神等）。

引导学生做事情要严谨，尽量把自己的事做到极致和完美。不能满足于仅仅完成老师布置的任务，这样对在校生活和毕业后发展都非常不利。老师在点评和讲解方案时应注意自己言行，必须去除歧视性语言。

（2）政策教育（乡村振兴）。

学生通过自身的专业所长，助力"乡村振兴"，切实投身到扶贫工作中（引入年轻教师扎根偏远乡村，支持乡村教育，见图17）。

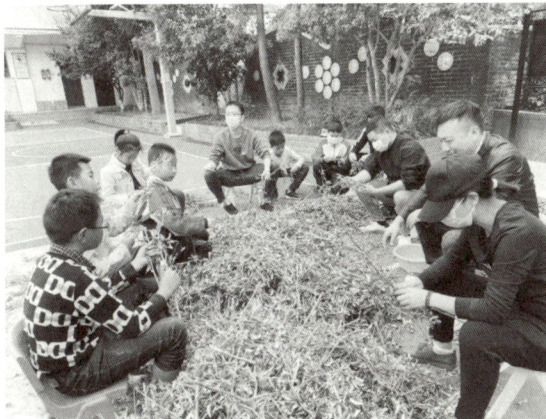

图17　莲都区雅溪镇库川村小学教师扎根乡村

六、特色及创新

（一）以"红"为底色、"绿"为特色的思政教育体系，探索课程思政育人新模式

根据"课程链"中课程的特点，寻找思政元素结合点，在教学中注重思政元素的有机融合，讲究技巧和方法，探索"红"＋"绿"特色思政育人模式。

（二）以"课程链"建设作为园林专业课程思政样板，引领园林专业价值导向

园林专业"课程链"思政课包含平台基础课、专业课、实践课、以专业、育人知识为目标，将专业与思政有机融合，引领园林专业价值导向。

（三）将课程模块与思政内涵有机融合，达到"随风潜入夜，润物细无声"的效果

通过巧妙设置课程模块，有机融合思政元素及其内涵，潜移默化地立德树人，激发学生学习兴趣，引领学生树立正确人生观、价值观、世界观。

七、教学效果

通过课程思政理论教学与实践项目结合，再实地走访调研，学生在潜移默化中接受思政教育，传承中华优良传统，培养爱家、爱国情怀，同时在日后岗位上尽职尽责、爱岗敬业，做个对社会有用的人。教师也在教学过程中发现不足，改进教学方式、方法，探索课程思政体系建设。

交通设计

宛 岩 ——

宁波工程学院　建筑与交通工程学院

一、课程概况

　　"交通设计"是交通工程专业的核心必修课，面向交通工程专业大三学生开设，是本专业重要的专业特色课程。本课程总计48学时（3学分），主要通过道路交通组织设计等方面内容的教学，使学生了解基础知识及关键技术，解决城市交通组织设计方面的实际工程与应用问题，并具有在该领域进行设计与管理的必备技能。

　　本课程使学生能够深刻领会成为新时代"交通指路人"的意义，重点培养学生的科学思维、工程伦理和工匠精神，使学生真正认识到当代青年在推动交通强国建设中的新担当和新作为。

二、课程目标

　　本课程是面向交通工程专业大三学生开设的专业核心课。对接交通强国建设和长三角一体化等国家战略需求，融合"智慧交通"的行业特色和"科教＋产教"双融合的应用型专业特点，以"交通指路人"为特色，重点培养学生的科学思维、工程伦理和工匠精神，助力学生成为国家需要的具有交通设计能力、信念坚定、德才兼备的交通指路人。

（一）知识目标

（1）了解国家交通发展政策与形势。

（2）熟悉交通设计相关技术标准、行业规范和法律法规。

（3）理解交通设计的工程背景知识。

（4）掌握交通组织设计的基本方法和理论等知识。

（二）能力目标

（1）能够科学分析城市交通中的复杂问题。

（2）能够综合运用所学知识进行城市交通复杂问题的方案设计。

（3）能够与用户沟通并准确地表达方案信息和设计观点。

（三）素质（思政）目标

（1）通过对城市交通问题的分析研究，把马克思主义立场观点方法的教育与交通设计领域的"实事求是、讲实求精"的科学精神培养相结合。

（2）通过对交通设计工作中的伦理意识和道德要求的教学，强化对学生的工程伦理教育。

（3）通过交通设计实践训练等环节，培养学生精益求精的大国工匠精神。

（4）通过"交通强国"建设中的榜样案例等示范作用，激发学生技术报国的家国情怀和青年交通人的使命担当。

三、思政元素

本课程以"交通指路人"为主线，以社会热点的城市交通治理、群众关注的交通拥堵顽症为切入点，将育人元素融入身边案例，让学生切身体会，搭建4个育人主题、8个专业知识专题模块，凝练"讲实求精的科学精神，公私分明的工程伦理，精益求精的工匠精神，技术报国的家国情怀"等育人元素（见图1）。

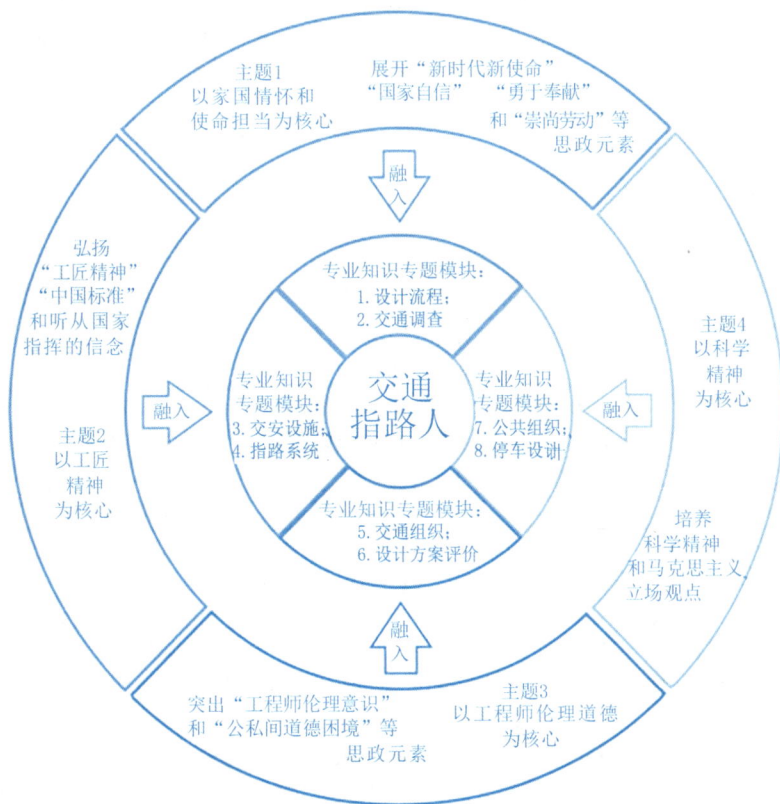

图1 育人元素融入课程教学

四、设计思路

在课程教学内容的8个专业知识专题模块中，挖掘蕴含在每个专业知识点中的思政元素，在专业知识学习过程中，逐步引导学生践行社会主义核心价值观，厚植爱国主义情怀，让思政育人在课程教学内容中不知不觉地生根发芽（表1）。

表1　课程思政具体内容融入情况

序号	专业教学内容	课程思政内容	融入方法
1	模块1：交通设计流程与发展 内容：交通组织设计的主要内容及工作流程	主题1：家国情怀和使命担当。 培养青年交通设计师的使命担当和奉献精神： 1. 爱国爱党； 2. 青年人新时代的新使命，建设交通强国的责任担当； 3. 青年人奉献国家	1. 案例法（图2） 例：通过"交通设计师是治理城市交通拥堵的医生"这一案例，使学生认识到交通设计在交通强国建设中的重要作用，培养学生的使命担当。 2. 对比学习法 例：通过近10年间国内与国外交通设计发展的对比，体会中国交通领域的发展变化与交通人的辛勤奉献，培养学生甘于奉献的信念
2	模块2：交通调查研究与分析 内容：交通调查与分析的理论和方法	主题1：家国情怀和使命担当。 培养青年人的国家自信与劳动品质： 1. 厚植爱国主义情怀； 2. 增强国家民族自豪感； 3. 养成劳动品质	1. 案例法 例：通过宁波市10年以来"交通运行状况分析报告"的案例，感受中国城市交通的飞速发展，增强国家自信。 2. 体验式教学法 例：通过"交叉口交通数据采集"的实操调查训练，体验实地调查活动，培养敢于吃苦的劳动品质
3	模块3：交通安全设施设计 内容：常规及智能交通设施的功能和设计方法	主题2：工匠精神。 重点弘扬大国工匠精神和听党指挥的信念： 1. 学习工匠精神； 2. 投身交通强国建设； 3. 树立听党指挥的信念	1. 案例法 例：通过"交叉口导向标志与地面标线不匹配"的设计案例，培养一丝不苟、严谨认真的工作精神。 2. 任务导向法 例：通过完成"如何正确设置符合国标的交通信号灯"的设计任务，增强学生对交通设计工作的兴趣，增强投身交通行业的信心
4	模块4：道路指路系统设计 内容：城市道路指路标志系统的设计原理与方法	主题2：工匠精神。 激励争做大国青年工匠和对中国标准的自信： 1. 以青年工匠为榜样； 2. 引导青年敬业爱岗； 3. 提升对国家规范的信心	1. 案例法 例：通过对"指路标志国家规范歧义解读"的案例，融入对中国标准、中国规范的自信和用科学思维看待事物的方法，培养学生用科学的思维和辩证的方式去看待事物，自觉抵制各种唯心思想。 2. 榜样示范法 例：通过往届优秀毕业生"上万块指路标志设计无失误"的榜样事例，让学生认识到弘扬工匠精神的重要意义和价值。 3. 体验式教学法 例：通过"寻找城区指路标志版面错误"的实操设计训练，培养学生的工匠精神

序号	专业教学内容	课程思政内容	融入方法
5	模块5：道路交通组织设计 内容：城市道路交通组织设计的理论与方法	主题3：工程师伦理道德。 强调青年工程师伦理道德教育： 1.培养公正、正直等工程师素养； 2.克服公私间的道德困境； 3.践行社会主义核心价值观	1.案例法 例：通过宁波市"交通拥堵重点难点改造"的设计案例，培养学生的敬业精神。 2.任务导向法 例：通过完成设计任务"如何避免大货车右转弯内轮差事故的发生"，融入"对人民负责"的工程师伦理意识和突破"教条遵照规范"的道德困境等思政元素，设计出正确的优化方案。 3.体验式教学法 例：通过"单行片区绕行问题"的实操设计训练，体验交通设计的客观、公正
6	模块6：交通设计方案评价 内容：交通设计方案评价的指标、方法和工作流程	主题3：工程师伦理道德。 强调青年工程师伦理道德教育： 1.克服公私间的道德困境； 2.培养公正、正直等工程师素养； 3.践行社会主义核心价值观	1.案例法 例：通过对宁波市"过江桥梁机动车单双号管制方案评估"的案例，增强对"服务大众"和"舍弃小我"的认知，做到公正评判。在选择中，学会成长。 2.辩论学习法 例：通过对"交通高峰期公交专用道作用评价"的小组讨论，增强交通全局意识。在辩论中，学会坚守
7	模块7：公交交通组织设计 内容：公交优先的策略和设计方法	主题4：科学精神。 培养青年人的科学精神和马克思主义立场： 1.实事求是、求真务实； 2.为人民谋利益	1.案例法 例：通过宁波市"设置在最拥堵路段上的公交专用道"案例，培养学生的务实精神。 2.榜样示范法 例：通过宁波市成功创建"国家公交都市"的样板示范，培养学生交通设计是为人民大众服务的意识
8	模块8：停车交通组织设计 内容：路内停车交通设计的方法	主题4：科学精神。 青年人应秉持科学精神和马克思主义观点： 1.讲实求精、开拓创新； 2.辩证唯物主义的矛盾分析	1.案例法 例：通过宁波市"智慧停车首创多能合一"的案例，培养创新精神和踏实作风。 2.体验式教学法 例：通过"学校周边路内停车位设计"的实操设计训练，培养学生抓主要矛盾，辩证地思考问题的能力

（三）组织实施方法

1.实施路径

（1）重构教学内容。以专业知识点为经线，育人元素为纬线，形成纵横交织的专业知识与思政因子的融入点网络体系。

（2）创新教学方法。将"交通指路人"的思政元素转化为身边现实中的具体化、生动化的工程伦理案例，作为有效的教学载体。采用案例法、任务导向法、榜样示范法和体验式教学法等开展教学。

（3）改进教学评价。将专业教学评价与思政评价两者融为一体，实施"学生自评+小组互评+教师考评+企业导师测评"的四维度学习评价方法，强化素质评价考核。

2.措施方法

（1）由点至面，逐级融入。从教学目标、教学大纲、教学设计、教学素材、课后作业与试卷的各个层级，逐步嵌入思政元素。

（2）案例精选，彰显效果。思政元素的融入效果主要以工程伦理案例为依托载体进行展现（见图2）。越好的案例，效果越显著。

（3）课程评价，决定质量。课程思政的效果通过课程评价来保证质量，主要通过调查问卷等多元形式开展。

交通标志的工程伦理案例

信号灯的工程伦理案例

单行线设计的为人民服务案例

交通组织设计的科学精神案例

人行设计的以人为本案例   展示国家规范的案例

图2　融入课程思政相关案例

五、实施案例

案例1

在专业知识主题"如何进行城市货运组织"中，通过对当前城市大货车右转弯内轮差事故频发现象的分析，融入"保护人民生命安全、对人民负责"的工程师伦理意识和突破"教条遵照规范，不顾群众安危"的道德困境等思政元素的讨论思考。在通过创新研究城区货运组织设计和右转弯保护设计，来解决实际问题的过程中，使学生认识到交通设计师应有的职责和担当（见图3）。

真实案例导入   工程伦理分析

图3　案例1实施过程

案例2

在专业知识主题"如何正确地设计指路标志"中，通过一名平凡的青年交通标志设计师"上万块指路标志设计无失误"的故事，融入"专注、执着、严谨、敬业"的工匠精神，使学生认识到弘扬工匠精神的重要意义和价值。通过对指路标志国家规范中的歧义解读，融入敬畏国家标准规范、用科学思维看待事物的方法，使学生习惯于用科学的思维和辩证的思维方式去看待事物，自觉抵制各种唯心思想（见图4）。

优秀毕业生榜样示范

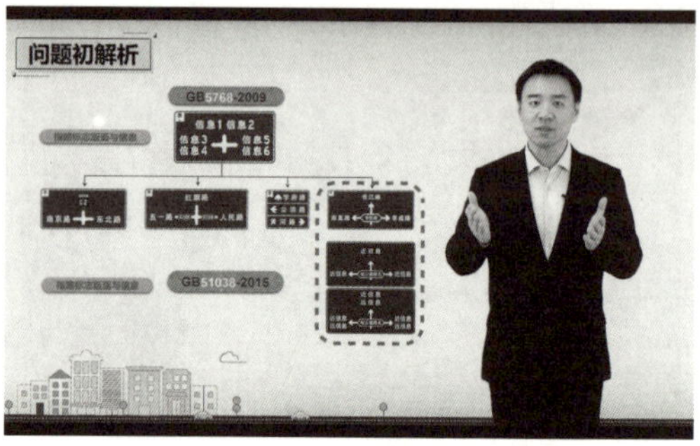

展示国家规范

图4　案例2实施过程

六、特色及创新

（一）课程思政特色

（1）形成以"交通指路人"为特色的课程思政元素体系。通过挖掘以"交通指路人"为特色的课程思政元素，将"科学精神、工程伦理、工匠精神、技术报国、社会担当"等思政要素贯通全课程。

（2）形成多方融合、显隐互补的课程思政教法。重点通过对案例法、任务导向法、榜样示范法和体验式教学法等教学方法的改进，利用显性和隐性两条路径，将思政因子全面融入专业教学中去（见图5）。

案例法

任务导向法

榜样示范法

体验式教学法

图5　课程思政教学法

（二）课程思政创新点

（1）实施融合思政元素的体验式教学模式创新。重点通过实践体验，使学生感受育人元素。在课程教学中调整以能力训练为导向的三段式课堂教学模式，即"实践—学习—再创新实践"的实学交替模式。在实践锻炼（发现问题）、知识学习（掌握理解）、再实践创新（创新设计）的过程中，分别融入思政元素。

（2）全面精细化梳理课程思政要素体系。搭建涵盖全课程的知识、能力和思政多元融合模型。对全课程的150多个专业知识点进行全面梳理，为每个专业知识点树思政之魂（见图6、图7）。

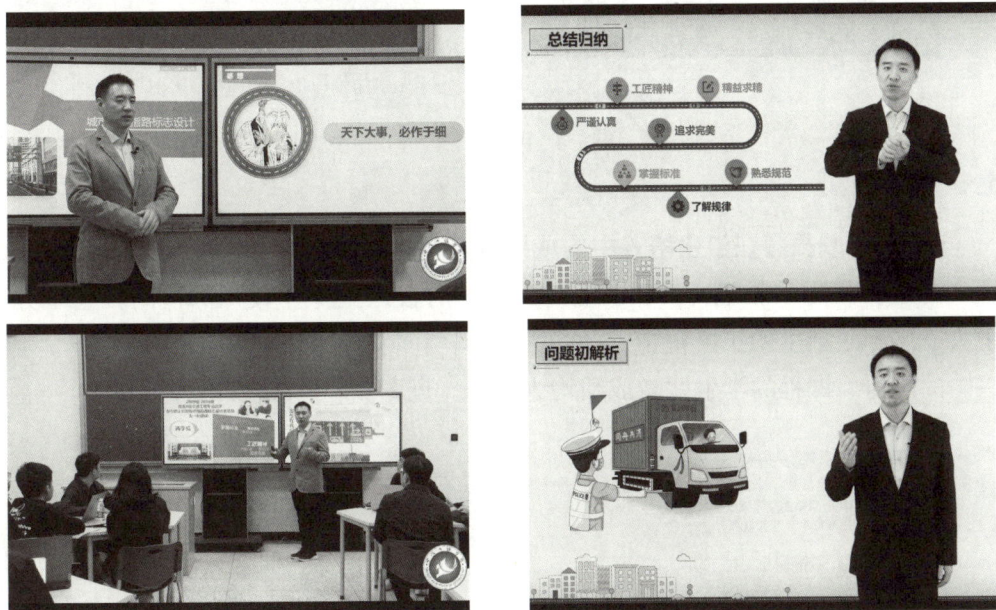

图6　课程思政元素梳理与融合

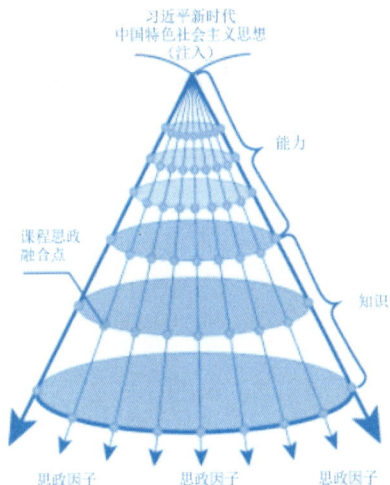

图7　知识、能力、思政多元融合模型

（3）创新四维度学习评价法。实施"学生自评（自我提升）+小组互评（互助协作）+教师考评（能力提高）+企业导师测评（素质评判）"的四维度学习评价方法，强化素质与品行评价（见图8）。

图8　企业导师现场评价与小组评价

七、教学效果

（一）思政教育在学生培养中的成果显著

通过课程思政教学，70%以上的学生课后投入到专业教师的横向社会服务项目中去，培养了学生的工匠精神；80%以上的学生参与各级科技竞赛，培养了学生科技兴国的热情。课程的学生评教成绩均为满分（见图9）。

最近一届学生科研获奖

最近一届学生竞赛获奖

最近一届学生评教满分成绩示例

图9　学生培养成果

（二）以"交通指路人"为特色的课程思政元素体系

本课程将"交通指路人"全面融入课程标准，形成系列课程思政元素案例，创新教学方法。经过4年建设，2017年研究完成浙江省高等教育课堂教学改革项目。2019年立项为校课程思政建设示范项目和校十三五教学改革研究项目。2020年被评为省级线下一流本科课程，被公安部列入"城市道路交通文明畅通提升行动计划精品课程列表"。

（三）以教师党员为核心的一流课程思政教学团队

通过课程思政建设，提升教学团队思政育人能力。2016年课程团队自编本课程教材，由人民交通出版社出版课程教材《交通组织设计》。2018年获宁波市教学成果一等奖。2021年主讲教师获浙江省首届高校教师教学创新大赛"课程思政"微课专项大赛三等奖、宁波市高校"优秀课程思政教师"和宁波市教育系统"优秀共产党员"荣誉称号（见图10）。团队教师均入选专业"全程育人导师"团。

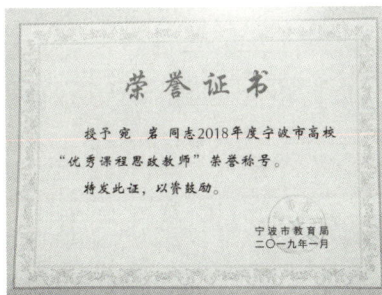

宁波市优秀课程思政教师称号

宁波市教育系统优秀共产党员称号

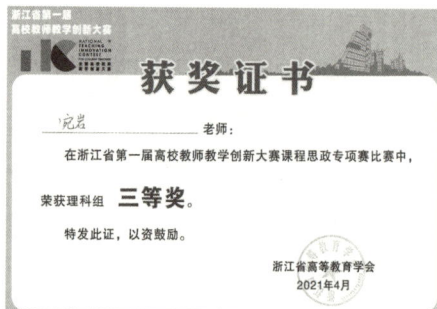

课程自编教材　　　　　　　　　　　　课程思政微课专项赛获奖

图10　课程团队建设成果

（四）示范辐射效果

1. 近端辐射

带动交通工程专业4门课程申报立项"课程思政"校级教改项目，掀起了交通工程专业的课程思政建设热潮。

2. 中端辐射

举办了校新进教师课程思政教学示范课讲座，为学校全体新进教师做课程思政教学示范报告。

3. 远端辐射

为宁波市公安局交警局、海南省交警总队、温州交管局、台州临海市交警大队等多地行业交管部门做讲座及授课20余场，扩大了社会影响。

手印检验

李康

浙江警察学院　刑事科学技术系

一、课程概况

　　"手印检验"课程是公安院校刑事科学技术专业的一门专业核心必修课，要求学生掌握手印检验的基础理论、基本知识与技能，培养学生发现问题、分析问题和解决问题的能力，善于将侦查思维运用到犯罪现场手印检验与分析中来，并做到融会贯通和举一反三。我校开设的"手印检验"课程有4学分，64学时（理论和实训各占一半），课程主要采取线下和线上线下结合的方式进行，突出实验实训特色。目前，本课程的主要授课团队包括教授2名，副教授2名，讲师4名，结构合理，学缘丰富。

　　新时代犯罪形势的急速变化，使得刑事科技人才的培养与行业发展的紧密联系面临着新机遇和新挑战，在新工科建设的"复旦共识""天大行动"和"北京指南"三部曲的基础上，探索刑事科技人才培养和课程建设新范式，走出传统工程技术专业发展困境迫在眉睫。"手印检验"课程建设十年磨一剑，在"智慧新刑技"背景下，以价值引领为驱动，推进新时代刑事科学技术课程体系建设，变革传统教学模式与内容，探索出了新型案件现场勘查形势下的"手印检验"实战化教学新模式。手印检验技术人才的培养和培训均离不开实训操作和实战训练，为切实提高手印学实验教学的效果，对手印学实验课程实行小班化教学，并设计学生小组合作学习模式，来切实提高小班化教学的成效，更大程度上满足公安教育面向实战、贴近实际、务求实用的教学需要。

二、课程目标

　　推进"以学生为中心，以能力为导向"的课程体系建设，践行"教研训一体化"的培养方针，厘清课程与课程思政在知识、能力和素质的"三维度"关系，确保真正实现三者的有机统一，凝练课程思政的目标与元素，突出价值引领，精于课程设计，优于课程实施，并进行多维度评价反馈，将价值塑造、知识传授和能力培养融为一体。在知识提升方面，熟练掌握手印的形成规律，熟练掌握寻找、发现、提取、显现和分析鉴定各种手印的技术要领和操作方法，能正确贯彻侦查思维在手印检验中的融合；在能力培养方面，突出实验实训，提高兴趣培养，提升实战能力，初步具备公安实战手印检验的能力；在素质拓展方面，培养学生公正的政治立场、细致的行为规范、严谨的工作态度、实事求是的科学精神、锐意创新的奋斗精神和敢于吃苦的奉献精神，弘扬工匠精神，树立专业自信。

三、思政元素

以习近平新时代中国特色社会主义思想为指导，以刑事科学技术专业精神为抓手，"手印检验"课程主要思政元素凝练为公正、细致、严谨、求是、创新、奉献。通过理论教学和实训操作，培养学生在案件判定中公正的政治立场、现场勘查中细致的行为规范、检验分析中严谨的工作态度、鉴定意见中实事求是的科学精神、追求知识中锐意创新的奋斗精神和动手实操中敢于吃苦的奉献精神，弘扬工匠精神，树立专业自信。

四、设计思路

习近平总书记在全国教育大会上发表重要讲话，强调"要把立德树人融入思想道德教育、文化知识教育、社会实践教育各环节，贯穿基础教育、职业教育、高等教育各领域，学科体系、教学体系、教材体系、管理体系要围绕这个目标来设计，教师要围绕这个目标来教，学生要围绕这个目标来学。凡是不利于实现这个目标的做法都要坚决改过来"。① 那么，我们究竟是基于什么样的理念来开展课程思政教学的？回顾教育的初衷，其本质是唤醒，正如雅斯贝尔斯在《什么是教育》中所讲"教育意味着一棵树摇动另一棵树，一朵云追逐另一朵云，一个灵魂唤醒另一个灵魂"。基于此，教学团队一致认为爱是唤醒的前提，是课程思政的基础，没有了爱，一切都无从谈起。情感认同很关键，脑科学清楚地揭示了情感是认知的催化剂，也是认知的动机。要引起情感共鸣，需要好的课程思政顶层设计来作为指导，要有特色和亮点来作为支撑，进而落实到课程中来，凸显好课是基础、好老师是关键、好课堂是重点的价值引领，才能达到培养好学生的目的。

（一）厘清课程思政的"三维度"关系，构建科学的课程思政教学理念

厘清知识、能力、素质三者之间有机统一的关系，有助于厘清课程思政关于知识传授、能力培养、价值引领"三维度"关系，构建科学的课程思政教学理念。

（二）凝练课程思政目标，建立有特色的价值引领"元素库"

基于前期对课程十年磨一剑的探索，结合学情分析，得出课程定位是思政育人、实战引领、合作学习和创新创业，进而凝练出课程思政的元素是：公正、细致、严

① 新华社.习近平出席全国教育大会并发表重要讲话[EB/OL].（2018-09-10）[2021-12-30]. http://www.gov.cn/xinwen/2018-09/10/content_5320835.htm.

谨、求是、创新、奉献。实现知识、能力和素质三者的有机统一，这也是我们课程思政的目标。弘扬好红船精神和浙江精神，凸显地域文化和专业课育人特色，为浙江"三地一窗口"建设添砖加瓦。

（三）突出课程思政设计，明确思政元素和教学内容的出发点和落脚点

结合课程内容，明确"手印检验"课程思政的出发点是实战性、科学性、哲理性、时代性、趣味性。要很好地完成知识、能力、目标的有机统一和高度融合，实现课程思政的目标，需要从课程内容出发，从思政出发点着手，将思政元素融入其中，并找到思政落脚点，思政落脚点主要包括思政策略、组织方式和内容，设计思路框架如图1所示。教学方法主要是通过制订课程思政教学计划做到润物细无声，拟定思政目标、提炼思政元素、映射思政内容，做到每一章节专业内容与思政内容的一一对应，并做到及时更新。

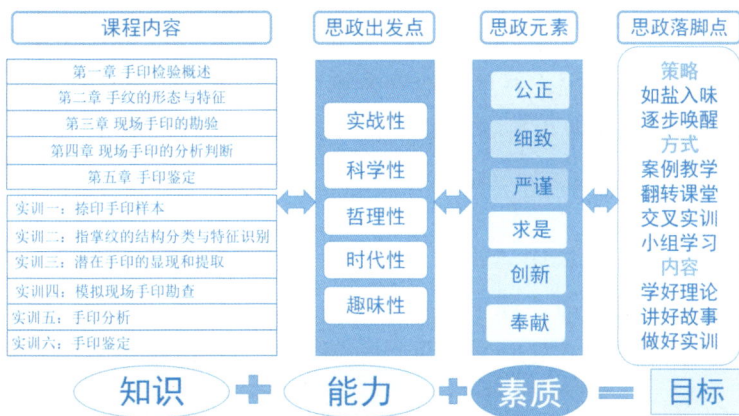

图1　课程思政设计

（四）打造课程思政实施四部曲，实现"如盐入味，四步唤醒"

思政策略主要采用的是如盐入味、逐步唤醒的方式；运用多种教学形式，如案例教学、翻转课堂、交叉实训和小组学习等来讲好世界故事，讲好中国故事，讲好浙江故事，讲好身边故事，学好理论，做好实训。课程思政主要围绕课程教学内容和组织来进行，分为课前预习、课中翻转、课后拓展和评价反馈。对应课程思政来说就是，精细撒盐—分解入味—升华回味—好吃不腻，具体实施方案如图2所示。

图2 课程思政实施方案

（五）多维度评价课程思政成效，探索思政教学的闭环运行机制

多维度评价主要包括对教师的评价反馈和学生的思政教育效果的评价。对教师进行评价标准的研究，对学生思政教育成效进行多维度探索。一是探索课程思政课前三分钟专业故事问答或演讲，列入平时考核成绩中；二是开展问卷调查，设计科学合理的问卷内容；三是充分发挥自媒体功能，对学生发布的典型正能量视频、图片、评论做法进行及时掌握，并反馈给课堂；四是实行"四年一贯导师制"，跟踪学生四年的思想状况和对毕业生进行跟踪调查等。

五、育人元素实施案例

课程思政的实施主要采用"如盐入味，四步唤醒"的方式围绕课程教学内容和组织来进行，分为课前预习、课中翻转、课后拓展和评价反馈。对应于课程思政来说就是，精细撒盐—分解入味—升华回味—好吃不腻。以第一章第三节"手印应用历史及发展"为例。

第一步，课前预习进行精细撒盐（见图3），发视频链接和报道资料给学生，让学生知晓中国是最早发现和运用指纹的国家，让学生很直接地就产生民族自豪感和专业自信。

图3　第一步：精细撒盐（课前预习）

第二步，在课堂上，详细解读指纹的发展历程，并结合国内外指纹的应用情况进行说明，以此来进一步增强学生的爱国主义和文化自信，指出"四个自信"的重要性（见图4）。并就文化自信说开去，讲授文化自信的方式也包括趣味性，易于学生理解和加深印象。

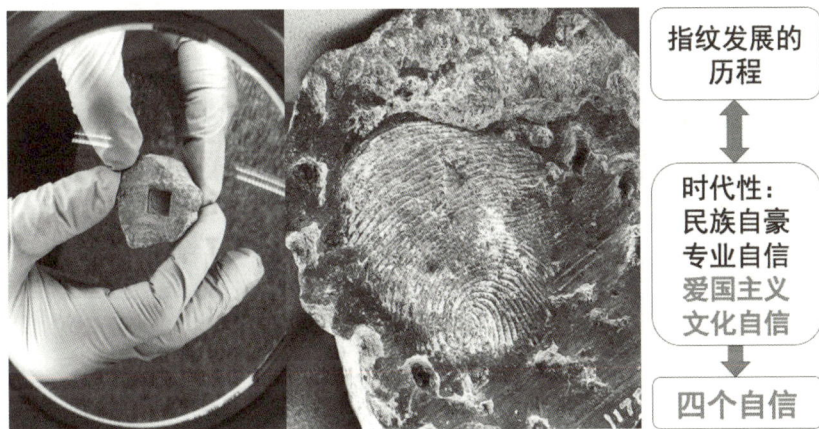

图4　第二步：分解入味（课中讲授与讨论）

第三步，课中或课后进行拓展讨论来升华回味（见图5），结合学生日常习惯，在微信和抖音上找一些正能量的资料来进一步巩固学生的素养。

图5　第三步：升华回味（翻转讨论）

　　第四步，让学生搜集手印应用历史故事，教师整理后再反馈给所有学生，再谈心得体会，内化于心，好吃不腻，反馈评价（见图6）。

图6　第四步：好吃不腻（评价反馈）

六、特色及创新

　　从教育的本质出发，结合学校定位、专业定位和课程定位来探索课程思政理念的科学构建，本身就是思政内容的体现，即习近平总书记有关科学思维方法论述的具体体现。制订专门的课程思政教学大纲，固化课程思政内容，包括理论思政大纲和实训思政大纲。突出课程思政设计，明确思政元素和教学内容的出发点和落脚点。

从课程内容出发，从思政出发点着手，将思政元素融入其中，并找到思政落脚点，思政落脚点主要包括思政策略、组织方式和内容。从根本上厘清知识传授、能力培养、价值引领"三维度"之间的关系。建立有特色的价值引领"元素库"，与课程内容一一对应。讲好故事，弘扬好红船精神和浙江精神，凸显地域文化和专业课育人特色。

打造课程思政实施四部曲，实现"如盐入味，逐步唤醒"。围绕课程教学内容和组织来进行，分为课前预习、课中翻转、课后拓展和评价反馈。多维度评价课程思政成效，探索思政教学的闭环运行机制，包括对教师的评价反馈和学生的思政教育效果的评价。对教师进行评价标准的研究，对学生思政教育成效进行多维度探索。

注重思政团队文化建设，培育了小班化实战文化和师生手印实战团队。学生与老师一起"赶超比拼"，劲头更足，教师言传身教，也极大地增强了学生的专业认同感。学生毕业后，能很快胜任专业工作，获得认可。尤其是实训中，采用交叉实训与自主实训结合的实践教学方式让学生"身临其境"地体会案件判定中公正的政治立场、现场勘查中细致的行为规范、检验分析中严谨的工作态度、鉴定意见中实事求是的科学精神、追求知识中锐意创新的奋斗精神和动手实操中敢于吃苦的奉献精神。运用案例引入、自身体会以及教官升华的方式将课程思政的理念贯穿于实训的全过程中来，做到润物细无声。

七、教学效果

课程思政落实到位，学习效果提高明显。学生的作业、测试以及实训完成质量较好，课堂气氛也更加有活力，在征集和指定每次课程的讨论话题的过程中，学生参与程度较高，自主学习效果较好。学生学习的主动性增强，能思考知识点或案例背后涉及的内容，由最初的"推着学"转变为"主动学"。

学生的科学思维和思辨能力增强。现场勘查基础综合能力提升明显，侦查思维及现场分析能力得到更好提升。主要体现在对新时代现场勘查理念能深刻理解，现场保护意识和技巧掌握到位，现场勘查规范细致程度提高，勘验检查记录材料明显上升一个档次，现场分析汇报逻辑清晰等方面。

结合时代背景，做好课程思政的线上实践，讲好抗疫故事。将疫情形势和一线事迹等融入教学，激发青年学生的家国情怀和民族精神；讲授疫情防护知识，了解学生疫情期间生活学习情况，师生互相关心问候，唤醒学生真挚情感；讨论专业知识结合当前疫情，锻炼学生善于观察和明辨是非的能力，展现专业精神和职业素养。

督导听课评价较好，对课程设计和课堂导学，以及课程思政的内容均给出了较高的评价。在督导反馈听课情况后及时做出调整，组织更加有力，学生注意力更集中，讨论更热烈。

八、教学反思

随着科学技术的飞速发展，犯罪形势也在发生巨大的变化，"手印检验"课程作为传统的刑事科技手段也面临严峻的考验，需要及时做出变革，更新教学内容的同时，也要与时俱进地更新思政元素和思政内容，让习近平新时代中国特色社会主义思想贯穿到新课程新内容中来，让"手印检验"课程真正实现"老课新上，新课精上"，并落实课程思政的推陈出新、精选精讲。

课程思政教学对教师的思政水平和理论素养要求较高，这也决定了我们在实施课程思政前，一定要学懂弄通，自己首先得理解，才好运用，方能触类旁通。专业知识点与思政内容结合的点一定要仔细推敲，由浅入深，从身边讲起，从自身做起。与学生一起践行公正、细致、严谨、求是、创新、奉献。

尽管本课程的思政教学实践获得了一定的成效，但仍存在一些问题，如专业知识与思政元素的映射不够完善，融合尚有欠缺，融入思政元素的痕迹较为明显、对教学知识点和思政点的契合把握不够准确以及对思政元素知识点的理解不够宽、不够广等，希望在接下来的教学和实践过程中继续丰富思政元素内容，做好本课程的课程思政教学。

浙江省高校课程思政优秀教学案例

一等奖

深空探测

徐之海、李奇、陈跃庭

浙江大学　光电科学与工程学院

一、课程概况

　　"深空探测"是浙江大学开设的一门面向全校各专业本科生开设的通识课程，课程内容涵盖了行星科学、运载火箭、卫星系统和探测技术中的基本概念及知识，课程在介绍太阳系各类天体、国内外探月与深空探测活动的同时，向各专业背景的学生们普及相关天文学及航天工程的科普性、通识性知识。主讲教师徐之海教授是中国探月工程嫦娥二号、嫦娥三号、嫦娥四号、嫦娥五号任务的亲身参与者，是我国深空探测重大项目实施方案论证报告编写组专家，获"探月工程嫦娥四号任务突出贡献者"荣誉称号。课程也适时特邀中国探月工程和深空探测任务的工程总师、系统总师来到课堂与学生交流互动。

　　课程具体内容包括太阳系与太阳探测、月球探测、中国探月工程、火星探测、金星与水星探测、巨行星与小行星探测、中国深空探测规划及浙大的相关科研工作；综合涵盖行星科学、航天动力学、卫星系统、光学探测等基础性、科普性内容。课程采用以教师讲授为主（7次课），结合学生课堂讨论（1次课）的教学方法，研讨题目为中国探月和深空探测中有可能搭载的"创新科学实验"。课程设有3次小作业和1次大作业，小作业中包括1次思政内容的作业。课程学习成绩按照学生大作业（创新科学实验构想）的质量和平时小作业完成情况综合评定。其中最优秀的学生"创新科学实验"可以向国家航天局探月与航天工程中心推荐，有搭载我国未来深空探测器，实现科学梦想的可能性！

二、课程目标

（一）知识目标

　　让各专业背景的大学生学习并掌握关于天文与航天的科普性、基础性知识，其中包括行星科学、航天动力学、卫星系统、光学与微波探测有效载荷等通识知识；学习和了解国内外在探月与深空探测领域中的探索与发展历程和未来规划。

（二）育人目标

思政的育人目标是：提高学生对国家重大航天科学工程的理解能力，激发学生强烈的家国情怀和责任担当意识，培育航天情结，增强民族自豪感，建立中国特色社会主义的道路自信、理论自信、制度自信和文化自信，引导学生将自身的发展融入国家与民族振兴之中，为国家建设贡献智慧和力量。

课程将专业知识的学习目标与思政育人目标有机结合起来，如图1所示。专业目标是传授行星科学和深空探测的历史及知识，思政目标是建立四个自信、激发创新能力和树立人生理想。

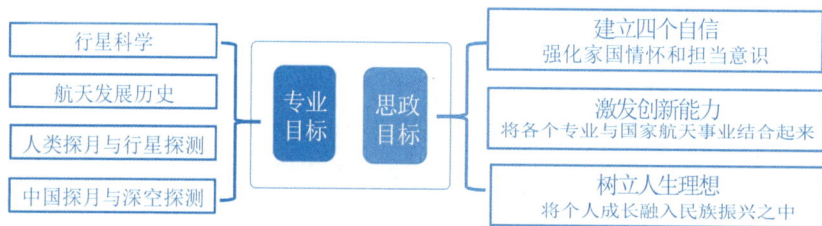

图1 课程目标

三、思政元素

结合该课程讲述中国探月与深空探测工程的过去、现在和将来，阐述我国的航天战略，使学生从我国航天发展成就中建立四个自信，树立百年奋斗目标，继承浙大求是学风。

（一）国家战略

深空探测所涉及的航天技术是国家的战略制高点，要实现中华民族的伟大复兴必须在科技实力上不断攀登。老一辈国家领导人"两弹一星"的英明决策、习近平总书记在国家首个航天日的重要讲话、钱学森等伟大科学家的报国情怀和伟大贡献，为中国今天获得国际大国地位、中国航天的未来发展奠定了重要基础。

（二）四个自信

中国在探月与深空探测领域中取得的一个又一个伟大成就发生在昨天、今天和明天，标志着我们当下正处于中华民族伟大复兴的历时最佳时期，我们的前途充满光明。强烈的民族自豪感将使学生坚定对中国特色社会主义的道路自信、理论自信、制度自信和文化自信，坚定为振兴中华而努力学习、奋力拼搏的信念和决心。

（三）百年目标

对应中国共产党建党100周年和中华人民共和国成立100周年的两个一百年奋斗目标，中国深空探测也规划了两个一百年的发展目标（2021年实现中国探测器火星着陆，2049年实现中国深空探测器飞跃海王星）。浙江大学教师参与其中，学生也应该自觉地将自己的人生发展融入伟大历史洪流之中，为国家建设和民族复兴做出自己的贡献。

（四）求是学风

浙大"求是"学风造就了一代又一代浙大学子，"树我邦国，天下来同"，用我国嫦娥之父、浙大校友——叶培建院士的故事、主讲教授亲身参与探月与深空探测的故事，鼓励学生树立报效祖国的理想信念，激发学生关心和参与国家重大科技专项的热情，激发学生的科技创新的欲望和能力。

四、设计思路

课程的总体设计思路如图2所示。从行星科学与航天工程，世界航天历史与中国航天现状，全球行星际探测与中国深空探测，伟大科学家的历史功绩与普通航天人的点滴贡献，深空探测工程中的宏观与微观的故事，深空探测的过去、现在与未来等多个维度上展开课程内容；在传授深空探测相关通识知识的同时，将国家战略、民族复兴、人生理想等思政元素融入教学之中。

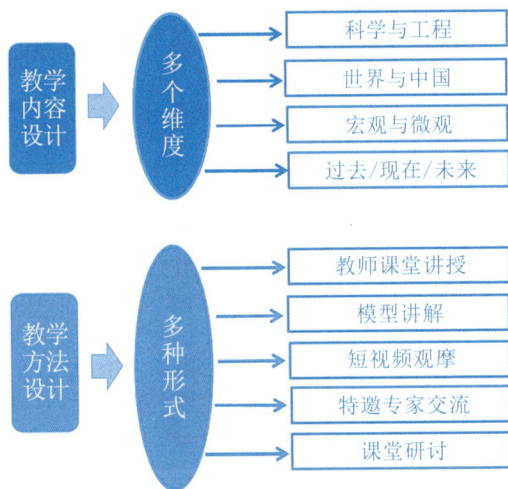

图2　设计思路

在教学方法上采用以主讲教师课堂讲授为主，结合对探月与深空探测的实物模型的讲解、对国内外相关科学与工程短视频的观摩、完成相关科学与思政小作业和构想能够搭载的创新科学实验大作业、邀请我国探月与深空探测专家参加现场课堂研讨等多种形式（见图3）。

将本课程的教学内容和思政元素两者有机地结合起来，达到自然贴切、润物细无声的教学效果。具体切入点与组织方式如表1所示。

表1 课程章节思政元素的教学设计

课程章节	重要思政元素	相关联的专业知识或教学案例
第一讲	国家航天战略的重要意义，科学家的爱国情怀	在介绍人类空间探测的历程中，融入美苏两个超级大国在冷战时期的航天争霸、深空探测等航天技术对一个国家与民族的伟大意义；新中国历代国家领导人对两弹一星、载人航天、探月工程和深空探测项目的决策故事；钱学森等老一辈科学家放弃国外优厚待遇，排除万难，历经千辛万苦毅然决然回到祖国，为我国航天事业做出卓越贡献的故事。以此来提高学生对国家安全和国家航天战略意义的认识，培养爱国情怀。这一讲以教师讲授为主，并通过课堂提问与互动，加深学生对航天知识和相关思政内容的印象
第三讲	国家认同，民族自豪感，四个自信	在介绍中国探月工程过程中，融入中国实施探月工程对国家航天技术发展的意义；通过介绍中国探月的立项过程、研制与执行过程和已取得的成就，激发学生民族自豪感，让学生了解中国探月工程和中国航天取得的巨大成就以及存在的差距。这一堂课中除主讲老师的讲授外，还准备了多个具有强烈震撼力的中国探月工程记录视频，在课堂上展示嫦娥三号、嫦娥四号、嫦娥五号、天问一号等实物模型供学生在课间近距离观摩。同时还布置课程的思政作业：挖掘感人的航天故事。让学生通过网上查阅相关资料，选择一个中国探月与深空探测中具有思想性的感人故事，图文并茂地讲述该故事
第七讲	国家规划，人民科学家的故事，报国之心	在介绍中国深空探测规划与浙大在探月工程中的相关工作中，介绍我国重大航天工程的规划历程及其深空探测两个一百年的奋斗目标，以自己参与国家探月和深空探测工作的亲身经历，介绍活跃在我国航天领域中的叶培建、吴伟仁、欧阳志远等科学家的故事，以及中国航天科技集团第五研究院、中国科学院、浙江大学中参与探月与深空探测规划与工作的普通科研工作者的故事，以此激发学生爱校、爱国和报国之心
第八讲	求是学风，人生规划与奋斗	在探月实验学生PPT报告及课堂研讨中，通过讨论一个个学生的具体创新实验，激发学生创新设计能力。在教师的最后演讲中，与学生分享生活、学习、工作中的感悟，弘扬浙大的求是学风，弘扬正能量，鼓励学生掌握正确的学习方法，养成科学合理的生活习惯，树立报效祖国的理想信念，将自己个人的成长与发展融入国家发展的潮流之中。这一讲采用课堂研讨的形式，主讲教师是主持人，选择创意优秀的学生上台演讲，全体学生参与讨论，有条件时邀请中国探月与深空探测工程中的总师来课堂与学生互动交流（见图3）

图3 中国探月工程总师吴伟仁、天问一号工程总师张荣桥参加学生研讨活动

五、实施案例

案例1：航天战略意义与伟大科学家的作用

在课程第一讲的开篇，引用黑格尔"一个民族有一些关注天空的人，他们才有希望；一个民族只是关心脚下的事情，那是没有未来的"的名言，阐述中华民族历来就具有飞天的梦想。在介绍人类空间探测历程中，重点介绍了中国航天的奠基人钱学森在美国期间的学习、工作的经历和第二次世界大战结束时在德国收集火箭资料和人才的故事，以及他如何排除万难回到新中国，开启中国航天事业的故事；介绍近半个多世纪以来中国航天如何实现从无到有、由小到大、由弱到强的过程；阐述深空探测和航天技术对一个国家与民族的伟大意义，正视中国航天目前与国际先进水平的差距；重点强调习近平总书记"探索浩瀚宇宙，发展航天事业，建设航天强国，是我们不懈追求的航天梦"的战略思想（见图4）。

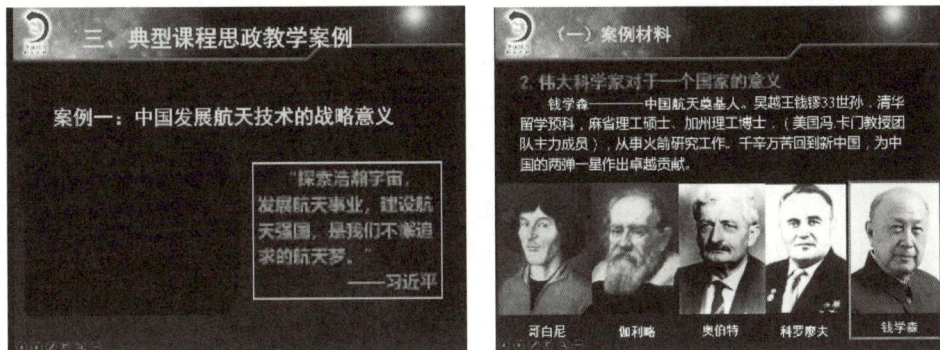

图4　航天战略意义与伟大科学家的作用

学生通过第一堂课的学习，增强了对国家航天战略意义的认识，对钱学森等中国航天伟大科学家和中国航天人的敬仰，理解了中国开展探月和深空探测的伟大意义。

案例2：中国探月工程彰显国家制度优势和技术实力

在介绍中国探月工程中（见图5），重点介绍了中国探月工程嫦娥一号、嫦娥二号、嫦娥三号、嫦娥四号、嫦娥五号试验星的国家立项、工程实施过程，介绍了对国家航天技术发展的意义。在授课过程中，穿插介绍了中国探月工程吴伟仁总设计师、嫦娥一号探测器总设计师兼总指挥浙大校友叶培建院士等重点人物的故事，也适时穿插介绍一些航天科技集团第五研究院的相关年轻航天人和科研团队在工程研制中奋力拼搏的故事。

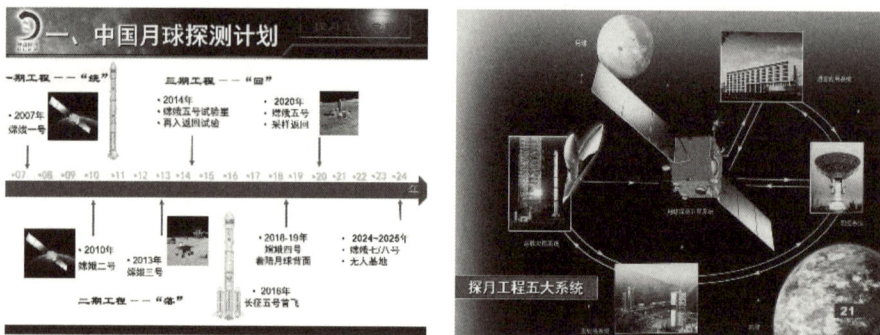

图5　中国探月工程

这些介绍，让学生切身了解了正在进行中的中国探月工程，激发民族自豪感，让学生正确认识到中国航天事业取得的巨大成就和与国际先进水平的差距，树立迎头赶上的信心和决心。

案例3：国家发展规划与个人奋斗方向

在介绍中国深空探测规划（图6）与浙大在探月工程中的相关工作中，重点介绍了我国重大航天规划和我国深空探测两个一百年的奋斗目标（2021年实现中国探测器火星着陆，2049年实现中国深空探测器飞跃海王星）。以浙大教师参与国家探月和深空探测工作的亲身经历（见图7），讲述了光电、机械、土木、信电学院教师在参与探月工程中的故事，穿插介绍了我们在争取立项过程中、工程研制过程中的成功与失败，告诫大家正确对待成功与失败，要培养勇于面对挑战、不怕困难、不惧失败、百折不挠的品格。

这一堂课中重点是以主讲教师参与国家探月与深空探测的切身感受讲述自己职业生涯中的成功与失败，以及与国家重大专项之间的关系。

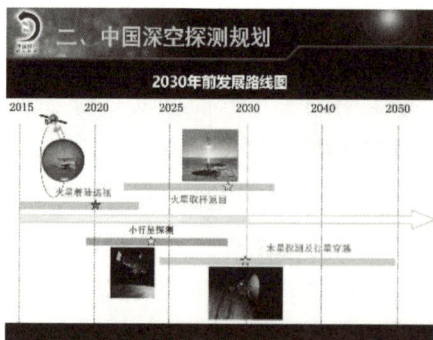

图6　中国深空探测两个一百年规划

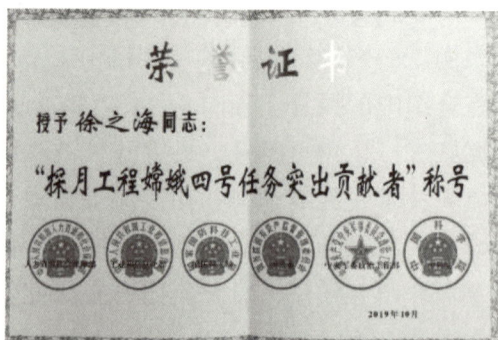

图7　主讲教师获得探月工程表彰

通过这些课程内容，增强了学生的民族自豪感和作为浙大学子的自豪感，切实激发了学生的爱国、爱校、报效祖国的热情和勇于直面挑战、不怕困难的顽强精神。

案例4：浙大求是创新实践与体会

在最后一堂研讨课（见图8）中，通过组织对学生提出的一个个中国探月和深空探测工程中可搭载具体创新实验的讨论，积极引导和激发学生创新设计能力。在该教学环节中，有条件时可邀请中国探月与深空探测工程中的总师来课堂与学生互动交流，可取得很好的教学效果。

课程结束前的最后演讲中，总结教师本人在浙江大学35年来学习、工作和生活中的感悟，与学生共同探讨如何建立人生理想、如何克服自身性格上的局限、如何勇于面对职业生涯中的顺境和逆境、如何规划好学习工作生活等问题。

图8　研讨课"在中国探月工程后续任务中可搭载的创新科学实验"

在最后的演讲中弘扬了浙大的求是学风，鼓励学生掌握正确的学习方法，养成科学合理的生活习惯，树立报效祖国的理想信念。通过对创新科学实验的讨论，激发学生关心和参与国家重大科技专项的热情，激发学生的科技创新的欲望。

六、特色及创新

（一）现实教育意义

本课程涉及正在进行中的中国探月工程和深空探测工程国家重大科技专项，内容中既有中国嫦娥一号、嫦娥二号、嫦娥三号、嫦娥四号等刚刚取得的历史性成就，也有正在太空执行火星探测任务的天问一号火星探测器，更有未来几年中将要实施的嫦娥六号、嫦娥七号、嫦娥八号任务、小行星探测任务等，课程的内容和故事就发生在当下，具有很强的现实教育意义。

（二）学生参与感

将学生大作业设计为：可在我国未来探月深空探测任务中搭载的创新实验。同时邀请中国探月与深空探测工程中的科学家来与学生共同研讨，其中若产生了非常好的学生创新科学实验设计，则具有被纳入工程任务的可能性。教学与作业内容针对性强，学生具有很强的国家重大科技专项的参与感。

（三）教学科研相结合

课程主讲人徐之海教授是中国探月工程和深空探测工程的参与者，其用亲身经历讲述的思政内容和相关故事具有很强的说服力和感染力，讲述的故事就发生在身边，对学生的带入感强，产生了很好的教学效果。

七、教学效果

（一）深受学生欢迎

课程从2019年开设开始到现在受到各专业学生的普遍好评。学生在学习天文与航天相关科学知识的同时，也得到了很好的爱国主义情怀教育，增强了民族自豪感，坚定了四个自信，在精神上得到了一次很好的洗礼，在每次课程结束时，均赢得学生热烈和长时间的掌声。在课程2019年夏开设之初，设定学生选课规模为80人。因学生选课非常踊跃而增加到100人，每年开设2次，基本都选满。学生课后评价优秀，很多学生将主讲教师视为"良师益友"，并建立了长期的联系，并邀请主讲教师到"学生科协"等学生活动平台与大家交流互动。

（二）学生作业获奖

由2019年冬学期杨子晗学生提出的"月球上的沙漏实验"创意（图9），经主讲教师的研究生张自然、陈肇杰、罗鹏等补充完善，参加了国家航天局组织的面向全国大中小学生的"嫦娥七号"科普实验搭载项目的征集活动，并荣获二等奖。

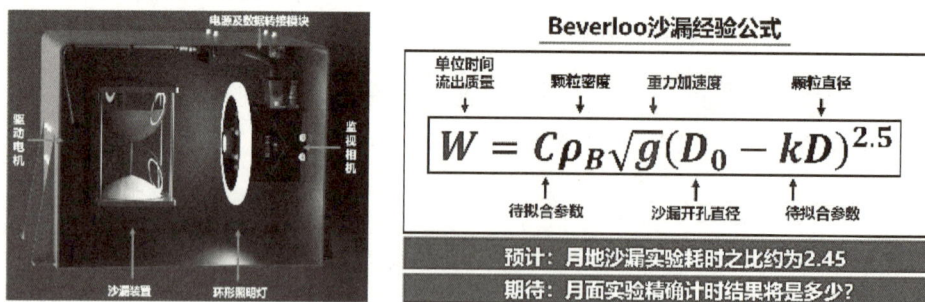

Beverloo沙漏经验公式

$$W = C\rho_B\sqrt{g}(D_0 - kD)^{2.5}$$

单位时间流出质量　颗粒密度　重力加速度　颗粒直径
待拟合参数　沙漏开孔直径　待拟合参数

预计：月地沙漏实验耗时之比约为2.45
期待：月面实验精确计时结果将是多少？

图9　学生设计的"月球上的沙漏实验"

力学导论

赵沛、杨卫

浙江大学　航空航天学院

一、课程概况

力学是关于力、运动和变形的科学，研究自然界和工程中复杂介质或系统的宏/微观力学行为，揭示机械运动及其与物理、化学、生物学等过程的相互作用规律，是现代科技文明的第一推动力，是人类科学知识体系的重要组成部分。

"力学导论"课程是浙江大学面向所有专业（包括人文社科专业在内）低年级本科生开设的一门全校通识类课程，每周3个学时，共1.5个学分，希望能够承担起大学生工程类博雅教育的角色。课程把力学的内容融入人类文明发展的长河中，使学生了解力学与现代社会之间的依存关系和相互影响，深入领会力学作为科技创新之源和现代工程之母的重要作用和地位。这是在全国范围内第一门涵盖了力学全部门类的、面向所有专业背景本科生的非拼盘类通识课程。课程依托浙江大学工程力学专业开设，该专业是国家级一流本科专业、国家基础学科招生改革试点计划和国家基础学科拔尖学生培养计划2.0专业。课程的在线课程于2019年底上线，面向全社会开放，有2600余人选课，被天津大学等多所高校选为混合式课程资源。课程曾获批教育部首批国家级一流本科课程（线下）、首批浙江省一流本科课程（线下）、第二批浙江省一流本科课程（线上）、首批浙江省思政示范课程等。课程所使用的教材是由课程团队编著的《力学导论》，2020年底由科学出版社出版。北京理工大学前校长、中国力学学会前理事长胡海岩院士认为本教材"尝试构建新的课程内容体系，是富有创意的探索"。

课程由浙江大学航空航天学院赵沛副教授担任负责人。赵沛曾获浙江省高校青年教师教学比赛一等奖、浙江大学教学成果特等奖、浙江大学青年教师教学比赛一等奖、浙江大学"三育人"先进个人等。课程团队还包括曾任浙江大学校长、国家自然科学基金委主任和中国力学学会理事长的中国科学院院士杨卫教授。

二、课程目标

力学是目前解决工程"卡脖子"问题乃至相应社会问题的基础和手段。本课程的思政建设将紧密结合力学作为"工程的重要基础"这一特点，全面践行"新工科"教育要求，致力于培养学生正确的世界观、人生观和价值观，培养学生的家国人文情怀和世界胸怀，培养学生实事求是、严谨治学、恪守学术道德的学风，培养学生卓越的创新思维、优秀的工程实践能力和全面的合作精神，以及他们服务于国家战略需求的强烈志愿。

因此，本课程的总体目标是重塑力学本科课程体系并担负起作为其思政基础的角色，具体教学目标分为四个层次。

（一）思政目标

培养学生投身于新时代社会主义建设的家国情怀，帮助他们中间的一部分树立成为大国工匠的理想和信念。

（二）知识目标

教授学生专业的力学基础知识，让他们理解力学在知识创造和创新能力培养方面起到的巨大作用。

（三）能力目标

为学生提供一套不局限于工程科学的、能够通行于不同人群之间的共通知识和价值观。

（四）素养目标

使学生树立正确的世界观、人生观和价值观，培养学生具有实事求是、严谨治学、恪守学术道德的学风，培养学生卓越的创新思维、优秀的工程实践能力和全面的合作精神。

三、思政元素

课程主要包括以下思政元素：

1.融入马克思主义哲学，培养学生正确的世界观、人生观和价值观

从力学学科自身的历史进化，到力学在各领域的应用，再到国家重大需求对力学提出的使命，均与马克思主义哲学密切相关。在案例介绍时以马克思主义哲学进行阐述，能够起到更强的支撑作用。例如，课程第四讲对牛顿力学之批判。

2.融入古今力学家的故事，培养学生科学探索的精神

力学的发展蕴含着力学家们的探索，这些案例可以让学生更加轻松地接受知识和领略科学精神。比如达·芬奇对于湍流的贡献、哥廷根应用力学学派的成立及发展等。

3.结合国家古今重大工程，增强学生的民族自豪感和自信心

中华文明是世界文明的重要组成部分，取得了非常辉煌的工程成就，介绍这些成就能够让学生领略中国人民的智慧与坚持，比如中国古代的应县木塔，现代的三峡工程、天眼等。

4.以著名工程事故为着眼点，培养学生的责任心

对工程事故中力学问题的分析，使学生学习知识的同时，提高学生的责任意识，培养学生职业精神和职业素养，比如美国的塔科马大桥坍塌事故、挑战者号航空飞机失事的原因等。

上述方法将思政元素与力学知识点天然融合，不牵强附会、不过分煽情，让学生在自主思考中体会其深意。

四、设计思路

为了实现课程目标，课程团队对课程内容进行了仔细的设计。整个课程分为前后两个部分。前三次课由杨卫院士授课，分为力学往事、力学今生和力学未来，高屋建瓴地为学生讲述力学的起源、发展，以及力学在航宇、土木、防灾等领域的应用，力学中存在的不解之惑等。课程后四次课由赵沛副教授授课，分为力学世界观、飞行的梦想、工业的脚步和未来的力学四部分，具体从力学方法论在现代社会形成中所起到的核心作用、流体力学对于人类动力飞行的推动、固体力学在钢铁时代中的核心地位以及软物质与生物力学等案例，来由浅入深地为学生讲解力学的应用及其基本原理。这样的内容与设计兼顾了课程的高阶性、创新性、挑战度与学生的可理解性，最终实现对学生世界观、价值观、人生观和历史观的树立，以及对他们全局性思维、创新性思维、战略性思维和批判性思维的培养（见表1）。

表1　课程章节思政元素的教学设计

序号	教学内容	思政融入点
1	力学往事：力学的发展史	培养学生的马克思主义历史观
2	力学今生1：力学在航空航天领域的应用	增加学生对力学家对国家国防发展做出贡献的认识
3	力学今生2：力学在土木、建筑、机械等领域的应用	培养学生对国家现代成就的荣誉感与自豪感
4	力学未来：对牛顿力学的批判	培养学生批判性思维
5	力学世界观及科学的精神	培养学生全局性思维和科学精神
6	飞行的梦想与流体力学介绍	增加学生对力学用来解决航空航天关键科技问题的看法
7	工业的脚步与固体力学介绍	增加学生对我国目前"卡脖子"问题的认识，唤起报国热情
8	交叉的力学与力学前沿介绍	培养学生战略性思维

五、实施案例

案例1：力学的重要性（见图1）

在本部分内容中，杨卫院士从亲自参加的2018年院士大会出发，讲述习近平总书记的讲话内容"《墨经》中写道，'力，形之所以奋也'，就是说动力是使物体运动的原因"，并在此基础上给出这句话的另一种描述，即"'形'可以认为是质量，'奋'可以认为是变化（也就是加速度），那么力就等于质量乘以加速度，这是中国古代先贤对于牛顿第二定律雏形的早期思考"。这种讲述独辟蹊径，把学生所熟知的牛顿力学第二定律与中国传统文化进行了无缝结合，不但开阔了学生的眼界，也把力学的重要性放到了更大的历史观和世界观之中，提升了学生的文化自信。

"《墨经》中写到，'力，形之所以奋也'，就是说动力是使物体运动的原因。…"

习近平 ——院士大会上的讲话，2018.5.28

图1 案例1

案例2：力学中的马克思主义哲学（见图2）

在本部分内容中，杨卫院士结合自己在清华大学工作期间的亲身经历进行讲述："清华大学工程力学系10位博士生曾经给钱学森先生写过一封信，对工程力学的发展表示迷惘。钱老很快回了信，信中说，'研究工程力学一定要结合国家重大需求，结合重大工程、复杂系统。而这些重大工程问题千变万化，如何能够把握它？……一定要以马克思主义哲学来引导我们分析和解决复杂工程问题的过程。'"这种讲述方法把传统的马克思主义哲学思想与力学通识课程进行了巧妙结合，让学生对自己长久以来所学习的各类思政理论课程有了更深的了解，也更加能领会到这些理论对于理工科学科所起到的指导作用，实现了"润物细无声"的思政教育。

马克思主义哲学

清华大学工程力学系10位力学学科的博士生给
钱先生写过一封信，对工程力学的发展表示迷惘。

钱老很快回了信。信的大意是：

"研究工程力学一定要结合国家重大需求，结合重大工程，
复杂系统。
而这些重大工程问题千变万化，如何能够把握它？"…

"一定要以马克思主义哲学来引导我们分析和解决复杂工程
问题的过程。"

图2　案例2

案例3：一班三总师（见图3）

在这部分内容中，杨卫院士讲述了"中国空军的逆袭——西工大飞行器设计5381班"的故事。中国目前最先进的歼-20的总设计师杨伟、运-20总设计师唐长红和歼-15常务副总师赵霞毕业于同一个班级。这三款飞机在研制过程中克服了大量"卡脖子"问题，最终使得我们国家完成了在这些领域特别是在第五代战机中的弯道超车，齐心合力实现了对我国制空权的捍卫。这一思政案例结合了课程的学情，以先进国防人物为思政案例和指引，鼓舞了同样处于关键本科阶段的学生，坚定他们努力学习、建设祖国的信心和决心。

图3　案例3

六、特色与创新

（1）课程准确把握教育发展面临的新形势与新任务，做到从微观的课程出发演

绎国家的宏观战略，使"立德树人"有了具体化、操作化和目标化的背景，更有助于培养学生的家国情怀和立志成为"大国工匠"的信念，为解决当前中国大学这一普遍短板提供了一种解决方案。

（2）课程以培养具有世界影响力的科学家和工程师的博雅基础为着眼点，实现了通识教育与专业教育、知识传承与能力培养、科学精神与人文素养的结合，有利于学生在自然和人文等领域掌握认识和改造世界的不同思路，有利于培养学生的创新思维、宏观思维、系统思维，以及相应的逻辑思考能力、表达能力、创新能力、科学研究能力等。

（3）本课程重塑了新时期力学的知识体系，提升了课程的高阶性、创新性和挑战度，在提供学生专业的力学基本知识的同时，也有利于引导学生了解力学成果和自己所处学科之间的交叉，使其带着关联性思维去进行未来专业课的学习，以在未来从不同角度来为国家的建设做出贡献。

我们希望通过本课程的建设，能够回答"钱学森之问"：为什么我们的学校总是培养不出杰出人才？即如何实现从知识型、技能型人才教育向创造型、发明型人才教育转型，并发掘出这些人才的社会功能与价值。

七、教学效果

因为力学是工程的先导，体现在工程的方方面面，而工程成就又是国家强大的重要标志。因此，本课程思政建设在讲述力学的知识点时，自然地将该知识点进行延拓，与它辐射出的国家建设进行了结合，并佐以关键人物和事件介绍，从课程的微观演绎出了思政的宏观。但是，从学情和涵盖面两方面考虑，这种讲述具有很高难度。2018年，杨卫院士全职回归浙江大学，他具有广阔的学科知识覆盖度和国际视野，在全国人大、政协的相关任职经历也让他对国家大政方针有着深入的了解和洞见。因此，由具有交叉学科背景的赵沛副教授邀请并牵头与杨卫院士开设了本课程，由院士来讲授通识课程也是本课程最大的亮点。以第二讲"力学今生"为例，杨卫院士介绍了国家主要重大工程及其中关键科学人物，主要包括：杨伟与歼-20、陈迎春与C919、638部队叶友达、陈十一与C919气动模拟、柯映林与运-20全过程自动化装配、JF12高超声速风洞、长征五号中的关键问题、陈云敏与超重力设施、杨华勇与盾构等。

在经过本课程的实践之后，相关的课程教学内容和框架已经成熟，因此可以顺利实现向其他学校推广。在过去两年中，本课程获批首批一系列国家与省部级一流课程（见图4）；相应教材《力学导论》共19章60万字左右，被多所高校作为教材采用；在中国大学MOOC平台，本课程评分为4.9，得到了学习者们的高度评价，多所高校使用了本课程的线上资源，也证明了本课程内容的可辐射性。因为杨卫院士杰出科学家的身份，课程在一开始就受到了社会的广泛关注，相关新闻被多个媒体报道，杨卫院士授课的第一讲讲义刊登在知识分子公众号上以后，获得了8.5万次的阅读量，对力学知识的社会普及做出了贡献，扩大了学科的影响力。

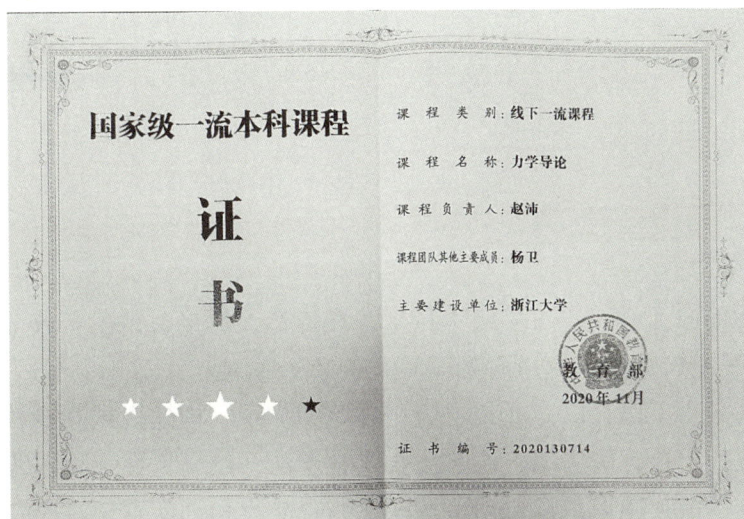

图4　教育部首批国家级一流本科课程证书

工程训练

徐志农、沈洪垚、栾丛丛、钱俊、张林初

浙江大学　机械工程学院

一、课程概况

工程训练面向大学一、二年级本科生，在铸造、焊接、钳工、数车、数铣、激光加工、CAD/CAM、3D打印/逆向工程、机电综合/智能工厂等工业制造方法支撑下，以工程制造技术为手段，以专业技术应用规范为抓手，构建机械制造教学平台，以课程思政要素为指针，采用线上线下混合式教学法，使学生在工程实践教学中掌握制造技术理论、工艺知识，具备动手技能、综合能力和创新意识，提高思想品德和人文素养，培养德智体美劳兼备的社会主义建设者。

本课程由浙江大学机械工程学院和工程训练中心开设，是全校学生跨年级、跨专业的实践必修环节，是理工科学生的专业基础课，线下48学时，线上不少于16学时，每学期开课。

二、课程目标

总体要求是：在实践教学过程中，采用机械加工技术手段，强化素质训练、专业知识和实践技能；运用工艺技术，融合思政要素，发挥主观能动性；遵循必要规则，在方法、经济、环保、效率等多方面综合拓展、全段推进，培养学生工程实践中的创新意识与创新能力。

在知识目标上，使学生了解工程设计、制造、检测与控制等基本概念，具有机电产品设计制造的实践学习经历，把握工业制造技术现状和发展趋势。

在能力目标上，使学生在实践中正确使用通用设备或专用工具；初具大工程思维和综合创新意识；会进行工程分析和价值判断。

在素养目标上，助力学生陶冶道德情操，塑造人格心灵；富于学习动力和探索热情，在学习实践中体现出心力协同的能力；明确自身价值和社会定位，具有团结协作、精益求精的工匠精神，以及吃苦耐劳、艰苦奋斗的精神。

在思政目标上，让学生树立正确的人生观、世界观和价值观，提高学生的政治认同感、国家意识和文化自信，养成追求真理、探索未知、勇攀科学高峰的责任感和使命感。

三、思政元素

工程训练涉及的技术路线包括零件选材、毛坯制造、加工方法、工艺分析等基本工程知识传授与实践动手能力培养，以及数控加工、智能制造等新技术、新概念的应用与发展。

课程以习近平新时代中国特色社会主义思想为准则，贯穿"坚持中国特色社会主义教育发展道路，培养德智体美劳全面发展的社会主义建设者和接班人"的教育方针，提炼图1所示德智体美劳"五育"类思政元素，奠定传承经典、开拓创新、具有中国制造能力的专业人才基础，在教学方法上使学生树立中国制造、追求卓越的标杆意识。

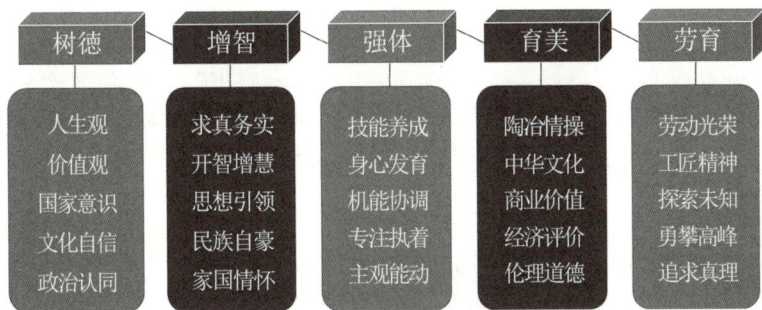

树德	增智	强体	育美	劳育
人生观 价值观 国家意识 文化自信 政治认同	求真务实 开智增慧 思想引领 民族自豪 家国情怀	技能养成 身心发育 机能协调 专注执着 主观能动	陶冶情操 中华文化 商业价值 经济评价 伦理道德	劳动光荣 工匠精神 探索未知 勇攀高峰 追求真理

图1 "五育"融汇的思政元素

结合课程项目，通过树德、增智、强体、育美、劳育类思政元素及关联，接入育人导向，在"五育"融汇教学过程中，对标思政要素，进一步促使学生在创新意识获取、创新能力培养实现全面提高。

四、设计思路

工程训练涉及产品制造业，从传承经典价值的技术工艺，到融合最新智能制造技术与方法应用，具有技术人文等学科交叉、继往开来、认识自然、兼容并包的综合性平台性特征。针对制造类课程"入耳—入手—入脑—入心"的实践教学认知特点，在教学大纲、教案、媒体、实践装备，线上线下混合式教学过程（如"学在浙大——工程训练"）的设置中均有机融入课程思政元素，如表1所示。通过教学模块的合理构思，教学内容与教学方法的科学设计，使思政教育在案例、事件、人物、关联等方面有机切入，实现教书的同时育人。

表1　项目的思政要素与教学组织

项目知识点	思政要素	思政融入点：教学维度及组织实施
制造方法训练	制造方法与经济、环境、法律、安全、健康、伦理概念有机结合，提炼重要思政元素（包括史实、事例、人物及关系等）	融直观教学于理论和实践，深化认知： 1. 注重机电产品设计制造、生产管理实践经历、基本知识与基本能力训练。 2. 弘扬逻辑思维、中国智慧、团队精神，注重探求未知、情感认同、研讨教学。结合制造业突出贡献事例或人物，由榜样力量激发探索精神。 3. 实践教学全过程评价：养成学生一丝不苟的学习精神和实践态度。 4. 混合式教学方法：线上理论、线下实操、虚实结合、教学互动全方位覆盖
铸造	德：文化自信 智：开智增慧 体：技能养成 美：陶冶情操 劳：探索未知	镕古铸今，承前启后： 1. 以铸造案例如后母戊鼎、铜奔马等，以古鉴今，让学生感受中华文明深厚积淀，了解铸造技术发展，探索新知； 2. 实践砂箱造型，学习铸造工艺参数，锻炼学生吃苦耐劳品质； 3. 评价毛坯质量，求真求实，继往开来，追求卓越
焊接	德：价值观 智：开智增慧 体：机能协调 美：商业价值 劳：勇攀高峰	格物致知，积厚成器： 1. 学习焊接方法、原理、特点，让学生体验技术进步对社会发展价值； 2. 由"大国重器"山东号航母、二重万吨模锻机、杭州湾跨海大桥等焊接事例，弘扬创新精神光大中华文明与中国智慧； 3. 完成创意设计及基本件拼焊，培养学生变废为宝的环保意识和美学思维，历练开放思维，学习挖掘商业价值
钳工	德：人生观 智：求真务实 体：技能养成 美：陶冶情操 劳：劳动光荣	钻坚研微，广鉴笃行： 1. 以从无到有创建红色兵工厂、以少胜多的吴运铎等事例，表达"钢少气多"下的正确人生观和价值观； 2. 以倪志福等人物爱党敬业，勇于发明创造，主观能动、惠及国家案例，强化劳动光荣，乐于助人的必要性； 3. 以实践中精雕细琢，强化学生科学思想、工匠精神与肯坐冷板凳的耐心之统一
激光加工	德：文化自信 智：民族自信 体：技能协调 美：中华文化 劳：工匠精神	精雕细琢，明暗生花： 1. 讲述激光在发展中所起的作用，展示国产激光机的相关应用，充分表现家国情怀、民族自信作用； 2. 创意作品中引入红色元素，使学生怀爱国情感、养创新思维、具审美能力，加深对应用和评价工艺、质量的理解； 3. 了解作品精细特点，拓展激光加工原理和特种加工工艺，提升学生对工匠精神、技能协调的辩证思维与统一性理解
数车	德：政治认同 智：家国情怀 体：主观能动 美：经济评价 劳：勇攀高峰	按图索骥，唯真不破： 1. 通过介绍中国自主知识产权 i5 数车及其在沈飞航空发动机中的应用案例，激励高新技术产业中国智慧、民族自信的发挥； 2. 对比国外类似系统，编程中切实体验创新精神、家国情怀因软件进步在制造工艺中所起的作用； 让学生体会到，出自中国技术软件的同类工件，有利于自主创新发展，有助于学生提升政治认同感

项目知识点	思政要素	思政融入点：教学维度及组织实施
数铣	德：文化自信 智：开智增慧 体：机能协调 美：中华文化 劳：探索未知	科学精神，去粗取精： 1. 理解数铣运动方式与工件形状、质量与加工参数关系，加工形状尺寸从简单到复杂、从粗糙到精密的科学区分过程； 2. 以精雕机床实践和 CAM 软件与国外技术比较，体现持之以恒的技术进步，以及科学报国的社会责任感和奋斗求索精神； 3. 结合疫情，面向社会重大急迫需求，实践了新冠肺炎疫情中能助力口罩熔喷模具的加工，表现科学报国的能力和情怀
CAD/CAM	德：价值观 智：思想引领 体：主观能动 美：陶冶情操 劳：追求真理	由虚向实，兼容并包： 1. 以局部到整体、整体而局部的格局观来培养逻辑思维能力，以实则虚之、虚则实之关系来思辨虚形与实物的关联； 2. 产品建模以主流和红色元素为指向，取法现实，服务社会，引导学生树立技术抱负与脚踏实地干实事相结合的家国情怀； 3. 比对产品需求与达成目标，国产与进口软件差异性，分析造型和制造技术特征。引导学生不安于现状，具危机意识，激励其为民族自主高端软件贡献开发力量的精神
3D 打印 / 逆向工程	德：价值观 智：开智增慧 体：主观能动 美：伦理道德 劳：探索未知	反求诸己，表里一致： 1. 通过生活用品、医用器件等正向设计，以及复杂形状零件反求设计，如个体 N95 口罩 3D 打印制作，创新应用自主技术； 2. 能用反求数据建模修形，仿制产品时学习分析伦理道德范畴案例，能界定知识产权与技术发展关系； 3. 分析制造工艺和产品质量，以及推动技术进步与商业价值关系，权衡价值评判，提升文化自信
机电综合 / 智能工厂	德：政治认同 智：求真务实 体：机能协调 美：商业价值 劳：勇攀高峰	厚积薄发，一以贯之： 1. 展示系统思维和科学精神指导下，FMS 机器人技术在中国制造零件产品的高效生产案例，通过互动激励，满足复杂问题简单做，简单问题重复做的求真务实方案； 2. 从目标构建—运动分析—联动途径—软硬件操作出发，实践运动机器人创意设计，完成产品组装、调试、运动的组合

教学设计如图2所示。

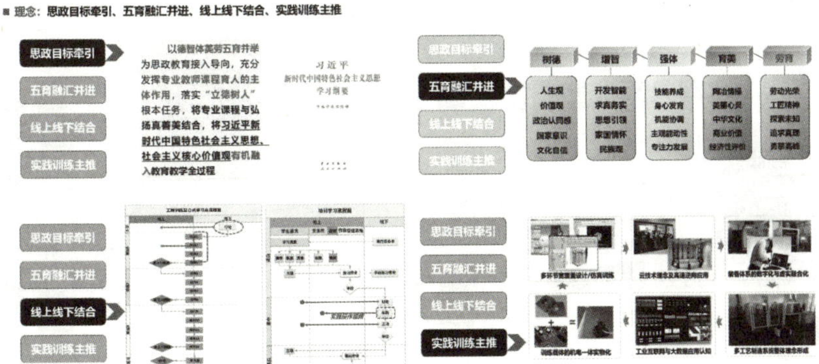

图2 教学设计理念和流程

五、实施案例

案例1：铸造（见图3）

1.教学内容

铸造成型与铸件特点，造型方法选择；砂箱造型，砂型铸造工艺及参数，不同形状和结构特征的铸造分型面及分模面分析；铸件主要缺陷及影响铸造质量的因素；砂箱造型，毛坯成形。

2.思政融入点

镕古铸今，承前启后。

3.线上资源

铸造发展史（6000年历史、青铜铸件全盛期）、中国古代铸件代表（后母戊鼎、战国曾侯乙尊盘、铜奔马等）、大国重器的铸造应用，凸显铸造技术历史传承和现实重要性，将中华文明史融入课程中，将国家需求融入教学中，使学生建立民族自豪感，实现文化育人。

4.线下实习

进行整模和挖砂造型实践，体验铸造技术继往开来、历久弥新的发展特点，以求真务实态度制作产品、评估质量，使学生树立文化自信，培养其吃苦耐劳、艰苦奋斗精神品质，激发后来人生生不息的探索求知精神。

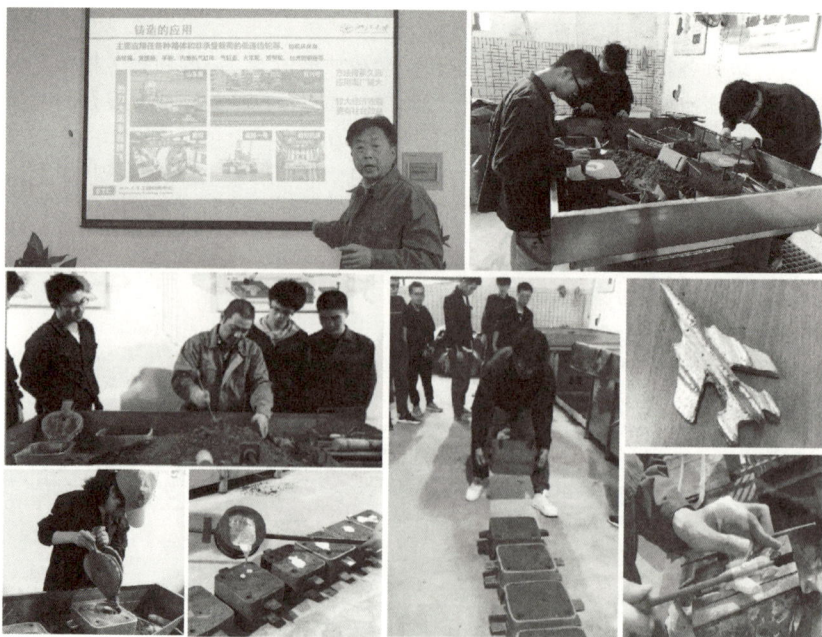

图3　案例1铸造

案例2：钳工（见图4）

1.教学内容

了解钳工基本作用，画线、锯、锉、攻丝、套扣工作要领，钻、扩、铰孔的特点；正确选用钳工设备工具，使用常用钳工工具、夹具、量具，完成基础零件钳加工，进行钳加工质量分析评价。

2.思政融入点

钻坚研微，广鉴笃行。

3.线上资源

演绎倪志富等优秀劳动者故事，以榜样力量传导正确的人生观和价值观，引导学生重视工作细节，使其既富于创新愿望，又乐于助人，在平凡的工作中追求完美极致，从而培养具有健全人格和一定技术水平的优秀传承者。

4.线下实习

在钳加工中亲手雕琢自己作品、改善加工工艺，以敬业、精益、专注的工匠精神享受产品在双手中的升华过程，在材料由粗取精的过程中，求真求实做出自己的作品，体验正确的人生观、价值观，以及主观能动性与耐心的高度统一。

图4　案例2钳工

六、特色及创新

（一）探索了"显隐结合、多元统一、横向融通、科创培育"的课程思政融合模式

以德智体美劳五育并举为思政教学接入导向，精心提炼项目思政要素、教学维度和组织实施方案。发挥教师课程育人主导作用，在实践育人、网络育人、文化育人协同下，使专业知识与弘扬真善美相结合，使社会主义核心价值观有机融入教学全过程，使"干巴巴的说教"向"热乎乎的教学"转变，做到了学生学习"入耳—入手—入脑—入心"。

（二）进行了知识传授、价值塑造和能力培养多元统一的教学结构立体化改革

明确思政育人教学目标，思政要素横向贯穿了整个教学环节；深入挖掘教学体系中课程思政理论资源，探索"通识、专业、双创"跨层次教育，增加非机、非工类的工程素质培养，细化机类、工类的课程思政结合度；理论教学方面导入《大国重器》及教学相关时政热点；实践教学方面鼓励创新、强化动手能力培养，同时注重科学思维训练和伦理道德教育。

（三）紧密型实践教学队伍使创新教学理念得以有效实施

本课程建有一支强有力的教学战斗团队（见图5）。

图5　教学团队

近年来本课程已建成国家级精品资源共享课程、首批校级课程思政优秀结题项目和省课程思政示范课程立项，获浙江省教学成果一等奖、浙江省本科高校"互联网+教学"（线上线下混合式课程）优秀案例特等奖。

七、教学效果

（一）本校学生受益面广量大

工程训练系列课程经过2008年国家级工程训练中心建设、2012年精品课程建设、2016年精品资源共享课建设，特别是2019年以来课程思政为主旨的浙江省高校"互联网+教学"线上线下混合式课程建设，取得了很多标志性成果，本校学生获益良多。学校授课生近4万人，通过线上下教学和全过程评估，学生感受深刻，参与积极性、学习质量有效提升（见图6）。

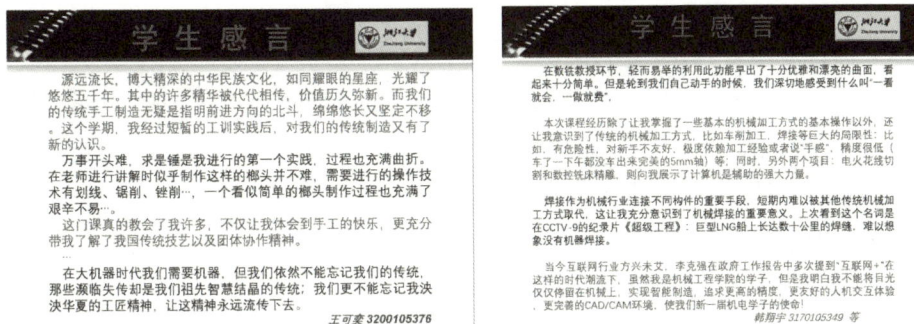

图6　标志性成果与学生体会

学生踊跃参加社团组织的比赛，自主创新作品众多（见图7），获奖数和创新创意质量水平不断提高。

■ 以技术创新活动为纽带，积极参与国家级乃至世界级赛事，如投身"一带一路"
国家青年友谊建设的金砖国家青年创客大赛

图7　学生各类活动和作品

（二）课程思政建设推广的深化和量化

线上线下建设拍摄课程思政宣传视频7个，总时长超过400分钟，包括导论、钳工、铸造、焊接、激光加工、数控铣削、3D打印等模块项目。在学在浙大、爱课程网站的"工程训练"课程中嵌入教学实施。

课程思政建设经验还应用于一系列课程，学生受益进一步扩大、深化，他们能真切体验到世界上原本是没有机器的，机器出自人的双手，从而把握主观能动性（见图8）。

图8　爱课程网、学在浙大课程思政建设

（三）校外交流中积极参加工程训练课程思政建设

日常教学交流过程中，强化课程思政示范辐射，例如，对教育部党建联络员朱拓同志一行以及江苏大学、南京信息工程大学、贵州清镇市委等来访团队宣传介绍"工程训练"课程思政教学改革成效（见图9），示范辐射带动效果显著。

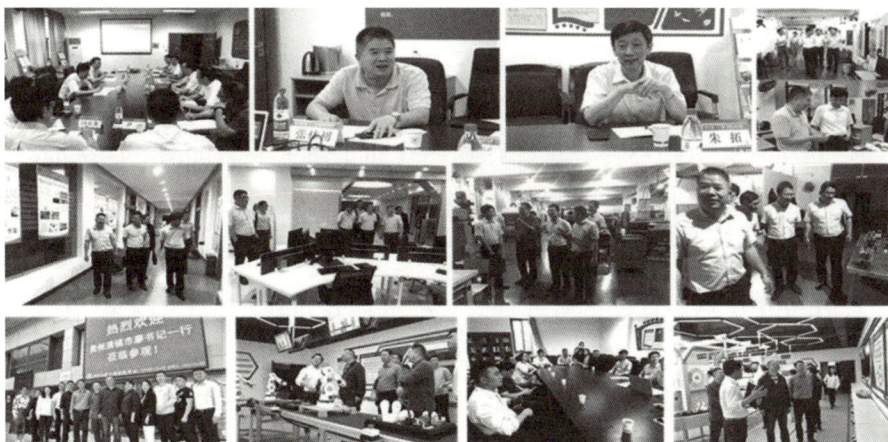

图9　校外教学思政交流活动

土木工程导论

苏　亮、王五一、孙轶琳等 —

浙江大学　建筑工程学院

一、课程概况

　　"土木工程导论"是一门帮助土木工程专业及相关学科的学生了解所学专业和本行业相关知识的课程，是土木工程专业教学的引导课程。课程从不同的角度介绍宽口径土木工程学科的若干分支领域，如建筑工程、桥梁工程、交通工程、土力学与基础工程、水利工程以及土木工程减灾防灾等。通过课程的教学，使学生对土木工程专业及相关领域有初步的认知和了解。

　　课程采用课程组负责制的教学模式。课程组由几名不同研究分支领域的专业教师组成，其中课程组组长负责统筹规划课程教学大纲并承担课程导入性和总论性的介绍讲解；同时针对学科不同分支领域安排不同的学习专题，合理分配各专题的教学学时。其余课程组成员则承担各分支领域的专题教学。

二、课程目标

（一）知识目标

　　通过"土木工程导论"这门课程的学习，使学生系统全面地认识土木工程学科的发展历程、发展方向、未来趋势，掌握清晰且富有逻辑性的土木工程学科基本概念和方法，搭建土木工程专业基础知识架构，初步树立专业思想，通过课堂教学与社会实践的结合拓宽学生的专业视野，提高学生的综合素质，增强学生的创新能力，引导学生在掌握扎实专业基础知识的同时，增进对土木工程服务国家建设发展重要性的认识，培养学生认识社会、研究社会、理解社会和服务社会的意识和能力。

（二）能力目标

　　（1）能理解土木工程师应承担的责任，并了解土木工程行业的政策、法规。

　　（2）能理解社会的新发展对土木工程师的新要求。

　　（3）具备一定的国际视野，了解土木工程专业的最新发展趋势。

　　（4）能认识到自我探索和自主学习的必要性，具有终身学习并适应土木工程技术发展的意识。

三、思政元素

（一）科学精神

让学生通过学习土木工程理论知识，求得真学问、掌握真本领，在认识土木工程学科发展历史的过程中形成求是与创新的科学精神，进而衍生出不惧权威、敢于挑战、大胆质疑、小心求证等精神气质。

（二）家国情怀

通过了解一代代杰出的科学家与工程师的真实故事，学习前辈师长为人类进步不懈努力、艰苦奋斗甚至不惜牺牲生命的精神品质，认识到国家发展、民族命运、职业前途所赋予青年人的时代责任与使命。

四、设计思路

课程思政元素的融入点及其实现方式见表1。

表1　课程思政元素的融入

教学内容	思政融入点	融入点的实现方式
土木工程绪论，讲解土木工程的具体含义、包含范围，简述土木工程的历史发展进程	土木工程学科发展与我们社会主义国家的建设发展密不可分，在土木工程的历史发展中着重突出新中国各方面的建设成就	课堂教学和视频展示
土木工程师的专业知识介绍以及培养过程	通过土木工程师工作内容的介绍，引入建筑工程大师的事迹，比如建工学院陈云敏院士和龚晓南院士等的个人事迹，激发学生的创新创造精神，能够让学生体会到大师们不畏艰辛、勇于追求卓越的专业精神	课堂教学和视频展示
建筑工程的基本知识介绍，包括基本构件以及常见的基本结构体系介绍	介绍典型具有影响力的建筑工程，并引入著名建筑工程大师的事迹	课堂教学及课外查阅资料、课外模型制作
交通工程中道路工程和铁路工程、智慧交通的基本知识介绍	介绍典型具有影响力的交通工程（如我国的高铁工程），并介绍智慧交通对普通民众的生活影响	课堂教学及课外查阅资料、拓展学习
宏观上介绍国内外水资源和水利工程特点和开发现状，讲解水资源综合利用的重要性	介绍典型具有影响力的水利工程（如三峡大坝），并介绍水利工程对环境、民生的影响	课堂教学及课外查阅资料、课外模型制作
建筑工程认知学习	与浙大的西迁历史相结合介绍南华园的历史渊源，让学生了解我国古代土木工程人的精湛建筑技艺和建造技术，激发学生的民族自豪感和文化自信意识	认知参观
交通过程认知学习	在认知学习中强调智慧交通和交通强国的概念介绍	认知参观
水利工程认知学习	在认知学习中强调"绿水青山就是金山银山"理念	认知参观

五、实施案例

案例 1

1. 教学内容

土木工程绪论，讲解土木工程的具体含义，并介绍分支领域建筑工程包含的基本范围。

2. 思政融入点

突出我国基础建设已位列世界前列的事实，激发学生的爱国热情、民族自豪感和大国自信意识，树立为国家、社会发展做贡献的理想、信念和信心。

通过工程人物先进事迹的讲解，让学生切实感受到工程师的权利义务与责任、责任心与职业道德的关系，从内心深处建立起社会责任意识，理解"热爱本职、敬业奉献"就是大国工匠精神的原动力，能够匠心筑梦，凭的是传承和钻研，靠的是专注与磨砺。

3. 案例说明

国家体育场（"鸟巢"）是2008年北京奥运会主体育场，总投资4.5亿美元，是全球目前投资最大也是迄今为止世界上最具现代化和人性化的体育场馆。许多建筑界专家认为，"鸟巢"不仅为2008年北京奥运会树立一座独特的历史性的标志性建筑，而且在世界建筑发展史上也具有开创性意义，将为21世纪的中国和世界建筑发展提供历史见证。与此同时，国家体育馆的建设充分体现了人文奥运、绿色奥运和科技奥运等先进理念：采用了先进的节能设计和环保措施，如良好的自然通风和自然采光、可再生地热能源的利用、太阳能光伏发电技术的应用等；碗状座席环抱着赛场的收拢结构，上下层之间错落有致，无论观众坐在哪个位置，和赛场中心点之间的视线距离都在140米左右。中国工程院院士董石麟教授在国家体育馆的建设中敢于质疑，使得国家体育馆的最终钢材用量比初步设计时减少将近一半（见图1）。

图1　董石麟与国家体育馆

案例2

1. 教学内容

土木工程绪论，讲解土木工程的具体含义，并介绍分支领域建筑工程包含的基本范围。

2. 思政融入点

强调武汉火神山医院的建设速度。火神山医院（见图2）在短短10天之内完成建设的奇迹，既说明了我国基建强国的实力，同时也说明了我国社会主义制度的优越性，从而激发学生的爱国热情、民族自豪感和制度自信意识。

强调土木工程工作者在火神山医院建设中发挥的作用。69岁高龄的"梁思成建筑奖"得主黄锡璆工程师、以中建三局为代表的建设单位、施工现场的建设工人们均为我国的社会主义建设做出应有的贡献。通过教学，培养学生无私奉献、吃苦耐劳、精益求精的工匠精神，使其成为心系社会并有时代担当的技术性人才。

3. 案例说明

2019年底，武汉爆发了严重的新型冠状病毒肺炎疫情。为实现新型冠状病毒肺炎病人的有效隔离和治疗，2020年初，武汉市委市政府决定建设武汉火神山医院。2020年1月23日13时，国际集团中国中元公司收到求助函，78分钟后修订完善的小汤山医院图纸送达武汉。同时，以黄锡璆为组长的技术专家组在京组建，中信设计在接到任务5小时内完成场地平整设计图，24小时内完成方案设计图，并于1月26日凌晨交付全部施工图。2020年1月24日凌晨，中建三局在施工现场成立应急工程建设现场指挥部。指挥部调集35台铲车、10台推土机和8台压路机抵达建设现场，开始了土地平整等相关准备工作。2020年1月29日，武汉火神山医院建设进入病房安装攻坚期。现场4000余名工人，近千台大型机械24小时轮班继续抢建。2020年1月30日凌晨，中铁十一局集团公司接到通知，在最短的时间组织了近百人的专业团队，自带电焊机具20多台，赶赴火神山施工现场。2020年2月4日，火神山医院开始正式接诊新型冠状病毒感染的肺炎确诊患者，并收治首批患者。医院从开工到建成总共用了10天时间，而且医院建设正值中国传统节日农历春节期间。

图2　武汉火神山医院

案例3

1. 教学内容

交通工程中桥梁工程的基本知识介绍。

2. 思政融入点

强调钱塘江大桥的建设技术难题和所采取的多种创新方法，一方面体现工程师们不畏困苦，为架设中国人自己的大桥迎难而上、慨然受命的爱国精神；另一方面展现他们面对难题努力钻研，敢于并善于突破局限，灵活运用专业知识的工匠精神。培养学生追求真理的理想和探索创新的精神，提高学生对专业的认同感。

3. 案例说明

1934年11月11日，钱塘江大桥开工兴建。39岁的茅以升受命担任钱塘江大桥的总设计师、总工程师。当时，日本帝国主义侵略者对华北乃至整个中国虎视眈眈，妄图亡我中华。茅以升尽管不是政治家，但他热爱祖国，对时局的忧患使他保持了清醒的头脑。他做出了惊醒世人的重大决定——他在大桥南2号桥墩上留下一个长方形的大洞，用以炸毁大桥防止敌人进犯。淞沪会战终以上海陷落结束，杭州也危在旦夕。1934年11月16日，茅以升以一个桥梁工程学家严谨、精准的态度，将钱塘江大桥所有的致命点一一标示出来。整个通宵，100多根引线，从各个引爆点全部接到南岸的一所房子里。1937年12月23日下午1点，茅以升终于接到命令：炸桥。下午5点，日军的先头部队已隐约可见，人群被强行拦阻，所有的引线都点燃了。随着一声巨响，钱塘江大桥的两座桥墩被毁坏，五孔钢梁折断落入江中。总长1453米，历经925个日日夜夜，耗资160万美元的钱塘江大桥，最终在通车的第89天瘫痪在日寇侵略的烽火中。看着江北岸愈来愈亮的火光，茅以升满腔悲愤地在书桌前写下8个字："抗战必胜，此桥必复"。他的愿望直到新中国成立之后的1953年才得以实现。

课程案例相关视频和PPT详见"学在浙大"网站：

https://courses.zju.edu.cn/user/resources/files#?pageIndex=1&sortPredicate=created_at&isReverse=true。

六、特色与创新

（一）专业教育与思政教育的有机融合

课程紧紧围绕导论课程的特点和土木工程的专业特色，结合专业和思政教学的双重目标细化和完善教学安排，专业教师协同思政线教师搜集整理典型的工程案例（如本次教学案例中的国家体育场、钱塘江大桥、武汉火神山医院等）、工程人物故事（特别是校友服务于国家重大工程建设的案例及故事，如本次教学案例中的董石麟院士）、职业规范等，促使专业教育与思政教育相伴相融。

（二）人与工程的交互对话

每一项工程都反映着人的需要，人的目的和力量凝结在具体工程中，要让工程建设中内蕴着的人文精神发挥育人功能，就要拉近学生与实际工程的距离，让学生身处其中去感悟工程的求真、求实、求新。在2020年的课程教改中，"土木工程导论"课程进行了为时三天的认知实践教学，分别对浙江大学紫金港校区和玉泉校区的典型建筑工程、杭州复兴大桥和杭州银江研究院的智慧交通工程、中国水利博物馆等实践基地进行实地考察，教师带领学生感受工程建设中科学精神与人文精神的辩证统一、建设者苦与乐的辩证统一，同时在人与工程的交互对话中实现工匠精神的传递。

（三）师资力量的多样性建设

"土木工程导论"的专任师资力量由土木工程一级学科下不同方向的优秀专业教师及经验丰富的思政线教师共同组成，各授课教师在各自擅长的研究领域资深硕学，在授课时能更加得心应手，讲解内容也会更深更专，同时对其研究领域内的新理念新技术也有一定的把握，有助于学生更深入地学习和掌握每一授课专题的知识点，了解该方向的前沿技术和高精尖问题。与此同时，课程还专门邀请浙江大学建工学院院长罗尧治教授讲授了一堂名为"结构'三部曲'：生命、美学、智慧"的特邀报告，更深层次地为学生讲解土木工程的专业内涵，丰富了课程思政的教学内容。

（四）教学内容与国家发展同步共频

土木工程学科的发展与中国特色社会主义建设始终密不可分，我国土木工程在短短40年左右的时间里经历了从无到有再到世界强国的发展进程。这样的学科特点和课程特点也决定了这门课程在赋予学生专业认知的同时，自然而然地可通过工程案例、工程人物故事及职业规范介绍等内容的穿插教学，帮助学生更好地建立国际比较，增强民族自信，培养工程思维和创新意识，树立敬业奉献的职业精神，自觉将爱国情、强国志转化为报国行。

七、教学效果

基于课程思政的建设目标，2020年冬学期"土木工程导论"课程组团队对课程的考核评价机制进行了改革创新，增加了重点土木工程的模型制作考核环节选项。要求学生在网上自行搜索重点土木工程的项目资料，并根据工程项目资料及实际情况，选择一项重点土木工程项目进行工程模型制作，从模型还原度、制作手段的合理性、模型制作的精致程度以及最终模型的成果展示等几方面综合确定考核成绩。

模型制作考核的实施结果表明，2020年冬学期160名学生中的106名学生选择了模型制作作为最终课程学习成果的体现形式。学生通过查阅资料，选定南京长江大桥、港珠澳大桥、杭州复兴大桥、国家体育场、东方明珠塔、"中国天眼"——500米口径球面射电望远镜(FAST)、三峡大坝等国家重大土木工程作为模型制作工程项目，采用3D打印、木工手工制作、零件拼装、乐高积木搭建等多种制作方式完成考核任务。在最后的成果展示中，学生均表达了较为强烈的专业学习兴趣，通过资料学习建立了我国土木工程建设的自豪感和大国自信意识，同时通过模型制作认识到了创新意识和工匠精神在土木工程专业中的重要性。这从侧面也说明了此次课程思政的教学改革成效。

大学物理

李　珍、徐志君、施建青

浙江工业大学　理学院

一、课程概况

　　"大学物理"是高等学校理工科类一门重要的通识性基础课。物理学是自然科学中最具有活力的带头学科，也是高新技术的先导和源泉。在人类追求真理、探索未知世界的过程中，物理学展现了一系列科学的世界观和方法论，深刻影响着人类对物质世界的基本认识、人类的思维方式和社会生活，是人类文明发展的基石，在人才的科学素质和社会主义核心价值观的培养中具有重要的地位。

　　本课程由"平台+模块"组成，平台为全校理工科学生共同的基础课，模块则由各学院根据自身的专业需求自行选择。平台（48学时）包括力学和电磁学；模块则分为模块A（64学时，含振动与波、光学、热学和近代物理等）、模块B（32学时，含振动与波、光学和近代物理等）和模块C（32学时，含振动与波、光学、热学等）。

二、课程目标

　　（一）知识目标

　　（1）掌握物理学的基本思想、概念和理论。

　　（2）掌握物理学知识的逻辑体系及其内在联系。

　　（3）了解物理学的历史、现状和前沿及其对科学发展和社会进步的作用。

　　（二）能力目标

　　（1）具备独立获取知识的能力、科学观察和思维的能力、分析问题和解决问题的能力，能够熟练运用物理图像、物理学的工作语言解决科学问题。

　　（2）掌握物理学的思维方式和研究方法。

　　（3）具备初步的科学探究能力，乐于参加社会科学探索活动。

　　（三）价值目标

　　（1）具备团结协作精神，培养探索未知、追求真理、不断创新的精神。

　　（2）培养科学精神、勇攀科学高峰的责任感和使命感。

　　（3）增强文化自信、民族自豪感和爱国情怀。

三、思政元素

从思政的视角审视物理教学，则处处充满着思政元素。因此，只要做课程思政的有心人，思政元素便无处不在。

（一）质疑与创新精神

例如，"原子结构"的教学，围绕着科学发现"质疑—纠错—创新"的活动过程来展开。从汤姆逊的西瓜模型到卢瑟福的行星模型是一次"纠错"；为解决卢瑟福原子模型的困难，玻尔提出了氢原子的玻尔模型；索末菲又对玻尔的原子理论做了发展，提出空间的量子化；但轨道概念没有跳出经典理论的范畴，最终通过德布罗意的波粒二象性假设，才对原子、电子甚至光子等微观粒子的本质有了进一步认识。物理学家探索自然正是通过"质疑—纠错—创新"的过程，一步步揭开原子结构神秘面纱的。将"质疑与创新"元素融入教学，在学生习得知识的同时，也培养了其直面失败、勇于探索的精神，增强了其敢于质疑的信心和挑战权威的勇气。

（二）辩证思维与方法论

物理学是运用唯物辩证法观点和方法分析研究物质运动、性质和变化的科学。比如关于光本性的否定之否定发展观、玻尔看待微观世界的互补原理、实物粒子的波粒二象性、物理思想从连续到不连续的突破等，通过这些富于辩证发展线索的教学，可以使学生形成整体、系统的辩证思维和马克思主义自然辩证法的科学世界观，是进行马克思主义立场、观点和方法教育的好素材。

（三）社会责任与职业道德

物理学的发生和发展是在一定的社会环境中进行的。物理给人类带来文明，也给人类带来威胁，物理学家不得不为此做出思考。玻尔对原子弹出世的互补性思考，表现出了一个物理学家高尚的伦理道德和对人类崇高的爱。自从物理和社会结缘，就标志着伦理思考和道德思考的闯入，物理学家对科学精辟的阐述和强烈的社会责任心，为我们留下许多宝贵的思想资料，收集和研究这些思政元素，能帮助学生形成正确的价值观念，提高判断力，正确理解和对待科学与人类、科学与社会、科学与自然的关系并逐渐内化为自己的科学道德准则，使学生将来能够正确地运用科学来为人类造福。

（四）科学精神与人格力量

榜样的力量是无穷的，科学家献身科学的精神和在科学研究中表现出来的高尚品德是对学生进行道德品质教育的好素材。激活历史人物，从音像资料中挖掘历史人物的录音或电影片断，思政效果更好。如讲到原子弹时，可插播一段爱因斯坦关于对使用原子弹看法的录音；讲到广义相对论时，可推荐学生看电影《爱因斯坦与爱丁顿》；讲到核辐射时，电影《邓稼先》就是很好的教育素材。如果榜样的力量来自身边，来自中国的物理学家们，这样的教育就更有亲切感和富有感染力。

（五）文化自信与民族自豪感

经典物理起源于古希腊哲学，现代物理则更需要中国的哲学。例如，对光的本质"波粒二象性"的认识过程，是"粒子性"与"波动性"之间对立统一的发展过程，而中国早就有了"波粒二象性"蕴含的"对立统一"思想，即中华文化的杰出代表《易经》中"太极"的"阴阳两面性"。玻尔在1927年建立了互补原理，引起世界轰动，但当他1936年到中国讲学见到《易经》太极图时，便惊叹"中国人几千年前就有了互补的理论思想，并以图形表示"。他手捧《易经》如获至宝，将太极图定为其族徽勋章的标志图案（见图1）。从哲学上讲，"测不准定律"和老子所说"道可道，非常道，名可名，非常名"的意思，颇有相似之处。这些思政元素融入具体知识点的教学，对学生树立文化自信非常重要，能引起当代大学生思想的共鸣，弘扬民族文化，增强民族自豪感，而且对培养学生科学的世界、方法论以及现代科学创新意识也都是深刻而感人的好素材。

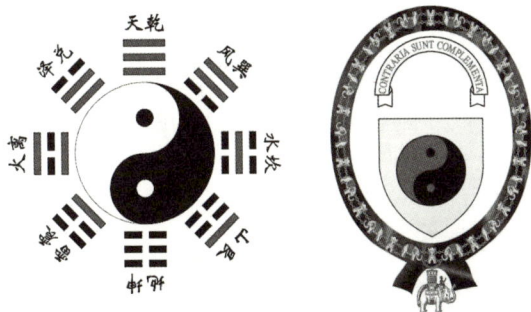

图1　太极图与玻尔亲自设计的族徽勋章

（六）大国工匠与国家情怀

物理学是现代科技诞生的摇篮，国内许多世界领先的重大工程的突破都与物理学有密切关系。比如在教学中引用500米口径球面射电望远镜（FAST）——中国"天眼"和南仁东先生的故事，则能集光学基础知识、光学研究前沿和科学家的爱国情怀的教学于一体，是将社会主义核心价值观教育融入课程教学的最好案例。再如在量子力学的教学中，拓展一下量子通信，讲一讲以量子纠缠分发、量子密钥分发、量子隐形传态为三大目标的世界首颗量子科学实验卫星"墨子号"成功发射，是对学生进行爱国主义教育极好的方式。

四、设计思路

本课程通过"四个切入"开展课程思政教学，实现思政元素与教学内容有机融合，在潜移默化、润物无声中由"混合"到"融合"，直到产生"化合"的作用。

一是从更新任课教师观念切入，组织教师进行课程思政的学习，开展思政研究，实现教师思想认同、理念认同、责任认同，培育教师的内生动力，激发积极性和创造性。

二是从教学内容整合切入，从历史线索、认知线索和逻辑线索重构教学内容，挖掘思政元素，构建思政与知识传授相融合的教学体系。

三是从信息技术与教学深度融合切入，创新线上线下混合、虚实结合、学习共同体、创新创业融合等教学新模式，强化课堂互动性、体验性，吸引力和感染力，把学生的思想、兴趣、精力和志向引导到科技前沿、社会需求、为国服务、国际竞争上来，有效激发学生的学习热情、学习兴趣和学习动力。

四是从物理文化价值引领切入，凝练物理观念、物理思维和物理文化等，切入课程教学，引导学生形成正确的世界观、人生观和价值观，培养热爱祖国、热爱人民、热爱科学、艰苦奋斗、追求卓越、奉献社会的品质，激发学生的家国情怀、爱国精神和报国志向。

在教学实施中，突出学生主体地位，基于学生认知–心理活动，采用两种教学策略：一是把历史–活动线索和逻辑–演绎线索相结合，重构课程教学内容，并通过信息技术加深融合，使知识传授与思政相得益彰，如案例1。二是针对逻辑–演绎和历史–活动相近的教学内容，侧重于从历史–活动的维度设计教学，如案例2。

五、实施案例

案例1：动量守恒与反冲

本案例将逻辑–演绎的知识线索与历史—活动的思政线索相融合开展教学。通过问题导入、课堂讨论、课外研讨等环节，结合视频、动画等多媒体手段，将思政元素与知识传授融合。

1.设问导入

平时玩的鞭炮、水火箭的飞天原理是什么？

教学意图：分析鞭炮、水火箭的飞天原理，融入中国古代火药发明与运用，激发学生兴趣，增强民族自豪感。

2.教师讲授：火箭飞行速度

以长征五号火箭为例，如图2所示，喷出气体与火箭之间的相互作用力（内力）远大于重力，动量近似守恒。于是有

$$(m+\Delta m)v=m(v+\Delta v)+\Delta m(v+\Delta v-u)$$

可得 $v_2-v_1=u\ln(\frac{m_1}{m_2})$。

教学意图：以我国火箭为研究对象，分析火箭飞行速度，融入航天新成就，激

发学生爱国情怀。

3.启发式讨论：网络搜索钱学森事迹

问题1：钱学森为什么要回国？

问题2：钱学森不回国，中国的导弹事业会不会发展？

问题3：个人命运如何与国家发展相结合？

在学生讨论的基础上，教师引导学生回归到个人命运如何与国家发展相结合这一主题上来，引导学生自我提升思想境界。

视频强化：课后观影《钱学森》，并写心得体会。

教学意图：融入科学报国、爱国主义教育。

图2　长征五号火箭

视频拓展："天和核心舱""神舟12号"等事件。

教学意图：载人航天的快速发展，充分体现社会主义制度的优越性。

4.课内课外融合：学习小组开展火箭原理研讨与样品制作

教学意图：使学生把所学知识贯通运用，培养学生的创新能力、直面困难的勇气、精益求精的工匠精神等。

案例2：量子光学教学

针对逻辑–演绎和历史–活动相近的教学内容，侧重于从历史–活动的维度设计教学。本案例沿着光本性之争的线索开展教学，实现课程思政。

1.演示实验导入

分别用红光和绿光照射光电管，红光很强，但没有光电流；绿光较弱，却会出现光电流。如何解释这一现象？引导学生讨论。

教学意图：从实验中产生问题，激发学生兴趣，开展课堂互动。

2.科学素养的培养

问题1：实验现象与经典理论的矛盾表现在哪些方面？

问题2：面对这一矛盾，你如何尝试解决？

教学意图：激发学生提出问题与解决问题，培养用马克思主义科学的方法论解决问题的能力。

3.教师讲授：对光认识的螺旋式上升

总结、归纳爱因斯坦光量子假设，从能量守恒与转化的角度，给出爱因斯坦光电效应方程。

教学意图：通过对光本性的争论，使学生认识到科学螺旋式上升的发展规律，引导学生形成辩证唯物主义的观点。

4.小组讨论，提升能力

讨论饱和光电流、遏止电压、红限频率和瞬时性特点，进而达到学生"能力提升"的教学目标。

5.吴有训与康普顿效应

我国科学家吴有训在康普顿效应的建立中起过重要作用，是重要的思政元素。

动画演示：康普顿实验。

问题1：看动画，引导学生总结实验规律。

问题2：经典学说的困难是什么？

问题3：如何解决这一困难？

教师总结：在学生讨论的基础上，得到康普顿公式。

问题1：为什么可见光观察不到康普顿散射？

问题2：为什么在散射波中有波长不变的成分？

问题3：散射波强度与原子序数有什么关系？

教学意图：通过递进的问题讨论，培养学生科学探究的精神。

网络搜索：吴有训。

教学意图：激发学生的学习兴趣和爱国情怀。20世纪20年代，吴有训在X射线散射研究中以系统、精湛的实验和精辟的理论分析为康普顿效应的确立和公认做出了重要贡献。

问题1：吴有训回国后的主要贡献是什么？

问题2：在培养人才方面有哪些主要成就？

教学意图：学习科学家的爱国情怀，实现自我提升。

6.科教融合，学用结合

视频播放：夜视仪、CT检测、光电控制等。

问题讨论：外光电效应、内光电效应及太阳能电池等。

教学意图：思政也要课内课外融合，培养学生的探究和创新能力。

六、特色及创新

从物理学发展内史和外史发掘思政元素，归纳出质疑与创新精神、辩证思维与方法论、社会责任与职业道德、科学精神与人格力量、文化自信与民族自豪感和大国工匠与国家情怀等六大类元素。以"四个切入"为设计原则，把思政元素融入知识教学中，使学生的思想品德在潜移默化、润物无声中得到培养和升华。

不到2年时间，我校大学物理慕课网络浏览量达4200万次，修读人数达3万余人，覆盖全国150余所高校。

课程思政向课外延伸，构建与课程教学相配套的物理科技创新四级体系和竞赛机制，鼓励、引导并推动学生积极参加课外创新活动，把所学知识贯通运用，培养学生创新能力、直面困难的勇气、精益求精的工匠精神等。

七、教学效果

课内课外融合，课程思政向课外延伸，融物理教学、课程思政与创新能力培养于一体，以培养学生在科学探究中直面困难的勇气和精益求精的工匠精神。近年来我校学习大学物理课程的学生在互联网+、挑战杯等高水平学科竞赛中获国家、国际级奖项目477项，获省级物理创新竞赛奖励3300人次，远远高于其他省属高校。在2020年全国物理实验竞赛（创新赛）中，每校最多只能申报5支队伍，我校组织的5支队伍全部获奖，其中一等奖1项，三等奖4项。

把物理教学与科技立项相结合，引导学生把课内所学知识贯通运用，通过教师向学生提供各类研究问题，以及学生自己从现代科技、日常生活和工程实际中寻找、发现新的研究课题，设置创新学分，构建国家、省、校、院四级学生课外科技创新体系。我校学过大学物理课程学生获国家级科创项目207项，获省新苗计划项目236项。在物理创新基地，学生协助教师开发新实验71个和新仪器41种，获全国挑战杯赛金奖等众多国家级奖励。

电子系统设计

王辛刚

浙江工业大学　信息工程学院

一、课程概况

电子系统设计是研究电子技术应用的电子信息类专业课程，电子系统在工业、农业、科学技术和国防建设等各个领域都起着巨大的作用。电子系统设计课程综合了单片机、FPGA、模拟电路和 EDA 等知识。课程从设计的角度出发，以元器件应用为切入点，以新知识、新器件、新技术为核心，紧密结合工程实践，强调理论学习、自主设计和动手实践的"知行合一"。课程要求学生综合运用专业知识和工程技能，经过需求分析、资料查询、功能设计、方案论证、工艺制作、系统联调、分析总结等过程，完成具有一定规模的复杂电子系统的规划、设计和实现。

本课程由浙江工业大学信息工程学院开设，是电子信息工程专业的核心课程，同时也是自动化专业、电气工程及其自动化专业重要的专业选修课程。课程面向电子信息类专业本科三年级开设，计3学分。

二、课程目标

（一）知识目标

（1）掌握模拟系统、数字系统、单片机系统和综合电子系统设计思路及步骤，通过工程案例的分析，对电子系统设计过程有深刻的理解。

（2）掌握电子系统设计过程中的相关工程问题，如可靠性设计、印制板设计、工程实现，以及电子系统设计文档的写作方法。

（3）在电子系统的组装与调试过程中，能够改进方案设计、完善理论与算法、选择电路与器件、利用合适的工具，实现系统功能与指标。

（二）能力目标

（1）具备电路设计与搭建、软件工具应用、仪器设备使用、元器件选择、电路调试、系统测试等方面的工程实践能力。

（2）培养学生独立思考、深入钻研问题的习惯，和对问题提出多种解决方案、选择不同的实现方法，以及对知识运用和举一反三的能力。

（3）通过2～3人共同完成项目，培养学生分工合作、交流协调、共同研讨等团队合作精神与能力。

（三）价值目标

（1）在电子系统设计过程中体现创新意识和辩证思维。

（2）在工程应用中培养学生的家国情怀和爱国主义情怀，增强学生科技报国的责任感与使命感。

（3）践行精益求精、严谨细实、追求卓越的工匠精神。

三、思政元素

按照课程知识体系，从器件、电路、系统三个维度进行思政元素的收集与运用。从器件的角度，培养学生的爱国主义情怀，坚持自强不息。从电路的角度，要求学生运用辩证思维的方法进行方案设计，同时要承担社会责任，遵纪守法。在系统设计的过程中，要以国家和人民的需要为己任，不断创新、精益求精。

（一）辩证思维

在电路分析和设计的过程中，理想模型与真实电路是对立而又统一的关系。通过不断修正理想模型，使其越来越接近真实电路，从而获得解决问题的方法。在这个过程中，提高了学生分析问题和解决问题的能力。通过深入探究专业知识及技术，增强学生的文化积淀，培养其辩证、客观的求学态度。

（二）使命担当

在教授电子系统设计课程中，培养学生的家国情怀，要让学生明白技术的重要性，要明确学习信息技术的价值不仅仅是在于自身的发展，更在于社会技术进步与国家的发展与富强。在电子系统设计选题过程中，从关系国计民生的需求出发，让学生通过做有用的设计成为有用的人，培养学生的使命担当意识。

（三）工匠精神

在电子系统设计的过程中，对性能、技术指标的追求，体现了精益求精的工匠精神。特别是在电子设计竞赛中，主要是看作品达到的技术指标。这就需要学生在平时培养一种追求卓越、追求技术的信念。在平常的训练中，把训练内容和工程实践结合起来，把工匠精神融入每一个训练环节，从而培养学生的工匠精神，引导学生为实现"中国制造"做出自己的贡献。

四、设计思路

电子系统设计采用CDIO的工程教育模式，将思政元素融入构思、设计、实现和运行的各个环节，如表1所示，使学生在学习的过程中完成辩证思维、家国情怀、社会责任、工匠精神等的内化与实践。

表1　课程章节思政元素的教学设计

课程章节	重要思政元素	相关联的专业知识或教学案例
集成运算放大器设计	讲求仁爱、社会责任	通过对 AD620 运算放大器的讲解，设计一款心电检测仪，用于独居老人的监护，体现科技对人类生命健康的帮助，引导学生关爱老年人
滤波器设计	制度自信、民族精神	结合学科前沿，以华为在 5G 移动通信中使用的滤波器为例，说明我国在移动通信方面已经领先世界，增强学生的民族自豪感和自信心
直流稳压电源设计	社会责任、天人合一	从"碳达峰 & 碳中和"角度制定设计准则。比较线性电源与开关电源特性，突出电源设计过程中的节能环保意识
FPGA/CPLD 设计	爱国情怀、自强不息	讲述"缺芯少魂"的困境。以 FPGA 芯片为例，介绍中美芯片之战，鼓励学生为中华之崛起而努力
单片机原理	爱国主义、改革创新	讲述单片机发展的机遇与挑战。以国民技术公司全自主知识产权的 32 位 CPU、超级计算机 – 神威太湖之光为例，引入爱国主义精神、社会主义核心价值观，鼓励学生注重精益求精、科技创新
单片机最小系统设计	辩证思维、遵纪守法	理解事物的规矩性、做事的逻辑性和条理性。用按键 + 显示屏设计交通信号灯，使学生增强遵纪守法的意识
串口通信	变通求新、大胆探索	体会创新思维的方法。从异步通信和同步通信方式出发，引出做事讲究策略：直捣黄龙或者迂回作战
频率测量技术应用	精益求精、工匠精神	以等精度频率计设计为例，从测量精度的角度出发，体现精益求精的科学精神
综合电子系统设计	知行合一、集体主义	采用 CDIO 的工程教育模式，理论联系实践，团队合作，分工协作

五、实施案例

案例1：关爱老人的社会责任——一种心电检测仪的设计（见图1）

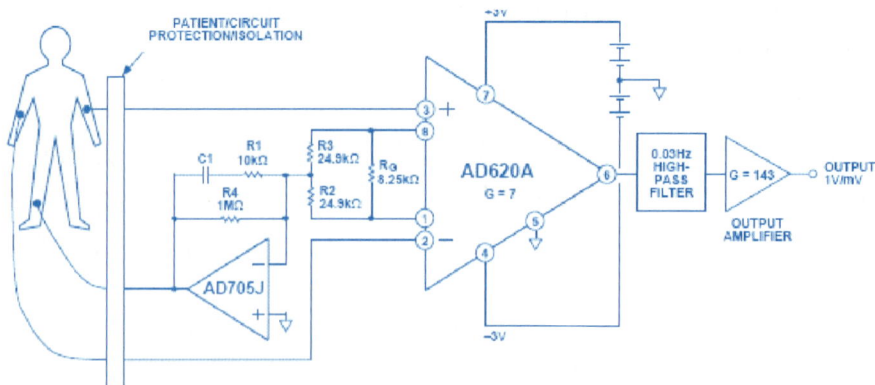

图1　EGC 心电检测仪设计

　　关爱老人是我们中华民族的传统美德。随着社会老龄化的日趋严重，独居老人日渐增多。能够让儿女及时了解老人的身体健康情况，已经成为社会的迫切需求。

一种利用AD620作为放大电路，通过传感器检测人体心电信号的设计方案，被成功地应用于老年人的心电检测。

EGC心电检测仪实现检测结果云端同步，儿女可以通过手机实时监控。做到了父母安心，儿女更放心。利用科技满足需求，是电子信息工程人义不容辞的责任和义务。

案例2：爱国情怀——数字化语音存储与回放电路设计（见图2）

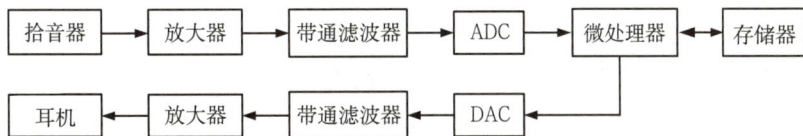

拾音器 → 放大器 → 带通滤波器 → ADC → 微处理器 → 存储器

耳机 ← 放大器 ← 带通滤波器 ← DAC ←

图2　数字化语音存储与回放

在数字化语音存储与回放的设计中，要求将语音信号通过麦克风转化为电信号，经放大、滤波处理后送到ADC，在单片机控制下将语音信号转换为数字信号并存储在外部存储器中；回放时，从存储器中取出数字化的语音信号，经DAC转化成模拟信号，滤波放大后驱动扬声器发出声音。

在音源信号的选择上，学生选择了比较有特色的红歌作为输入信号，如"我的祖国""英雄赞歌"等革命歌曲。伴随着系统录音和播放过程，实验室中不时响起慷慨激昂的歌声。

在课题汇报的过程中，学生表示通过播放歌曲，重温了党为了民族复兴、人民幸福，不怕流血牺牲，不懈努力奋斗的精神，更加激励自己为祖国和人民做出贡献。

案例3：精益求精的"工匠精神"——等精度频率计设计

利用等精度测量原理设计数字频率计，被测信号为频率1Hz ～ 1MHz的标准方波信号，要求测量误差不大于0.1%。

直接计数测频法（见图3），其特点是闸门的宽度是固定的。这种直接计数测频法的优点是原理简单，实现比较容易。缺点是被测信号频率较低时，误差较大。在图3的时序图中，测得的信号频率为9Hz，但被测信号的频率更接近10Hz，从而产生约1Hz误差，相对误差亦接近10%。

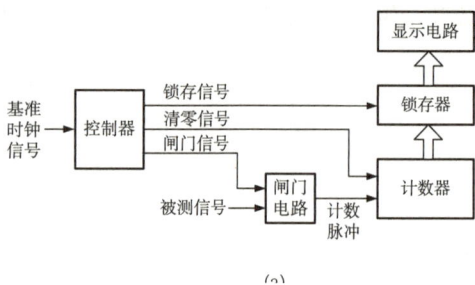

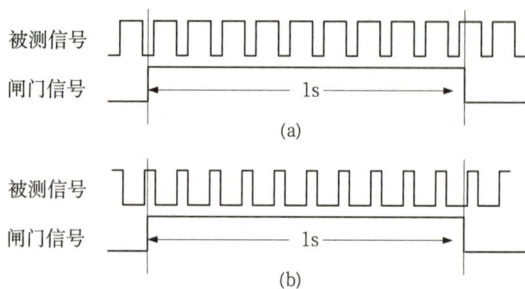

图3　直接计数测频法

追求完美、精益求精的"工匠精神"是技术发展的推动力。有没有更好的方法实现无误差的精度测量呢？与直接技术测频法相比，等精度测频法的闸门时间不是固定值，而是被测信号周期的整数倍，即闸门信号与被测信号同步。因此，它消除了被测信号在计数过程中产生的1Hz数字误差，可以达到整个测试频段的等精度测量（见图4）。

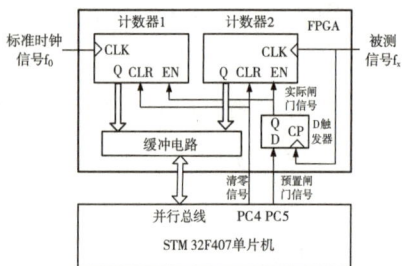

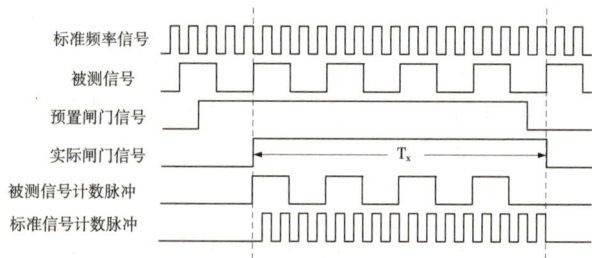

图4　等精度测频法

测频过程中，单片机首先将预置闸门信号置成高电平，但实际闸门信号并未马上变成高电平。当被测信号的上升沿到来时，实际闸门信号被D触发器置成高电平。此时，两个计数器分别开始对标准时钟信号和被测信号进行计数。当达到预置时间后，预置闸门信号置成低电平，然而两个计数器并未停止计数，直到被测信号的上升沿到来时，实际闸门信号被置成低电平，两个计数器同时停止计数。单片机通过读取两个计数器的计数值，就可以计算得到被测信号的频率值。

从误差为1到误差为0，是测量方法不断改进的结果。对测量精度的不懈追求，体现了精益求精的科学精神。

案例4：知行合一——基于集成运放的放大电路设计

学生在模拟电子技术课程中已经学习过集成运算放大器的设计，但停留在理论层面。如在工程应用中要设计一个放大倍数为–10倍的信号放大电路，问图5电路设计是否正确？

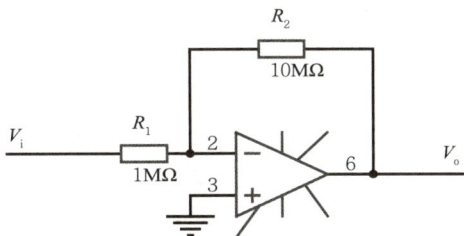

图 5　理论上的放大电路

理论上计算表明 $V_o = -(R_2/R_1)V_i = -10\ V_i$，但普通运放无法提供 R_2 回路所需的电流，即 $I_2 = V_o/R_2 \approx 1/10 = 100\text{mA}$。显然 R_1、R_2 的阻值太小。改进一下，得到如图 6 所示电路。

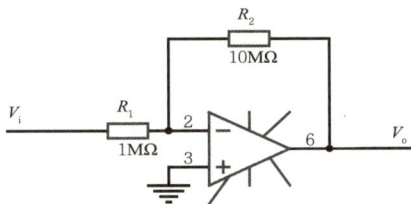

图 6　过度改进的放大电路

R_1、R_2 分别取为 $1\text{M}\Omega$ 和 $10\text{M}\Omega$ 后，解决了运放无法提供 R_2 回路所需的电流的问题，但带来的另一个问题是：电阻阻值过大时，其阻值容易受环境影响，进而影响放大电路增益的稳定性。显然，学生思考问题时从一个极端走向了另一个极端。再改进设计，将 R_1、R_2 分别取为 $1\text{k}\Omega$ 和 $10\text{k}\Omega$，并添加条件，输入电压为 $-0.5\text{V}\sim+0.5\text{V}$ 的变化的信号，问图 7 电路设计是否正确？

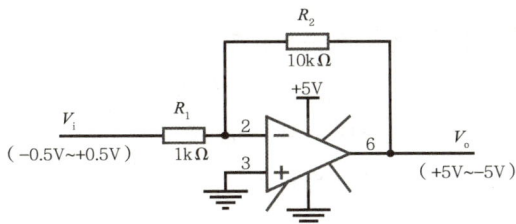

图 7　一波刚平，一波又起的放大电路

新的问题出现了：输入 V_i 和输出 V_o 都是双极性信号，正负电压都有可能出现，要求运放也是双极性供电。再改进设计，将供电电源改为 ±5V 双电源供电，问图 8 所示电路设计是否正确？

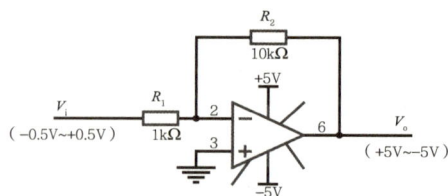

图8　接近完美的放大电路

电源采用 ±5V 双电源供电后，输出 V_o 将达不到 ±5V，会出现削顶（平顶）现象。可改用轨到轨运放，或改变供电电源的电压值。由此得到了一个比较完美的解决方案，如图9所示。

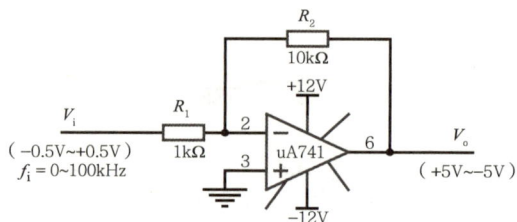

图9　真正完美的放大电路

完美的放大电路是理论和实践的统一，是知行合一的完美诠释。在这一过程中，能够使学生能够运用变化的观点分析电路设计，能够使学生知晓实现电路设计的正确方式。

六、特色及创新

（一）特色

课程教学中把马克思主义立场观点方法的教育与科学精神的培养结合起来，提高学生正确认识问题、分析问题和解决问题的能力。

理论教学部分，注重科学思维方法的训练和科学伦理的教育，培养学生探索未知、追求真理、勇攀科学高峰的责任感和使命感。

实践部分教学，强化学生工程伦理教育，培养学生精益求精的大国工匠精神，激发学生科技报国的家国情怀和使命担当。

（二）教学改革创新点

采用"网课领学+学案导学+自主研学+实践训练+学习评价"的线上线下混合式教学模式。

网课引领：在MOOC平台上，将思政元素与本课程的科技发展史、大国工匠、伟大工程等案例进行融合，拍摄成微视频，引领学生在线上学习。

学案导学：基于启发式教学方式，通过典型案例分析，引导学生进行创新思维。

自主研学：通过布置研究任务，以研引学，按需而学。

实践训练：将课程思政建设与学科性竞赛紧密结合，探索基于CDIO工程教育模式的课程思政。打通两个课堂，深化实践育人。

学习评价：采用过程评价和结果评价相结合的方式对课程思政学习效果进行综合评价，包括学生提问、课后作业、课堂练习、期中考试、学时时长、任务点完成情况等。

七、教学效果

电子系统设计课程自2012年正式开课以来，学生受益数为每年约120人。学生通过电子系统设计课程学习普遍获得了较快的成长，其参与课外科技活动的积极性和能力均有较大提高。这部分学生表现突出，获得多项省级以上学科竞赛的奖励。近三年，有10名以上的学生通过竞赛保研，进入浙江大学、南京邮电大学、华东理工大学等一流高校。

参与本课程学习的学生，在学科竞赛中，践行了精益求精的工匠精神、团队协作的集体主义精神。这些学生也成了团队的骨干力量，带领团队成员在机器人竞赛、智能车竞赛中取得了优异的成绩，如表2所示。

表2　学生学科竞赛获奖项目

年份	竞赛名称	作品名称	组队数	获奖等级
2017	全国大学生电子设计竞赛	滚球控制系统	2	省二等奖
		远程幅频特性测试装置	2	省二等奖
		可见光室内定位装置	2	省二等奖
		滚球控制系统	1	省三等奖
		自适应滤波器	1	省三等奖
2018	浙江省大学生电子设计竞赛	手势识别	3	省一等奖
		能量回收装置	1	省一等奖
		无线充电电动小车	1	省三等奖
		无线话筒扩音系统	1	省三等奖
	机器人竞赛	机器人先进视觉赛——2D识别项目	1	国家一等奖
		机器人先进视觉赛——3D识别项目	1	国家二等奖
		助老服务机器人——助老环境与安全服务项目	1	国家二等奖
		旅游——探险	1	国家三等奖
		旅游——寻宝	2	国家三等奖
		助老服务机器人——助老环境与安全服务项目	1	国家三等奖

续表

年份	竞赛名称	作品名称	组队数	获奖等级
2019	全国大学生智能汽车竞赛	浙工大银江 BOOM4 队	1	国家一等奖
		浙工大银江 VEGA 队	1	国家一等奖
		浙工大银江室外光电队	1	国家一等奖
		浙工大控制 – 智能视觉队	1	国家一等奖
		浙工大控制 – 通用机器人队	1	国家一等奖
		浙工大控制 – 寻宝律令	1	国家一等奖
		浙工大控制 – 先进视觉队	1	国家二等奖
		浙工大控制 – 探险律令	1	国家二等奖

中医药与中华传统文化

李行诺、张慧、吕华伟、颜继忠

浙江工业大学　药学院、绿色制药协同创新中心

一、课程概况

"文化是一个国家、一个民族的灵魂。文化兴国运兴，文化强民族强。没有高度的文化自信，没有文化的繁荣兴盛，就没有中华民族伟大复兴"。本课程采用"小班研讨教学—实践基地认知"的授课模式，将理论与实践有机融合，以中医药传统文化为主线，结合典型案例和实践基地进一步增强学生的文化认同感、历史责任感和民族自豪感，提升学生的文化自信，树立良好的生命道德观与和谐人生的健康观。

该课程由浙江工业大学药学院、绿色制药协同创新中心开设，作为面向全校各专业开设的一门通识核心课程，每个学期均开课，共32学时，每个班级学生人数控制在30人以内。

二、课程目标

依据浙江工业大学的人才培养目标——"培养富有家国情怀、国际视野、创新精神和实践能力的行业精英和领军人才"。本课程采用"小班研讨教学—实践基地认知"的授课模式，以"仁和精诚"的中医药文化为支点，弘扬中华传统文化的精髓，使学生掌握两大类知识，获得两种能力，培养其综合素质。

两大类知识：中医药和中华传统文化相关知识；

两种能力：思辨能力和创新能力（辩证认识传统文化和中医药成就，培养独立思考和守正创新的能力）；

综合素质：进一步提升文化认同感、历史责任感和民族自豪感，增强文化自信，树立良好的生命道德观与和谐的健康观。

价值塑造目标：

（1）借助课程医、工、文交叉结合的特色，进一步提升学生的科学素养、道德素养和文化素养；

（2）通过课堂教学、小组研讨结合实践基地认知，使学生对课程蕴含的"仁和精诚"（天人合一、文化自信、诚实守信）价值观进一步内化于心、外化于形；

（3）对中医药与传统文化有清醒、客观的认识，既为祖先创造这一人类宝贵财富而自豪，又能深刻思考在科学技术不断进步、经济全球化、文化多元化的今天，我们如何面向未来、面向世界，继续发挥其独特优势，为中华民族伟大复兴和人民健康发挥更大作用等重大问题。

三、思政元素

1. 育人元素

仁和精诚（天人合一、文化自信、诚实守信）（见图1）。

2. 切入点与融合情况

天人合一：以"中医药和传统文化特色思想"为主线，涵盖"抵抗新冠病毒的长城——'三药三方'的前世今生""神农、孙思邈和李时珍的时空重叠"等素材，增强学生的文化认同感、历史责任感，树立良好的生命道德观与健康观。

文化自信：以"中医药的起源和发展"为主线，涵盖中华民族的上古传说"神农尝百草与临床试验""葛洪与诺贝尔奖""扁鹊与治未病"等，使学生能够从心底涌出民族自豪感，增强文化自信。

诚实守信：以本土资源"戒欺"为主线，涵盖"胡庆余堂中药博物馆"等，共建课程思政实践基地，让学生实地感受"戒欺"的丰富内涵，深刻理解"诚信为本""以德为先"，使学生的历史责任感从心底油然而生。

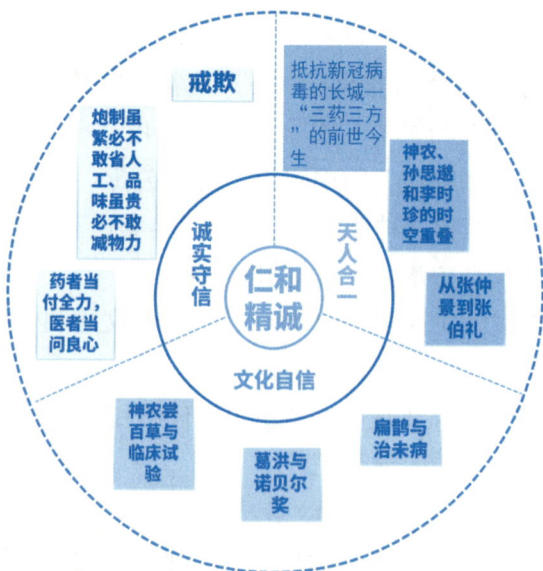

图1　育人元素和典型案例的融合

四、设计思路

本课程以中医药文化为支点，以经典案例为依托，采用了"思政案例+翻转式教学"的模式，将思政元素融入教学大纲、教学计划、课件和教案。本课程的主要教学内容、教学要求和思政元素详见表1。

表1 "中医药与中华传统文化"课程思政设计思路

课程章节	重要思政元素	相关联的专业知识或教学案例
绪论	民族自信、文化自信	以中华民族的先古文化和青蒿素、屠呦呦获诺贝尔奖为切入点，使学生了解两者的联系
走近中医药	传承创新、科学精神、对立统一规律	1. 以新冠肺炎疫情为切入点，针对中医药历史上的一系列事件，让学生了解事物的发展规律不是一帆风顺的，而是一个曲折的过程。 2. 从针灸乃至中医药学走向世界的事实及一些案例入手，讲解中医药特色和对中医药疗效的肯定。 3. 从历次反对或取消中医药的风波和批评中医药学的诸多历史名人观点入手，讨论中医药面临的生存危机，引发学生思考中医药的局限性及如何发展中医药学和文化传承。 4. 介绍上古至现代主要医药学家的生平事迹和思想特色及医药学贡献，以及一些名人与中医药的不解之缘。 5. 介绍阴阳思想源流、核心内容在中医药中的应用及对现代科学研究的指导作用
中医药传统文化	"戒欺"精神 中医药辩证思维 关爱生命 敬畏生命	1. 组织学生参观胡庆余堂，切身体会胡庆余堂的"戒欺"精神正是传统文化的集中体现。 2. 讨论易文化核心思想内容及其对中医药学萌芽、奠基产生的影响。使学生认识到易文化不等于巫术，更不是骗术，其阴阳、变化的思想在人体健康认识和管理领域仍有重要影响。 3. 讨论儒学思想中的"仁爱""致中和"思想在中医药里的体现和价值。 4. 讨论道家文化的主要思想，特别是与中医药相关的思想内容，从正、反两方面分析道家文化对中医药学产生的影响。 5. 讨论佛教文化对中医药学思想的影响
中药文化	民族文化 传承创新	1. 从李时珍、张仲景、华佗、葛洪等中国古代名老中医的实例说起，衍生出"人民至上，生命至上"的精神，并以抗疫中药的"三药三方"为引领，与我们的抗疫中的先进事迹相联系，进一步说明我们中华民族文化的韧性和生命力。 2. 讨论中医药产品创造、创新的文化基础，使学生理解文化在产品研究开发、创新中的作用。 3. 介绍补气、补血和气血双补类常用中药及特点，使学生了解补益中药的基本特性、适宜人群和使用规律。 4. 从桑蚕、姜桂医药文化及平凡草药文化探讨中药文化的历史背景和民间基础

续表

课程章节	重要思政元素	相关联的专业知识或教学案例
中医药学说	辩证思维、马克思主义哲学观、中华传统文化	1. 如何辨析"天人合一，阴阳五行"与马克思主义哲学观之间的关系？ 2. 从五行概念演变、五行思想基本内容及其与人体健康和中医药关系探讨中医五行思想的优越性和不足。 3. 阐述人体结构的中医认识，包括脏、腑、经络的定义、分类和功能，并分析其与现代医药学的根本区别。 4. 介绍药性的基本概念，包括四气、五味、升降沉浮和毒性
中华传统文化	文化自信、民族自信	1. 案例分析：大禹治水的前因后果，正是我们中华民族"多难兴邦"的集中体现，这是我们中华民族勤劳刻苦的集中体现。 2. 介绍三皇五帝时期的一些代表性人物，从中延伸出与我们现代文化特别是中医药文化的联系。 3. 中华民族朝代的起源，其中涉及了许多文化细节，特别是对我们现代社会起到奠基作用的一些文化
生活中的中医药	科学人生观、中医药思维	1. 传统"膏方"的制作和"冬令进补"的中药研究所党支部活动。 2. 介绍中医药养生、治未病思想的文化和医药学背景。回答何为养生，何为治未病，探讨养生目的和范畴。 3. 从顺应自然、动而中节、注重调摄精神和三因制宜四个方面探讨中医养生基本原则。 4. 从常见中医药养生方法入手探讨不同养生方法的特点。探讨一些具体的中药实例在日常生活中的养生应用和对养生文化的贡献
中医药再认识	中华传统文化、辩证唯物主义观、传承创新	1. 介绍中医药在抗击疫情中发挥的重要作用，以及张伯礼院士荣获"人民英雄"国家荣誉称号；对中药的临床使用进行介绍，并且让临床使用与日常生活联系，对中药再认识。 2. 从整体思维、辩证思维、直觉思维等角度介绍中医药学的思维特点，从而使学生更好地理解中医与现代医药学的差异性。 3. 通过与两河流域传统医药，古埃及、古希腊、古印度以及玛雅传统医药的比较，使学生认识到中医药是传统医药的一部分，是思想理论比较完整、依然在发挥作用的传统医药，应该更好地继承和发展，特别是应该注重中医药文化的保护和传承

五、实施案例

案例1："天人合一"——树立中医药整体观

"天人合一"蕴含丰富的哲学义理，对中医的理论思维、认知模式和价值取向有深刻影响，通过"什么是生命""如何处理人与自然的关系""如何实现生态可持续发展"等问题（见图2），引发学生的深入思考，增强学生的文化认同感，帮助学生树立良好的生命道德观、和谐人生的健康观以及中医药的整体观，从而推动中华传统文化积极发展。

中医天人观意义　　　　　　　中医天人观思想基础

◆ 指导认识生命本质

呼吸是人类与外界气体交换的主要方式。没了呼吸，就没了生命。

眼、耳等收集外界信息，经大脑处理后，向全身发出适应外界变化的指令

消化道存在十倍于人体细胞数目的海量微生物，参与人体物质转化，甚至调节情绪

皮肤系统通过毛孔收缩和舒张，与外界交换热量，维持体温恒定

◆ 提高环境保护意识

全球气候变暖↑

CLOBAL WARMING

图2　中医天人观和环境可持续发展的思考

案例2："葛洪与诺贝尔奖"——增强民族自豪感和文化自信

以"中医药的起源和发展"为主线，从中华民族的上古传说为起始，结合"炎黄子孙""神农尝百草与临床试验""扁鹊与治未病"等素材，通过"葛洪与诺贝尔奖"（见图3）、"医圣张仲景与瘟疫"、"从宋慈到李昌钰"、"如果扁鹊、华佗在世"等育人素材，增强学生的文化认同感、历史责任感。

葛洪与诺贝尔奖

葛洪

葛洪，字稚川，号抱朴子，人称"葛仙翁"，丹阳句容县（今江苏省句容县）人。著有《肘后备急方》。

屠呦呦，中国中医科学院终身研究员、首席研究员，浙江省宁波市人。从《肘后备急方》中获得"灵感"，发现抗疟药物—青蒿素，2015年获得诺贝尔生理学或医学奖。

图3　葛洪与屠呦呦获诺贝尔奖的深层思考

案例3：胡庆余堂与"戒欺"——培养"诚实守信"中医药人精神

与"胡庆余堂中药博物馆"共建课程思政产教融合基地（见图4），在"胡庆余堂中药博物馆""胡雪岩故居"中切身感受"戒欺"的丰富内涵，深刻理解"诚信为本""以德为先"的中医药人精神。同时，借助中药研究所与方回春堂等省内知名企业的"校企合作"关系，带领学生亲身参与中药膏方的制作过程，感受方回春堂"许可赚钱、不许卖假"的祖训，在宣扬中医药传统文化的过程中，充分激发学生的社会责任感和民族使命感。

图4　课程思政产教融合基地

六、特色及创新

（一）特色

1.医、工、文有机融合

在课程中融入"抵抗新冠的长城——三药三方的前世今生"等案例，将组方文化、临床应用、企业生产等结合研讨，有效增强"因材施教"功能。

2.多模式多手段相协同

将线上案例视频学习、课堂专题研讨、实践基地认知等有机融合，构建一个校内和校外资源有效协同的课程思政育人体系，有效提升课程思政的育人效果。

3.教学团队的先锋引领

组建了一支老中青结合、专业互补的党员先锋队型教学团队，以"全国党建工作样板支部"为建设平台，定期与课程思政辅导员集中备课，坚持以德立身、以德立学、以德施教。

（二）教学改革创新点

1.以OBE理念为引领，科学设置课程目标

以"立德"为目标，深入挖掘育人素材，"润物细无声"式地增强学生的文化认同感、历史责任感和民族自豪感，提升学生的文化自信，树立良好的道德观与健康观。

2.理论与实践相结合，夯实"树人"实绩

"纸上得来终觉浅"，通过课堂研讨、课程思政实践基地认知等方式，使学生在实践中进一步感悟传统文化的强大生命力。

3.突出团队建设，构建"专业思政"机制

持续吸收青年教师加入，将课程打造成优秀师资的"孵化器"和"加速器"，构建全员参与的"专业思政"机制。

七、教学效果

本课程自2014年开课以来，已有10余届近400名全校各专业学生参与其中；入选浙江工业大学2017年"课程思政"改革试点课程以来，已在9届近300名学生的教学中进一步将课程思政元素渗透其中，进一步提升了课程的引领性。

课程依托智慧树平台等相关网络课程，结合学生的实际情况进行线下授课，同时依托超星学习通搭建课程平台（见图5），将相关课程思政扩展视频资料上传至平台（见图6），构建起一个线上线下相结合，线上基本知识学习，课堂专项学习、专项讨论的课程学习体系。

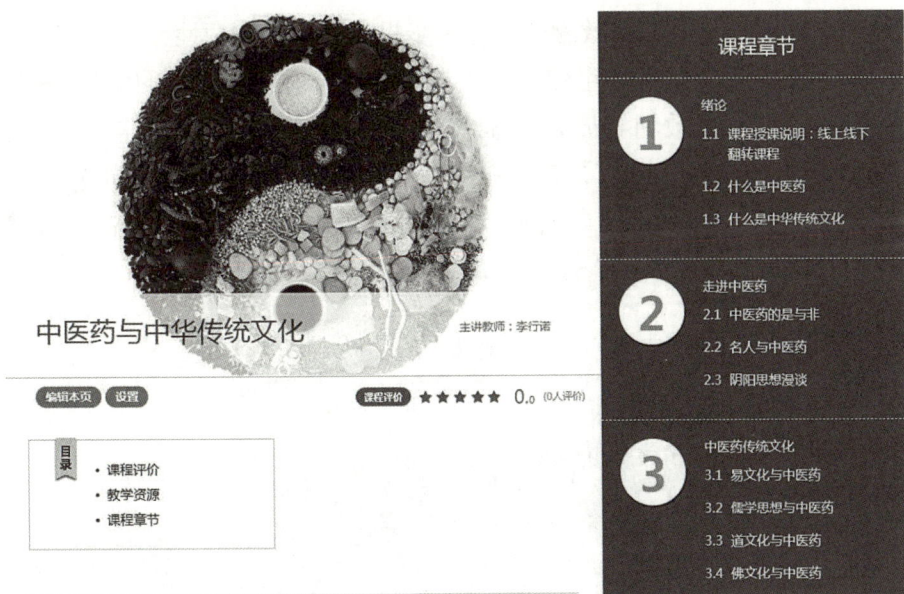

图5　超星网络教学平台的课程章节设置（网址：http://zjut.fanya.chaoxing.com/portal）

课程章节资源

课程章节	文件类型	修改时间	大小	备注
1.1 课程授课说明：线上线下翻转课程	附件	2020-03-03	--	
	附件	2020-03-03	--	
	附件	2020-03-03	--	
	附件	2020-03-03	--	
1.2 什么是中医药	视频	2019-05-16	36.97MB	
1.3 什么是中华传统文化	视频	2019-05-16	28.11MB	
2.1 中医药的是与非	视频	2019-05-16	39.13MB	
2.2 名人与中医药	视频	2019-05-16	40.83MB	
2.3 阴阳思想漫谈	视频	2019-05-16	8.31MB	
3.1 墨文化与中医药	视频	2019-05-16	25.59MB	
3.2 儒学思想与中医药	视频	2019-05-16	22.76MB	
3.3 道文化与中医药	视频	2019-04-11	35.89MB	
3.4 儒文化与中医药	视频	2019-04-11	30.58MB	
4.1 中药产品文化特征	视频	2019-03-27	109.55MB	
4.2 诉说补益中药	视频	2019-03-27	265.79MB	
4.3 中医文化拾零	视频	2019-03-27	252.93MB	
5.1 五行学说探析	视频	2019-04-11	16.42MB	
	视频	2019-04-11	19.23MB	
5.2 脏腑经络浅说	视频	2019-04-11	10.77MB	
	视频	2019-04-11	13.13MB	
5.3 药性理论浅析	视频	2019-04-11	17.64MB	
	视频	2019-04-11	17.80MB	
6.1 三皇五帝	视频	2019-04-11	20.51MB	
7.1 中医养生治未病思想	视频	2019-05-07	218.02MB	
7.2 中医养生之道	视频	2019-05-07	247.23MB	
7.3 中医养生之术	视频	2019-05-07	179.81MB	
7.4 药食同源的饮食文化	视频	2019-03-27	266.59MB	
8.1 中药临床使用辨析	视频	2019-05-07	246.61MB	
8.2 中医药学思维特点	视频	2019-05-07	315.14MB	

收起

图6　超星网络教学平台的线上共享资源

施行课程思政元素的"三进两现"（进课堂、进课件、进作业；在教学大纲、教案中均有体现），全方位在课程的各个环节隐形渗入课程思政元素，同时让学生参与其中，一起来发现、研讨课程思政闪光点；与胡庆余堂中药博物馆共建"课程思政"实践基地，将"两个课堂"有效融合，进一步提升课程的"两性一度"。以"全国高校党建样板党支部"为依托，组建了一支老中青结合、专业互补的党员先锋队型教学团队，定期与课程思政辅导员集体备课，根据时事政治对思政元素及时进行凝练和更新，提升课程的"可读性"，教学效果显著。来自不同专业、不同背景的学生在上课讨论过程中总能推陈出新（见图7），冒出新的创意，为本课程的持续改进提供了极大的支撑。

图7　学生在课堂上积极讨论

　　本课程2017年入选浙江工业大学首批"课程思政"改革试点课程，多次获得校"优课优酬"奖励，2020年入选校示范观摩课程，同时课程改革情况和课程思政案例在2020年本科高校课程思政教学研讨会暨浙江省本科院校新任教务处长培训会期间进行了展示，2021年入选浙江省首批课程思政示范课程。

建筑艺术赏析

孟志广

浙江师范大学　地理与环境科学学院

一、课程概况

"建筑艺术赏析"课程作为面向全校本科生的通识课程，课程通过对经典建筑艺术进行分析和欣赏，能令人开阔视野、提高艺术文化修养和审美能力。课程代码2220000312＋选课编码01852（见图1），选用教材为《中外建筑赏析》（王烨著，中国电力出版社2012年1月出版）。

图1　课程线上封面

建筑是石头的史书，也是古人留下的艺术作品。建筑中还包含着哲学、政治、宗教、文学艺术、生活方式等各种精神的、物质的文化内容。遍布世界各地的古建筑是弥足珍贵的优秀文化遗产，课程通过把蕴藏在传统文化中的思政资源充分挖掘出来，融入大学生教育，充分彰显了物质文化遗产的时代价值，并实现物质文化遗产传承与大学生思政教育的互动共赢。

本课程于2014年度开设，开设以来积极探索课程思政的教学尝试，授课对象为全校本科生，分别于2014年度第二学期和2015年度第二学期开设，两次授课人数均为97人。由于学生反映良好，增设2016年度第一学期开设，选课人数为99人。在

"互联网＋"背景下该课程于2018年9月12日进行了线上线下混合模式的教学改革，并同时在"超星学习通"创建线上课程，目前已经开设线上教学10次，课程的相关知识点视频大约为19个，根据课程教学内容设置相对应的专业知识视频，每次授课依据最新代表建筑的不同而稍有更新。视频开放使用情况良好，按照课堂上的知识点而进行视频的播放，或者安排课下让学生主动去观看学习，课上进行内容讨论。建立微信群，通过"互联网＋"技术实现通识课的开放式教学，突出课堂内外、线上线下的讨论交流。

本课程在开设以来便积极探索课程思政的教学改革，课程内容融入课程思政知识点，并且通过线上教学的改革，把国内外的建筑艺术进行比较，增加了学生的民族自信心、文化自信心（见图2）。本课程以课程思政建设成果内容为依托，参加了浙江师范大学第二届课程思政微课比赛，获得二等奖，并获得了学校教学改革项目立项。

图2　翻转课堂思政教学现场

二、课程目标

（一）知识目标

本课程是一门全校通识课，通过理论讲授与案例分析，使学生初步掌握古今中外各个历史时期、不同地域的建筑艺术风格和形式的基本特征，以及各类建筑基础知识、美学原理。

（二）能力目标

通过课程教学，帮助学生开拓眼界，增长知识，陶冶情操；重点结合当今社会发展，使学生认识和分析当前建筑艺术，树立正确的审美观，提高审美能力，为学生进一步在各专业深造和开拓提供活力。

（三）价值目标

本课程内容充满对中国传统文化的自信，在课程中根植文化基因，培育学生正确的建筑观、审美观，通过中国传统建筑文化的力量潜移默化、润物无声地进行思政教育，并达到立德树人的目的。

三、思政元素

课程章节思政元素的教学设计如表1所示。

表1　课程章节思政元素的教学设计

教学内容概述	课程思政育人目标	教学方法
绪论（中外建筑概述）	1. 体会中华文化的博大精神，引发民族自豪感 2. 激发学生实现中华民族的伟大复兴的情怀，将"个人梦"和"中国梦"相结合	视频、小组讨论论、PPT、案例分析
中国古代建筑特征	1. 激发学生习中国传统文化的兴趣 2. 引发学生感受美、热爱美、追求美，提高学生的艺术情操和美学修养	视频、小组讨论论、PPT、案例分析
传统民居建筑	1. 传承团结互助、敬老尊贤、礼貌文明、知书达理的中华传统美德 2. 学习劳动人民不屈服、勇于奋斗、善于思考的精神 3. 培养学生因地制宜的人居建筑理念	视频、小组讨论论、PPT、情境教学法、案例分析
宗教及园林建筑	培养当代大学生的传承和弘扬中华优秀传统文化的社会责任感和使命担当	视频、小组讨论论、三维仿真、案例分析
古希腊与罗马建筑	1. 激发学生民族自豪感和文化自信 2. 明白和谐社会强调公正的重要性 3. 鼓励学生大胆创新	动画视频、小组讨论论、PPT、案例分析
中世纪与文艺复兴建筑	1. 掌握相关传统文化内涵，激发学习传统文化精华的兴趣 2. 教育学生应该在认识自然的基础上尊重自然、利用自然，从而实现可持续发展	三维建模、小组讨论论、PPT、案例分析
巴洛克与洛可可建筑	1. 培养学生树立正确的理想信念 2. 培养与时俱进、和而不同的文化包容情怀，追求兼容并蓄、实现共赢的人生境界	视频、小组讨论论、PPT、案例分析
现代与后现代建筑	培养学生精益求精的工匠精神	视频、小组讨论论、PPT、案例分析

四、设计思路

（一）课程育人元素

（1）感知：通过对国内外建筑的欣赏，来感知中国传统建筑文化内涵，激发学习传统建筑文化精华的兴趣。

（2）体验：体验中华建筑文化的博大精神及传统建筑的工匠精神，引发民族自豪感。

（3）认同：认同实现中华民族的伟大复兴的情怀，将"个人梦"和"中国梦"相结合。

（4）形成：形成当代学生传承和弘扬中华优秀传统文化的社会责任感和使命担当。

通过对国内外建筑比较，中国传统建筑表现出来的艺术、文化、价值观，潜移默化地感染学生、鼓舞学生；通过传统建筑艺术文化的学习来推动学生的文化自觉和文化自信。

（二）建设机制

（1）学生是课程思政实施内容、方法和效果的基础要素。首先要把握好学生的学习特点，指向性明确、针对性明显是课程思政元素挖掘和渗透的关键。其次是必须重视学生的思想观念，注重引导与纠正的潜移默化。因此，了解学生的学习特点和德育需求才能决定课程思政供给方式，并在教学内容、教学方法和教学手段上不断完善和优化。

（2）关注师资培养。课程思政教学的关键在教师。课程思政教学要靠教师去落实，首先考验的是教师的育德意识和育德能力，教师自身思想政治状况具有很强的示范性，想要培养出什么样的学生，自己就要成为什么样的教师，所以要强化教师自身意识形态，牢固树立立德树人是根本任务的思想意识。

（3）完善课程评价体系。从人才培养的整体性出发，立足专业教育和思想政治教育两个维度，将课程思政模块纳入"建筑艺术赏析"课程的考核方案。压缩专业知识和技能模块的考核比例至80%，提高课程思政模块的考核比例至20%。

五、育人元素实施案例

（一）课程切入点

（1）国内外传统建筑的外貌特征、空间造型、基本标志。

（2）主要分布在哪些地方。

（3）有些什么样的典型建筑案例。

（4）为什么做这样的建筑。

（5）怎样做这样的建筑。

（6）这样的建筑有什么意义。

（二）实施路径

步骤1：学情分析。了解授课对象的学习特点和德育需求，包括在学习方面有何特点、目前的知识技能水平如何、德育现状如何，等等。

步骤2：教学内容。结合学生特点，教师认真分析"建筑艺术欣赏"课程每个章节的内容，看看是否与社会主义核心价值观等思政元素相结合，又是如何结合的，将此部分内容有效融入育人内容。

步骤3：进行教学设计。对课时分配、教学方法、思政元素如何嵌入等进行精心设计，做到德智融合。

步骤4：实施课堂教学。采用案例教学法、情境教学法、小组讨论法等方法实施课堂教学，将学生的思想政治教育巧妙融入课程教学，实现立德树人、润物无声的目标。课程调研古建筑如图3所示。

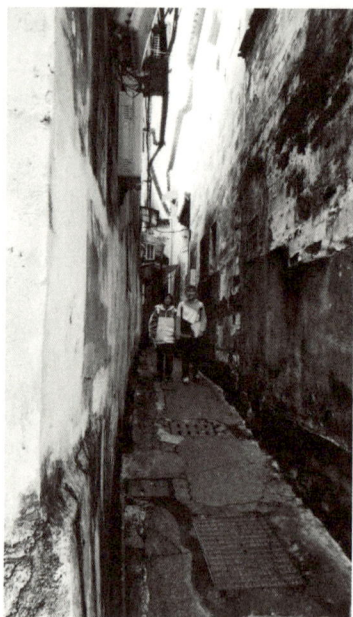

图3　课程调研古建筑

步骤5：进行课程评价。将课程思政模块纳入课程的考核方案，通过对教育教学效果的评价反馈，能及时改进教学工作，不断完善"建筑艺术欣赏"课程思政育人模式构建。

六、特色及创新

（一）教学特殊与创新

本课程围绕"翻转、解构、互动"三大核心理念，通过线上线下混合教学模式进行课程教学，具体设计如下。

第一环节——翻转：课前安排学生自学微课，完成相关测验。根据收集学生在线学习的行为记录，利用大数据技术分析学生线上学习行为，便于教师掌握学生个体情况，有针对性地开展后续的线下教学。

第二环节——解构：线下讲授的环节设计分为两个部分，即专家讲座和教师指导。以《建筑艺术赏析》"传统民居"章节3个课时的教学内容为例，首先是由专家用1个课时针对该章节的"民居特征"进行介绍。另外2个课时则是结合课前大数据反馈信息，教师根据学生知识水平情况，将专家讲授的知识及本章节需要学生掌握的知识进行整合，解构成若干具有引导型的"问题集"，组织学生以小组的形式共同讨论完成"问题集"。

第三环节——互动：学生与教师、专家、同学在学习的整个过程中持续进行交流、探讨，培养学生良好的自主学习和协作学习习惯。

（二）课程思政特色与创新

（1）课程蕴含着丰富的思想政治教育元素，将思政教育有机融入本课程教学和整体方案设计中。根据教学环节中各章节内容和形式，把思政教育有机融入课程教学过程中，不会产生突兀感，让学生通过自己的学习、思考和实践，在学习专业知识和技能过程中提升思政教育。在具体实施中，坚持知识传授与价值引领相结合，从中国古建筑欣赏中培养大学生理想信念、政治信仰、价值取向、社会责任，不断融入社会主义核心价值观，全方位加强学生应用正确理论与方法分析问题、解决问题的能力，逐步引导学生成为"德才兼备、自强不息"的高素质人才。

（2）进一步拓展课程思政方法路径。课程内容充满对中国传统文化的自信，在课程中根植文化基因，培育学生正确的建筑观、审美观，通过中国传统建筑文化的力量潜移默化、润物无声地进行思政教育，并达到立德树人的目的。

（三）创新举措

（1）利用互联网＋的线上课程建设，通过线上教学与线下教学结合的教学模式提高学生的学习兴趣与学习积极性，提升教学效果。

（2）利用虚拟仿真实验室，通过CIM、BIM、VR及三维建模等数字化工具来提升学生对建筑体验的丰富度。

七、教学效果

（一）教学成果

（1）增加学生学习积极性和主动性。通过多种教学方式，打破传统填鸭式教育，增加了学生的积极主动性，学生的学习效果得到显著提升，学生对知识点的掌握更加深刻。

（2）普及美学通识教育。通过教学方式和互动环节的增加，明显提升了教学效果，以课程的建筑艺术赏析为载体，逐步达到普及美学通识教育，提升学生人文与艺术方面的修养。

（二）建设成果

（1）目前课程在全校通识课中影响较好，选课人数较多，学生受益多，评价较高。

（2）以本课程为依托的"'互联网＋对分课堂'教学模式探索研究"作为校级教改项目立项并结题，取得良好的效果，同时发表了教改论文一篇。

（3）本课程参加了浙江师范大学第二届课程思政微课比赛，获得二等奖。

（4）本课程参与了浙江省级一流在线课程的申报与建设。

医学遗传学

季林丹

宁波大学　医学院

一、课程概况

　　医学遗传学是应用人类遗传学的理论和方法研究遗传病从亲代传递到子代的特点和规律、起源和发生、病理机制、病变过程及其与临床关系的一门综合性学科。它是连接基础医学和临床医学的重要桥梁，同时也是临床医生建立疾病分子诊疗观念和学会对临床疾病进行遗传诊断的重要课程。

　　本课程将基础医学和临床教学团队有机整合，将团队科研与教学深度结合，将自建中国大学MOOC教学、遗传病和出生缺陷虚拟仿真诊室与线下理论和实验课堂相结合，采取了课程思政引导下的"医教协同、科教融合、虚实结合"的"医学遗传学"课程设计，着重讲解遗传疾病的分子基础、发病机理、遗传规律、分子诊疗。通过课程引导学生进行自主学习，培养学生运用医学遗传学基础理论知识从分子角度进行临床疾病实际诊疗的能力，锻炼学生科学思维能力和自学能力。此外，在了解医学遗传学的新技术与发展趋势的同时，结合国家"健康中国"建设和民族复兴的新时代背景，增强学生家国情怀与文化自信，激发学生"敬畏生命、救死扶伤"的医学使命感和责任心。

二、课程目标

　　宁波大学是双一流学科建设高校，"临床医学专业基础核心课程教学团队"2010年入选国家级教学团队，临床医学专业2012年入选首批"卓越医生教育培养计划"，2015年完成专业认证，2020年入选国家一流本科专业。"医学遗传学"是宁波大学临床医学等专业的核心课程，学生需达到以下课程目标。

（一）价值目标

　　结合"健康中国"建设和民族复兴的新时代背景，引导学生建立社会主义核心价值观，增强文化自信与制度自信，激发学生"敬畏生命、救死扶伤"的医学使命感和责任心，培养学生务实求真的学风、良好的医德医风和勇于创新的科学精神。

（二）知识目标

掌握遗传病的概念、病因、分类、诊断、治疗、遗传咨询总论，5类常见遗传病的各论和群体遗传学知识（见图1）。

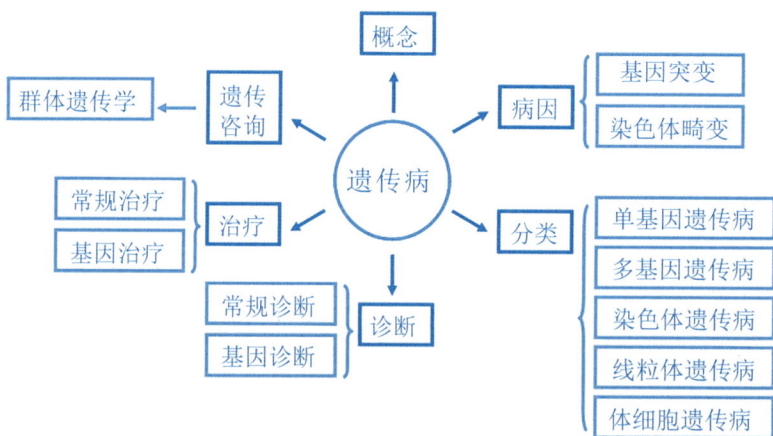

图1 医学遗传学课程知识框架

（三）能力目标

认识生理和病理状态下遗传信息传递的分子基础及其规律，能够初步诊断常见遗传病，制订总体的治疗方案，进行再发风险评估等遗传咨询；能够辨别人群中诱导突变的因素，并据此提出遗传病群体防治的基本策略。

（四）素养目标

了解学科新技术原理与发展趋势，建立疾病"分子诊疗"理念。增强团结协作、严谨求实、精益求精的个人和职业素养。

三、思政元素

在课程中融入了《"健康中国2030"规划纲要》、"健康中国"建设，民族复兴，四个自信，医德医风、仁心仁术，重大科技创新过程，华人华裔科学家先进事迹，科研诚信，遗传学负面事件反思，伦理和法律法规等内容。

四、设计思路

医学遗传学课程采用了基于"医教协同、科教融合、虚实结合"的课程思政设计（见图2），通过"课前线上讨论启发思考—课中深入扩展—课后线上总结升华"模式进行。具体而言，通过线上线下理论和实验教学提升两性一度，充分发挥课程的"立德树人"功能，提取课程中蕴含的思政元素、文化基因和价值范式，在知识传授和能力培养的同时，帮助学生树立正确的世界观、人生观和价值观。

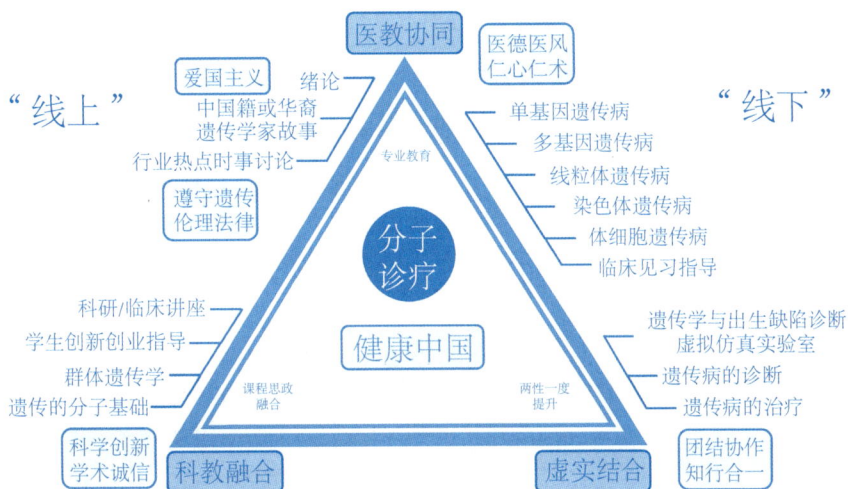

图2　基于"医教协同、科教融合、虚实结合"的课程思政设计

教学的切入点及其实施路径：

（1）通过教师践行师德师风，引导学生形成医德医风；

（2）通过临床见习带教，引导学生共情，培养仁心仁术；

（3）通过重大科技创新过程演示培养学生务实求真的学风和勇于创新的科学精神；

（4）通过华人科学家的事迹和故事，激发起医学生的求知欲望和爱国热情；

（5）通过宁波籍诺贝尔奖获得者屠呦呦的科研事迹，鼓励学生践行"诚信、务实、开放、创新"的宁波精神；

（6）通过了解我国遗传病防控现状，学习《"健康中国2030"规划纲要》，增强践行"健康中国"建设的责任感和动力；

（7）通过生物资源保护事件讨论，强化民族自信，激发民族复兴使命感；

（8）通过行业时事讨论、伦理和法律法规等宣教，提升医学生职业、道德和法律素养。

五、实施案例

将思政元素融入课程的教学设计如表1所示。

表1　课程章节思政元素的教学设计

课程章节	教学内容概述	课程思政育人目标和教学设计
绪论	医学遗传学的任务和范畴，发展简史；遗传病的概念、特点、分类及常见案例	1. 在发展简史教学中，通过中国籍或华裔科学家的卓越贡献及我国在该领域的成就切入，激发学生的爱国主义热情、自豪感与使命感。 2. 生物安全和生物领域的核心竞争力日益受到重视，通过把生物安全纳入国家安全体系的政策，及人民网社评"新形势下如何做好我国生物多样性保护工作"切入，引导学生树立正确的生物多样性保护和生物安全理念
遗传的分子基础	人类基因和基因组；基因突变的概念、一般特性、原因及修复、形式、细胞分子生物学效应；群体中的遗传多态现象	1. 通过杨焕明院士等中国学者完成1%人类基因组计划项目及"SARS"病毒基因组学研究的事迹切入，增强学生的民族自豪感和文化自信。 2. 通过人类基因组计划的2篇里程碑科研论文切入，鼓励学生从"人类基因组计划"到"基因组学"继续进行分子临床应用研究
单基因疾病的遗传	系谱和系谱分析；单基因遗传病的概念、类型、遗传特点及常见临床案例；影响单基因遗传病分析的因素	1. 通过教师对待遗传病患者的端正态度和临床见习共情切入，引导学生关注病人疾苦，增强医学生救死扶伤的责任感和迫切感；将《希波克拉底宣言》内化在具体言行中。 2. 通过宁波籍遗传学家谈家桢发现瓢虫色斑遗传的"镶嵌显性现象"的研究历程再演，培养学生科技创新精神
多基因疾病的遗传	多基因遗传病的概念、特点、遗传率（评估）、再发风险评估（易患性、易感性、卡特效应）；单基因遗传病（质量性状）与多基因遗传病（数量性状）的比较	1. 通过问卷调查和文献检索，了解我国常见多基因遗传病现状。 2. 通过高血压、糖尿病等病例，引导学生关爱多基因遗传病人，强化救死扶伤的医学使命感和责任心。 3. 通过多基因遗传病风险因素的分析切入，引导和督促学生养成健康饮食、合理运动和睡眠等良好习惯
染色体遗传	人类染色体的数目、形态结构和核型分析；染色体畸变的概念、原因及类型；染色体病的概念、常见类型、一般症状和风险因素；常见染色体病的典型症状、发病率、核型	1. 通过纪录片《舟舟的世界》切入，引导学生尊重每位患儿的生存权利，思考如何更好地提高患者生存质量，减轻患者家庭负担。 2. 通过华裔科学家蒋有兴开创细胞遗传学的事迹，增加学生的民族自豪感。 3. 通过华裔科学家徐道觉在染色体研究中的遗憾经历，引导学生学习其面对挫折不屈不挠、坚持奋斗的精神。 4. 通过文献检索了解我国染色体遗传病的现状及风险因素，倡导优生优育理念
线粒体遗传	人类线粒体和线粒体基因组；线粒体基因突变与相关疾病；线粒体疾病的遗传特点	1. 通过OMIM检索了解我国线粒体遗传病的现状、风险因素和诊疗情况，助力"健康中国"建设。 2. 通过华裔学者黄涛生教授团队及广西妇幼保健院等联合科研成果——父亲也可把线粒体DNA遗传给后代切入，鼓励学生基于扎实学识不畏学术权威，勇于探索科学真相

续表

课程章节	教学内容概述	课程思政育人目标和教学设计
体细胞遗传——肿瘤	肿瘤（癌症）的概念、分类、影响因素；肿瘤的遗传现象、遗传机制、遗传理论；肿瘤的诊断和治疗（靶向治疗）	1. 通过 G 家族和 Lynch 综合征的百年研究历史，培养学生学习坚持不懈的科研精神。 2. 通过 IARC 发布的致癌物清单，督促学生养成良好的饮食和作息习惯，亲身践行和助力"健康中国"建设。 3. 通过诺华"格列卫"百余年的科研接力史，引导学生广开思路，培养团队合作精神。 4. 通过我国肿瘤靶向治疗现状及靶向药物纳入医保的情况，增加学生对我国医保制度的了解和认同感
群体遗传学	群体遗传学的概念、哈–温平衡定律内容、判定、应用和影响因素；近亲婚配及其危害；遗传负荷	1. 通过华裔学者李景均对群体遗传学领域的卓越贡献增加学生的民族自豪感。 2. 通过近婚系数计算说明近亲婚配的危害性，宣传我国民法关于近亲婚配的规定，让学生知法懂法以更好普法，倡导优生优育理念。 3. 通过疟疾对非洲人群镰状细胞贫血基因选择的杂合子优势案例，介绍宁波籍诺贝尔奖得主屠呦呦及其团队在治疗疟疾方面的科研事迹，引导学生学习其高度责任感、锲而不舍、吃苦耐劳的奉献精神
遗传病的诊断	遗传病诊断流程（常规诊断和特殊诊断）；基因诊断原理、常见技术、关键酶及临床应用	1. 通过分子诊断创始人——华裔学者简悦威的科研事迹，强化科研创新意识，增强民族自豪感。 2. 通过"卢煜明院士科研路上的幸与不幸"访谈，勉励学生学习其勤奋和一切为了病人的信念，并鼓励学生在无创产前诊断这一关键技术领域持续创新。 3. 通过介绍《常见出生缺陷产前诊断的行业规范和指南》、国卫办妇幼发〔2016〕45 号等文件，让学生了解我国目前对出生缺陷产前遗传检测的现行政策，使学生建立正确的价值观和职业道德观
遗传病的治疗	总论：遗传病治疗的原则、方法、策略和效果评估；各论：遗传病治疗方法；基因治疗：概念、基本策略、种类、流程、基本程序、基本条件、临床应用和现状分析	1. 通过查阅文献和信息检索了解当前可进行基因治疗的疾病及其治疗方案等最新医疗和科研进展。 2. 通过 CRISPR 基因编辑系统技术的重要贡献者——华裔科学家张锋的研究，介绍能纠正导致疾病的基因错误的最新科研进展，同时鼓励学生进行科研创新。 3. 通过基因编辑婴儿事件的讨论及人民网发布的《生殖细胞基因改造引发的伦理思考》，引导学生探讨基因治疗中涉及的伦理、道德和法律问题，树立正确的职业观、道德观

六、特色及创新

（一）基于"医教协同、科教融合、虚实结合"的课程思政教学设计

课程组联合附属医院儿科、妇产科和生殖中心等科室，形成医教协同教研团队；及时将最新科研成果转入课堂并引导学生积极开展课外创新创业训练；充分利用虚拟仿真实验完成线下实践训练，将思政元素有机融合于整个教学过程。

（二）丰富且持续更新的课程思政案例资源储备

在线MOOC课程、虚拟仿真实验及线下课堂均有丰富的思政资源（案例、思政元素、融入点及考核点）内化到每个章节。课程组将持续更新并逐步建立完备的课程思政教学模式，相关教研结果已发表《医学遗传学课程思政的探索与实践》等论文。

（三）线上启动—线下展开—线上深化的思政教学闭环模式

课前通过线上MOOC和虚拟仿真平台引导学生开展课程思政学习和讨论，课中通过生讲生评、案例点评等方式予以充分展开，课后进一步在线上深化，形成线上启动—线下展开—线上深化的思政教学闭环。

（四）多维度思政考核设计

课程考核包括课程思政实践（5%）、线上学习（20%）、线下理论（55%）、虚拟仿真实验（5%）和实验（15%）。其中后四部分中均另设≥10%的思政考核点。通过多维度思政考核设计，分别从知识点及思维品德践行等方面考核思政育人效果。

七、教学效果

（一）完整的课程思政教学设计和丰富的课程思政案例库

各章节的教学设计和实施方案均有数个完整的课程思政融入点，并设置有针对性的考核点。相关教研结果已发表《医学遗传学课程思政的探索与实践》等论文。

（二）线上启动—线下展开—线上深化的思政教学闭环模式

通过自建中国大学MOOC和出生缺陷虚拟仿真诊室引导学生讨论课程思政元素，线下课堂结合课程章节内容予以扩展深化，课后将内容梳理为系统思政案例并进一步升华，从而形成线上启动—线下展开—线上深化的思政教学闭环（见图3）。

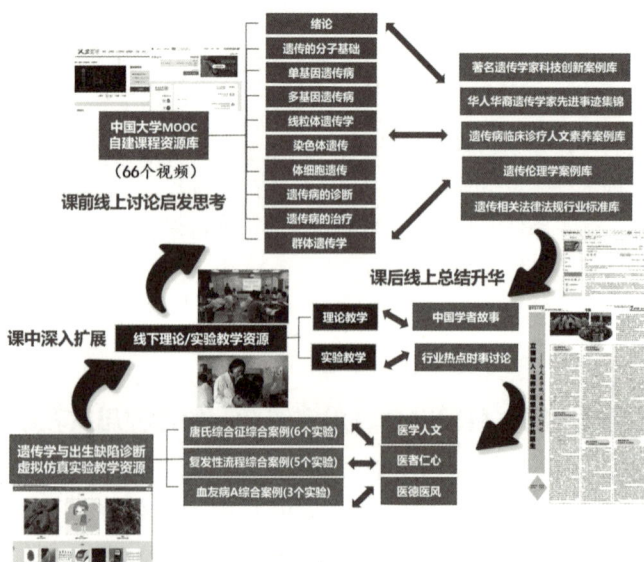

图3 医学遗传学线上线下一体化课程思政体系

（三）课程育人成效显著

发表《医学遗传学课程思政的探索与实践》等教研论文9篇，参编教材7部，获宁波大学和宁波市教学成果奖2次，获《立德树人，培养有理想有情怀的医生》等新闻报道。自建课程上线人卫慕课和中国大学MOOC双平台（见图4）、虚拟仿真实验上线智慧树平台（见图5），近5年指导本科生发表相关论文30余篇（SCI收录24篇），获发明专利7项和软件著作权9项，获浙江省"挑战杯"大学生课外学术科技作品竞赛特等奖1项（见图6）、一等奖2项，获浙江省大学生科技创新活动计划项目6项。

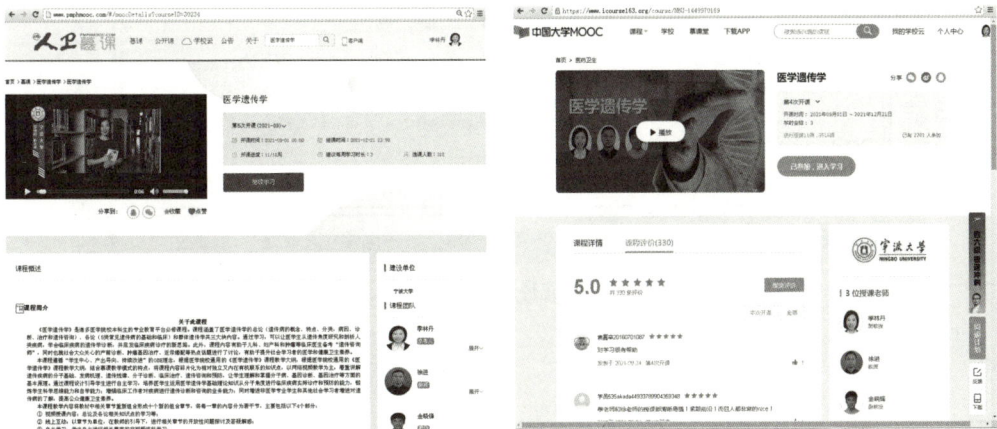

图4　自建"医学遗传学"课程（人卫慕课和中国大学MOOC）

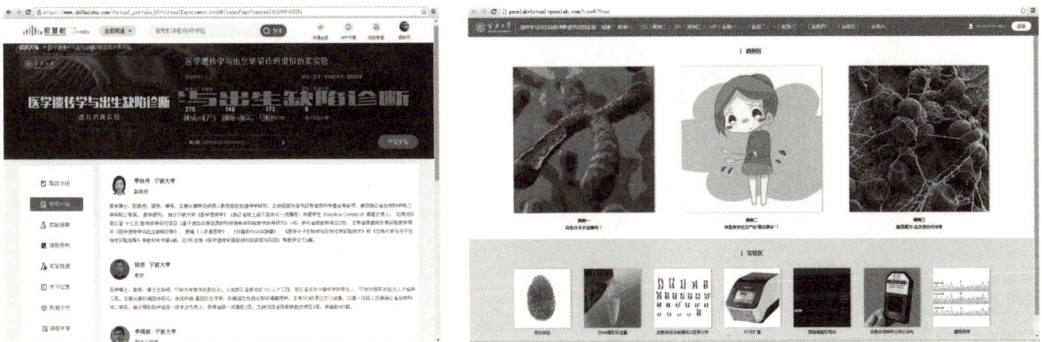

图5　自建医学遗传学和出生缺陷虚拟仿真诊室（智慧树）

图6　指导学生获得浙江省"挑战杯"大学生课外学术科技作品竞赛特等奖

临床解剖学

张雁儒

宁波大学　医学院

一、课程概况

"临床解剖学"是医学的奠基石，是临床医学的重要基础。本课程主要是通过解剖与观察人体标本，使学生掌握人体各部位器官和结构的位置、形态以及层次和毗邻关系，从而为学习临床课程，进而成为一名优秀的临床医师打下良好的基础。通过本课程的学习，学生可以掌握临床解剖学的基本知识和临床所需的基本技能，建立高尚的职业道德和职业情感，树立严谨求实的工作作风和对患者高度负责的工作态度，培养健全人格，树立正确的世界观、人生观、价值观。课程倡导独立自主的科技创新，引导学生运用辩证唯物主义的思想与方法观察问题、分析问题和解决问题，增强爱国主义情怀，提升国家安全意识。

该课程由宁波大学医学院开设，作为临床医学等专业的一门专业必修或方向必选课程，共80学时，安排在第六个学期开课。

二、课程目标

（一）知识目标

（1）掌握临床解剖学的基本概念，了解临床解剖学的发展简史和主要研究领域，熟悉临床解剖学的研究热点。

（2）掌握胸前腋区局部解剖的层次、结构及毗邻关系，学会正确使用基本的解剖器械和解剖操作技能，能熟练在尸体上解剖出相关的结构。

（3）了解胸前腋区局部临床应用中常见外科疾病、外科手术的现状和手术方法及局限性。

（4）了解重要结构的临床应用和有关问题的创新方法，熟悉乳腺癌的根治手术和实施过程。

（二）能力目标

（1）能够以小组的形式进行局部解剖操作，具备团队合作与沟通能力。

（2）能够持续追踪外科新技术，具有终身学习的意识。

（3）能够运用解剖知识和操作技能，具有理论联系实际、观察分析问题的能力。

（4）能够对局部解剖提出设计思路并积极验证和探索，具有创新和自主学习能力。

（5）能够对局部解剖操作方案进行可行性和有效性分析，理解复杂结构的临床应用。

（三）价值目标

（1）通过重点内容的讲解引申，挖掘对学生道德情操（社会道德、个人道德和职业道德，人文素养和正确的人生观、价值观及世界观）的影响，健全学生人格及培养学生批判性思维、创新意识和学术诚信等，对学生如何做人、做事进行引导。

（2）培养家国情怀和使命意识，坚定社会主义核心价值观信仰，提升职业荣誉感，培养社会责任感和爱国情怀。

（3）激发投身医学事业的热情，弘扬探索未知、敢于创新的精神，培养独立自主的科技素养，提升自主创新意识。

三、思政元素

结合胸前腋区局部解剖以及临床应用的深度融合，该课程着重培养学生具备"敬畏生命、仁心仁术、使命意识、大医精诚与家国情怀"这些品质。

（一）敬畏生命、仁心仁术

围绕"感恩大体老师"对学生进行"医学生"身份的塑造和认同，密切结合本课程主要载体"大体老师"的遗体捐献标本，塑造学生的"医学生"身份自我认定，融入情感、传统文化及价值观认同，强化"感恩社会、敬畏生命、担当医者责任"，寓博爱医者仁心和科学观训练于严谨的实地解剖操作中。在和风细雨之中、在教授专业知识中去引导学生，达到知识传授与思政育人的有机统一，培养学生敬畏生命的意识和塑造仁心仁术的职业情感。

（二）使命意识、大医精诚

通过举行"感恩无语良师"致敬仪式，让学生体验和感受遗体捐献者及其亲属的大爱大义。通过实地解剖和联系临床病例，引导学生将解剖的学习指向历史、文化、人性的深处，坚持基础理论与临床实践、人文精神与医学技术的紧密结合，以期培养具有人文关怀、技术精湛"有温度有情怀能担当"的新时代医学人才，增强学生的使命意识、大医精诚。

（三）家国情怀

通过李时珍年轻时遍尝百药九死一生撰写《本草纲目》的从医选择和当代"白求恩"式的好医生韦加宁教授对当代医生"大医精诚、仁心仁术"的塑造，引导学生正确思考现代医学人的使命与担当，发挥医学教育"以德育人、以文化人"的独特优势，将医学人文教育与价值观培养有机地结合起来，培养学生的家国情怀，引导学生将个人发展与国家、民族的命运结合起来，投身于祖国的医学事业，成为有温度、受病人尊敬和信任的医术精湛、医德高尚的医务工作者。

四、设计思路

临床解剖学是一门综合性、实验性很强的学科，课程教学内容涉及面广，教学难度较高。为了将思政教育有效融入课堂，根据临床医学等专业人才培养目标，以立德树人为根本，以社会主义核心价值观教育为主线，针对课程特点以及授课对象的认知能力，在教学大纲、教案以及教学过程中融入课程思政元素。如表1所示，各章节教学设计上依靠巧妙的构思、科学的设计，将教学内容、教学方法和思政教育紧密结合，并借助于恰当的课堂教学手段，使教书与育人浑然一体。

表1　课程章节思政元素的教学设计

课程章节	重要思政元素	相关联的专业知识或教学案例
胸前腋区	敬畏生命、仁心仁术；使命意识，大医精诚；家国情怀	1. 密切结合本课程主要载体"大体老师"的遗体捐献标本，塑造学生的"医学生"身份自我认定，融入情感、传统文化及价值观认同，强化"感恩社会、敬畏生命、担当医者责任"，寓博爱医者仁心和科学观训练于严谨的实地解剖操作中； 2. 通过实地解剖和联系临床病例，引导学生将解剖的学习指向历史、文化、人性的深处，坚持基础理论与临床实践、人文精神与医学技术的紧密结合，以期培养具有人文关怀、技术精湛"有温度有情怀能担当"的新时代医学人才，增强学生的使命意识、大医精诚； 3. 发挥医学教育"以德育人、以文化人"的独特优势，将医学人文教育与价值观培养有机地结合起来，引导学生将个人发展与国家、民族的命运结合起来，投身于祖国的医学事业，成为有温度、受病人尊敬和信任的医术精湛、医德高尚的医务工作者
知识表示	中国智慧、文化自信	1. 引入李时珍年轻时遍尝百药九死一生撰写《本草纲目》的从医选择，弘扬中国文化与中国智慧； 2. 结合当代"白求恩"式的好医生韦加宁教授对当代医生"大医精诚、仁心仁术"的塑造，引导学生树立文化自信、正确认识时代责任
推理方法	科学精神、团队协助	1. 模拟开胸取肺实验的全过程。经过手术分组，选择手术器械，按照手术解剖步骤、解剖结构观察辨认等的全过程，启发学生追求严密精确的科学精神及团队协助精神； 2. 要求学生能够深入了解局部解剖手术学的解剖步骤，掌握局部结构的特点和重要器官的毗邻关系及临床意义。启发学生树立质疑问难以及纠错臻美的科学精神
搜索求解策略	创新精神、辩证思维	1. 从乳腺癌病人局部皮肤呈现橘皮样改变解剖学基础的解读，引导学生发挥创新思维以及精益求精的工匠精神； 2. 以乳腺癌根治手术过程避免损伤头静脉和胸长神经的例子，启发学生运用辩证思维思考

续表

课程章节	重要思政元素	相关联的专业知识或教学案例
临床应用	创新精神、团队协作	1. 通过让学生围绕一侧乳腺癌，要不要同时切除另一侧乳腺及卵巢问题的讨论，引导学生建立临床技术与医学伦理学科交叉创新思维及不断学习的创新精神； 2. 让学生结合所学解剖学知识思考怎样优化手术方式设计以最大可能地减轻患者的痛苦，即通过群体中个体之间的协作和信息共享来寻找最优解，培养学生的团队协作精神
虚拟解剖软件及其应用	科学精神、创新精神、技术伦理	1. 从虚拟解剖软件研发的曲折道路，看科学研究坚持不懈的精神，引导学生树立远大抱负和脚踏实地的科学精神。 2. 通过开胸取肺的虚拟解剖，引导学生将解剖的学习指向历史、文化、人性的深处，打破课堂与生活、校园与社会的隔膜，与历史对话、与人生对话、与心灵对话，培养学生的社会关怀，厚植学生的悲悯心，提高他们的历史责任感和社会使命感，帮助他们在思想上成长和人格上成熟。 3. 结合乳腺癌根治手术过程保护病人隐私，让学生认识外科手术等临床相关技术与保护隐私的界限，学会在保护隐私的情况下实现技术的有效利用与合理、合法利用

五、实施案例

案例1：从组织学生向遗体捐献者献花发表感言等系列感恩活动等入手，提升学生敬畏生命、追求仁心仁术的责任感，激发学生的学习热情（见图1）。

通过举行"感恩无语良师"致敬仪式，让学生体验和感受遗体捐献者及其亲属的大爱大义，提升学生敬畏生命、追求仁心仁术的责任感。引导学生将解剖的学习指向历史、文化、人性的深处，培养学生的社会关怀，厚植学生的悲悯心，提高他们的历史责任感和社会使命感，帮助他们在思想上成长和人格上成熟，激发学生投身医学事业的热情。

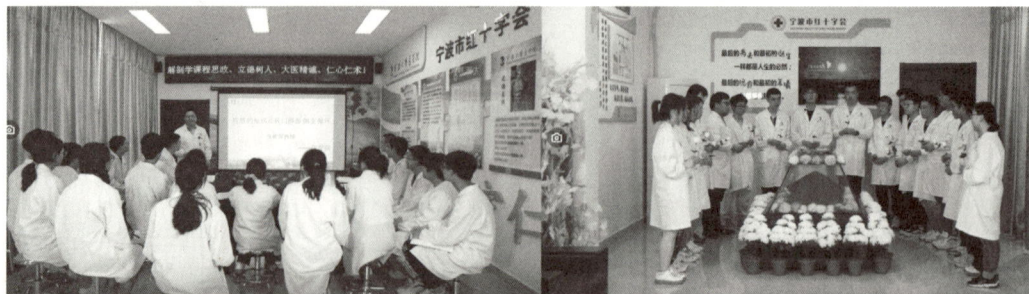

图1 "致敬无语良师、感恩生命光辉"系列活动

案例2：以乳腺癌根治手术示范操作为例，启发学生树立质疑问难以及纠错臻美的科学精神（见图2）。

以乳腺癌根治手术示范操作为例，模拟开胸取肺实验的全过程。经过手术分组，选择手术器械，按照手术解剖步骤、解剖结构观察辨认等的全过程，启发学生追求严密精确的科学精神及团队协助精神。要求学生能够深入了解局部解剖手术学的解剖步骤，掌握局部结构的特点和重要器官的毗邻关系及临床意义，启发学生树立质疑问难以及纠错臻美的科学精神。

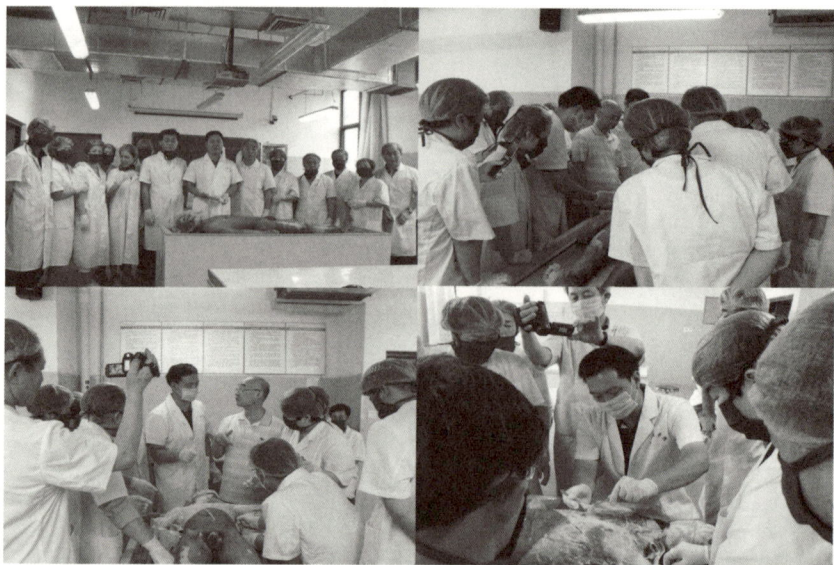

图2　局部解剖学课程负责人张雁儒教授指导与示范解剖操作

案例3：通过线上线下相结合的课程实验，倡导独立自主的科技创新精神，增强解决实际问题的能力（见图3、图4）。

通过线上的虚拟仿真实验（包括胸前腋区等）以及线下的自主实验（以小组为单位，自主完成胸前腋区的局部解剖操作）等（图3），让学生从实地解剖做起，并结合虚拟仿真模拟解剖操作新技术的应用（图4），倡导独立自主的科技创新精神，增强学生解决实际问题的能力。

图3　课外虚拟仿真实验

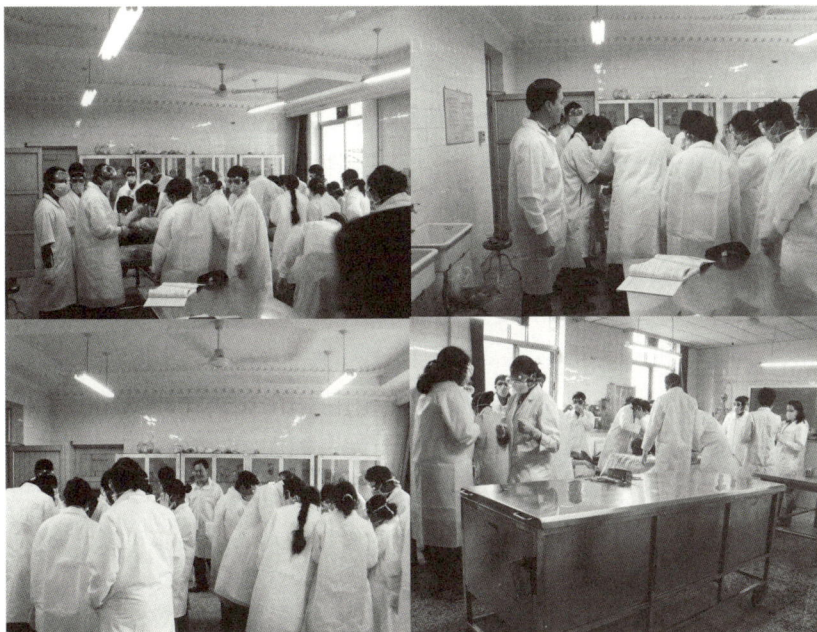

图4　课上学生实地局部解剖操作

六、特色及创新

（一）课程特色

1.与培养目标定位契合的实践导向性强

教学中分模块融入育人元素，结合课程内容设计课程思政项目，课程团队集体备课，共性与个性结合，引导学生将个人价值观、组织价值观与社会主义核心价值观统一起来。

2.与教学改革目标契合的线上学习资源丰富

教学资源呈现形式多样化、丰富化，促进了混合教学和翻转课堂的完善，教与学效率与质量得到提升。

3.与学情相契合的教学方法灵活多样

采取参与式教学、案例教学、学生团队化学习教学、问题导向型研讨式教学等教学方法，灵活适应各民族学生特点和教学内容，使学生由被动接受转变为主动学习，在轻松、愉快的课堂教学与交流中感悟管理。

4.学生的体验感、获得感增强

注重理论与实践的结合，贴近学生实际的情景化教学；第一课堂与第二课堂相结合等，激发了学生的学习兴趣，学生在干中学、学中做，学习的推动效果好。

（二）课程创新点

本课程始终围绕"以学生为中心"的理念，经过精心设计，建立了完整系统的局部解剖学课程思政教学模式，其具有以下两个显著创新点：

（1）把培养学生的知识、能力和素质融为一体，通过"基础与临床双向渗透"使学生早接触临床。基于"以学生为本，融知识传授、临床实践能力和临床思维能力培养、素质教育于一体"的教学理念下，在教学方法上运用了"以问题为中心"的启发式教育，教学中穿插临床病例使教学与临床结合紧密，提高了解剖学课程的吸引力和实效性。教学方式采用基于紧密联系临床教学和基于翻转课堂的引导式、开放式教学相结合，强烈激发了学生的实验兴趣，极大提高了学生的实验操作技能。

（2）外科临床医生参与的教学建成局部解剖学–外科手术学教学新体系。强调实习和能力的培养，构建了以提高临床技能操作水平为主线，以培养学生基本临床技能、动手能力训练、综合临床技能为内容，分阶段、分层次、开放式、逐步提高的局部解剖学–外科手术学教学新体系，能密切联系临床，"让学生在解剖中学习解剖"，有利于充分调动学生学习解剖的积极性，提高了学生动手能力、观察和分析问题的能力，培养了学生的技能和一定的创新意识。

七、教学效果

（一）本校学生课程学习热情高

宁波大学医学院每年有500多名本科生必修或研究生选修该课程，学生始终保持强烈的兴趣，表现出良好的应用创新意识，涌现了一批优秀的学生制作标本作品（见图5）。较好地发挥了"感恩大体老师"不说教、不枯燥，但有深度、有体验、直击学生心灵深处的优点，尤其是恩格斯、钟世镇院士等名人对解剖的评价，对于培养学生的家国情怀、社会责任感和历史使命感等具有积极的教育作用。

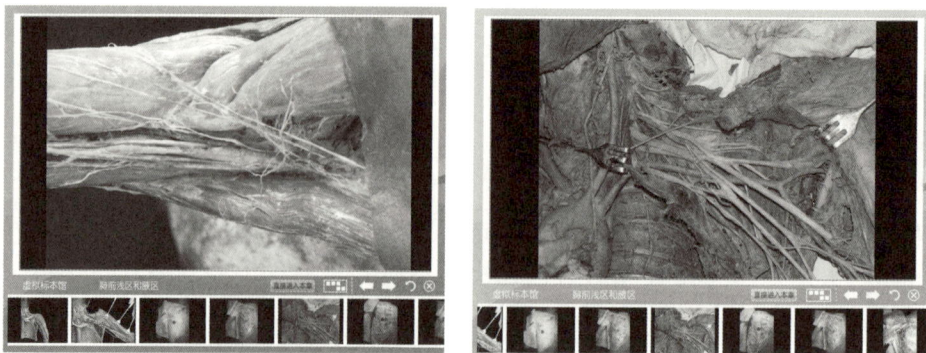

图5　学生局部解剖制作教学标本（学生作品）

（二）校外学习者参与积极

该课程已经在教育部实验空间平台上面向全国高校以及社会学习者开展了3期教学（目前是第4次开课）。据前3次的开课统计，在有明确标注所在高校的学习者中，有成绩的选课者来自郑州大学、河南理工大学、宁波卫生职业学院、河南大学、西南医科大学、平顶山学院等，共计31个高校的学生。学习者对课程的参与度较高，其中第2 ~ 3期有15423人选课，参与讨论2571人，如图6所示。

图6　网上虚拟仿真解剖学实验课程选课情况

（三）课程建设分享推广力度大

"致敬无语良师，感恩生命光辉"系列活动入选2021年度宁波市红十字会优秀科普活动案例，成为宁波市医学院校遗体捐献工作的示范。张雁儒主讲的"局部解剖学"被评为2019年度宁波大学课程思政示范课程和2021年浙江省高校第一批课程思政示范课。张雁儒被评为2019年度宁波市课程思政优秀教师。张雁儒主讲的"局部解剖学"被纳入2020年度浙江省高等教育一流本科项目。张雁儒主讲的"局部解剖学"获2020年度浙江省本科院校"互联网＋教学"优秀案例特等奖，相关文章在《解剖学报》等核心期刊发表。张雁儒教授主编国家及省级规划教材5部（见图7），课程负责人张雁儒教授受邀协助地方公安刑事侦查部门侦破疑难案件（见图8）。

图7　主编解剖学系列教材

学院新闻   ⏺ 首页·学院新闻·正文

"剥茧抽丝一锤定音" ————医学院解剖学张雁儒教授协助法医勘验鉴定案

2021-09-13 邢象军

2021年9月10日上午10时，一辆警车缓缓停在宁波大学医学院至真楼前，宁波市公安局刑事技术侦查支队余队长和慈溪市公安局罗政委等同志专程前来感谢解剖学张雁儒教授在案件勘验侦破中所做出的贡献并颁发宁波公安局刑事技术专家聘书。

事情的经过是这样的，9月5日一大早张雁儒教授就接到宁波市公安局刑事技术侦查支队余队长要求技术协助的电话，宁波某地发现一具大部腐败呈白骨化的尸体，历时一个月的连续侦破有几个关键的技术难点亟待突破，邀请宁波大学医学院解剖学张雁儒教授提供专业技术协助。

白骨化尸体通常是发现时距死亡时间长久，且无法通过面貌及体表特征明确死者身份，体表软组织生前有无损伤也无法判断，死亡原因很难确定。如何通过对骨骼的检验推断死者性别、身高、年龄等个体特征？如何通过对骨骼上遗留的骨折痕迹，要区分生前伤、死后伤或陈旧伤？如何围绕骨骼生长发育情况、牙齿的磨损程度及有无修补等特征进行个体识别，进而准确分析死者的死亡原因？等等，这一系列问题萦绕在张教授的脑海里。如何才能剥茧抽丝找到止凶手绳之以法的确凿证据呢？张教授结合现场照片、实物检验及现场勘验反复思索，最终找到了关键证据。张教授关于关键证据的特征、鉴别要点及判定为生前伤的依据得到浙江省公安厅和省检察院刑事技术领导的认可，最终为案件性质的定性指明方向，从而协助破获案件。

解剖学是医学最基础的课程，张雁儒教授潜心教学孜孜以求，对人类学有深入的研究。此次协助宁波市公安局刑事技术侦查部门侦破疑难案件，将进一步推动宁波大学医学院地方服务工作的发展。

图8 张雁儒教授协助侦破疑难大案

丝纤维加工与技术（制丝学）

傅雅琴、江文斌、陈文兴

浙江理工大学　材料与纺织学院

一、课程概况

"丝纤维加工与技术（制丝学）"是一门研究如何采用有效的工艺与设备，通过工艺设计与制丝加工技术，将蚕茧加工成生丝，对蚕茧、生丝质量进行检验评价的一门专业基础课程。学生通过本课程的学习，了解和掌握茧丝绸发展的历史、茧丝的结构、生丝加工技术的基本原理与基本方法，以及蚕茧、生丝产质量的检验与评价的方法和标准，了解生丝的理化性能与新型蚕茧丝加工的新技术对丝绸产业的促进作用，为其他专业课的学习打下基础。课程倡导理论联系实际，引导学生运用所学基础知识和专业知识解决实际生产问题，增强创新意识，从历史唯物主义的观点，传承并发展丝绸文化与技术，增强爱国主义情怀与文化自信，培养公平、公正意识与敬业精神。

该课程由浙江理工大学材料与纺织学院开设，是纺织工程专业、丝绸设计与工程专业的一门专业基础课程，共32个学时，安排在第4学期开设。

二、课程目标

（一）知识目标

（1）掌握蚕茧的结构特点及其工艺性能，了解茧丝绸的起源及茧丝绸发展历史。

（2）理解烘茧、混茧、剥茧、选茧等基本知识和要求，掌握煮茧、缫丝、复摇整理各工序工艺特点、要求及设备，生丝检验方法及生丝定级等知识。

（3）熟悉蚕茧质量与生丝质量的内在关系，了解丝纤维加工现状及存在的不足。

（4）了解茧丝加工的前沿理论与先进的丝纤维加工技术。

（二）能力目标

（1）能够将数学、自然科学、工程基础知识及纺织专业知识应用于丝纤维加工的过程设计、比较、控制、优化和改进中。

（2）能够持续追踪丝纤维加工的前沿理论和最新技术，具有终身学习的意识。

（3）能够对丝纤维加工的工艺流程进行设计，了解影响生丝质量的各种因素，在丝纤维生产工艺流程设计环节中具有创新意识及自主学习的能力。

（4）能够理论联系实际，具有利用相关理论分析丝纤维生产实践中的复杂工程问题的能力。

（三）价值目标

（1）正确运用历史唯物主义的观点，传承和发展丝绸文化与技术，增强文化自信和爱国主义情怀，提升民族自豪感和社会责任感。

（2）激发投身茧丝绸加工新技术的热情，培养"创新、创业、创意"的三创意识。

（3）弘扬公平公正、诚实守信，培养学生的职业担当意识和对个人、社会和国家的责任感。

三、思政元素

"丝纤维加工与技术(制丝学)"是丝绸生产中最富特色的专业基础课程；结合丝绸文化与技术承载着中国元素和中华民族的智慧的特色，该课程着重培养学生的"文化自信""创新敬业""诚实守信"和"公平公正"的意识与态度。

（一）文化自信

丝绸是中华民族智慧的结晶，在历史传承和对外交流中承担着重要作用，是中华优秀传统文化的代表性载体。中国是蚕丝织物的发源地，随着汉武帝时"丝绸之路"的开辟，中国丝绸源源不断地运往世界各地，同时也把中华民族的伟大创造——丝绸技术带到了世界各地。在这漫长的历史过程中，丝绸不但已与中国社会的历史、文化、艺术、技术等各个方面密不可分，而且也通过丝绸之路向外传播，与世界的历史、文化、技术紧密相连。因此在世人眼里，丝绸是中华文明史上最能代表中华传统文化的一种物质类别，在世界上享有很高声誉。通过讲解丝绸文化和丝绸技术的发展历史与成就，激发学生的民族自豪感，增强文化自信。

（二）创新敬业

丝纤维加工在实际生产中具有悠久的历史，属于传统产业范畴。进一步发展丝纤维加工与技术，需要蚕茧基础理论、加工设备和工艺的不断进步与发展。通过讲解蚕茧丝胶理论、制丝装备、丝纤维加工工艺、茧丝理化性能检验和鉴别等领域取得的成果，对推动丝纤维加工技术发展和行业进步的巨大作用，培养学生敢于创新、不断创新的态度与意识。通过讲解煮茧质量对生丝质量的影响、生丝质量对后道工序的影响，培养学生的敬业精神。

（三）诚实守信和公平公正

诚实守信和公平公正是社会主义核心价值观的重要体现，也是工科领域职业道德的重要组成部分。通过讲解生丝质量检验标准，让学生理解检验标准的客观性和重要性，培养学生责任担当的意识和公正办事的品格。通过期末实行一人一卷，体现考试公平，克服学生的侥幸心理，培养学生诚实守信的品质和公平公正的意识。

四、设计思路

"丝纤维加工与技术（制丝学）"是丝绸生产中最富特色的课程，是包含了丝绸技术、丝绸文化的传承与发展的专业基础课程，也是一门一端连接历史文化，另一端连接现代新技术的课程。结合纺织、丝绸类人才培养目标和培养方案，以立德树人为根本，以社会主义核心价值观教育为主线，针对课程特点以及授课对象的认知能力，在教学大纲、教案以及教学过程中融入课程思政元素，如表1所示，在各章节教学设计上将教学内容、教学方法和思政教育有机融合，并借助于恰当的课堂教学手段和考核方式，使教书与育人互相融合。

表1　课程章节思政元素的教学设计

课程章节	重要思政元素	相关联的专业知识或教学案例
绪论	家国情怀、文化自信、社会责任	1. 从蚕丝的形成出发，引出蚕丝的起源。讲述从嫘祖养蚕缫丝的故事到浙江湖州钱山漾史前遗址因出土了丝线、丝带、绢片等而被称为"世界丝绸之源"，激发学生热爱祖国的家国情怀。 2. 从汉武帝时"丝绸之路"的开辟到国家"一带一路"倡议，引出丝绸是中华文明的象征和典范，在历史传承和对外交流中承担着重要作用，在中华文明史上乃至世界文明史上都有举足轻重的地位，提升学生的文化自信。 3. 通过介绍中共中央办公厅和国务院办公厅印发的《关于实施中华优秀传统文化传承发展工程的意见》、国务院办公厅转发文化部等部门制定的《中国传统工艺振兴计划》、工信部等六部门印发的《蚕桑丝绸产业高质量发展行动计划(2021—2025年)》，培养学生传承丝绸文化、创新发展丝绸技术的责任意识
煮茧	创新意识、敬业爱岗	介绍煮茧前处理技术——触蒸技术和该技术的研究者陈文兴院士通过10多年的潜心研究，解决行业的多项瓶颈技术，推动行业取得巨大进步；介绍大量的基础研究和积累，获得国家科技进步二等奖，激发学生的创新意识，引导学生敬业爱岗
缫丝	民族自豪感、创新意识	1. 介绍我国缫丝技术及设备在国际上的绝对领先地位，培养学生的民族自豪感和文化自信。 2. 从缫丝加工设备的现状及发展状况，说明行业在发展中的不足，激发学生的创新意识和学习积极性
复摇	创新精神、环保意识	1. 复摇工序中采用红外智能干燥新技术使能耗下降50%以上，提升学生的创新意识和环保意识。 2. 从介绍复摇的基本原理到介绍缫丝复摇一体化的设备与工艺的研究，激发学生的创新意识与创新态度

续表

课程章节	重要思政元素	相关联的专业知识或教学案例
生丝质量与检验	敬业精神（工匠精神）、公平公正	1.通过讲解生丝品质与原料、设备、技术、操作的关系，培养学生综合分析问题的能力，使学生能认识到做好产品质量与企业、行业发展的关系，产品的品质离不开每个环节的严格控制和细致工作，培养学生敬业精神（工匠精神）。 2.讲解质量检验标准的客观性、重要性，使学生了解公平公正的意义，提升学生公平公正的职业道德与意识。 通过对生丝质量的检验和等级分类的介绍，培养学生实事求是、理论联系实际的能力，并进一步提升公平公正意识
实践环节	理论联系实际、创新创意	1.通过到生产企业的现场教学，让学生了解真实的生产情况，提高学生理论联系实际的能力。 2.通过学校的实验教学，提高学生的理论联系实际的能力。 3.问题导向创新实验：在课堂教学中，插入企业实际难题，请学生查找资料，设计方案，开展实战研究，提高学生的创新创意能力
考核	诚实守信、公平公正	1.期末实行一人一卷，体现考试公平，克服学生的侥幸心理，培养学生诚实守信的品质。 2.以考试成绩反映学生真实学习水平，激发学生学习的主动性

五、实施案例

案例1：以丝纤维加工技术的发展历史为切入点，介绍从古代的"丝绸之路"到目前的"一带一路"倡议，提升学生的责任感，激发传承和发展丝绸技术与文化的热情（见图1、图2）。

丝绸文化是人们在丝绸生产和生活实践过程中所创造的物质财富和精神财富的总和，是最具中国特色的文化之一，在精神文明和物质文明两方面体现出深刻的文化内涵。而"丝绸之路"则记载着中华民族对世界文明的贡献。让学生了解丝绸发展历史，提升民族自豪感和文化自信。

宣传中共中央办公厅和国务院办公厅印发的《关于实施中华优秀传统文化传承发展工程的意见》、国务院办公厅转发文化部等部门制定的《中国传统工艺振兴计划》工信部等六部门印发的《蚕桑丝绸产业高质量发展行动计划（2021–2025年）》，让学生从国家的高度认识传承和发展丝绸技术、丝绸文化的重要性，激发学生投身丝绸学习和研究的热情。

图1　案例1资料

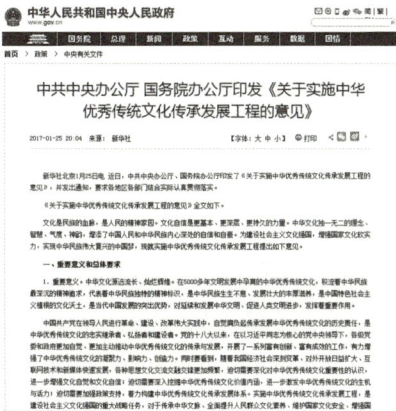

图2　发布的文件

案例2：将现场教学、实验教学和参与科研有机统一，提升学生的理论联系实际能力和创新能力（见图3、表2）。

课程专门设计了培养学生理论联系实际和提高创新意识、创新态度和创新能力的实践环节，包括：到企业生产车间进行现场教学，增加学生的感性认识；让学生了解基础理论的学校实验、能提升创新能力和基于问题导向的创新实验；在课堂教学中，插入企业实际难题，请学生查找资料，设计方案，开展实战研究，提高学生的创新创意能力。将有解决可能的难题直接作为毕业设计主题。

图3　案例2现场照片

表2　最近3年向丝纤维企业征集的急需解决的难题

序号	名称	需要解决的主要问题
1	丝胶综合利用	将废弃的丝胶用于化纤等产品，解决黏附牢度问题
2	无碱脱胶技术	不使用碱性试剂，实现蚕丝脱胶
3	天然彩色茧丝绸的固色	提高天然色彩丝绸光照牢度到3级
4	制绵过程中，自动加减装置	解决人工加碱波动大、劳动力成本高的问题
6	打绵工序中不使用双氧水	不使用双氧水打绵
7	蓬松生丝的制备	物理方法提高生丝蓬松度
8	缎纹面料的防灰伤性能	提高缎纹面料的防灰伤性能
9	接枝蚕丝绵的鉴别	能快速准确判断蚕丝是否接枝
10	编丝机械化	机器替代人工进行编丝
11	活蛹缫丝技术	缫丝过程中，需要对蚕茧进行渗透、煮茧等处理，正常情况下，蚕蛹无法存活。但活蛹有独特的经济价值，企业希望在缫丝工程中保持蚕蛹的生命体征

六、特色及创新

围绕课程思政元素和课程思政设计，开展课程教学。课程教学和课程考核等方面的特色与创新点如下：

（一）结合课程特色，有机融入思政元素

"丝纤维加工与技术（制丝学）"既属于工科类的专业课程，也是体现中国元素的特色课程。因此，结合课程特点，既挖掘了体现工科的"创新敬业""诚实守信"的职业操守与担当的思政元素，也挖掘了体现特色课程的"文化自信"的思政元素。

（二）改变考核方式，体现分数公平

如何消除大学生考试作弊现象，一直以来都是许多高校无法解决的难题。我们经过多年的研究，原创性地提出了采用"一人一卷"的考试形式，并进行了示范，目前已经在多门课程中进行了实施，避免了大学生考试作弊现象的发生。在第一节

课时，就明确告知学生采用的考试形式，真正实现考试公平和分数公平，培养学生诚实守信的品质。经过多年实施，学生没有出现任何考试作弊现象，考试成绩优良。

（三）教学方法多元化

将现场教学、实验教学、实战教学和理论教学相结合，提高学生理论联系实际的能力和创新创意的能力。特别是实战教学，为学生打开了新的创新大门，如企业目前采用的大都是皂碱脱胶，但皂碱影响环境和蚕丝力学性能，企业希望在不增加成本的前提下，改变脱胶方式，避免蚕丝力学性能的降低。我们在理论课程中提出该问题，并联系企业资助经费，请学生查阅资料、设计方案，根据方案，进行实战操作，激发学生的科研兴趣，提升创新能力。

七、教学效果

（一）传统课程焕发新的生机

"丝纤维加工与技术（制丝学）"是浙江理工大学历史最悠久的传统特色课程，是纺织类专业和全国唯一的"丝绸设计与工程专业"比较重要的专业基础课程。通过课程学习，学生理论联系实际的能力不断加强，如本科生通过对企业难题的实战研究，对成果进行总结，在日本举办的国际会议上进行了演讲发表，并获得了优秀发表奖；根据企业的难题开展的研究，将研究结果发表在《丝绸》期刊，同时，本科生与企业联合，以第一发明人申请了专利（见图4右）。另外，学生根据丝纤维的特点，独立设计票签、包装盒等，使设计与工科有机结合。

图4　学生设计的作品与解决企业难题的专利

（二）一人一卷，让学生满意

一人一卷实施以来，没有出现任何学生作弊的现象。学生从第一节课开始，就了解了本课程一人一卷的考核方式，学习没有捷径可走。考试时，学生没有任何要作弊的念头。因此，克服了学生的侥幸心理，避免了作弊现象的出现，充分体现考试公平，受到了学生的欢迎。

（三）非本专业人员积极参与学习

该课程在浙江省精品在线开放课程、智慧树等平台上开课。多家企业的技术人员和非本专业的研究生等在网上参与学习，取得了良好的效果。

无线电测向

颜意娜 ——

杭州电子科技大学　体育教学部

一、课程概况

结合学校办学目标和学科特色，2004年率先在省内高校开设无线电测向课程。2010年、2011年被评为省级精品课程、浙江省高校体育特色项目。本课程是具有学校特色的科技体育课程，课程团队不断深化改革，大力推进"互联网+"俱乐部制无线电测向课程课内外一体化改革，取得了较好的成效。

课程融科技、体育与国防教育内容为一体，以体育为主线，以理论与实践相结合为重点，涵盖无线电相关学科的理论知识、测向运动技术、健康及专项体能锻炼方法、国防军事知识等内容，将动手与动脑、室内与户外、体能与智力相结合。融合爱国主义教育、国防教育、规则意识、挫折教育等内容，引导学生树立正确的体育意识，培养学生体育兴趣和锻炼能力，促进学生身心健康，提高社会适应能力，为学生终身体育奠定基础（见图1）。

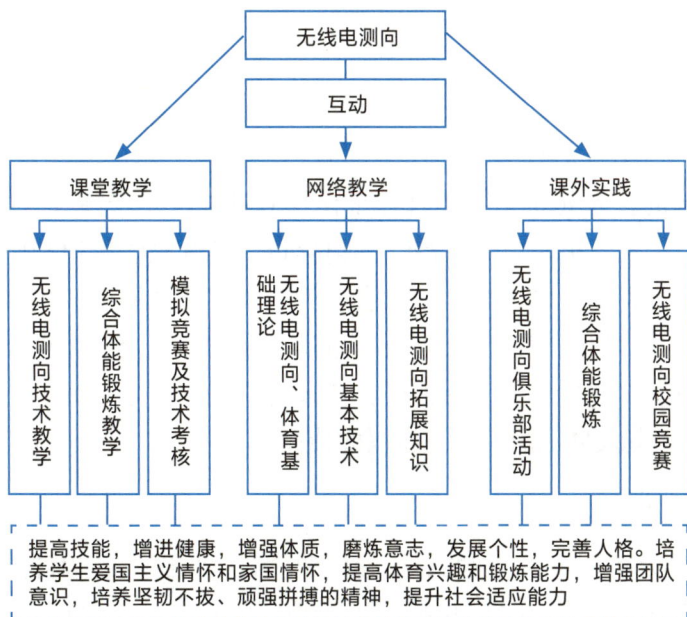

图1　课程体系

233

二、课程目标

本课程牢固树立"育人为本，德育为先"的教育理念，以培养"知识、能力、素质"型人才为目标，使学生思维活动与体育活动紧密结合，掌握运动技能、发展身体素质和培养人格并重。增强体质、磨炼意志、锤炼品质，培养爱国主义情怀，激发学生提升全民族身体素质的责任感，引导学生树立正确的体育意识，培养学生体育兴趣和锻炼能力，增进学生体育参与意识，享受运动乐趣，促进学生身心健康，提高社会适应能力，为终身体育奠定基础。课程目标主要包括运动参与目标、运动技能目标、身体健康目标以及育德目标四方面（见图2）。

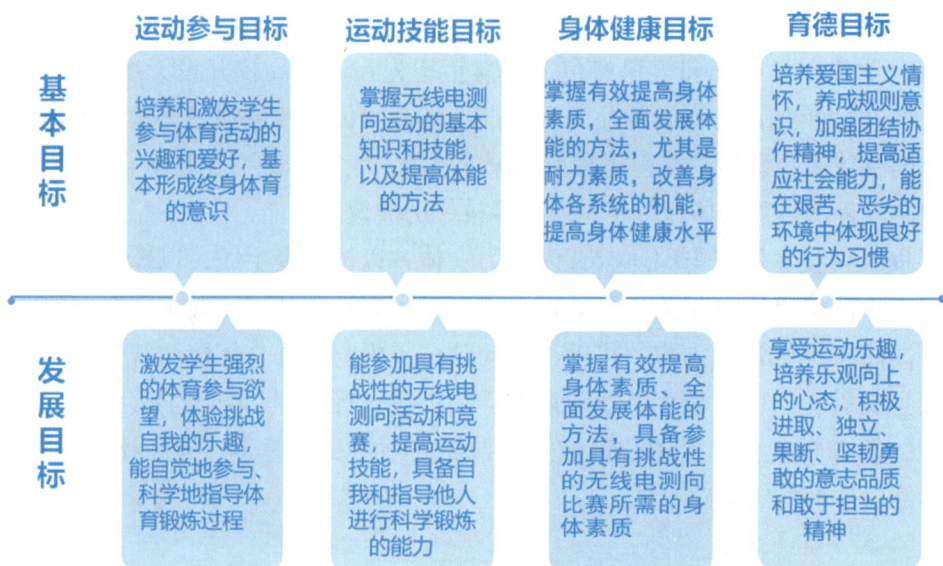

	运动参与目标	运动技能目标	身体健康目标	育德目标
基本目标	培养和激发学生参与体育活动的兴趣和爱好，基本形成终身体育的意识	掌握无线电测向运动的基本知识和技能，以及提高体能的方法	掌握有效提高身体素质，全面发展体能的方法，尤其是耐力素质，改善身体各系统的机能，提高身体健康水平	培养爱国主义情怀，养成规则意识，加强团结协作精神，提高适应社会能力，能在艰苦、恶劣的环境中体现良好的行为习惯
发展目标	激发学生强烈的体育参与欲望，体验挑战自我的乐趣，能自觉地参与、科学地指导体育锻炼过程	能参加具有挑战性的无线电测向活动和竞赛，提高运动技能，具备自我和指导他人进行科学锻炼的能力	掌握有效提高身体素质、全面发展体能的方法，具备参加具有挑战性的无线电测向比赛所需的身体素质	享受运动乐趣，培养乐观向上的心态，积极进取、独立、果断、坚韧勇敢的意志品质和敢于担当的精神

图2　无线电测向课程基本目标、发展目标

三、思政元素

本课程蕴含的育人元素主要体现在个体性和社会性。个体性主要为自我认知，自信果敢，积极乐观，勇于自我挑战，不怕挫折，具有顽强拼搏和坚韧不拔的意志品质、高尚的品德和健全的人格等。社会性为增强文化认同感，培养家国情怀、爱国主义与民族精神，加强集体主义与协作意识，促进人际交往，培养领导力，养成积极向上的生活态度和良好的生活方式，塑造拼搏进取的生活理念，形成公平竞争的规范意识，肩负起发展国家、民族振兴的使命。

四、设计思路

本课程思政教学采用"一柱两翼"的构建模式（见图3），以课堂、网络、课外俱乐部活动竞赛三位一体的联动方式，以无线电测向理论与技能、体能锻炼、体育精神、体育历史、体育文化等方面为切入点，通过榜样案例、趣味游戏、合作学习的协作与竞争、挫折体验、竞赛的规则教育等方法，强化体育文化引领，全面实现教学育人、活动育人、赛事育人。

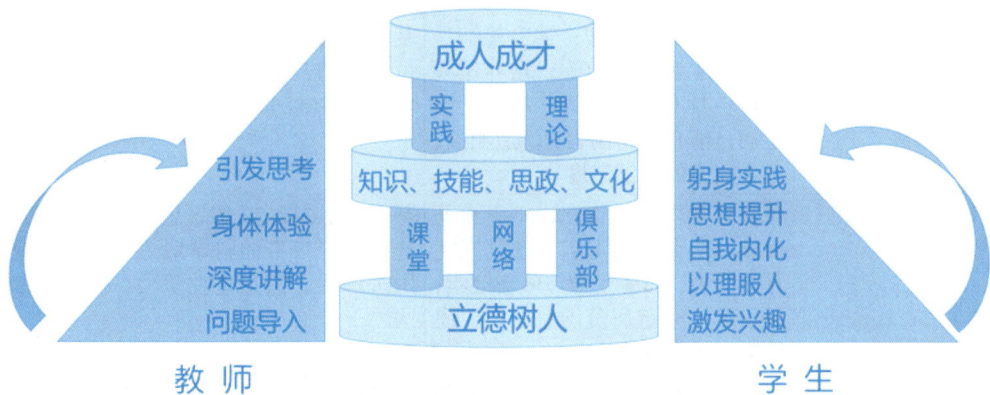

图3　无线电测向课程思政"一柱两翼"教学模式

（一）与教学内容相结合的思政融入点

具体内容如表1所示。

表1　教学内容与思政融入点

序号	教学内容	思政融入点	组织实施
1	无线电测向运动的理论知识	增强法治观念和规则意识，培养学生的集体主义、爱国主义情怀和家国情怀	通过讲解、视频演示，以图文形式让学生学习和掌握知识。主要运用讲解法、信息化教学法、探究式教学法
2	无线电测向运动的技术学习	培养大学生的自信心和自制力，有利于独立性、果断性的意志品质培养，培养克服困难、永不言弃的拼搏精神	通过演示，指导学生进行实践锻炼。主要运用讲解法、信息化教学法、以练代讲法
3	体育文化、体育精神的发扬和传承	培养学生的文化认同和文化传承，以及坚韧不拔、勇往直前、顽强拼搏的意志力，感受体育特有的魅力	基于"问题导向"的思想，引发学生好奇和思考，以榜样力量，引起学生情绪的共情。主要运用讲解法、信息化教学法、探究式教学法
4	校园无线电测向竞赛团队拓展竞赛活动	提高学生的团队合作能力，培养团队协作精神；促进人际交往，培养集体主义精神，强化规则意识	主要运用讲解法、信息化教学法、探究式教学法、情境式教学法、合作学习法，营造氛围引发学生思考和共鸣
5	军事类主题竞赛，分组进行	激发学生的参与兴趣，提高运动技能和身体素质，培养家国情怀，培养团结协作、知难而上的体育精神；强化规则意识，学会和体验在规则的约束下去赢，更学会体面且有尊严地输	结合老师设计的军事主题内容，利用角色模拟，通过团队合作的方式进行竞赛，完成制定的各项任务，教师负责组织和评比。运用情境式教学法、合作学习法、以讲代练法、教师导演学生串演法

续表

序号	教学内容	思政融入点	组织实施
6	模型制作和器材检修制作	提高学生的创新及创造力，培养工匠精神，提高学生的抗挫折能力	学生通过亲手制作模型和器材，体验制作过程中的成功和失败，在失败中积累经验，不断完善模型和器材。主要运用讲解法、体验法
7	体能训练的理论知识	提高学生自我认知，学会接纳，端正人生观和价值观，培养健康意识，具有健康行为。培养大学生的自信心和自制力，塑造积极、阳光向上的生活态度	基于"问题导向"的思想，引发学生进行科学的自我评估。主要运用讲解法、信息化教学法、探究式教学法、情境法
8	体能训练的技术学习	树立大学生理想信念，培养道德信仰，协调价值追求，使其充满青春活力、珍爱生命、珍惜健康，激发学生坚定肩负国家发展、民族振兴使命的决心	基于"问题导向"的思想，引发学生思考，选择适合自身的科学锻炼方法。主要运用讲解法、信息化教学法、探究式教学法
9	体育人生故事分享	培养学生积极进取、坚韧不拔和勇敢顽强的意志品质，面对困难迎难而上，努力拼搏，永不言弃	通过讲解、视频演示，以榜样力量，营造氛围引发学生的思考和共鸣，引起学生情绪的共情。主要运用讲解法、信息化教学法、探究式教学法
10	5分钟介绍"体育小常识"	培养学生的创造力，提高学生的思维及语言表达能力，提升自信心	根据课前的指定内容，学生个人将准备好的材料，进行讲解和演示。主要运用生教生、生生互评法
11	体能训练（分组对抗赛）	形成终身体育意识，提高团队合作能力，培养团队协作精神；促进人际交往，培养集体主义精神	分组竞争，将小组各成员的总和成绩作为竞赛内容，教师在过程中引导体育精神。主要运用合作学习法、情境法、生生互评法

（二）教育方法、组织形式

综合运用的教学方法有信息化教学法、探究式学习法、讲解示范法、纠正错误法、以练代讲法、教师导演学生串演法、边做边练法、案例点评法、生生互评法等，结合多维度的技能+思政的评价方法，实现"三全育人"。主要体现在以下几方面：

（1）根据无线电测向运动的特色，结合国防军事教育，增强学生的法治观念和规则意识，培养学生的爱国主义情怀和家国情怀，加强集体主义与协作意识。

（2）通过小组合作学习，促进学生团结协作的能力，培养学生的领导力，增强集体荣誉感，加强人际交往能力。

（3）通过短视频等资料，进行无线电测向项目的文化内涵教育，培养学生的文化认同和文化传承意识，促进学生的人生观、世界观和价值观的养成，激发学生有责任与担当意识。

（4）通过无线电测向技能的学习，体验挫折教育，增强学生自信心，培养学生顽强拼搏、奋斗有我的信念，培养学生勇于挑战、敢于自我突破、永不言败的精神。

（5）通过体能训练的理论学习，学生提高自我认知，培养健康意识，具有健康行为，增强自信，提高自律能力，形成健康的生活方式，形成积极向上的乐观精神状态。

（6）通过体能训练技术的学习与实践，学生树立理想信念，培养道德信仰，协调价值追求，充满青春活力，珍爱生命，珍惜健康，激发学生坚定肩负国家发展、民族振兴使命的决心。

（7）注重体验式教学，使学生理论与实践相结合，动脑与动手相结合。在评价考核中，结合学生的技能、思维、表达能力、情感体验等进行多维度综合评价，促使学生在知识、技能和情感三方面全面提升。

（8）在团队拓展竞赛中的项目设置中，结合军事、思政、体能锻炼的内容，集体力、智力、军事、文化培养于一体。引入情景模拟，角色体验，能够锻炼学生临场应变能力，寓教于乐、寓教于体。

（9）组织无线电测向俱乐部，向学生提供交流的平台，分层分类引导学生，组织各类无线电测向竞赛和活动，能够增强学生的自主管理能力、社交能力。

（10）宣传体育人，以榜样的精神为引领，培养学生积极进取、坚韧不拔和勇敢顽强的意志品质，使其面对困难迎难而上，努力拼搏，永不言弃。

五、育人元素实施案例

案例：军事主题的无线电测向户外拓展赛

1.主题内容

本次竞赛活动的主题内容是"猎狐行动"。设定如下情境："黑海部队"已经渗透我方阵地，"间谍电台"正在发报，重要情报将被泄露。现要求我方部队立即开展行动，进行无线电测向，确定"特务电台"准确位置，执行"猎狐行动"。

2.任务的分解

第一步，侦察敌情。涉及的知识点为无线电频率搜索、摩尔斯电码查收、确认发报电台的频率。

第二部，精准定位。涉及知识点为地图的识图与标图、无线电测向机的使用，以及利用指北针通过测向在地图上准确定位电台信号源。

第三步，猎狐行动。锻炼临场应变能力，培养团队沟通及领导力，提升军事素养。

3.结束任务后分享交流

课堂竞赛活动，结合无线电测向、户外拓展，融合国防主题，利用情景模拟的方式简单有趣，具有教育意义。激发学生的参与兴趣，提高学生的运动技能和身体素质，培养家国情怀，培养团结协作、知难而上的体育精神。强化规则意识，学会和体验在规则的约束下去赢，更要学会体面且有尊严地输。促进技术及思想交流，提升学生的表达、分析能力，感受运动乐趣。同时又能提高团队合作能力，培养团队协作精神；促进人际交往，培养集体主义精神（见图4）。

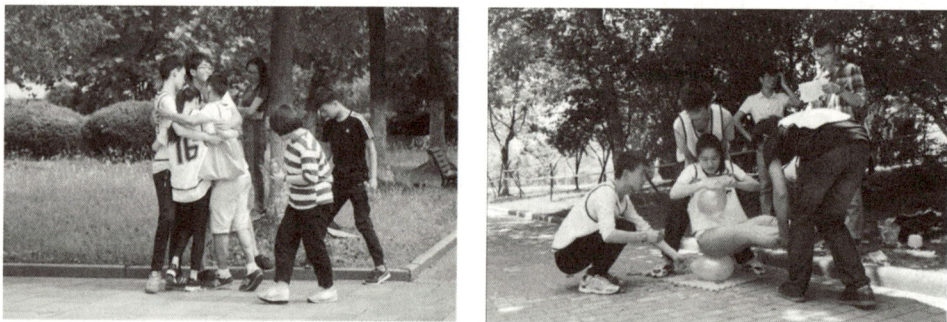

图4　户外拓展活动

六、特色及创新

1.构建"一柱两翼"体育思政教学模式

通过无线电测向课堂教学、在线网络教学、课外实践（以俱乐部为平台）、校园文化相结合的课内外一体化改革，全面实现教学育人、活动育人、赛事育人的"体育三全育人"。

2.结合课程特点，充分挖掘思政元素

将体育、科技、国防与思政紧密融合，运用显隐相结合的体育思政教学方法，以人文立课，寓德于体，健体育魂，强化体育文化价值引领。

3.应用信息技术，创建全面教学评价体系

围绕知识传授是基础、能力培养是拓展、价值塑造是关键的理念，从认知领域、动作技能领域和情感领域出发，进行综合评价，使学生在体育锻炼中享受乐趣、增强体质、健全人格、锤炼意志。

七、教学效果

（一）主要的学生获奖情况

将学有所长、学有余力的学生选入校运动队训练是教学改革的重要环节，并纳入课程管理，利用课外时间向他们传授无线电测向的基本原理、技术要点、战术方法，进一步提高其无线电测向竞技水平。学生代表学校参加省级、国家级或代国家参加洲际无线电测向锦标赛，实现无线电测向运动的普及与提高。校运动队曾有3名运动员入选国家无线电测向队，代表中国参加亚太地区、世界无线电测向锦标赛，为国争光，获得2金1银。近3年，全国大学生无线电测向锦标赛中，我校获得冠军

2项、亚军6项、季军6项、一等奖1项、其他奖项28项。培养的学生运动员很好地诠释了坚韧不拔、勇往直前、永不言弃的体育精神。他们具有坚强的意志力，更具有强烈的民族自豪感和家国情怀，为国争光的爱国主义精神已根植于内心（见图5）。

图5　学生获奖情况

（二）课外无线电测向俱乐部活动及校园竞赛

实施课内外一体化，以无线电测向俱乐部为平台，为无线电测向课程的学生提供学习、交流的平台，开展装机、维修、课外活动，采用各级竞赛等多种学习、活动方式，满足不同层次学生参与无线电测向活动的需要，推广和普及校园无线电测向运动。平均每学期的约课活动达40次，测向机检修活动约30次，校级比赛2次。

拓展学生的知识，将体育与科技相结合，激发学生的思维，增强了学生的自主管理能力，使更多的学生享受乐趣，形成乐观、积极向上的生活理念，更好地肩负起强国的使命（见图6）。

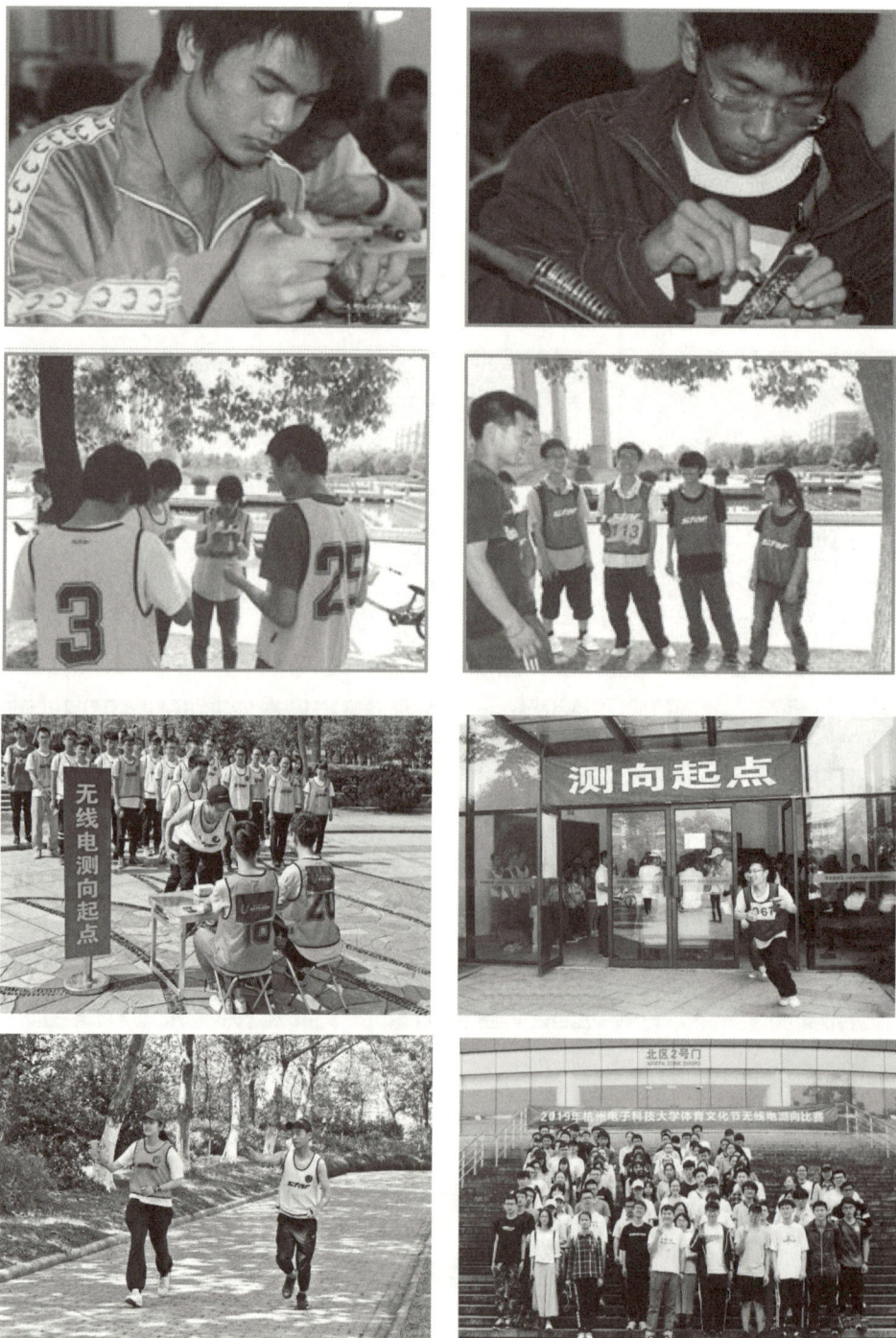

图6　俱乐部活动及校园竞赛

（三）学生的社会实践和推广

鼓励学生走出校园，服务社会，开展各类公益活动。参与浙江省大中学生军事训练营的无线电测向培训。2018年、2019年、2021年参与浙江省学生军事训练营的培训工作，面向全省多所高校、高中的学生，组织开展无线电测向运动与军训相结合的培训。多次开展"科技体育进校园"活动——无线电测向课程组深入学校做公益推广。增强学生的自信心、集体荣誉感和社会责任感，净化学生心灵，塑造其积极上进、不断进取的精神风貌（见图7）。

图7 社会实践和推广

微信小程序开发从入门到实践

吴晓春、诸葛斌

浙江工商大学　信息与电子工程学院

一、课程概况

"微信小程序开发从入门到实践"是一门面向校外编程爱好者及全校各个专业学生的通识选修课，该课程旨在以浅显易懂的方式向编程零基础及各类非计算机专业学生传授微信小程序前端页面开发技术与后端服务搭建的相关编程技术。

课程团队自2014年开始研发基于微信公众号的系列在线教育平台，组建10多人规模的学生在线教学平台开发团队，于2018年初研发了基于微信小程序的"豆豆云助教"在线教学平台，并进行推广和应用。从2018年至今，通过线上线下混合教学的模式开展教学活动，共完成六届校内学生的开课，线上先后在中国大学 MOOC、网易云课堂和浙江省高等学校精品在线平台开课，累计选课人数超过 6 万人次。校外超 800 所高校学生选修本课程，其中全国高校选修人数为TOP30。在 B 站等其他渠道观看本课程视频次数超过7千人次，与程序课程配套的教材也广受学生的好评。

二、课程目标

课堂是教育教学的最重要的阵地，思政教育的课堂常态化，有助于引导学生去发现和思考真、善、美的意义，有助于青年学生学会判断、学会担当、学会选择，有助于形成积极、健康、乐观向上的人生态度和价值观，促进学生的全面积极成长。

本课程依托浙江工商大学人文环境和信电学院的工匠传统，积极践行"以生为本"的原则，以培养"实学相通，知行合一"的高层次应用型人才为己任，充分挖掘课程中蕴含的政治认同、家国情怀等思政元素，系统开展中国特色社会主义和中国梦教育，从而坚定学生理想信念，切实提升立德树人成效，建立起"思政为先，深度融合"的新型工科思政课程教学模式。

我们围绕"立德树人"的核心目标，从知识目标、能力目标和价值目标三个方面入手，在微信小程序开发的思政课堂教学内容中融入三部分内容：①人文精神的渗透；②引导学生对科学精神的追求；③将中华文化精髓作为精神营养。

以第九章接口开发与云平台教学内容为例，本章节内容是创建数据库及对数据库的管理，理解本地与云端数据库搭建的含义和差异，进而学习多种云服务器的使用方法，如阿里云服务的搭建。在此过程中，我们穿插引导学生学习新浪、阿里巴巴等龙头企业的企业精神与文化，培养学生的家国情怀，增强投身和服务民族企业的使命意识。

知识目标：了解云服务器的使用及后端数据库搭建，了解云服务器技术的发展和研究现状。在案例讲解时，注重融入我国特色，如从IOE到中国体系引申去垄断对国家的影响等。

能力目标：培养学生的快速学习新技术及实践的能力，提高学生的案例搭建，拓展各类云服务器平台的使用能力。为响应本课程思政建设能力目标，引导学生设计与思政内容有关的小程序，将价值塑造、知识传授和能力培养紧密融合。

价值目标：培养家国情怀和使命意识，坚定社会主义核心价值观信仰，激发学生对社会主义核心价值观的认同感，培养学生爱国热情，提高学生各类软、硬实力。

三、思政元素

本课程将"价值塑造、知识传授和能力培养"紧密融合，为实现本课程思政建设目标提供完美的切入点和实施路径。

小程序开发课程实行案例教学法，以问题为导向，通过一系列思考学习环节，最终教会学生开发技术。小程序开发往往基于现实需求，和日常生活有密切的联系，在案例的制作中，可以依据需求引入思政元素。例如在讲解小程序如何实现做题功能的课程中，可以采用中国近代史的题库，根据近代史题目讲述抗战故事，培养学生的爱国精神，让学生不忘历史，砥砺前行。对于线上课程的建设做到精益求精，形成届届相传、深化的良性循环。

以课程第九章为例，在授课过程中从云服务器的发展历程知识点中发掘思政元素，以阿里云自主研发等典型事例，激发学生的爱国主义热情、民族自豪感和使命感。通过失败的教训、警示性的问题等，反思分析，提高学生辨识能力和责任意识。如2019年5月中旬，华为被美国列入实体名单，意味着华为购买包括手机射频芯片在内的半导体等产品面临被禁的风险，技术短板让华为陷入被"卡脖子"的困局。由此可见核心技术受制于人是隐患，从而勉励学生珍惜目前的大好机会，为中华之崛起而学习科学技术，不断开拓进取，担起科技强国的责任。在课堂教学过程中和学生一起对专业相关社会热点问题进行讨论，如"你知道目前有哪些主流的云服务器吗？谈谈你对云服务器的认识"等。继而从阿里云服务的产生、发展导入，让学生感受到云服务对国计民生的重要影响，了解阿里巴巴等龙头企业的企业精神与文化的精髓，完成对学生的"价值观的塑造"。

四、设计思路

由于专业课程具有背景知识的特点，在提升课堂教学质量时应避免把思政内容生搬硬套于课程，考虑如何实现学科和课程育人双向融合。本课程教学依托在线学习平台，在线上学习资源中加入思政板块供学生学习，线下老师进行系统而深入的互动式教学，引导学生每周针对时下热门思政事件进行讨论和思考。表1以课程的小程序后端3章为例，列举专业知识点如何穿插和引入思政元素的过程。在实施过程中通过案例讲解，深入观测思政元素内涵，借此和广大高校课程思政教学模式的实践者一起探索可行的教学模式，贯彻课程思政有效教学目标。

表1　课程章节思政元素的教学设计

序号	教学内容	课程思政育人目标	教学方法
1	第八章　初识后台与数据库	培养学生攻坚克难、勇于创新的民族精神	课前发布讨论题目：从一些案例中我们可以看到中国高科技领域越来越强调独立自主，强调自主产品研发，打破垄断，势在必行。这是为了什么？对此你有什么想说的？或者你知道还有哪些类似案例可以和我们分享？ 课内进行讨论：讲授中国企业"去IOE"的故事，不惧国外科技的垄断，独立自主开发中国系统
2	第九章　接口开发与云平台	培养学生对民族龙头企业的文化自信、行业自信、技术自信	**课前发布讨论题目：**你知道目前有哪些主流的云服务器吗？你有用过其中的某个吗？谈谈你对云服务器的认识。 课内进行讨论：教授学生关于云服务器的知识，从而引导学生学习新浪、阿里巴巴等龙头企业的企业精神与文化，增强对民族企业的自信心
3	第十章　初识云开发及实战	增强学生对国家信息安全的重视，理解保护个人隐私与国家隐私的重要性，增强爱国主义情怀，让学生认识到保障国家各方面安全是每个公民应尽的义务	课前发布讨论题目：近年来，网络安全威胁事件频发，网络罪犯造成的经济损失快速增多，损失量位居全球第一。持续增长的网络威胁也促进我国信息安全产品的快速发展。随着《网络安全法》等多部相关法律法规的颁布实施，信息安全已上升为国家战略，谈谈你知道的相关案例。 课内进行讨论：讲述阿里云对于漏洞攻击事件的保护情况。阿里云作为CNVD的技术单位之一，其安全团队实时跟踪安全态势更新漏洞POC库，形成漏洞检测、响应、修复的正向循环，为提升企业用户安全防御水平贡献力量

五、育人元素实施案例

接下来以课程第九章接口开发与云平台为例，详细阐述如何进行思政教学的融入与开展，如表2所示。

表2　思政教学的融入与开展

授课内容	思政融入点	教学过程和方法
第九章 接口开发 与云平台	家国情怀 使命意识 价值塑造	首先梳理本章节课程内容的知识点，有效融入思政元素，使得在讲解过程中充分发挥思政元素特点；其次在基于思政教育融入专业课程体系的实践过程中，主要采用了案例教学、类比、联想以及启发教学等教学方法实现上述内容体系的讲授。 **一、教学过程** **课前在 MOOC 平台发布讨论**（见图1） 题目：你知道目前有哪些主流的云服务器吗？你有用过其中的云服务吗？如果没有云服务器，你能想象现如今的互联网服务发展的现状吗？谈谈你对云服务器的认识。 **课内就学生的回答进行讨论**：教授学生关于云服务器的知识，从而引导学生学习新浪、阿里巴巴等龙头企业的企业精神与文化，增强其对民族企业的自信心（见图2）。 整个教学过程在一种师生共同思考的课堂意境中进行，形成良好的内心互动。 **课程总结**：吴晓波在 2020 年完成了《云上的中国：激荡的数智化未来》一书的写作。阿里云 2.0 时代和云 1.0 时代的差异，就像计算机 Windows 系统和 DOS 系统之间的差异，阿里云 2.0 把云计算引入社会的方方面面——商业、工业、服务业甚至于城市管理。中国的云 2.0，也将带来云服务普及的时代，将中国经济建成"云上的中国"。 正如探险家乔恩·克拉考尔在记录珠穆朗玛峰攀登的作品《进入空气稀薄地带》所说，"如果困难出现，你就战斗到底。"王坚带领阿里云开发团队战斗到底，最终也征服了原来的自己。王坚带着他特有的坚持、坚韧、坚信，成为推动城市之美、构筑生命之美的时代弄潮儿（见图3）。 **二、教学方法** （1）问题导学法——激发兴趣，拓展视野（知识积累，培养家国情怀）； （2）思辨式讨论法——提出思辨主题深入探讨，提升境界（使命意识，价值塑造）

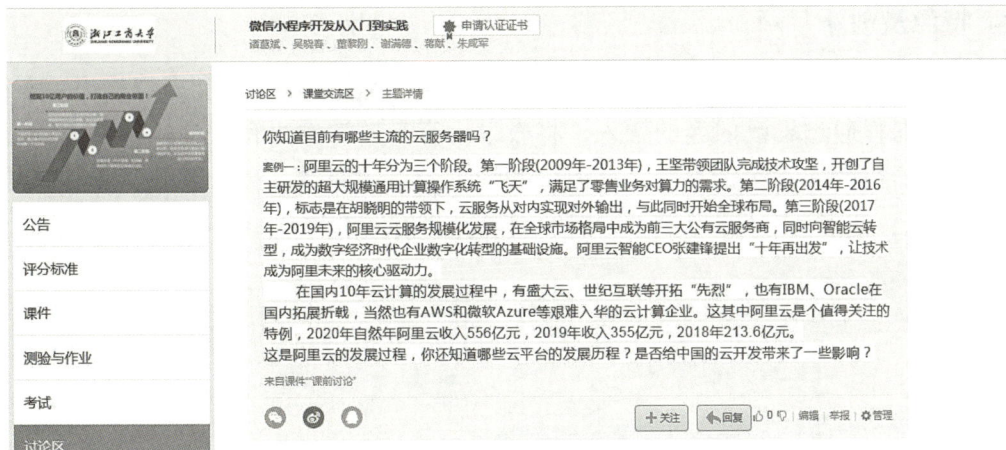

图1　中国大学MOOC上关于云服务器的讨论发布

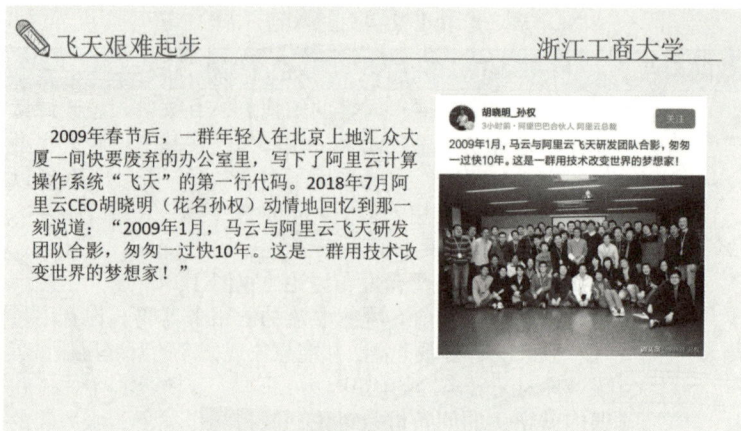

图2 阿里云的创建发展历程

图3 阿里云引领数智化未来

六、特色及创新

思政元素融入专业课程，对新时期高校教师的课堂教学内容和方法提出了新的要求。本课程通过思政内容的融入，将教学内容、教学方法和思政教育紧密结合，并借助于恰当的课堂教学手段，全面提升学生的思想道德、科学素养、身心素质，如图4所示，使得教书与育人浑然一体，具体来说有以下特色。

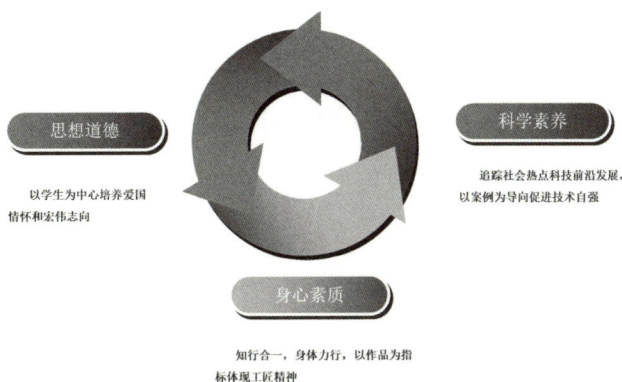

图4　思政素质培养特色

（一）以学生为中心培养爱国情怀

本课程秉持以学生为中心，以教师、助教以及开发团队为辅的教学理念（见图5），深入挖掘课程的思政元素。教师依据每节课包含的不同内容，以案例形式将思政教育融入课程教学之中，并由助教团队完成包含思政元素的教材、视频等内容制作。开发团队也为教学提供了更多融入思政内容的教学案例，如乡村振兴、抗击疫情等。内化于心，外化于行，使学生能够通过切身参与和主动思考，真正学习和领悟思想政治教育的精髓和魅力所在。

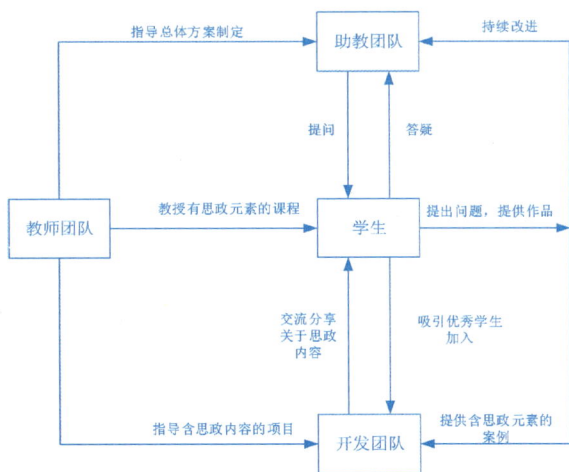

图5　以学生为中心的教学理念

（二）以案例为导向促进技术自强

以案例为导向，将每次内容切割成几个问题模块，以讲述思政事件的方式逐一展开学习，如本章中的阿里云飞天的历程，在此过程中不但学生能够更系统地掌握相关知识点，而且老师通过对案例的总结与升华，引导学生对热门事件进行独立思考（见图6），润物无声，在祖国日益强大的自豪感中坚定学生对技术自强的强烈追求。

（三）以作品为指标体现工匠精神

依托在线学习平台，在线上学习资源中加入思政板块供学生学习。线下老师进行系统而深入的互动式教学，引导学生每周针对时下热门思政事件进行讨论和思考。期末通过组队的形式，鼓励学生作品与时政热点相联系，在完善作品的过程中培养学生的文化素养、工匠精神和爱国热情。

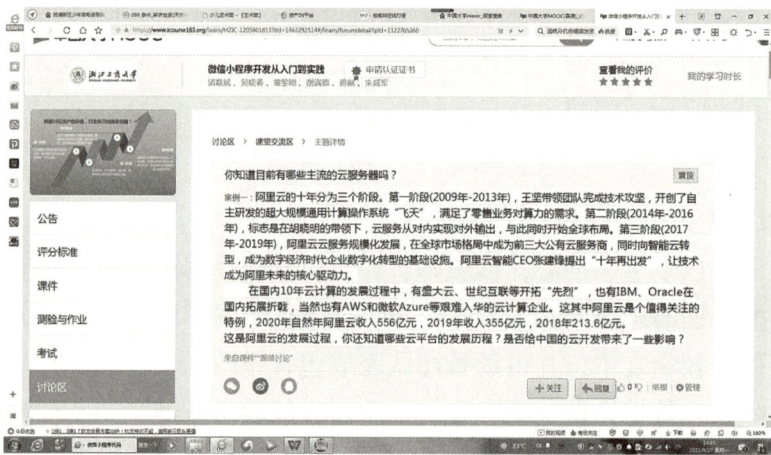

图6　中国大学MOOC平台在线讨论主题情况

学生在课堂中积极思考，查阅相关的资料，并在中国大学MOOC上总结腾讯云、阿里云、华为云等国内主流的云服务提供厂商的重大事件，对了解整个互联网服务的前世今生有较大的帮助。

七、教学效果

自2020年以来，我们对课程内容进行不断的探索与改革，挖掘本课程中蕴含的政治认同、家国情怀等思政元素，引导学生正确思考现代中国互联网技术发展的核心问题，将科学技术教育与价值观培养有机地融合，引导学生将未来的个人发展与国家、民族的命运结合起来，投身于社会进步的历史洪流，成为社会主义事业的合格接班人。

在线上课程建设过程中，我们重点挖掘与思政相关的案例，在线下的实践过程中积极响应国务院办公厅印发的《关于切实解决老年人运用智能技术困难的实施方案》的号召，组织学生面向社区老人开发手环定位微信小程序和Idrug智能储药盒及服药提醒小程序来为老人提供便利。

经过不断的努力，2021年，本课程团队的课程改革内容获得第六届西浦全国大学教学创新大赛年度教学创新三等奖、浙江省第一届高校教师教学创新大赛三等奖，被评为省高等学校课程思政示范课程；2019年获得浙江省"互联网+教学"优秀案例一等奖，通过省级精品在线开放课程认定，被评为省级高等教育教学改革项目；2018年被评为教育部协同育人项目（微信事业部资助）。课程团队在清华大学出版社出版浙江省普通高校新形态教材一本，销量4000余册；前后两次通过"清华大讲堂"进行直播，获得2189人次观看（见图7）；还受邀分别在全国高校计算机课程教学高峰论坛和第七届全国高校软件工程专业教育年会做微信小程序课程建设专题报告（见图8）。

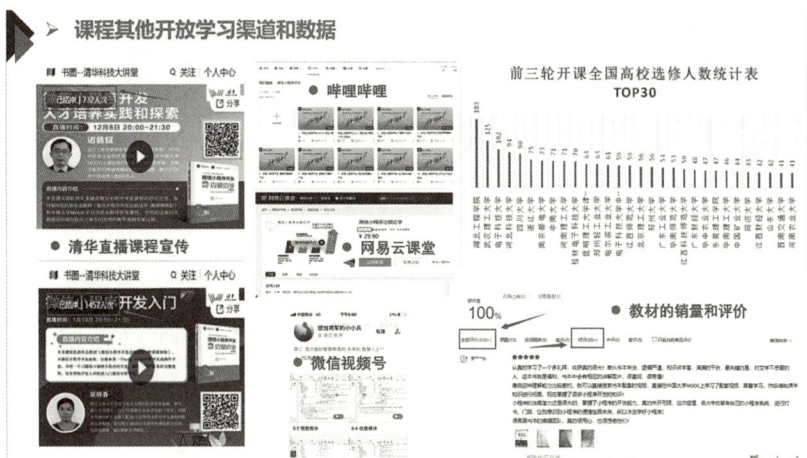

图7 "清华大讲堂"直播及各类开放平台数据

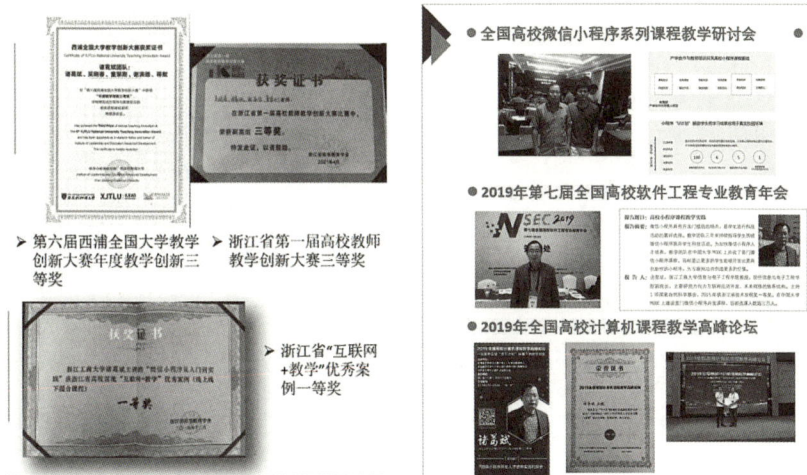

图8 获得各类奖项及参加论坛年会情况

本课程创新性地设计了"竞赛考核制、第三方评价"的培养模式，期末以小组作品形式进行考核，同时鼓励学生依托期末作品参与各类竞赛，响应本课程思政建设目标，如图9、图10所示，引导学生设计与思政内容有关的小程序，将价值塑造、知识传授和能力培养紧密融合。

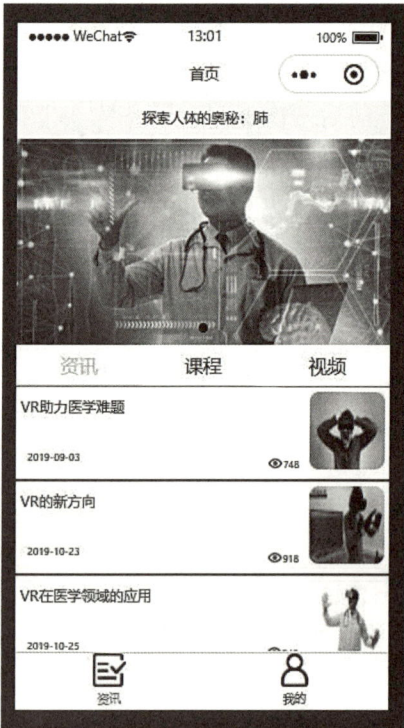

图9　VR助力医疗小程序

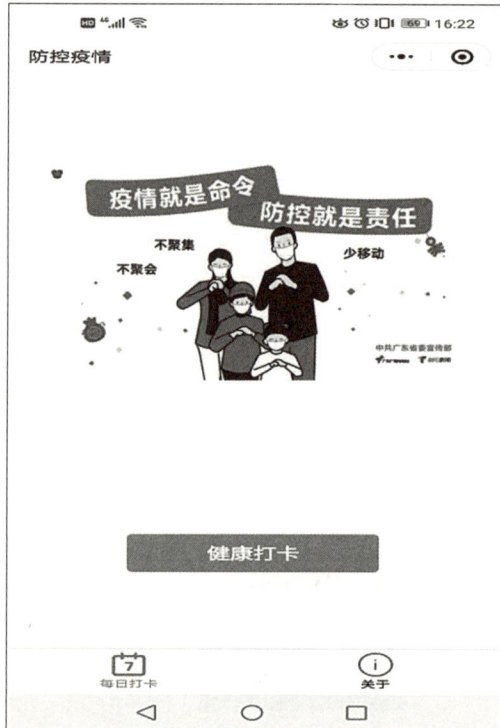

图10　防疫打卡小程序

计量测试技术

马瑞梓

中国计量大学　机电工程学院

一、课程概况

"计量测试技术"是中国计量大学机电工程学院自动化专业本科生的一门学科基础课，是自动化专业围绕中国计量大学办学特色建设的课程之一。课程围绕"国家一流专业"自动化专业的建设要求，以"计控一体，控检融合"为宗旨，设置教学内容。学生通过本课程的学习，掌握计量测试技术的基本理论和应用方法，掌握误差理论及不确定评估在计量测试中的实施与应用，掌握常用传感器的工作原理及测试方法，掌握温度、压力、流量等热工参数以及电磁参数的计量测试方法，了解当前计量测试技术的应用背景等。

本文的思政教学案例主要围绕"计量测试技术"这门课程逐步开展实施，主要授课对象为中国计量大学机电工程学院自动化专业的学生，主讲老师为本文的思政教学案例的设计者马瑞梓老师。

二、课程目标

"计量测试技术"课程教学以课堂教学为主，结合自主学习和课内实验等，通过学习误差的基本性质与处理、误差的合成与分配、测量不确定度、线性参数的最小二乘法处理，掌握计量测试系统的数据处理及误差评定方法。在掌握常用物理量几何量、温度、压力、流量等的测试原理、测试方法、测试系统的基础上，能设计常用的计量测试系统。培养学生分析和解决测量过程控制系统实际问题的能力。

（1）掌握误差的基本性质与处理、测量不确定度、线性参数的最小二乘法处理在计量测试中的应用，掌握实验数据的获取、分析与处理、不确定评定。

（2）理解量和单位制，量值的传递与溯源的概念、体系、方法等，在法制计量等教学环节中落实立德树人。

（3）掌握激光干涉测试技术、温度、压力、流量等热工参数以及电磁参数的计量测试方法。

在课堂教学中，融入"思政元素"，结合教学内容，设计思政案例，从而提高教学效果。在教学过程中，培养学生具备良好的专业知识学习能力，同时培养学生认真严谨的科研态度、攻坚克难的科学精神。

三、思政元素

黄旭华是我国核潜艇研制工程的先驱者，实现了我国核潜艇装备从无到有的历史性壮举，为我国核潜艇事业奉献了毕生精力，为核潜艇研制和跨越式发展做出了卓越贡献（见图1）。

图1 "核潜艇之父"黄旭华

黄旭华是我国核潜艇工程第一代副总设计师、总设计师，主持了我国第一代核潜艇的研制项目。我国自行研制的核潜艇（见图2），是在零基础上起步的。国外对研制核潜艇的技术对我国进行了严密的技术封锁。面对这样严峻的情况，黄旭华带领团队不畏艰难，秉持"自力更生、艰苦奋斗"的精神，一路攻坚克难，突破了核潜艇最关键、重大的七项技术，在苍茫的大海中，铸就了中国自己的"钢铁蛟龙"。为掌握第一手的数据，黄旭华曾经置个人安危于不顾，不畏艰险，亲自随产品深潜到极限。纵观世界核潜艇发展史，中国核潜艇研制的周期之短，世界罕见，这和黄旭华团队的科学钻研、爱岗敬业的精神是分不开的。对于年轻一代的科研设计人员，他经常谆谆教诲，勉励他们要为科研事业奉献到底。

图2 "深海蛟龙，国之重器"核潜艇

"苦干惊天动地事，甘当隐姓埋名人。"黄旭华用默默无闻、无怨无悔的毕生奋斗，将爱国之情、报国之志熔铸于强国强军的伟大事业中，树起一座受人敬仰的精神丰碑。荣获国家科学技术进步奖特等奖和"全国先进工作者"等称号。在新中国成立70周年前夕，党和人民授予他"共和国勋章"，习近平总书记亲自给他颁奖。

四、设计思路

（一）思政案例的选用及设计思路

案例：黄旭华：隐"功"埋名三十载，终生报国不言悔

（1）将核潜艇设计与计量紧密结合，尤其是误差数据处理。

（2）课程难点与疑点的学习，与攻坚克难精神不可分开。

（3）黄老把爱国之情、报国之志熔铸于强国强军的伟大事业中。

围绕学校计量办学特色，学计量知识，践行"精思国计，细量民生"的计量校训，努力成为像黄老一样胸怀家国天下的大格局人才。

1.攻坚克难铸重器

核潜艇是尖端且复杂的工程。"当时，我们只搞过几年苏式仿制潜艇，核潜艇和潜艇有着根本区别，核潜艇什么模样，大家都没见过，对内部结构更是一无所知。"黄旭华回忆说。在开始探索核潜艇艇体线型方案时，遇到很多难题，第一个难题就是艇型。最终他选择了最先进，也是难度最大的水滴线型艇体。

2.计量测试数据多，误差处理要科学

黄旭华通过大量的水池拖曳和风洞试验，取得了丰富的测试数据，并需要对大量数据进行分析对比。"计算测试与实验数据，当时还没有手摇计算机，我们初期只能依靠算盘。每一组数字由两组人计算，答案相同才能通过。常常为了一个数据会日夜不停地计算。"黄旭华回忆说。

核潜艇技术十分复杂，为了将成千上万的设备与仪表等布置在合理位置，黄旭华需要不断调整与修改。在长达几年的建造过程中，日日如此，坚持不懈，最后使核潜艇下水后的数值和设计数值，几乎达到了吻合。正是这种兢兢业业、严谨认真的科研精神，激励黄旭华团队克服重重困难，最终研制出我国水滴型核动力潜艇。

（二）案例的思政教育目标与专业教学内容的融合点

（1）核潜艇设计与测试与本章误差理论与数据处理内容紧密结合，需要用科学方法完成误差数据处理，尤其是粗大误差的处理，从而保证核潜艇运行的稳定性。

（2）黄老对科学的严谨态度，是值得当代大学生认真学习的。

（3）黄老对科学的攻坚克难精神，是学生在遇到重点与疑点内容时需要学习的。

将OBE理念终贯穿于"计量测试技术"误差理论与数据处理整个教学环节，巧妙融入思政内容，改善传统教学的枯燥和乏味，极大地调动了学生的学习热情，有效提升学习效果，深受学生喜爱。

（三）教学方法

1.基于"互联网+"技术，线上线下互相补偿方式，融合"黄老认真严谨精神"与竞争风险机制的互动教学

首先，课前将通过线上教学平台，包括学校的BB教学平台、超星教学、雨课堂等，上传课堂学习主要内容与思政实例，并针对内容难易程度、重点难点，进行风险机制标识。

其次，在课程内容讲解过程中，对问答讨论环节等课堂活动建立竞争规则，融合"黄老认真严谨精神"，采用竞争形式进行，并且每个环节积分，设定风险机制，同时设有与其他环节相绑定的转移风险机制，形成课堂每个环节环环相扣的紧密体系，从而加强学生对学习知识点分散攻破、串联分析的思维。

最后，课后再次通过线上平台，完成问题答疑以及与竞争风险机制相配套的内容进阶学习。

2.基于"翻转课堂"模式，虚拟思政角色，融合"黄老攻坚克难精神"，以学生为中心的深度协作讨论式教学

首先，要熟悉微信小程序等各类现代化信息互动平台的应用方法。

其次，针对学生的特点，虚拟思政角色，设定思政情景，进行个性化分组，融合"黄老攻坚克难精神"。

然后，根据虚拟角色，以不同角度审视、思考所讨论问题，进行组内讨论。

最后，以风险竞争机制，将讨论结果加以呈现，并与老师进行深度讨论。

3.结合全国创新创业竞赛背景，融合"黄老甘于奉献精神"，进行技术实战化演练教学

首先，基于前两项课堂学习内容，基于虚拟角色，融合"黄老甘于奉献精神"，与相对应的竞赛环节，进行演练项目的分类。

其次，针对不同项目的类型，设定具有实际背景的实践项目计划。

最后，将课堂学习的理论与方法，针对实践项目实施步骤，进行一体化技术实践。

五、育人元素实施案例

案例对应章节为"第二章 误差的基本性质与处理"。通过本章内容的学习，学生应掌握随机误差的产生原因和分布，系统误差的产生原因、特征、减小和消除，粗大误差的产生原因、判断粗大误差的准则。通过将思政元素融入本章教学内容，欲达到以下三个思政目标：

（1）培养学生认真严谨的科研态度。

（2）培养学生攻坚克难的科学精神。

（3）培养学生胸怀天下的大格局。

教学案例实施步骤：

（1）复习总结上一节课重点。

（2）将思政案例"'核潜艇之父'共和国勋章获得者黄旭华——计量的严谨态度与科学的奉献精神"作为新知识点的铺垫与引入。核潜艇的设计需要测试大量数据，在处理数据时需要科学的方法，对误差进行处理。

（3）对本章重点知识讲解，核潜艇设计针对不同类型误差进行具体举例。

①误差的基本概念；

②随机误差；

③系统误差；

④粗大误差。

（4）课堂活动：

①分组讨论习题；

②竞赛机制完成重点内容练习；

③协作机制完成疑点内容练习。

（5）总结本章教学内容，再次引入"'核潜艇之父'共和国勋章获得者黄旭华"案例内容，鼓励大家在课堂活动中，对重点疑点内容要具有攻坚克难的精神。黄老把爱国之情、报国之志熔铸于强国强军的伟大事业中。围绕学校计量办学特色，学计量知识，践行"精思国计，细量民生"的计量校训，努力成为像黄老一样胸怀家国天下的大格局人才。

通过对学生的考查及教学经验的实践，建立适用于OBE理念下计量测试技术课程的多元考核评价体系，主要包括课堂活动参与程度、资料学习程度、实验与期末考试等方式，每一项考核均有明确的评分标准。

六、特色及创新

计量类课程在突出我校"计量"特色办学的目标下，基于误差理论，采用数据处理方法，应用精密仪器，对目标进行科学测量，从而得到精确测量结果的复杂课程，综合了多学科领域，又具有自身鲜明特色。

（一）本思政案例特色

1.思政元素与教学内容紧密结合

核潜艇设计与测试和本章误差理论与数据处理内容紧密结合，需要用科学方法完成误差数据处理，尤其是粗大误差的处理，从而保证核潜艇运行的稳定性。

2.思政元素呼应教学特点

黄老对科学的攻坚克难精神，是学生在遇到重点与疑点内容时需要学习的。

3.思政元素升华突出计量特色

黄老把爱国之情、报国之志熔铸于强国强军的伟大事业中。学生应学计量知识，践行计量校训，努力成为像黄老一样胸怀家国天下的大格局人才。

（二）本思政案例创新

（1）线上线下优势互补，融合"黄老攻坚克难精神"与竞争风险机制课堂教学方法，提升学生学习原动力，提高学生攻克难点疑点内容的自信心。

（2）老师学生深度协作讨论教学模式，融合"黄老认真严谨精神"与虚拟角色课堂教学模式，个性化分组，提高学生独立思考能力，捕捉学生思维亮点，形成学生自我独到见解。

（3）针对竞赛背景，融合"黄老无私奉献精神"与构建多种技术一体化的逻辑性教学体系，培养学生成为适应社会实际需求的综合型人才。

（4）围绕计量特色，巧妙融合校训，升华思政案例精神，将"胸怀天下，家国情怀"自然融入教学内容中。

本思政案例以我校计量特色办学为中心，通过思政元素对教学内容进行延展，将思政精神进行升华，与"精思国计，细量民生"校训巧妙融合，呼应教学内容，将计量教学知识点通过思政元素，紧密构建成层层深入的教学单元（见图3）。

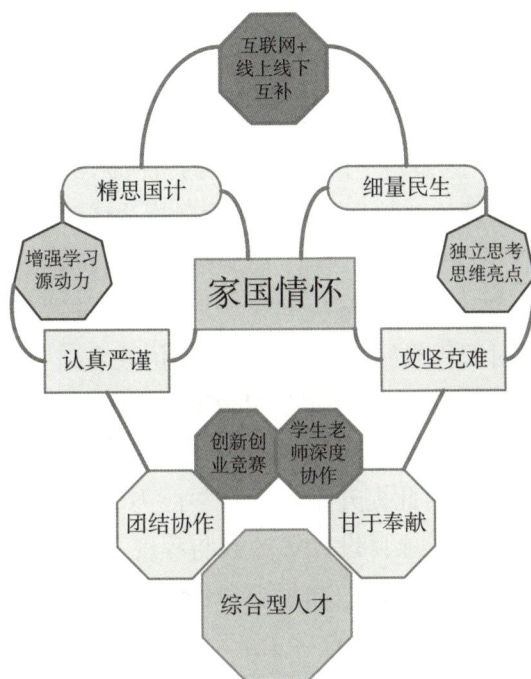

图3　思政元素与教学目标及实施方法

七、教学效果

本案例将OBE理念贯穿于"'核潜艇之父'共和国勋章获得者黄旭华——计量的严谨态度与科学的奉献精神"思政教学过程中的各个环节（见图4），对课程目标、课程内容、教学设计及考核体系等多个环节进行融汇贯通，注重学生学习能力和应用能力的培养，充分调动学生的学习积极性和主观能动性。

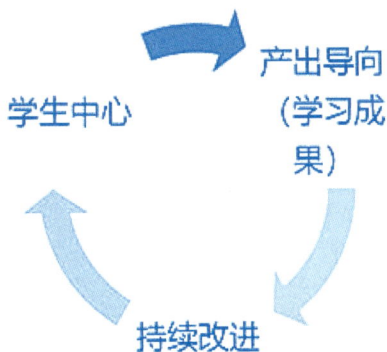

图4　基于OBE的教学效果评定

（一）计量测试技术课程特点

（1）自动化专业核心课程，"计量"特色课程。

（2）本案例章节教学内容多，概念复杂。

（3）学生难于掌握知识点彼此之间的联系，易于混淆相似概念。

（二）OBE理念课程目标下优化教学内容

课程目标明确后，"黄老做科学严谨认真，为科研无私奉献"的思想政治教学内容有利于第二章关于误差理论与数据处理的教学目标达成。

本案例思想政治教学内容首先是学生感兴趣、想学的内容，需要问题导向和理论联系实际，能够应用知识分析和解决问题。根据相应的课程目标及应用型人才的培养需要，本思政内容对课程内容进一步达到了优化效果。

（三）多种形式课程考核，综合评定学习效果

课堂活动参与程度与资料学习程度占40%，包括自学报告及过程表现，是对能力目标和情感目标的考察，由此提升学生的自学能力、归纳总结能力；课堂活动参与程度，包括对演讲、讨论、项目设计等的参与程度，是对能力目标和价值目标的考核，提升学生思辨能力、表达能力和组织协作能力；实验（占10%）与期末考试（占50%），是对知识目标的考核，考查学生基础知识的掌握程度。

（四）良性循环，持续改进

学生能力的培养，需在专业课程的教学过程中训练完成，而课程是学生能力形成的重要保障，思政与课程有机结合，为该门课程打造成具有"高阶性、创新性和挑战性"的课程奠定坚实基础。

针对本项目的教学改革中的教学内容，已经进行较长时间的教学，积累了较为丰富的教学经验。本思政案例的主要方法与改革措施，已经逐渐陆续应用到课堂教学与试验教学过程中，取得了较为显著的效果，获得了学生的充分肯定。

光学原理

李晨霞、沈常宇、井绪峰、张艳

中国计量大学　光学与电子科技学院

一、课程概况

　　光学原理主要讲授几何光学和物理光学的基本理论、基本方法和典型光学系统的实例及应用，为学生后续学习光学设计、光电成像、光电检测、光电仪器、光信息理论和从事光学研究打下坚实的基础，是学生进入专业课程的领航课程，在光学专业人才的培养方面起着至关重要的作用。课程倡导学生牢固掌握并灵活运用光学的基本概念、基本原理和基本规律，学到获取知识的方法，提高分析问题、解决问题的能力，培养学生的科学素质、创新能力、团结协作精神和终身学习理念，增强学生的民族自尊心和社会责任感。

　　该课程由中国计量大学光学与电子科技学院开设，作为光电信息科学与工程专业的学科基础必修课，共80学时，安排在第四学期开课。

二、课程目标

（一）知识目标

　　（1）掌握几何光学的基本概念、基本原理，对理想光学成像系统、典型光学成像系统有较为深刻的认识。

　　（2）掌握光学系统像差的基本概念、产生原因及危害，了解像差的校正方法和像差的计算。

　　（3）掌握光的电磁理论及光波叠加的相关知识。

　　（4）掌握光的干涉、衍射、偏振的理论、计算和典型应用。

（二）能力目标

　　（1）能够对光学系统的成像原理和成像特性进行分析，并用于解决复杂应用光学成像问题。

　　（2）能根据应用光学成像工程需要，设计简单的光学成像系统，并能进行像差分析、像质评价。

　　（3）能应用光的传播、叠加、干涉、衍射及其偏振效应进行复杂物理光学问题分析和应用，并用于解决复杂物理光学问题。

（4）能使用现代应用光学和物理光学数值仿真工具模拟和分析复杂的光学成像和电磁波传播类工程问题并进行优化设计。

（5）通过分组讨论/大型作业/翻转课堂等，培养学生的团队意识和人际交流能力。

（三）价值目标

（1）正确运用辩证思维认识光的波粒二象性，培养学生辩证唯物主义世界观，使学生学会用马克思主义观点、方法分析处理问题，把学生塑造成一个自觉的辩证唯物主义者。

（2）通过介绍光学仪器和现代光学科技成果，使学生认识到光学与国家安全和人民生活有着密切关系，增加学生学习光学的社会责任感。

（3）通过介绍杰出光学科学家的生平和主要贡献，激励学生勤奋刻苦学习，立志为祖国献身，凝练大国工匠精神，培养专注型人才。

（4）光学中许多重大成就，是科学家之间相互协作共同取得的，通过介绍典型的事例，培养学生的团结协作精神。

三、思政元素

课程组从多方面挖掘课程思政元素，譬如光学的发展史、光学技术的应用、光学产业与社会生活的关系、教学内容中所蕴含的哲学思想与元素、大师成长道路、教师个人的经历、失败的教训、警示性的问题等，具体如下。

1.凝练大国工匠精神，培养家国情怀

在讲述到望远镜系统时，我们引入了"中国天眼——科研工作者的坚守与担当"案例，鼓励学生树立崇高的理想，爱岗敬业，开拓创新。告诉学生生命的意义不在于长短，而在于对社会的贡献，在为他人、为集体、为国家的奉献的过程中实现自己的价值。培养学生热爱祖国、吃苦耐劳、坚持不懈的品质和永攀科学高峰的坚守、担当精神。

2.践行立德树人理念，培养诚实守信

健全个人品格，具备社会道德、个人道德和职业道德。当作业出现抄袭时，我们引入了"拒绝抄袭、诚信作业"案例，进而弘扬中华民族诚实守信的传统美德，培养学生"诚信"的优良品质，要求学生从自我做起，从现在做起，从不抄作业做起，提高学生的诚信意识和社会责任感。

3.融入辩证唯物思想，树立辩证思维

在讲述光的本质时，我们引入了"辩证唯物思维"案例，提出了光的波粒二象性：光既是光子，也是光波。表明了客观自然界本身既唯物，又辩证，包含着矛盾

的对立统一。我们通过在教学中渗透辩证唯物主义教育，培养学生辩证唯物主义世界观，并使学生逐渐学会用马克思主义观点、方法分析处理问题，从而把学生塑造成一个自觉的辩证唯物主义者。

4.激发团结协作精神，培养良好素养

在讲授光学发展史时，我们引入了"团结协作"案例。光学中许多重大成就，有不少是科学家之间相互协作和相互帮助共同取得的，例如麦克斯韦在全面地审视了高斯定律、安培定律和法拉第定律的基础上，做了大量理论研究，建立了完整的麦克斯韦方程组。通过典型的事例，对学生进行团结协作精神教育。

5.成就终身学习理念，树立崇高理想

在讲述迈克尔逊干涉仪时，我们引入了"终身学习"案例。介绍迈克尔逊花了16年的时间反复验证的事例，告诉学生伟大的成功和辛勤的劳动是成正比的，有一分劳动就有一分收获，日积月累，从少到多，奇迹就可以创造出来。在成功的道路上从来没有便捷的小径，只有自己披荆斩棘，才能开辟一条属于自己的探索之路。我们应该明确自己的目标，不能以金钱为人生的最终目标，树立崇高的理想，刻苦学习，努力奋斗，才能实现自己的人生价值。

四、设计思路

针对不同类型的课程思政元素采用不同的切入方式，激发学生学习兴趣，引导学生深入思考，提升学习体验，最大程度发挥专业课程的价值渗透和价值引领作用。

（1）针对问题澄清与道理阐明类思想政治教育主题，在思想政治理论课中虽有涉及，但脱离具体情境无法讲清楚，因此可以结合专业课程进一步加以巩固。例如光的波粒二象性，光的波动性和微粒性之间既对立又统一的矛盾恰恰是自然辩证法对立统一规律的生动表现，表明了矛盾的对立统一，帮助学生进一步明晰辩证唯物思想，用真理的强大力量引导学生。

（2）针对行为规约类思想政治教育主题，首先要找到适当的"植入点"，例如具体到"诚信"的主题：讲授应如何结合专业学习与研究掌握科研诚信要求与规范时，可采取讲授法、案例研讨法；讲授如何遵守科研诚信规范时，则可将规范要求穿插在各环节、主题讲授中。同时，可以采取小组讨论、问题教学法等教学方式，帮助学生思考如何在自己的学习工作中遵守科研规范与诚信。

（3）针对情怀培养与精神涵养思想政治教育类主题，教学中以讲授法为主、案例教学法为辅，让学生在情感上产生触动；可借助多媒体等，采取情境教学法，将学生代入情境，产生情感"共鸣"和精神"共振"，也可设立大学生暑期实践主题，从探寻历史、深入伟人的精神家园等角度，以研究性学习的方式，让学生通过"发现"接受精神洗礼，进而实现向行动的转换。

（4）针对问题应对类思想政治教育主题，可以立足专业，结合对各种信息的掌握，采取研讨式教学，引导学生立足专业和相关研究进展，反观自己的专业理想与学习，树立破解专业难题、奉献社会的人生理想。

在课程思政教学实施过程中，团队教师紧跟信息技术发展步伐，积极运用信息技术，构建了"线上线下混合、课内课外融合"的育人新模式，以适应信息化课程思政教学的需要。具体如图1所示，课前教师在课程网站上发布讨论，提高学生的参与度，课堂上鼓励学生对已查阅的内容进行简单描述，在倾听的同时，对学生进行科学性的、准确性的引导，把专业理论和思政知识融为一体，把枯燥的理论和实际生活相联系，更好地吸引学生的注意力，激发学生的学习兴趣，合理安排专业内容和思政内容的时间比例，同时兼顾思政内容和课程内容的讲解。

图1　思政课程教学实施过程

五、实施案例

案例1：中国天眼——科研工作者的坚守与担当（见图2）

"中国天眼"是世界最大口径的射电望远镜，能够接收137亿光年以外的电磁信号，观测范围可达宇宙边缘，中国天眼是我国的自主知识产权，比德国Bonn100米望远镜灵敏度高10倍，比美国Arecibo350米雷达望远镜综合性能高10倍，就当世界嘲笑中国没有科技进步之时，这个工程领先了国际先进技术整整20年。通过介绍中国天眼及天眼之父南仁东的坚守与担当，激发学生的家国情怀和民族自豪感，鼓励学生树立崇高的理想，爱岗敬业，开拓创新。天眼精神，是无怨无悔的奉献精神，是精益求精的工匠精神，是顽强攻坚的战斗精神。告诉学生生命的意义不在于长短，而在于对社会的贡献，在为他人、为集体、为国家做贡献的过程中实现自己的价值。培养学生热爱祖国、吃苦耐劳、坚持不懈的品质和永攀科学高峰的坚守、当担精神。

并且由"中国天眼"引入望远镜系统的成像原理和光路计算，使学生能够对望远镜系统的成像特性及性能参数进行分析。

图2　案例1

案例2：以光的波粒二象性为例，辩证认识光的本质（见图3）

以人类对"光是什么"认识经历为例，探究光的本质。关于光，在牛顿时代就存在着微粒说和波动说的斗争，随着光的干涉、衍射的发现，托马斯·扬和菲涅耳在19世纪复活了光的波动论，光像波一样传播着，表现出波动性，由此产生出光的干涉和衍射现象；光在发射和吸收时，不是连续进行的，而是间断的份额、以量子进行的，表现出了光的粒子性。这直接证实了辩证唯物主义关于自然界没有截然的分离、没有绝对的界限的观点，从而引入辩证唯物思维，表明了客观自然界本身既唯物，又辩证，包含着矛盾的对立统一。通过在教学中渗透辩证唯物主义教育，培养学生辩证唯物主义世界观，并使学生逐渐学会用马克思主义观点、方法分析处理问题，从而把学生塑造成一个自觉的辩证唯物主义者。

图3　案例2

案例3：通过线上线下讨论作业抄袭的优缺点，倡导拒绝抄袭、诚信作业

针对批改作业的过程中发现的作业抄袭问题，开展是否可以抄作业的辩论：部分同学不能独立完成作业，是否应该"借"优秀的同学的作业本来参考？而对于优秀的同学，别人问他来要作业，是给还是不给呢？通过辩论弘扬中华民族诚实守信的传统美德，培养学生"诚信"的优良品质，要求学生从自我做起，从现在做起，从不抄作业做起，提高学生的诚信意识和社会责任感。

六、特色及创新

（一）拓展教学时间、空间与教学方式

做到了三个结合：课堂内外、学校内外、线上线下相结合。解决了学生的学习时间安排与学生不增负问题。采用多元化的教学方法：讲，教师课堂讲授；查，学生查阅资料；做，社会实践、调研；演，翻转课堂、演讲；论，论文、讨论、辩论、论坛等。

（二）整合了思政价值模块

实现了知识模块重组、广度延伸、深度解读、德育内涵发掘。由一个"知识-思政"点，发展到多个"知识-思政"点，由多个"知识-思政"点，形成一条"思政线"，由多条"思政线"，形成一个"思政面"，与专业理论和知识融为一体。

七、教学效果

"光学原理"课程思政面向中国计量大学光电信息科学与工程、电子科学与技术等专业学生开展教学工作，每年参加课程学习的学生超300人，学生受益面广。

（一）教师的育德意识和育德能力显著增强

通过"光学原理"课程思政改革，教师的育德意识和能力显著增强，充分挖掘了教师教学与科研各自优势与特色，为将光学领域国内外新成果、新动态、新热点融合于教学体系中奠定了良好的基础。"光学原理"被评为国家一流课程、省课程思政示范课程以及互联网+教学示范课程等，团队教师获得教师教学优秀奖和省优秀教师、省师德先进个人、省高校优秀党员、省当担作为好支书、省高校最受喜爱书记、"我最喜爱的老师"等荣誉称号。

（二）立德树人显现良好效果

教学实践后，面向教学班的全体学生进行了问卷调查。统计结果表明，学生普遍欢迎课程思政教学模式。该模式充分调动了学生的学习积极性，激发了学生的学习热情，更好地培养了学生的科学素质、创新能力、团结协作精神和终身学习理念，增强了学生的民族自尊心和社会责任感。学生上课的注意力提升，抬头率明显提高，课堂效果极大改善，知识点掌握较好，期末考试试卷在同等难度的情况下，学生的平均成绩较前两届均有所提高。

量值传递与溯源

郭天太

中国计量大学　计量测试工程学院

一、课程概况

　　"量值传递与溯源"是中国计量大学测控技术与仪器专业的一门学科基础课，是体现中国计量大学计量特色、培养计量意识、传承计量文化的重要课程。

　　《中华人民共和国计量法》（以下简称《计量法》）第一条明确指出，我国计量立法的宗旨是"保障国家计量单位制的统一和量值的准确可靠"，而在为达到这一宗旨而进行的活动中，最基础、最核心的过程就是量值传递和量值溯源。

　　为了使学生能够对计量有更加深入的理解，课程组2008年在国内首次开设了"量值传递系统"课程，后更名为"量值传递与溯源"。由于国内尚无此类教材，课程组编著了校内使用教材《量值传递与溯源》。2009年，李东升、郭天太编著的《量值传递与溯源》教材由浙江大学出版社出版，这是全国第一本量值传递与溯源方面的专题教材。

　　通过持之以恒的建设，课程建设取得了良好成果。2012年，成为校重点建设课程；2014年，升级成为校级精品课程；2017年，成为思政类校级重点建设课程；2020年，成为校级本科一流课程；2021年，成为省级一流课程、省级课程思政示范课程。

二、课程目标

（一）知识目标

（1）熟悉我国计量体系的发展历程与现状。

（2）掌握国际单位制的基本概念、由来、构成及最新进展。

（3）掌握量值传递与量值溯源的基本概念，理解量值传递与量值溯源的必要性，掌握量值传递与溯源的三种主要实现方式——检定、校准和比对的基本概念及其实现方式。

（4）熟悉法定计量检定机构考核、实验室认可的基本概念。

（二）能力目标

（1）具有收集和提炼信息的能力，能够使用信息检索工具获取相关知识。

（2）熟悉本专业领域相关的技术标准、计量检定规程、计量校准规范和法律法规。

（3）能够分析和客观评价量值传递与溯源工程实践对社会、健康、安全、法律以及文化的影响。

（4）能够在后续的学习、生活和工作中应用所学的量值传递与溯源知识，理解量值传递与溯源中涉及的重要经济与管理因素。

（5）具有团队合作能力和表达能力，能够在团队中承担不同的角色并帮助团队实现目标。

（三）价值目标

（1）结合计量发展史与国际单位制的最新进展，培养社会责任感和专业认同。

（2）通过理解量值传递与溯源对统一、准确和可靠的强调，对规程、规范和标准的遵循，培养科学伦理、职业道德和社会责任感。

（3）通过理解日益精准的计量手段带给我们的便利，已经计量相关法律法规的修订，了解技术对社会、环境、法律等的影响。

（4）通过体验源远流长的计量文化背后所蕴含的人类智慧，实现文化的熏陶和素质的养成。

三、思政元素

量值传递和溯源既涉及科学技术问题，也涉及管理问题和法制问题。本课程的思政育人即从这三个层面切入。

1.技术层面

从古代的"布手知尺"到米制，再到国际单位制，直到最新的国际单位制全面量子化，反映了科学技术的进展——培养学生的批判性思维和创新精神。

2.管理层面

为实现量值传递与溯源，必须建立各级计量管理机构和计量技术机构，并有与之配套的管理措施——培养学生的职业道德，增强对本专业的认同。

3.法制层面

我国有专门的《计量法》，并以此为核心建立了一套完善的计量法规体系，尤其是其中的计量技术法规，更是进行传递与溯源时所必须遵守的规范——培养学生的科学精神和社会责任感。

四、设计思路

"量值传递与溯源"课程思政具体内容及实施方法如表1所示。

表1　课程思政具体内容及实施方法

序号	教学内容	课程思政具体内容	实施方法
1	第一章　概论 第一节　源远流长的中国古代计量 第二节　从古代计量到现代计量 第三节　我国计量体系的发展与现状	熟悉我国悠久的历史和灿烂的传统文化，培养家国情怀； 理解现代计量制度的形成过程，培养科学素养； 了解我国计量体系的来之不易，践行社会主义核心价值观，树立民族自信心	学生线上学习＋教师线下讲解＋线上讨论＋线下讨论＋专题资料查找
2	第二章　国际计量单位的发展历程 第一节　国际计量单位概述 第二节　时间单位——秒 第三节　长度单位——米 第四节　质量单位——千克 第五节　电流单位——安培 第六节　温度单位——开尔文 第七节　物质的量的单位——摩尔 第八节　发光强度单位——坎德拉	理解现代计量制度形成过程中科学家群体和社会群体的共同努力，培养人文关怀、社会责任心、科学素养、专业素质和创新精神	学生线上学习＋教师线下讲解＋线上讨论＋线下讨论＋专题资料查找
3	第三章　计量基准与计量标准 第一节　计量基准与计量标准的基本概念 第二节　计量标准的建立与命名 第三节　计量标准的考核 第四节　计量标准的使用与复查	明确规则意识，增强专业认同感，培养科学素质和敬业精神	学生线上学习＋教师线下讲解＋线上讨论
4	第四章　量值的传递与溯源 第一节　量与量值 第二节　量值传递 第三节　量值溯源 第四节　我国的量值传递与溯源体系	理解为了达成量值的传递与溯源这一目的，需要技术、管理、法律等全方位的措施，突出计量特色，增强专业认同感，培养科学素养	学生线上学习＋教师线下讲解＋线上讨论
5	第五章　计量检定、计量校准与计量比对 第一节　计量检定的基本概念 第二节　计量检定的方法与过程 第二节　计量检定实例 第三节　计量校准 第四节　计量校准实例 第五节　计量比对 第六节　计量比对实例	熟悉计量在实际生活中的应用过程，理解误差和不确定度的重要性，树立精益求精的匠人精神，增强专业认同感，培养科学素养和工程意识	学生线上学习＋教师线下讲解＋线上讨论＋线下讨论＋课外专题作业
6	第六章　机构及实验室能力考核 第一节　概述 第二节　法定计量检定机构考核 第三节　实验室认可 第四节　资质认定 第五节　比对和实验室能力验证	了解计量对机构及实验室的能力要求及考核措施，培养社会责任心，增强专业认同感，培养科学素养和工程意识	学生线上学习＋教师线下讲解＋线上讨论＋专题资料查找

五、育人元素实施案例

（一）思政案例名称

借助计量破解《孔雀东南飞》中的时间密码。

（二）总体思路

计量无处不在，是社会生活中非常重要的一个组成部分。作为社会现实的反映，文学作品中不可避免地有大量的与量值传递与溯源相关的内容。

在传统的课堂教学过程中，教学内容集中于传授教材上的固定内容，导致学生缺乏对课堂教学的参与，无法培养学生对课堂教学内容的兴趣，从而严重影响教学效果。

《孔雀东南飞》是我国古代有名的叙事诗，其中，不管是事件发生的时间，还是男女主人公的年龄，都涉及我国古代时间计量中的各种单位，即计时法。本案例通过将著名的《孔雀东南飞》一诗引入教学过程，分析其中包含的时间计量因素，极大地丰富工科课堂的教学气氛，改善教学效果。

本案例在教学过程中采用情境式、参与式、互动式等多种教学模式，充分挖掘《孔雀东南飞》一诗中的时间计量元素，让学生体验从计量的角度观察中国传统文学的奇妙之处，体现中国古代时间计量所达到的技术高度，坚定民族文化自信。通过将中国古代文学作品中浓郁的计量文化引入教学过程，可以极大地丰富课程的教学气氛，改善教学效果。

（三）案例设计

案例所属课程内容是"中国古代的时间计量"。通过对《孔雀东南飞》一诗中的事件时间、人物年龄等方面的线索分析，让学生了解计量单位在量值传递与溯源中的基础性作用，以及中国古代时间计量的基本概念。

具体内容包括两个方面：

（1）古代时间计量的基本知识，包括纪年法、纪月法、纪日法和纪时法。为了避免知识的介绍过于单调，这一部分内容是打散之后嵌入诗歌赏析这一环节中进行的。

（2）将古代时间计量的基本知识应用于《孔雀东南飞》诗歌的文本分析，包括两个方面的内容：一是《孔雀东南飞》中男女主人公年龄的推断；二是《孔雀东南飞》中的事件发生时间推断，包括事件发生的年代、事件发生的月份、事件发生的日期，甚至可以精确地事件发生的时刻。

1.课前准备

预习计量和测量的概念、时间计量的概念及历史发展，对《孔雀东南飞》原文进行阅读并思考。

2.课后补充

以中国古代的时间计量为主线，让学生分组检索与时间计量相关的器具或单位，并在网络BB平台上进行提问和交流。

（四）关键要点

1.关键知识点

中国古代计量中的时间计量。

2.能力点

从现实生活和文学作品中提取计量元素，了解计量单位在量值传递与溯源中的基础性作用，了解计量文化的广泛存在及其重要性。

3.要挖掘拓展的思政元素

博大精深的中国传统文化。

4.倡导的价值观念

增强专业认同，弘扬民族文化传统，提升文化自信。

（五）实施流程

教学流程分为导入、诗歌朗读、内容讲解和课后讨论四个部分。

1.导入

从专业和人文两个角度分别引入，然后介绍《孔雀东南飞》。

2.诗歌朗读

本案例特意安排了诗歌朗读环节。我们曾经尝试过轮流朗读，即让学生分别朗读其中的一部分，但后来发现轮流朗读的效果不如集体朗读，因为在集体朗读的时候，学生互相带动，互相促进，气氛非常热烈（见图1）。好多学生都说这个经历是他们大学生活中记忆最深的时刻之一。

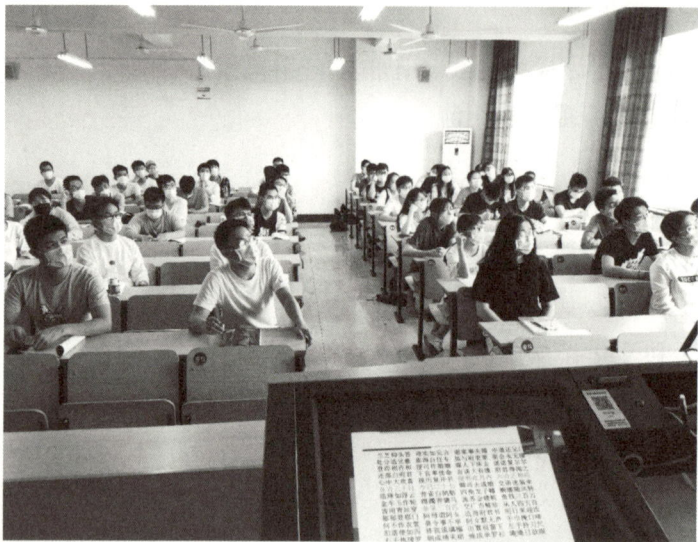

图1　学生齐声朗读《孔雀东南飞》

3.内容讲解

本案例的核心内容是中国古代时间计量。具体内容包括两个方面：古代时间计量的基本知识，将古代时间计量的基本知识应用于《孔雀东南飞》诗歌的文本分析（见图2至图4）。

图2　教师讲解《孔雀东南飞》

图3　对《孔雀东南飞》的文本分析

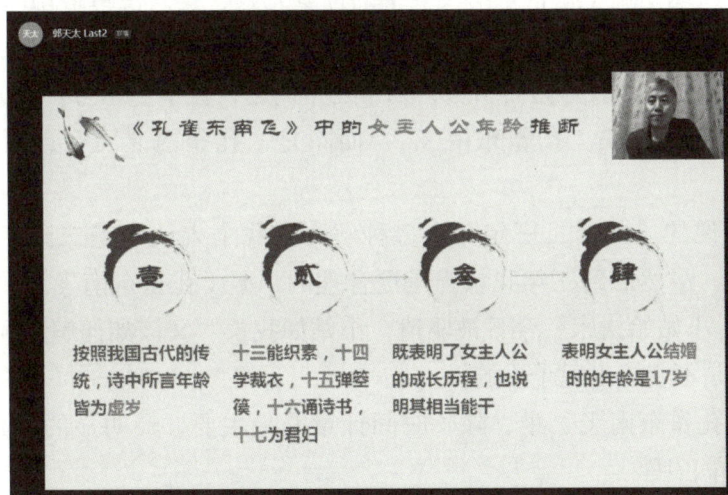

图4　教师利用钉钉讲授《孔雀东南飞》

4.课堂讨论与课后讨论

在课堂上，通过提问、交互环节，加深学生对《孔雀东南飞》中包含的时间计量元素的理解（见图5）。

图5　学生提出问题

　　为了更深入地挖掘《孔雀东南飞》中的计量元素，我们在网络BB平台上让学生开展关于《孔雀东南飞》的讨论（见图6）。为了便于学生自由发挥，讨论的内容和题目不限。作为引导，教师抛砖引玉，列了几个问题，让学生思考。例如：

　　（1）为什么诗中说"孔雀东南飞"，而不是"孔雀西北飞"或者"孔雀西南飞"呢？

　　（2）诗中说的"共事二三年"有多种解释。我个人认为是二到三年，但也有人认为是六年。虽然二到三年我认为是更合理的，但《孔雀东南飞》中还有几句诗"新妇初来时，小姑始扶床。今日被驱遣，小姑如我长"又该如何解释呢？在同一首诗里边，显然是不应该出现矛盾的。

　　（3）在《孔雀东南飞》中，除了时间计量是最主要、最明显的计量元素之外，还有别的计量单位吗？

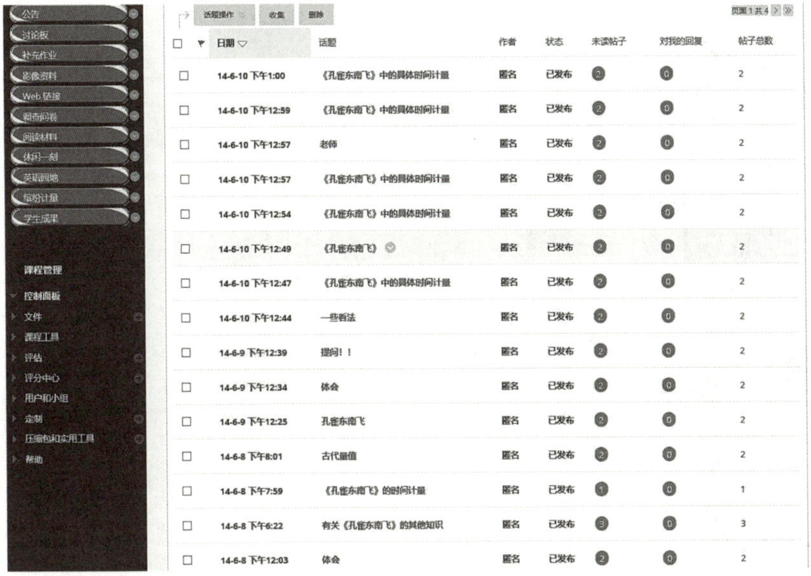

（a）

（b）

图6　学生在BB平台上讨论《孔雀东南飞》

　　由于对题目和范围不做限制，学生问的问题五花八门，回答问题的方式也各种各样，有的甚至结合现实，提出了从《孔雀东南飞》中得到的感想，等等（见图7）。这是超出教师的初始预期的。

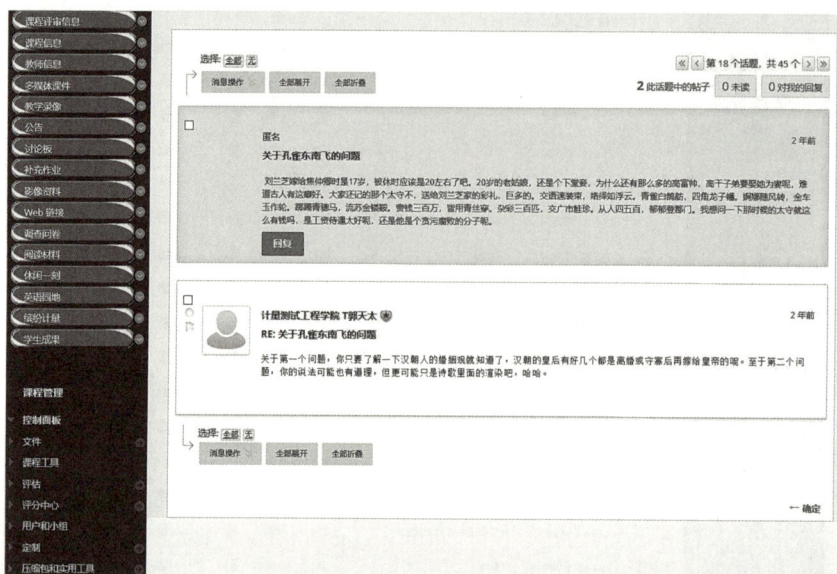

（a）

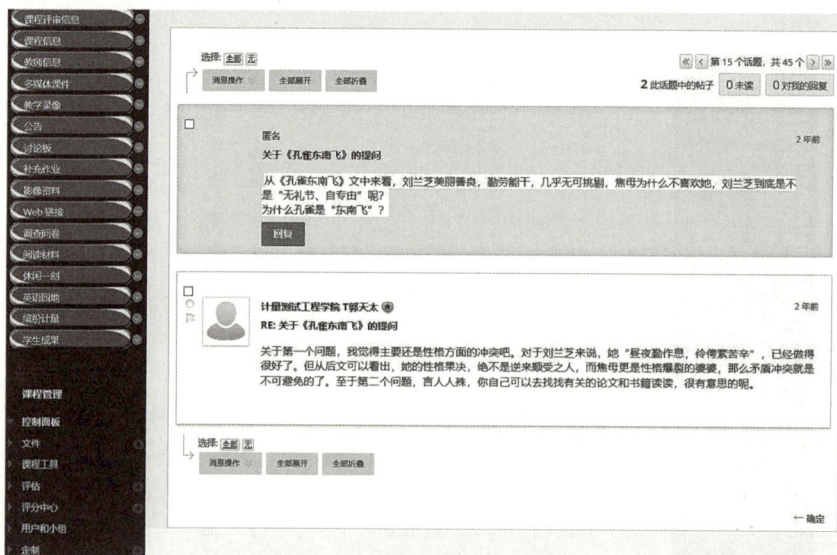

（b）

图7 学生在BB平台上讨论《孔雀东南飞》时的提问

（六）课堂时间安排

案例教学过程中的时间安排如表2所示。

表2　课堂时间安排

教学内容	时间安排
引言	2分钟
生活中的量值传递与溯源	2分钟
中国古代的度量衡	4分钟
中国古代的时间计量	3分钟
文学作品中的量值传递与溯源	5分钟
《孔雀东南飞》朗读	10分钟
古代时间计量的基本知识	6分钟
《孔雀东南飞》中的事件发生时间推断	6分钟
课堂讨论	5分钟
收尾、布置开放式作业	2分钟
总计	45分钟

六、特色及创新

（1）通过对文学作品中的计量单位的挖掘，让学生了解计量单位在量值传递与溯源中的基础性作用。

（2）引导学生了解中国传统计量中对于时间计量的重视，帮助学生建立时间计量的概念，了解我国计量文化的源远流长，培养爱国情怀。

（3）通过对《孔雀东南飞》一诗中的事件时间、人物年龄等方面的线索分析，理解中国传统时间计量文化的博大精深，增强专业认同感，提升民族自信心。

（4）教学方式并不是教师从头讲到尾，而是设计了学生集体朗读、教师讲解＋现场提问、课堂讨论、课后网络讨论等紧密关联的环节，实现了寓教于乐，极大地提升了教学效果。

七、教学效果

作为一首杰出的诗歌，《孔雀东南飞》有其独特的魅力。为了让学生能够体会诗歌的韵律之美，安排了《孔雀东南飞》课堂集体朗读，学生的参与感特别强，气氛特别热烈。在此基础上，教师趁热打铁，结合《孔雀东南飞》的文本解读，给学生介绍了中国古代时间计量的基本知识，并以对《孔雀东南飞》中男女主人公的年龄分析和其中的事件发生时间的推断为线索进行了讲解。当学生发现他们在中学时期就已经熟读过的《孔雀东南飞》中居然隐藏着这么多的计量学知识，而借助于计量这一工具，我们甚至可以确定女主人公"揽裙脱丝履，举身赴清池"的时刻，他们的兴奋感和震惊感溢于言表（见图8、图9）。

图8 学生在BB平台上表达对《孔雀东南飞》案例的认同

图9 学生在BB平台上表达从《孔雀东南飞》案例引发的思考

本案例给了学生一个近距离接触中国古代度量衡和时间计量的机会，让学生意识到量值传递与溯源知识在文学作品中也是无所不在的，因为文学作品是现实生活的反映。结合课堂教学，安排了课堂讨论和课后的网络讨论环节。学生参与积极，效果非常之好。本案例已在教学中实际应用多年，深受学生欢迎。

电力拖动自动控制系统

苏玉香 ——

浙江海洋大学　海洋工程装备学院

一、课程概况

电力拖动自动控制系统是以电动机为对象，以电力电子功率变换器为弱电控制强电的媒质，以控制理论为分析和设计基础，以计算机为控制手段的多门学科相互交叉的综合性学科。课程内容包含直流调速系统、交流调速系统和伺服系统。

突破传统课堂教学，将我校的船、海特色融入教学内容，构建"平台+模块"课程体系，结合自建精品课程，实施"课堂、网络、实践"三位一体MOOC混合式教学，将知识、能力和素质有机融合，引导学生深度分析、大胆质疑、勇于创新。课程倡导独立自主的科技创新，引导学生运用辩证唯物主义思想与方法观察问题、分析问题和解决问题，增强爱国主义情怀，加强海岛国防教育。

该课程由浙江海洋大学海洋工程装备学院开设，作为电气工程及其自动化等专业的一门专业必修或方向必选课程，共56学时，安排在第六学期开课。

二、课程目标

（一）知识目标

（1）握交、直流电力拖动控制系统的原理、控制规律与设计方法。

（2）掌握运动控制系统的工程设计方法。

（3）了解伺服系统的设计。

（二）能力目标

（1）能够运用工程设计方法设计控制器。

（2）能够持续追踪前沿科技，具有终身学习的能力。

（3）能够掌握解决交、直流电力拖动系统中的工程实际问题的能力，学以致用。

（三）价值目标

（1）结合我校所处的海岛地域优势，加强军港安全的国防教育，引发情感共鸣。

（2）培养学生的科学精神、科技报国的家国情怀，培养爱岗敬业精神，建立文化自信、制度自信，培养社会责任感和使命感。

（3）激发学生的学习热情，培养学生追求真理、勇攀科技高峰、大胆质疑、敢为人先的自主创新精神。

（4）培养学生团结合作、吃苦耐劳、公平竞争和拼搏奋斗精神，加强海洋生态文明建设，倡导节能环保、低碳生活。

三、思政元素

结合我校所处的海岛地域优势，加强军港安全的国防教育。将海防教育、海岛人文、船舶电力拖动、海洋工程平台、海洋生态文明、船舶节能环保等课程思政潜移默化融入教学。

将精益求精的工匠精神、逻辑思维、辩论能力、团结合作、科学精神、爱国主义、责任感、使命感、吃苦耐劳、公平竞争、海洋节能环保、海洋生态文明、文化自信、社会主义制度自信、拼搏精神、创新能力等思政元素融入课程教学中。

四、设计思路

课程结合我校船舶与海洋办学特色，守住课堂主阵地，挺进网络主战场，运用工程应用和创新实践来助推课程思政教学。

（一）守住课堂主阵地，挺进网络主战场

将海防教育、海岛人文、船舶电力拖动、海洋工程平台、海洋生态文明、船舶节能环保等课程思政潜移默化融入教学。将工匠精神、科学精神、团队合作、爱国主义、使命感、责任感、文化自信、制度自信、拼搏精神等思政元素有机融入课程教学中（见图1）。

结合自建线上MOOC教学，形成线上线下一体化思政课堂，充分利用课程线上资源，进行思政元素的线上辩论和探讨，延伸思政教学的时间和空间。

图1 育人元素的切入点及实施路径

（二）工程应用和创新实践来助推课程思政

通过精益求精的电机制造工艺及其自动控制系统视频演示，介绍船舶电力拖动系统、海洋高科技作业平台引领高科技，培养学生科学精神和工匠精神。

学生通过参与教师科研项目，进实验室，申报国家级、省级、校级大学生创新创业项目，挑战杯，学科竞赛（电子设计大赛、智能汽车竞赛、机器人大赛）等，培养其严谨治学的科学精神、团队精神和公平竞争、吃苦耐劳等品质。

（三）课程章节思政元素的教学设计

课程章节思政元素的教学设计如表1所示。

表1　课程章节思政元素的教学设计

课程章节	重要思政元素	相关联的专业知识或教学案例
绪论	爱国情怀、社会责任、文化自信、大国工匠、海防教育、学术伦理、逻辑思维	1. 通过《大国重器》《中国电机工业发展史》等，引导学生正确认识电力拖动系统的发展大势。以高铁、大型驱逐舰、国产航母、国产大飞机等大国重器研发成就为案例，增强学生的科学精神、科技报国的家国情怀、社会责任感、文化自信。 2. 讲述中国工程院马伟明院士研制十二相电动机的故事，培养学生对国家的忠诚和挚爱精神。教导学生拥有自己的核心科技，才能不受制于人。结合中美芯片之争，进一步强调掌握核心科技的重要性。 3. 从舰船电力拖动，结合我校地处海岛，引出海防教育，结合案例，不拍摄军舰照片，不泄露海防机密。 4. 交流调速系统取代直流调速系统已成为不争的事实。引入爱迪生和特斯拉的"直流电与交流电之争"，爱迪生为阻碍交流电的发展，公然在广场上用交流电电死一头大象。引发学生讨论，尊重同行的科学研究、尊重科学发展趋势、遵守学术伦理道德。 5. 磁链控制与转矩控制同样重要。抓主要矛盾，兼顾次要矛盾的辩证思维和逻辑思维能力培养。 6. 引导学生建立电机学、电力电子技术、微电子技术、计算机控制技术等的多学科交叉创新思维
直流调速系统	家国情怀、创新实践、团队协作、逻辑思维	1. 宣扬"扁担电机"精神，通过央企故事"一台电机的两次临危受命"中坚定信仰、勇担使命的感人事迹，培养学生立足岗位、彰显初心的精神风貌和开拓创新、铸就梦想的家国情怀。 2. 静态性能指标、动态稳定性孰轻孰重？引入新冠肺炎疫情下对经济指标和社会稳定性关系的探讨，通过抗疫的"中国速度""中国决心"，宣传爱国、奉献精神，增强民族自信。同时进行思政元素的线上辩论和探讨，延伸思政教学的时间和空间。 3. 直流电动机调速控制广泛用在智能汽车竞赛、机器人大赛、电子设计大赛等学科竞赛中，通过学科竞赛来培养学生严谨治学的科学精神、团队精神和公平竞争、吃苦耐劳等品质。 4. 从 V–M 系统到 PWM 变换器 – 电动机系统，对比两种直流调速系统异同点，培养学生的逻辑思维能力。 5. 通过教授稳态调速性能指标 D、s、Δn 之间制约关系，解决方案设计"引出转速闭环调速系统"，培养学生解决工程实际问题的能力。 6. 通过教授转速闭环、开环调速系统，以及有静差、无静差调速系统，培养学生对比分析能力。
直流调速系统	家国情怀、创新实践、团队协作、逻辑思维	7. 单闭环直流调速系统的限流保护，由过流现象，引发讨论，设计方案（电流截止负反馈、双闭环调速），并建模仿真演示。通过建模仿真、方案对比，培养工程设计能力和对比、逆推和抽象思维能力。 8. 控制对象的近似处理方法：抓主要矛盾。 9. 通过双闭环直流调速系统设计、工程实例设计，培养工程综合设计和创新实践能力

课程章节	重要思政元素	相关联的专业知识或教学案例
交流调速系统	科学精神、创新精神、节能环保	1. 介绍中国电机之父——钟兆琳，中国第一台交流电动机和发电机的制造者，让学生体会老一辈科学家和教育家的爱国、奉献、爱岗敬业、创新精神。 2. 介绍电机专家斯坦门茨一条线一万美元的故事，让学生懂得赚钱只是知识的附赠，懂得感恩、讲道义才是一个读书人应该有的品质。 3. 异步电动机变频调速，高铁、风电等高端装备都要用到变频调速，以前每年需花费数百亿元从国外采购 IGBT，现在我国成功研制出了堪称"半导体领域的珠穆朗玛峰"的国产耐高电压高电流的 IGBT，实现了高铁高速列车用上"中国芯"的梦想。核心技术是买不来的，唯有自主研发掌握核心科技才能不受制于人。青年一代要激扬雄心壮志，勇攀科技高峰。 4. 在电力电子变频器章节中，鼓励学生参加教师的科研项目，如研究逆变器中 IGBT 的智能故障定位与识别。 5. 讲述变频调速的工程案例，如变频空调、电梯、恒压供水系统，提升学生的创新实践和工程设计能力，并提倡节能环保、低碳生活。 6. "400 公里时速高铁有戏，我国研发成功新一代永磁牵引电机"，利用大国重器"复兴号"作为铺垫，TQ-800 永磁同步牵引电机，通过对比"异步电机"，说明采用同步电机的优势，有效激发学生对"同步电机"知识的求知欲
知识表示	中国智慧、文化自信	引入老子《道德经》中"道生一，一生二，二生三，三生万物"。在本课程中，"三"的规则很多，使学生在记忆很多问题时可以归纳为三条，如直流电动机的三种调速方法、交流电动机的三种调速方式等。中华传统文化博大精深，弘扬中国文化与中国智慧

五、实施案例

案例 1：由"动态稳定性和稳态性能指标之间孰轻孰重？"引发对疫情下社会稳定与经济发展指标关系的探讨，提升制度自信、文化自信，培养爱国、奉献、有担当的家国情怀。

组织学生展开探讨，然后得出结论：最好是改进系统结构，使系统既满足动态稳定性，又满足稳态性能指标的要求。

类比，社会稳定性与经济指标的关系，抗疫下，我国在社会安稳与经济发展之间做了怎样的取舍？疫情得到有效控制后，我国又是如何发展经济的？引出课程思政讨论题，如表 2 所示。

表 2　课程思政讨论

问题	作用
动态稳定性与稳态性能指标孰轻孰重？	疫情下社会稳定与经济发展的关系
社会稳定对于国家和个人的影响，结合抗疫说明	先国后家，培养学生的家国情怀

续表

问题	作用
在这场战疫中，请谈谈中国速度和中国优势	引出中国社会主义的优越性
从这场疫情来看，什么样的社会制度更合理	制度自信
疫情下，致敬最美逆行者	向英雄学习
谈谈你身边的抗"疫"故事	多一分理解，多一点关爱
什么样的品格最珍贵？	要做一个什么样的人
疫情下，哪些榜样让你感动？	向身边的人学习
科学抗疫，同学们都是怎么做的？	宣传科学抗疫知识，保证身心健康

由稳态性能指标和动态稳定性关系，引出疫情下经济发展和社会稳定的线上大讨论（见图2），培养学生的爱国主义情怀、文化自信、制度自信、爱的能力、社会责任感、主人翁精神和历史使命感等。

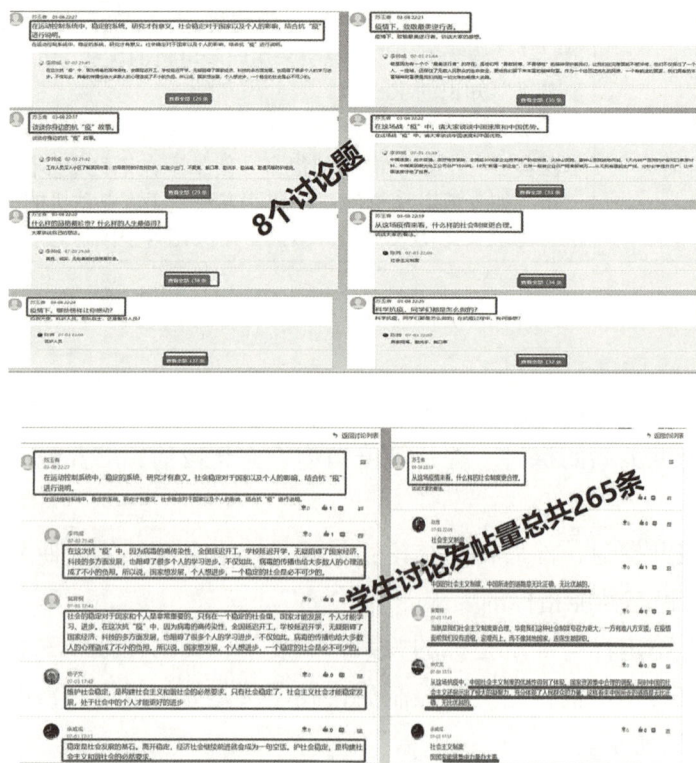

图2　依托MOOC线上思政讨论

案例2:通过电动机的变频调速控制，提升自主研发、不断创新、掌握核心科技的意识，倡导节能减排、低碳生活，增强解决工程实际问题的能力（见图3）。

高铁、风电等中国高端装备都要用到变频调速，以前每年需花费数百亿元从国外采购IGBT产品，现在我国成功研制出了堪称"半导体领域的珠穆朗玛峰"的国产耐高电压高电流的IGBT，实现了高铁高速列车用上"中国芯"的梦想。核心科技是买不来的，唯有自主研发，掌握核心科技才能不受制于人。青年一代要激扬雄心壮志，勇攀科技高峰。

通过变频调速的工程案例，如变频在空调、电梯、恒压供水系统中的应用，提升学生工程设计能力，提倡节能环保、低碳生活。

(a)变频空调、洗衣机、电梯

(b)高铁、风电中的变频控制

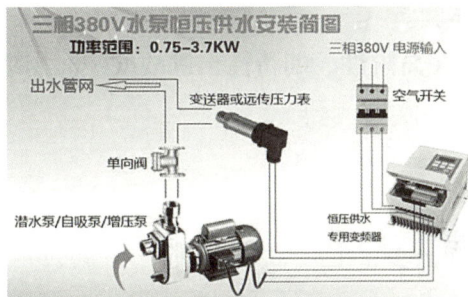

(c)恒压供水中的变频控制

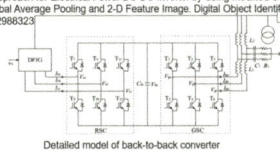

(d)变频器

图3　变频调速

六、特色及创新

（一）课程思政融入我校的船、海特色

本课程引导学生"学会认知—学以致用"，服务船舶与海洋工程装备产业，充分体现海洋院校的新工科课程特点，为船舶与海洋工程装备产业培养复合型工程应用人才。加强文化自信、海岛文化宣传和军港国防教育。

（二）"3277多"课程体系

以工程和涉海人才培养为导向，开发"3277多"新课程模式（见图4），体现工程专业学习整体性、层次性和模块化，激发学生学习积极性。采用"云"教学，拓展课程思政教学时间和空间深度，融合课外实践和课程思政，拓展综合能力。

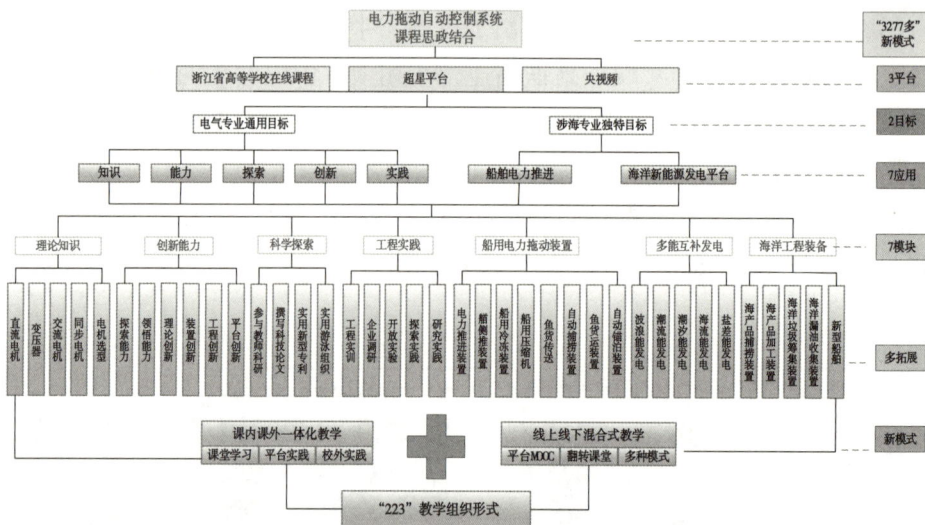

图4 "3277多"新模式

（三）"讲-查-做-演-论-体"多元课程思政教学法

讲：讲知识、故事。查：查资料，做：社会实践、调研。演：学生演讲。论：论文、讨论、辩论、论坛。体：活动、参与、体验。

（四）体现"两性一度"的课程质量分析，在高阶性、创新性和挑战度中润物细无声地融入课程思政教学元素

"两性一度"课程质量分析如图5所示。

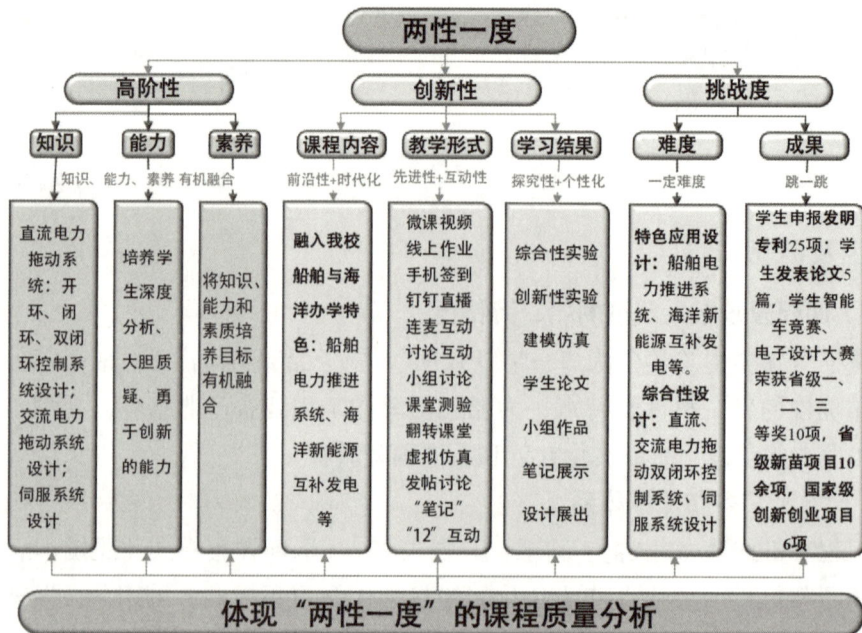

图5 "两性一度"课程质量分析

七、教学效果

（一）教学获奖与教学改革

课程荣获全国微课一等奖（2019）、浙江省"互联网+教学"案例特等奖（2020）、省课程思政案例一等奖（2021）、省首届教学创新大赛三等奖（2021）、省青年教师教学竞赛三等奖（2016）、省微课比赛三等奖（2017）、省教育技术成果三等奖2项（2019，2020），被评为省课程思政示范课（2021）、省一流课程（2019）、省精品在线课程（2018）、省教改（2018）、省课改（2015）、省虚拟仿真项目（2021）、教育部产学合作项目（2017）等。

（二）MOOC学习者参与积极

在省平台、超星、央视频等平台免费开放。已经运行10余期，惠及11所学校，选课人数超1000人。建有微课视频58个，题库数375个，其中第2期课程作业提交5463次，帖子数1556个，课程访问量122362次。

浙江省高等学校在线开放课程共享平台"电力拖动自动控制系统"课程（https://www.zjooc.cn/course/2c91808276e6a9be0176fa01c0fe2795）情况如图6、图7所示。

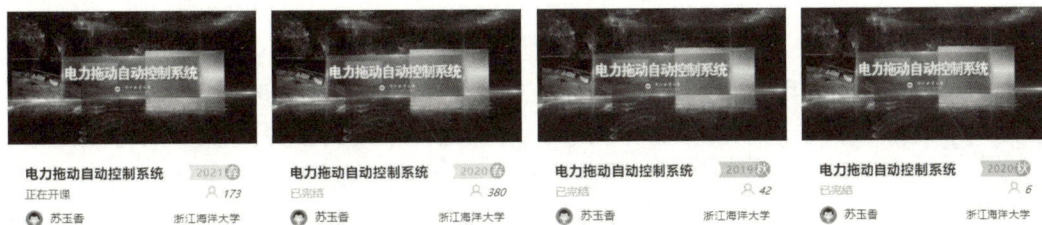

图6　省平台MOOC开课情况

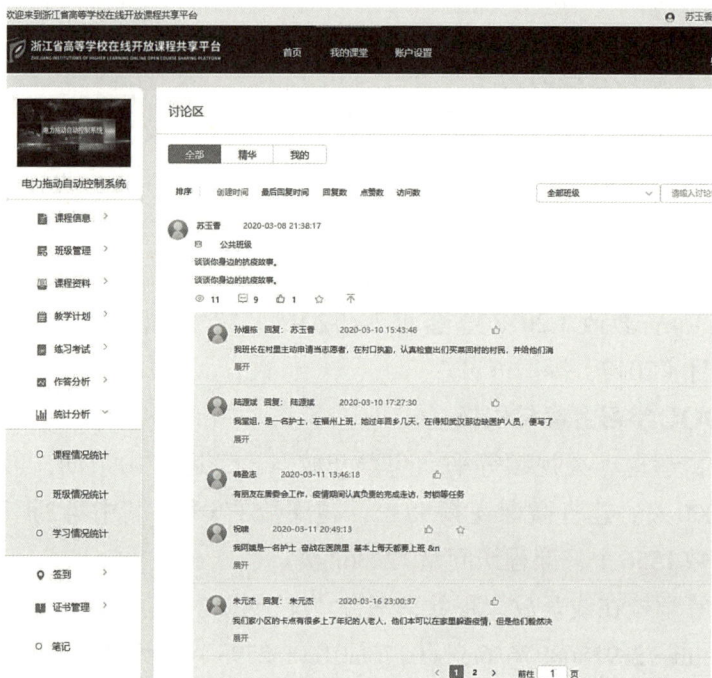

图7　MOOC思政讨论

（三）课程评价

教学督导和同行评价：情景视频导入，课堂测验，实验演示、动画演示，教学方式丰富多样；学生积极性高，精彩；信息化技术用得活灵活现，推荐"优秀"课程。

学生评价和反馈：线上线下混合模式教学效果好，课程内容丰富、微课与直播配合讲解，各有特点又相得益彰。学生评价内容节选如图8所示。

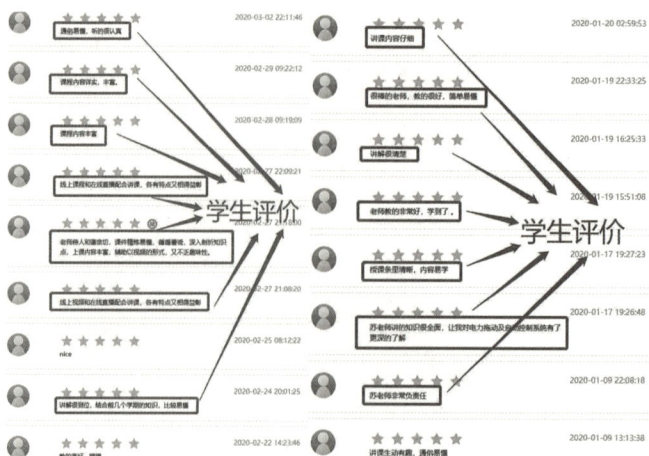

图8　学生的课程评价

（四）指导学生创新获奖

指导学生国家、省级创新创业项目20余项，授权发明专利2项、实用新型专利50余项，指导学生A类学科竞赛荣获省级奖10余项（见图9）。

国家级大学生创新创业训练计划项目	项目编号
基于风、光分布式发电的电动汽车充电桩的设计	201810340021
基于无线充电原理的湾区网箱养殖无人船是设计	201910340025
校园智能微电网	201910340024
基于PLC控制的洋流能循环压载水船舶平衡装置	202010340026

浙江省新苗人才项目	项目编号
新能源涵自动力船舶故障诊断	2020R411018
自给式海上浊漏石油自动收集与分离装置的研究与设计	2020R411020
海岛新能源独立式补发电装置的设计	2019R411028
摆式波浪发电装置的设计	2019R411029
网箱自给式海洋垃圾收集整置的研究与开发	2018R411032
海岛新能源互补增立发电海岛及其在海水淡化和提纯上的应用研究	2018R411033
利用波盘压电效应发电装置的设计	2018R411035

所获荣誉名称/成果的项目名称	成果类别和等级	授予单位	授予时间
全国大学生电子设计竞赛	A类 参赛奖	浙江省大学生科技竞赛委员会	2020.10
全国大学生电子设计竞赛	A类 参赛奖	浙江省大学生科技竞赛委员会	2020.10
全国大学生电子设计竞赛	A类 参赛奖	浙江省大学生科技竞赛委员会	2020.10
浙江省第一届船舶与海工竞赛设计与制作大赛	B类 省级 二等奖	浙江省船舶工程学会	2019.04
全国大学生智能车竞赛	A类 省级 二等奖	浙江省大学生科技竞赛委员会	2020.8
全国大学生智能车竞赛	A类 省级 三等奖	浙江省大学生科技竞赛委员会	2019.8
全国大学生电子设计竞赛	A类 省级 三等奖	浙江省大学生科技竞赛委员会	2018.9
全国大学生智能车竞赛	A类 省级 三等奖	浙江省大学生科技竞赛委员会	2018.8
全国大学生电子设计竞赛	A类 省级 二等奖	浙江省大学生科技竞赛委员会	2019.9
浙江省第一届船舶与海工竞赛设计与制作大赛	B类 省级 二等奖	浙江省船舶工程学会	2019.04
2019全国大学生电子设计竞赛（浙江赛区）	A类 省级 三等奖	浙江省大学生科技竞赛委员会	2019.9
2019全国大学生电子设计竞赛（浙江赛区）	A类 省级 三等奖	浙江省大学生科技竞赛委员会	2019.9
2018年浙江省大学生电子设计竞赛	A类 省级 二等奖	浙江省大学生科技竞赛委员会	2018.9
2018浙江省大学生电子设计竞赛	A类 省级 三等奖	浙江省大学生科技竞赛委员会	2018.9

一种波浪能发电装置 (ZL201810898756.0)	中国发明专利

实用新型专利（名称）	专利号	授权公告日
一种海洋波浪船发电装置	ZL201920743462.0	2020.04.14
一种可伸缩海洋垃圾收集装置	ZL201920634982.8	2020.04.07
一种无线充电养殖船	ZL202020591641.X	2020.11.10
一种波浪发电装置	ZL201821275916.8	2019.05.24
一种防碎玻璃杯	ZL201720276336.X	2018.05.22
充电器稳定夹	ZL201821016964.5	2018.12.28
多功能无人养殖网箱投喂监控作业船	ZL201820508923.1	2018.11.16
一种多功能床头置物柜	ZL201720276994.9	2018.04.27
一种风、光、油井势能互补独立发电装置	ZL201820141741.5	2018.09.28
一种太阳能和风能互补发电的路灯	ZL201820509803.3	2018.11.02
自动冲刷式宠物厕所	ZL201820508922.7	2018.11.16
一种自适应水平轴海洋能发电装置	ZL201720853338.0	2018.3.23
一种爬楼梯婴儿车	ZL201720277031.0	2018.3.6
一种汽车倒车辅助系统	ZL201720280871.2	2018.1.2
一种基于风光互补发电装置	ZL201720853270.6	2018.3.23
开关变压器绕组关系测试台结构	ZL201821685576.8	2019.7.19
电压型开关变压器绕组关系测量电路	ZL201821685469.3	2019.7.19

图9 指导学生项目、获奖、授权专利

土壤学

徐秋芳、张宝刚 ———

浙江农林大学　环境与资源学院

一、课程概况

　　土壤学是研究土壤发生、分类、分布、理化和生物学性状，以及利用和改良的一门学科。作为农业和林业科学的基础性学科，该课程始终以立德树人、强农兴农为指导思想，主要讲授土壤地质学基础、土壤形成、土壤基本理化性质以及维持土壤生态功能与健康的方法和技术，引导学生树立良好的生态文明意识，成为"绿水青山就是金山银山"理念的参与者和实践者。

　　该课程由浙江农林大学环境与资源学院开设，作为农业资源与环境、生态学、林学、农学和园林等专业的基础课程，主要面向大二学生，学时为56、40和24。

二、课程目标

（一）知识目标

（1）了解土壤和土壤肥力的概念、土壤特性。

（2）理解土壤物质组成和性质及其与土壤肥力的关系。

（3）明白土壤的环境过程与养分供应和植物生长的关系。

（4）具备土壤耕作和管理、土壤污染与防治和土壤退化与土壤质量等土壤管理和保护的理论知识。

（二）能力目标

（1）学习能力：独立思考、批判质疑、创新能力、综合分析等。

（2）技术能力：土壤水肥管理、耕地质量提升、退化土壤改良、污染土壤修复、面源污染控制等。

（三）价值目标

（1）深刻认识土壤及其提供的生态系统服务在乡村振兴和农业可持续发展战略实施中发挥的重要作用。

（2）能够以强农、兴农为己任，"懂农业、爱农村、爱农民"，树立把论文写在祖国大地上的意识和信念。

（3）增强服务农业农村现代化、服务乡村全面振兴的使命感和责任感。

（4）激发学生探索科学问题的兴趣，提升团队合作精神，提高综合分析问题和解决问题能力。

三、思政元素

土壤学与乡村振兴、"绿水青山就是金山银山"理念、"碳中和"目标和农业可持续发展等国家重大战略密切相关，该课程主要培养学生的"大国三农"情怀、职业责任感、创新精神、国际视野、忧患意识和环保意识等。

（一）"大国三农"情怀

土壤生态系统提供植物生长载体、养分供应、水分保蓄、生物保育、水质和气候调节等多种服务。通过解析这些服务在乡村振兴、"两山"理论和农业可持续发展战略实施过程中发挥的重要作用，培养学生的"大国三农"情怀，引导学生以强农兴农为己任，"懂农业、爱农村、爱农民"，树立把论文写在祖国大地上的意识和信念，增强学生服务农业农村现代化、服务乡村全面振兴的使命感和责任感。

（二）国际视野和全球关切

土壤与全球气候变化密切相关，例如土壤有机质是陆地生态系统最大的碳库，其含量微弱变化会对全球气候产生重大影响；土壤微生物活动是土壤温室气体排放的重要驱动力。因此理解土壤在全球气候变化中发挥的重要作用，能够使学生树立全球关切意识、扩展国际视野、理解大国责任。

（三）学习方法和创新精神

土壤学是一门古老而年轻的学科，不断有新的理论被提出。通过邀请国内知名学者作报告，课堂讲述相关领域最新研究进展，结合文献查阅和实验分析等多种教学方式，培养学生探索未知、追求真理、勇攀科学高峰的责任感和使命感。

四、设计思路

（一）教学设计路线（见图1）

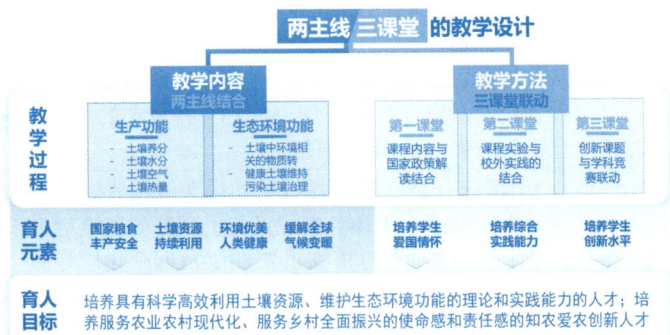

图1　两主线三课堂的教学设计

（二）课程章节思政元素的教学设计（见表1）

表1　课程思政元素的教学设计

课程章节	重要思政元素	相关联的专业知识或教学案例
绪论	家国情怀、民族自信	1. 通过土壤的农业生产资源属性、生态功能属性阐述土壤的重要性。从土壤与国家粮食安全、百姓果蔬保障息息相关、土壤是保证良好生态环境的重要载体等方面重点阐述，培养学生家国情怀。 2. 通过我国土地资源的稀缺性及土壤的不可再生性等，阐述土壤是珍贵自然资源，引出科学、持续利用土壤资源的必要性，培养学生的社会责任感。 3. 通过中国占全球7%耕地养活世界20%人口的事实，引导学生树立民族自信
土壤形成与矿物组成	探索未知、追求真理、辩证思维	1.通过介绍极其漫长的土壤形成过程阐述土壤的珍贵性；讲解土壤形成的五大作用因子的复杂性，使学生认知五颜六色、砂土黏土、土层厚薄以及土壤酸碱性的秘密，培养探索未知的科学素养。 2.介绍矿物质是土壤的骨骼，其颗粒组成、元素组成、矿物表面特征直接决定植物生长的好坏，不同的矿物质对土壤肥力有正反作用，培养学生辩证思维能力。只有充分认识土壤的矿物质组成，才能最好地发挥土壤的作用
土壤有机质、土壤生物	探索未知、生态文明、大国责任、国际视野	1. 土壤有机质只占土壤重量5%以下，却是决定土壤肥力的重要因子，通过对土壤有机质提高肥力机理的剖析，特别是土壤生物参与有机质转化的复杂过程阐述，揭示有机质的重要肥力作用。 2. 土壤有机质是陆地最大碳库，其储量是地上绿色植物的2～3倍，现在土壤有机碳含量普遍较低，说明土壤是碳汇，但需通过科学的技术方法，将植物碳保存在土壤中。由此引发学生树立质疑问难、创新思维的科学精神。 3. 土壤有机质的科学管理，关系碳中和目标的实现，由此树立学生大国责任感
土壤水、气、热	辩证思维、创新精神、工匠精神	1. 从土壤水、气、热的密切关联，以及不同土壤性质对土壤水、气、热循环的影响，启发学生运用辩证思维思考三者的平衡关系。 2. 通过对我国水资源的严峻现状和农业生产超量消耗的阐述，引出探索提高农业用水效率的技术，引导学生发挥创新思维以及工匠精神
土壤阳离子交换、酸碱性、土壤氧化还原反应	探索未知、追求真理、团队协作、全球关切、国际视野	1.土壤阳离子交换过程发生在纳米级胶体表面，是保持植物所需养分和供应养分的主要介质，通过老师剖析不同土壤离子交换的过程和特征，以及学生课堂交流讨论，探索提高土壤肥力新技术，培养追求真理、团队协作精神。 2.土壤酸化是全球性问题，引导学生认识土壤酸化对农业生产的严重危害以及对全球气候（如土壤CO_2排放）的重要影响，提高学生环保意识、增强学生职业责任感
土壤养分与植物营养	培养学习方法、服务三农的使命感	1. 土壤养分是保证植物生长的最关键要素，将前面所有知识归纳为逻辑思维框图，阐述各知识点与土壤养分和植物生长的密切关系。 2. 阐述土壤氮素对植物重要性以及偏施化肥导致土壤酸化的现象和机理，科学施肥技术落后导致的肥料利用率低下、水体环境污染严重以及温室气体排放等案例，引出学习知识，培养服务三农的使命感

续表

课程章节	重要思政元素	相关联的专业知识或教学案例
土壤污染、退化与防治技术	家国情怀、政治认同、人格养成	1. 介绍土壤污染的形成原因、我国污染现状，认识土壤污染严重性及其对食品安全和人居环境安全的威胁。 2. 通过实习调查等实践活动，宣传国家政策法规，提高学生自身和民众的环境保护意识，为保护珍贵土壤资源做贡献，增强职业责任感。 3. 引导学生应用生态学、植物学、环境科学、微生物学等的多学科交叉治理土壤污染，培养应用综合知识、创新思维的能力

五、实施案例

案例 1：从土壤酸碱性的理论知识，到土壤酸化的全球化现象，认识土壤酸化对农业生产的严重危害以及对全球气候（如土壤 CO_2 排放）的重要影响，提高学生环保意识，增强学生职业责任感。

引导学生基于自己的经验背景（如家乡的降水条件和土壤颜色）了解中国的土壤酸碱概况，达到知识建构的目的。深入讲解土壤酸碱性的产生机制，结合学生家乡或新闻报道中的土壤酸化实例，使学生建构起关于土壤酸化的认知结构，意识到土壤酸化对农业生产的严重危害，以及对全球气候的重要影响，提高学生环保意识，增强学生职业责任感。引导学生结合土壤酸碱性的产生机制，通过生讲生评的教学方式探索土壤酸化的改良途径（见图 2）。通过参观本学院实验教学中心，学生对亚热带地区常见作物的最适生长 pH 产生直观认识。

图 2　案例 1（课堂讨论和生讲生评）

案例 2：介绍土壤有机质从积累之复杂过程理论的形成发展，到与全球气候变化的密切关系，培养学生的探索未知素养和大国责任。

通过阐述土壤学发展过程中关于土壤有机质的不同理论，如腐殖质理论、选择性固持理论、逐步分解理论和有机质连续介质理论，并分析产生这些理论的实验背景和技术方法，培养学生探索未知、追求真理、勇攀科学高峰的责任感和使命感。同时，通过讲述土壤有机质含量对全球气候变化的重大影响（见图3），使学生建立起土壤有机质与"碳中和"密切关系的认知结构，引导学生树立全球关切意识、扩展国际视野、理解大国责任。

全球土壤碳存储

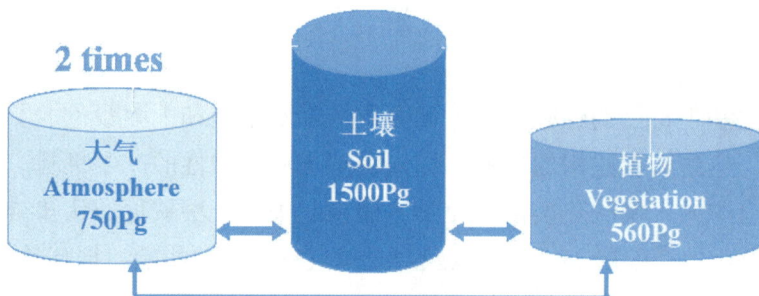

图3　土壤有机质对气候变化重要影响科学数据

案例3：从土壤污染和防治与人类健康的关系，培养学生科学利用土地资源的职业责任感。

介绍土壤污染的形成原因、我国污染现状，让学生认识土壤污染严重性及其对食品安全和人居环境安全的威胁；学生通过阅读、查阅大量文献资料，掌握土壤污染防治研究动态和治理技术；通过实习调查等实践活动，宣传国家政策法规（见图4），提高学生自身以及民众的环境保护意识，为保护珍贵土壤资源做贡献；科学地保护利用土地资源、使之得以持续利用。

图4　国务院印发《土壤污染防治行动计划》的新闻报道
https://tv.cctv.com/2016/06/06/VIDEuOsBZdVVrIMouolyZ6Qo160606.shtml

六、特色及创新

（一）国家级、省级优秀教师和省级教学名师组成强大的教学队伍

领衔主讲的姜培坤教授为国家优秀教师和浙江省杰出教师，另有浙江省优秀教师和教学名师以及国家千人计划人才和省级万人计划人才等20多位教师组成的土壤学教学团队，为全校20多个专业授课。

（二）特色

本课程在内容上与乡村振兴战略、"碳中和"目标、"绿水青山就是金山银山"理念和农业可持续发展战略等重要思政要点紧密联系：土壤是最珍贵的自然资源，土壤质量高、土壤环境安全、土壤生态系统良性循环、土壤资源永续利用是践行乡村振兴战略，实现产业强、农村美、农民富的重要基础；土壤是碳固定的重要场所，土壤有机质含量变化关系到"碳中和"目标的实现；土壤污染防治是践行"绿水青山就是金山银山"理念的重要途径和具体举措；提高土壤质量是农业可持续发展的关键，对于保护国家粮食安全具有重要意义。

（三）创新

1.创新土壤学课程思政内容和目标

从以往的重专业知识、重个人发展升级为专业内容和思政元素相融合，从而达到培养学生的"大国三农"情怀、增强学生服务乡村振兴战略使命感的目标，教学立意高远。

2.创新土壤学思政教学方式

从以往教师为主导的教学方式升级为教师引导、师生共建的教学方式。利用土壤学省级精品开放课程和国家级精品资源共享课等线上资源，耕地土壤镉污染钝化修复国家级虚拟仿真实验教学项目，以及千岛湖大自然保护组织项目基地和乌镇基地等实习和实验基地，通过专家报告、野外调研、实习参观、实验分析、案例分享、项目策划、头脑风暴和学生报告等教学方式，使学生深刻认识土壤学与乡村振兴战略、"碳中和"目标、"绿水青山就是金山银山"理念和农业可持续发展战略的重要联系，并掌握相关技能，达到学以致用的目的。

3.创新教学团队

课程团队主要成员除了具备土壤学专业背景外，在思政教育方面亦具有较高造诣，同时在乡村振兴战略、"绿水青山就是金山银山"理念和"碳中和"等方向上具有丰富的实践经验。

七、教学效果

土壤学课程思政教学，使学生理解了土壤的复杂性和多功能性及其与国家战略和人类命运共同体之间的紧密联系，树立起了"绿水青山就是金山银山"的理念、

把论文写在祖国大地上的意识和信念。培养了学生的"大国三农"情怀，增强了学生以强农兴农为己任、服务农业农村现代化、服务乡村全面振兴的使命感和责任感。显著提升了学生探索未知、追求真理、勇攀科学高峰的责任感和使命感。学生掌握了土壤学的基本理论知识、维持和提高土壤质量的技术和方法，为今后服务乡村振兴、践行"绿水青山就是金山银山"理念打下了扎实的基础。

自课程思政建设以来，土壤学课程获得浙江省课程思政示范课程立项和浙江农林大学教学成果奖二等奖等奖项，被评为浙江省高校"互联网+教学"优秀案例课程、浙江省线上线下混合式一流课程。

同时，课程获得了学生、督导和专家们的一致好评。

图5　获奖证书及实用新型专利申请

大学物理

倪涌舟

浙江农林大学　光机电工程学院

一、课程概况

大学物理课程主要研究物质基本结构、相互作用和物质最基本最普遍的运动形式及其相互转化规律，作为面向理工农科专业开设的学科基础课，是学生后续学习理论力学、电工学、电子技术、材料力学等课程的基础，也为学生今后利用物理知识解决实际问题打下必要的基础。

大学物理课程包含"大学物理A""大学物理B""大学物理C"三个系列。其中"大学物理A"共96学时，主要面向计算机科学与技术、电子信息工程、信息管理与信息系统、物联网工程、机械设计制造及其自动化、土木工程、智能科学与技术等专业；"大学物理B"共48学时，主要面向测绘工程、地理信息科学、环境科学与工程、高分子材料与工程、木材科学与工程、应用化学、应用统计学、数据科学与大数据技术、生物技术、生物制药等专业；"大学物理C"共32学时，主要面向茶学、农学、园艺、植物保护、生物技术、生物制药、中药学、园林、动物科学、农业资源与环境、食品科学与工程等专业。

二、教学目标

大学物理课程的教学目标如下（见图1）：

（一）知识目标

要求学生掌握物理学的基本原理、基本知识、基本方法以及物理思想，让学生奠定必要的物理基础。

（二）能力目标

培养学生知识迁移能力、运用物理知识理解与描述复杂工程问题的能力和创新能力以及利用物理知识进行探究创新的能力。

（三）育人目标

对学生进行辩证唯物主义、社会主义核心价值观、科学素养、生态意识教育，激发学生的文化自信和民族自信，提升学生的学习科学、创新强国的动力，使学生树立正确人生观、价值观和世界观，成为有社会责任感和使命感的人。

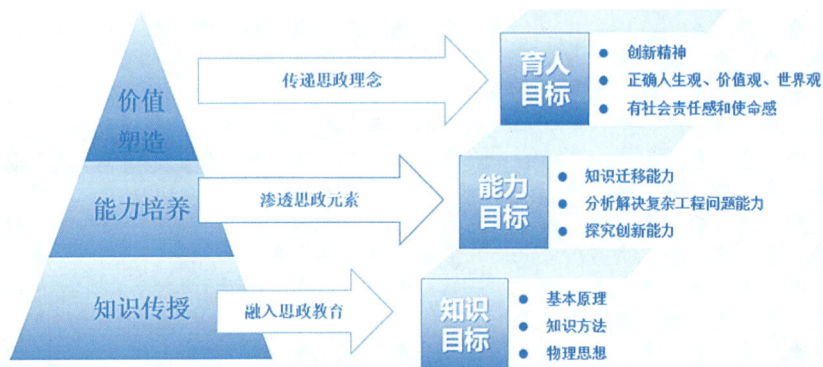

图1　大学物理教学目标

三、思政元素

物理学历史悠久，并且是一门仍在不断发展的学科，相关物理学的新技术、新方法层出不穷，为大学物理课程思政教学提供了大量的思政案例。在实际教学中，我们主要按照辩证唯物主义、社会主义核心价值观、科学素养、生态意识"四大着力点"挖掘大学物理课程蕴含的思政元素（见图2）。

（一）辩证唯物主义

通过分析和理解物理学中建模思想、理论推导、实验研究中蕴含的马克思主义唯物辩证法的运用，培养学生的辩证唯物主义思想。

（二）社会主义核心价值观

结合课程教学内容，介绍中国古代物理学相关的辉煌成就，特别是介绍新中国成立后，我国在物理学研究中取得的骄人创新成果以及相关科学家的经历，树立学生的"四个自信"，培养学生的爱国主义精神和科学报国的信念，彰显社会主义核心价值观。

（三）科学素养

通过强化物理学知识的逻辑推导、实验论证，结合物理学前沿应用介绍以及物理学家探索物理知识的经历分析，培养学生的科学素养、创新精神、探索科学的信心。

（四）生态意识

结合物理学教学内容中能量转化分析和新技术开发，宣传节能减排、绿色环保的重要意义，结合国家"十四五"规划中碳达峰、碳中和的要求以及学校建设生态性大学的要求，增强学生的生态意识、环保理念。

图2　大学物理课程思政元素

四、设计思路

（一）课程思政教学的整体构思

在大学物理课程教学中，我们通过构建"线上线下融合一二三课堂的创新能力培养体系"，将课程思政全面融入"一二三课堂"（见图3），达到"教学思政创新"多元协同，达成课程思政育人的目标。

在第一课堂的教学中通过网络课程与课堂教学相结合，深入挖掘教学内容中蕴含的思政元素，思政教育与知识传授紧密结合，润物细无声地开展思政教育，避免"两张皮""为思政而思政"的现象。

在第二课堂的教学中通过选择与课堂教学相对应的物理学重大成就，要求学生分小组进行物理知识的课后探讨，协作完成书面报告，锻炼学生的创新性思维。布置一些与物理知识点相关的小制作任务，让学生协作制作，提升学生利用物理知识解决实际工程问题的探索能力，培养学生的创新能力。

在第三课堂的教学中结合浙江省大学生物理科技创新竞赛，鼓励学生组队参加，同时选择部分学有余力的学生参与省新苗计划、国家大学生科研训练计划、教师科研等活动，让学生在实际行动中体会物理研究的严谨、科学创新的不易以及创新产出后的乐趣，培养学生的科研精神，提升学生的创新意识。

图3　课程思政全面融入"一二三课堂"

（二）课程思政教学的组织实施

在大学物理的课堂教学中，通过构建"课前自主学""课中主动想""课后合作练"的"学思做一体化"课程思政教学组织形式（见图4），达到思政教育与知识传授紧密结合，润物细无声地开展思政教育，避免"两张皮""为思政而思政"的现象。

（1）课前自主学。在大学物理系列网络课程教学中融入思政元素，学生在课前根据视频进行教学内容的预习时，自主学习，自主接受思政教育。

（2）课中主动想。在大学物理课堂讲解中对蕴含思政元素的知识点设置课堂讨论，采用互动式、探究式和案例式的教学方法，翻转课堂，让学生在讨论中达到思政要求，避免了教师"硬思政、强灌输"的缺陷，潜移默化地完成思政教育。充分利用网络课程优势，将思政讨论放在网课平台进行，可以更全面地检验每一个学生的思考情况，避免了只有少数学生参与讨论的问题。

（3）课后合作练。设置课程思政相关的课外讨论，让学生通过课下观影、阅读传记、查阅资料、撰写心得等方式，强化育人效果，达到全方位课程思政教学的目的。

图4 "学思做一体化"课程思政教学

（三）课程思政教学的具体内容和方法

为避免课程教学中的"硬思政"问题，我们对大学物理课程思政的融入点进行了梳理，确定了如表1所示的16个融入点，确定了相应的育人目标，提出了相应的教学方法，供全体大学物理授课教师参考，以达到课程思政的全覆盖。

表1 大学物理课程思政融入点及教学方法

序号	教学内容概述	课程思政育人目标	教学方法
1	力学：《考工记》《墨经》介绍	提升学生的文化自信、民族自信	信息化载体、案例教学、课堂讨论
2	力学：质点、刚体等理想模型的建立	培养辩证唯物主义思想	教师讲授、课堂讨论
3	力学：坐标系、北斗全球导航系统	提升学生的制度自信、民族自信、为国创新精神	信息化载体、课堂讨论
4	力学：机械能、节能减排	生态性教育	教师讲授、课外调查、分组研讨
5	力学：动量定理、太极拳的发力动作与防守动作	提升学生的文化自信、民族自信	信息化载体、案例教学、课堂讨论

序号	教学内容概述	课程思政育人目标	教学方法
6	力学：动量守恒定律、长征火箭、"载人航天"精神	提升学生的制度自信、民族自信	信息化载体、课堂讨论
7	电磁学：电磁感应，节能减排	生态性教育	教师讲授、课堂讨论
8	电磁学：电磁波、5G 移动通信	提升学生的制度自信、民族自信、为国创新精神	信息化载体、课堂讨论
9	热学：矛盾论与理想气体建模思想分析	培养辩证唯物主义思想	教师讲授、课堂讨论
10	热学：量变和质变的关系分析；气体温度是大量分子的集体行为	培养辩证唯物主义思想	教师讲授、课堂讨论
11	热学：循环效率、能量利用、碳达峰、碳中和	生态性教育	信息化载体、课外调查、课堂讨论
12	热学：热力学第二定律、中美在新冠防疫中的不同做法导致的后果	提升学生的制度自信、民族自信、为国创新精神	信息化载体、案例教学、课堂讨论
13	光学：《墨经》的光学八条	提升学生的文化自信、民族自信	信息化载体、课堂讨论
14	光学：光伏与中国光伏产业发展	提升学生的制度自信、民族自信、为国创新精神；生态性教育	信息化载体、课外分组研讨
15	相对论：质能方程、中国原子弹、氢弹等发展历程，钱学森、钱三强等科学家的感人事迹	培养学生爱国主义、为国创新精神	信息化载体、课堂讨论
16	量子力学：墨子号卫星，潘建伟事迹介绍	提升学生的制度自信、民族自信、为国创新精神	信息化载体、课外分组研讨

五、实施案例

案例1：在动量定理的教学中，以世界非物质文化遗产太极拳为例，分析太极拳的发力动作和防守动作中平均作用力与作用时间的关系，激发学生的学习兴趣，增强学生的文化自信（见图5）。

在动量定理的教学中，以动量定理中平均作用力与作用时间的关系为切入点，以世界非物质文化遗产太极拳为案例，运用课堂讨论的形式，通过观看太极拳的发力动作和防守动作的视频，让学生分析力与作用时间的关系，顺畅进行中国优秀传统文化的宣传，让学生理解中国古人的智慧，增强学生的文化自信。

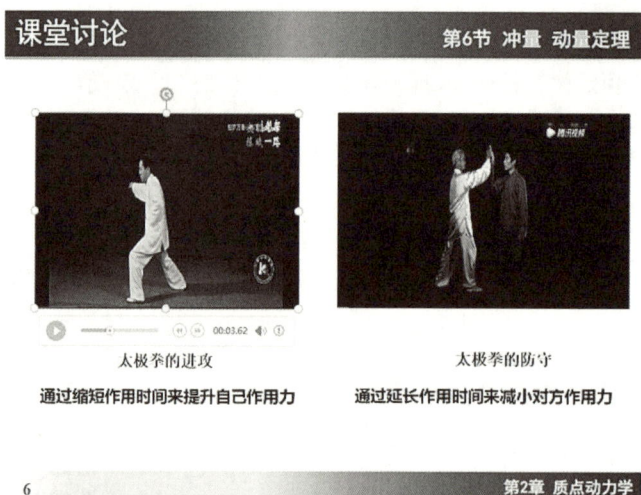

课堂讨论 　　第6节 冲量 动量定理

太极拳的进攻
通过缩短作用时间来提升自己作用力

太极拳的防守
通过延长作用时间来减小对方作用力

6 　　第2章 质点动力学

图5 案例1

　　案例2：在动量守恒定理教学中，通过分析鞭炮的飞天原理、火箭的发射原理、钱学森事迹，探讨个人命运如何与国家发展相融合，融入爱国主义、文化自信、民族自信的激励教育（见图6）。

　　在动量守恒定理教学中，通过分析鞭炮的飞天原理，引入动量守恒定理；通过对火箭发射时的动量守恒分析，引入对中国火箭技术的思考；通过手机搜索钱学森事迹，讨论个人命运如何与国家发展相融合，潜移默化地激发学生的爱国热情、文化自信和民族自信。

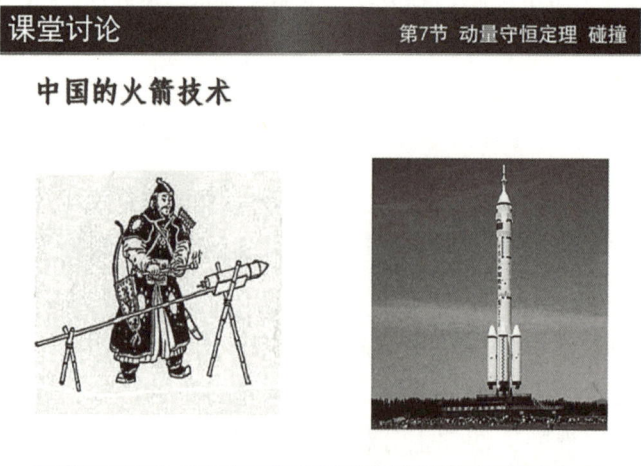

课堂讨论 　　第7节 动量守恒定理 碰撞

中国的火箭技术

图6 案例2

案例3：在热学循环过程的教学中，通过分析如何降低制冷机消耗的功，引入对节能减排的思考，对学生进行生态教育（见图7）。

在热学循环过程的教学中，通过课堂讨论的形式，探讨如何降低制冷机消耗的功，通过数据分析，让学生了解节能的方法；同时结合学校"十四五"规划提出的建设区域特色鲜明的高水平生态性研究型大学的目标，"绿水青山就是金山银山"理念在浙江的发源，国家"十四五"规划提出的"2030碳达峰、2060碳中和"的目标，分析在我国开展节能减排的重要意义，对学生进行生态教育。

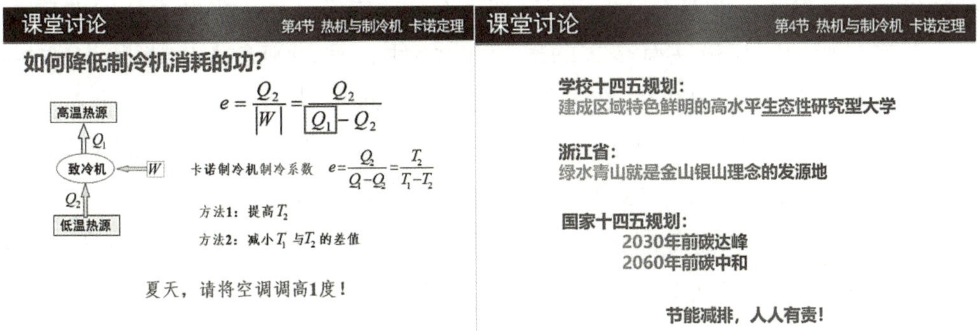

图7　案例3

六、特色与创新

经过多年的教学实践，我校的大学物理课程教学逐步构建了全方位课程思政融入、线上线下交互、"一二三"课堂结合的课程思政模式。

创建大学物理"教学思政创新"多元协同模式。通过教学目标内嵌"育人要求"、教学内容融入"思政元素"、教学模式彰显"思政教育"进行教学设计，通过辩证唯物主义哲学观、社会主义核心价值观、科学素养、生态意识"四大着力点"挖掘思政元素，通过案例式教学、课堂讨论、线上线下互动的方法，潜移默化地进行思政教育，激发学生学习物理的动力，培养学生运用物理知识进行创新的精神，实现"教学思政创新"多元协同，达成"知识传授、能力培养、价值塑造"三位一体的教学目标。

构建线上线下交互、"一二三"课堂结合的课程思政模式。在课堂教学中深入挖掘教学内容中的思政元素，通过案例式教学、利用课堂讨论，潜移默化地对学生开展思想政治教育；充分运用在超星学习通平台开设的"大学物理AⅠ""大学物理AⅡ""大学物理"网络课程，上传思政教学内容，通过学生自主学习，开展网上讨论等方式对学生进行思政教育；结合第三课堂引导鼓励学生参与学生科研计划、教师科研项目、浙江省大学生物理科技创新竞赛等活动，锻炼学生的创新能力，培养学生的创新意识。

七、大学物理课程思政教学效果

通过多年的教学实践，"思政引领、创新起航"为核心的大学物理课程思政教学模式逐步成形，并被全体物理课教师使用，对全校物理课程的教学起到了很好的推进作用。2018年，倪涌舟老师的"思政味大学物理课"被多家媒体报导，"中国物理学成就与大学物理课程有机衔接的课堂教学改革与实践"课题被列为校级重点教改项目进行研究。2019年，"大学物理AⅠ"课程被列为校级第一批课程思政示范课程。2020年，《"思政引领、育人压舱、学术扬帆"大学物理课程思政的探索与实践》获学校教学成果二等奖。2021年，"大学物理AⅠ"课程被认定为浙江省一流课程。

学生学习物理的积极性有很大的提升。近5年，有2000余人参与浙江省大学生物理理论竞赛，获奖800多项。在浙江省大学生物理科技创新竞赛中，我校学生的成绩近三年取得"三连跳"，从2018年只有10组参加，到2020年有40多个团队报名参赛，获得一等奖5项、二等奖9项、三等奖7项，在全省高校中名列前茅。近5年，学生在物理教师指导下获得国家大学生创新创业项目4项、浙江省新苗计划项目5项，发表物理相关SCI论文10篇，获得实用专利、软件著作权40余项。

城乡规划原理

吴亚琪

浙江农林大学　风景园林与建筑学院

一、课程概况

"城乡规划原理"是城乡规划、人文地理与城乡规划专业的核心课程，同时地理信息科学、风景园林、园艺、城市管理、旅游管理、测绘工程等专业也都开了相应的选修课，受众面很广。

本课程主要阐述城乡基本特征、规划理论思潮、规划编制体系、韧性城市、生态城市、乡村规划等内容。本课程以学生主动学习为目标导向，在城乡规划及相关专业学生的心中根植"底线"思维，对其进行价值观塑造，将促进实现城乡人民对美好生活的向往作为城乡规划的出发点和着力点，为城乡服务培养品质规划师。

二、课程目标

浙江农林大学城乡规划专业深化土地合理利用和自然资源保护的理念，强调地理信息技术的运用，旨在培养理解有关城乡发展和规划的方针、政策及法规，富有社会责任感、团队精神和创新思维能力的高级应用型人才。本课程建设紧紧围绕生态文明建设、健康美丽中国、文化自信和乡村振兴等方面展开，以学生为中心，以问题为导向，打造培育品质规划师的主渠道和主阵地。

（一）知识目标

掌握城乡的基本特征，规划编制的内容、方法与技术体系等内容。

（二）能力目标

培养学生发现问题、调查分析、解决问题的能力，具备初步的城乡用地规划、总体布局等设计能力，为学员考研、拓展专业知识面和适应多工种协作的工作打下必要的基础，并培养自主学习的能力。

（三）价值目标

培养学生的"底线"思维，立足资源优化配置，确立城乡规划的目标及价值观，即健康与安全、方便与效率、公平与平等、美观与有序、建设永续和谐城乡；培养学生爱国敬业精神，富有家园情怀，树立法治意识及提升社会责任感；培养学生的奉献精神、人文精神、诚信精神，以及正确的职业道德与操守；了解城乡规划是协调各类决策和促进城乡有序发展的重要手段。

三、思政元素

本课程以"底线思维"为核心，通过立德树人、家国情怀的价值塑造和法规意识的培育，旨在培养规划界的品质大师。具体思政元素包括以下几个方面（见图1）。

立德树人：通过师德修养、社会主义核心价值观的渗透，培养学生具有爱国敬业、诚实守信的品德。

底线思维：在规划中始终贯穿生态保护红线、永久基本农田、城市开发边界线作为调整经济结构、规划产业发展、推进城镇化不可逾越的红线，并坚持作为规划师的职业道德底线塑造城乡命运共同体。

价值塑造：以史为鉴，渗透"绿水青山就是金山银山"理念，以人为本，通过辩证思维，规划设计健康美丽、可持续发展、永续和谐、多元包容的城乡，力求学生自主创新，求真敬业。

家国情怀：通过了解中国古代城市规划和建设的辉煌成就、新型城市化的政策道路等，塑造政治认同、文化自信、社会责任、民族自豪感。树立把规划落实到城乡大地上的意识和信念，守好一段渠，种好责任田，增强专业认同。

法规意识：引导学生学思践悟习近平全面依法治国的新理念、新思想、新战略，牢固树立法治观念，遵纪守法，并树立公共政策意识、法治意识、公民意识。

图1 "城乡规划原理"思政元素

四、设计思路

本课程以"培养品质规划师"为中心，在师德修养基础上，通过对城乡规划知识体系思政元素的"多角度挖掘、知识点重构、多媒介融入、无声式渗透"四个步骤，将底线思维、立德树人、家国情怀的价值塑造和法规意识等多元思政元素，润物无声地渗透到各知识点。

"城乡规划原理"课程知识体系复杂，课程11章中的51个知识点的具体教学内容思政元素的教学设计见表1。

表1　课程章节思政元素的教学设计

序号	课程章节	思政切入点	课程思政育人目标
1	绪论	引导学生从问题出发，探究规划的意义与价值。从城乡的起源入手，引导学生从家园情怀、生态文明等角度，针对城乡在形成发展过程中出现的问题寻求解决方法，通过学习城市化、城市双修、特色小镇政策等，坚定道路自信、文化自信等	家园情怀 道路自信 文化自信 底线思维
2	城市规划思想发展	运用时间线和都城线，通过学习城市发展史和重要理论，崇尚贤德、学古知今，进行文化传承，并悟出现今形势下城市的发展模式，培养学生的创新性	崇德尚贤 学古知今 悟思想 创新精神
3	城乡规划体制	从城乡规划法切入，通过法规、行政、技术、运作体制的讲解，培养学生的法规意识、责任意识和公民意识	法规意识 责任意识 公民意识
4	城乡规划编制体系	从格迪斯的规划过程公式切入，讲解规划的过程：实地调研、资料搜集、分析整理、规划编制	吃苦耐劳 团队合作 分析问题
5	用地分类及其适用性评价	从地理高程模型引入，引导学生用 ArcGIS 技术分析地块的高程、坡度、坡向、三维空间等，培养学生科学地运用新技术分析的能力，满足人地协调、生态环境宜居、三线控制的底线要求	科学精神 新技术 人地协调 底线思维
6	城市道路交通规划	道路系统的各从其类、各行其道，要求学生注重行为规范、关注弱势群体等；绿色畅通，骨架合理，培养学生的设计能力；道路千万条，安全第一条，培养学生具有法规意识和安全意识	行为规范 关注弱势群体 法规意识 安全意识

续 表

序号	课程章节	思政切入点	课程思政育人目标
7	城市总体规划	从城市空间问题引出总体布局必须考虑战略引领、区域协同，底线思维、品质支撑，集约紧凑、强化结构，多元包容、公正有序，传承文化、突出特色，远近结合，弹性生长等	底线思维 大局意识 文化自信 多元包容 社会公正 时代精神 审美艺术
8	韧性城市规划	从城市面对灾难、疫情问题引出韧性城市等	安全意识 责任意识
9	生态城市规划	从城市生态环境问题分析引入"绿水青山就是金山银山"理念	生态文明 "绿水青山就是金山银山"理念 科学自然观
10	城市详细规划	从国土空间用途管制、核发城乡建设项目规划许可切入，提出控规，并从地块引入生活圈规划	法规意识 工匠精神 职业担当 家园情怀
11	乡村规划	从内涵出发，通过案例分析，阐述乡村设计的内容。引导学生通过城乡融合，以城带乡，建设未来乡村	乡村振兴 道路自信

五、育人元素实施案例

以"特色小镇"知识点为例进行课程思政教学案例设计。

（一）育人目标

了解特色小镇建设的背景和特色小镇基本特征，激发学生的民族自豪感、政治认同及道路自信。掌握特色小镇规划设计的内容，培养学生底线思维和家园情怀。设计一个理想的特色小镇，培养学生积极探索的精神和艺术美学特色的感悟。

（二）教学内容与思政元素

教学内容与思政元素详见图2。

图2 "特色小镇"知识点教学内容与思政元素

（三）教学设计

1.情境导入

从大家熟悉的《诗经》中的一些诗句，如"呦呦鹿鸣，食野之苹。我有嘉宾，鼓瑟吹笙"，引出西安沣河畔的《诗经》里的特色小镇。它将《诗经》中所涉及的风物、民俗、音乐、人物等，转化为可触摸的《诗经》美学体验——建筑、景观、生活体验、演艺节目等。让学生亲身感受传统文化与城镇设计的融合，并提出问题"那么为什么要建特色小镇呢？"从而导入特色小镇建设背景分析。

2.知识展开

（1）背景介绍：从新型城市化、供给侧改革、经济新常态的国家政策出发，立足浙江省情——空间资源瓶颈、高端要素聚合不足、城乡二元结构，结合国际案例，如滑雪、休闲度假及国际会议（世界经济论坛）集中地的瑞士达沃斯小镇和多姿多彩的薰衣草之乡法国普罗旺斯小镇等，引出浙江省率先提出建设"特色小镇"，并出台了《浙江省人民政府关于加快特色小镇规划建设的指导意见》。通过背景介绍，引导学生了解国家、地方政策，开拓国际视野，增强浙江人民的自豪感和道路自信。

（2）特色小镇内容体系：分别从浙江省及国家层面介绍特色小镇的概念与特征，阐述特色小镇建设要体现十二个字"特而强，小而美，聚而合，活而新"。"特而强"指一镇一业，锁定产业主攻方向，构筑产业创新高地，培养学生探究问题能力。"小而美"是指空间布局上要融入艺术美学元素，提出打造高颜值的美丽城镇，注重学生品味的提升。"聚而合"是指要深挖、延伸、融合产业功能、文化功能、旅游功能和社区功能，产生叠加效应，推进融合发展，培养学生的科学自然观和价值塑造观。"活而新"是指制度方面，坚持企业为主体和市场化运作，实行"优胜劣汰"。

（3）特色小镇规划设计思路：从浙江省特色小镇规划范围切入，指出小镇核心区建设一般控制在1平方千米左右，规划设计要坚持产业、文化、旅游、社区四位一体，生产、生活、生态三生融合，工业化、信息化、城镇化、生态化四化驱动，业态、文态、生态、形态四态联动原则，完成环境感知分析、产业功能研究、文旅空间构建、景观风貌设计、配套设施规划，落实建设项目等内容，旨在培养学生生态价值观和进行文化技术、艺术美学的实践。

案例分析：以浙江省温州市瓯海区纸山旅游风情特色小镇的规划设计为例，通过区位分析、环境感知、开发策略、理念与定位、产业定位、功能结构、总体布局、节点设计、行动计划等内容的分析，让学生充分了解特色小镇如何规划设计，培养学生缘事析理的能力（见图3）。

设计深化：通过设计一个理想的特色小镇和讨论在城市规划中如何充满人情味、体现高颜值、增强便利性、提升吸引力、洋溢文化味来培养学生的职业素养（见图4）。

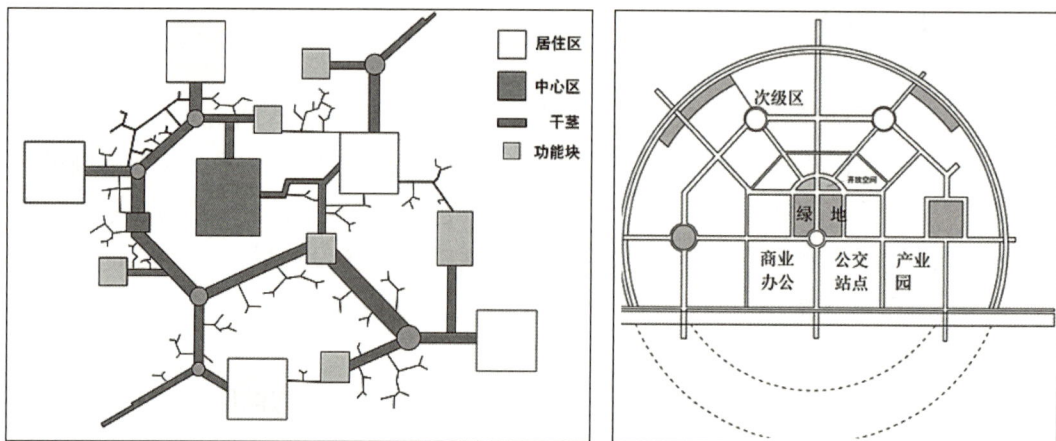

图3　学生设计的理想特色小镇形态（节选）

图4　学生讨论题目回答（节选）

（四）教学方法

本知识点采用了启发式讲授、任务驱动、案例分析和探究式学习的教学方法。

六、特色及创新

（一）"点到为止，多角度"挖掘和融入思政元素

城乡规划知识体系庞杂，具有学科综合交叉性强、理论性和时政性强、生活化等基本特点。通过把知识体系碎片化到51个知识点，挖掘其相对应的思政元素，如生活圈的家园情怀、城市防灾体系建设的安全底线思维等。以知识点的融合为基础，从文化角度、科学角度、资源角度、法制管理角度、价值观角度进行思政体系构架。

（二）以底线思维为导向，融合生态文明价值观培养"品质大家"

坚持生态红线、耕地红线、城市开发边界线的底线思维和规划师职业道德的素养，将生态文明制度建设、健康美丽、安全可持续等理念在城乡规划层面加以落实，课程以城乡、生态、文化和规划为主线，串联起城乡规划建设的理论、方法、案例等教学模块，注重学生品格、品行、品味的塑造，系统思维方式的训练和专业技能的提升，培根铸魂，启智润心。

（三）与时俱进，课程中不断融入城乡发展社会焦点问题

教师在深入了解学生所思、所想、所惑的基础上，利用已有的固定式素材，结合国内外城乡发展社会焦点问题，设计出一些集趣味性、时效性、专业性为一体的即兴式素材，如双碳背景下的城镇发展、乡村的运营、韧性城市的规划建设等，通过音视频、图片、讨论等多种方式并用，使课程与思政完美融合，实现价值观塑造、能力培养与知识传授的统一。

七、教学效果

（一）学习成绩不断提升

"城乡规划原理"实施课程思政以来，学生成绩明显提高。通过对人文地理与城乡规划专业、地理信息系统专业课程思政实施前后考试数据的对比分析，发现城规2017级比2016级明显成绩提高，90分以上的增加了4个人，80分以上的增加了14个人，不及格人数明显减少。地信专业2018级与2017级相比，80分以上的增加了8个人，70～80分增加了13个人，不及格人数大大降低（见图5至图8）。

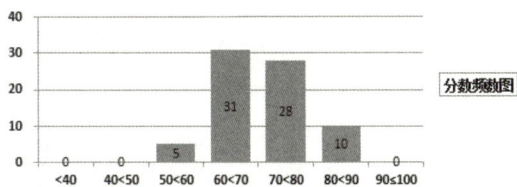
图5　2016级城规专业考试分数频数分布图

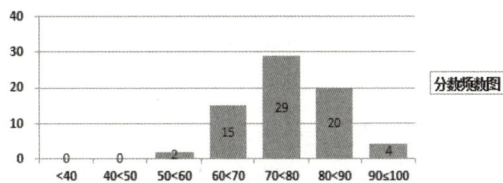
图6　2017级城规专业考试分数频数分布图

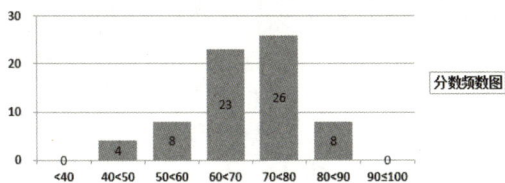
图7　2017级地信专业考试分数频数分布图

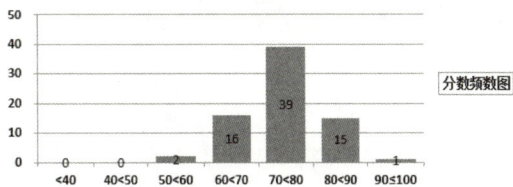
图8　2018级地信专业考试分数频数分布图

（二）学生自主学习积极性不断提高

自2018年开展课程思政以来，学生更喜欢上"城乡规划原理"课程，师生关系融洽，学生对该课程的评价良好。线上课程点击率高，达到了602605次（http://www.xueyinonline.com/detail/218894052，见图9）。

图9　课程点击率

（三）提升了学生的专业技能和综合思辨能力

学生在浙江省第一届大学生环境生态科技创新大赛、浙江省第四届"和合天台"大学生乡村规划与创意设计大赛、中国大学生自然资源科技大赛中分别获得二等奖、三等奖、优秀奖等（见图10）。

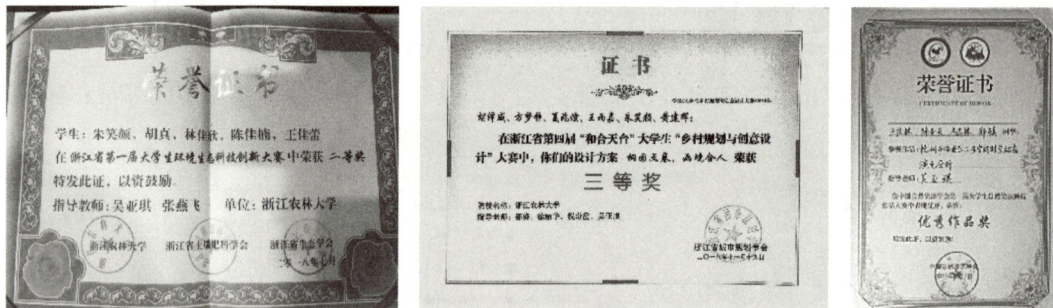

图10　学生获奖证书

（四）增强了学生职业生涯的信心

本课程是学生在"城乡规划学"学术性硕士研究生笔试时的必考课。通过学习本课程，学生在就业考研方面具备了明显的优势，一大批学生顺利进入科研院所、政府规划部门、设计院等企事业单位，并发挥了核心骨干作用。以2017级人文地理与城乡规划专业为例，截止到2021年5月10日，有20人考取硕士研究生，10人考取规划管理类选调生和公务员，6人入职与规划相关的企业。

（五）学生积极开展课程思政社会实践

秉承着"引导当代大学生在实践中增长才干、锻炼能力、服务社会，增强历史使命感和社会责任感"的思想，城乡规划专业2018级董立源小组在2021年暑假参观了临安博物馆和烈士纪念馆，并组织大家赶赴杭州市临安区、衢州市常山县、绍兴市、舟山市普陀区、湖州市长兴县进行红色文化和家国情怀的宣讲。这些活动增强了学生的社会责任意识，并锻炼了学生的社会实践能力（见图11）。

图11　学生暑期社会实践

电工学

樊艳

浙江农林大学　光机电工程学院

一、课程概况

　　"电工学"是一门面向高等学校本科非电类理工科专业的一门专业基础课。它是研究电工和电子技术相关理论和应用的技术类基础课程。电工和电子技术在现代生产与生活中应用非常广泛，因而电工学具有基础性、应用性和先进性。学生通过本课程的学习掌握电工和电子技术必要的基本理论、基本知识和基本技能，具有将电工和电子技术应用于本专业的一定能力。培养学生分析和解决问题的能力，为学生毕业后从事有关电的工作打下基础。该课程的特点是应用性较强，在教学过程中强调理论指导实践，实践检验理论。力争通过本课程的教学，让学生达到"学而信、学而思、学而行"的效果，能独立思考问题并利用所学设计一些小型电路或小制作。

　　该课程由浙江农林大学光机电工程学院开设，作为高分子材料、木材科学与工程等专业的一门专业必修的基础课程，共32学时，安排在第三个学期开课。

二、课程目标

（一）知识目标

　　（1）掌握电工和电子技术必要的基本理论、基本知识和基本技能，了解电工电子技术及其应用的发展历史、发展现状和发展方向、未来趋势，掌握科学的思维方法和研究问题的手段。

　　（2）掌握直流电路、交流电路的特点和典型电路分析等基础知识，掌握三相交流电路、三相异步电动机、变压器的基本原理和应用分析，掌握模拟电路和数字电路的分析方法及生活中的应用。

　　（3）了解电工技术在现代智能生产流水线上的应用和电子技术在现代电器中的典型应用和发展瓶颈。

（二）能力目标

　　（1）能够运用所学电路知识理解和描述复杂工程问题的能力，具有自主学习及知识迁移能力，能对实际应用中的电路及系统进行分析和改进。

（2）能够持续追踪电工及电子新技术，具有终身学习的意识。

（3）能够在专业学习时从学科交叉应用的角度去思考、处理问题，具有较强的探究能力、创新和自主学习能力。

（三）价值目标

（1）通过介绍我国电工、电子技术发展的概况，特别是在高压输电、盾构机等领域取得的世界领先成就，激发学生的民族自信心和自豪感，提升学习科学、投身科学研究的信心。

（2）通过理论学习与实验操作相结合，启发学生思考实验结果与理论之间的联系和区别，培养学生实事求是的科学伦理观。

（3）通过设计性实验的探索，弘扬探索未知、敢于创新的精神，培养独立自主的科技素养，提升自主创新意识。

三、思政元素

结合我国在电工、电子领域的先进技术与存在的技术瓶颈，该课程着重培养学生的科学精神、工匠精神、专业素养、创新意识和家国情怀。

（一）科学精神与科学素养

通过分析基本定理的适用范围，培养学生实事求是的科学态度；通过分析定理的拓展应用，培养守正创新精神；通过分析解决同一问题的多种定理和方法各自的优缺点，启发学生思考矛盾统一的哲学思想，培养辩证唯物主义科学观。

（二）国家战略与工匠精神

通过我国高压输电技术对外输出，在巴西建立高压输电电网的案例，宣传"一带一路"倡议；通过介绍相关科学家的生平事迹，弘扬献身科学、为国奋斗的科学家精神；通过电力工人的先进事迹，宣扬普通人扎根岗位，将本职工作做到极致的工匠精神。

（三）专业素养与公共安全意识

实验教学培养学生操作规范，形成专业素养；在课前调研任务中培养学生团结协作精神；通过短路防护的实际应用，培养学生安全意识，保障电器设备和操作者人身安全。

（四）创新意识与人文关怀

介绍半导体知识时，结合当前研究热点石墨烯扩宽学生知识面，同时通过调研当前国际国内研究现状，培养学生国际视野，做到"放眼世界、心怀祖国"；在工业设计、电路设计时，注重强调人性化设计，突出人文关怀。

（五）家国情怀和社会责任

通过介绍我国电工、电子技术方面在世界上领先的技术，激发学生的爱国主义热情，增强学生民族自信心和自豪感。

四、设计思路

电工学课程涵盖了工业生产必需的三相交流电及三相异步电动机的相关知识和日常生活中电路分析、模拟电路、数字电路的相关知识，具有很强的应用性和实践性。通过教学目标设置思政育人、课堂引入采用思政案例、课程教授渗透思政思想三个维度，将激发爱国主义情怀、增强民族自信心、培养辩证唯物主义科学观和实事求是的科学伦理等思政元素有机融入课程设计与教学中，如表1所示，结合多媒体教学、网络课堂、案例式教学等方式提升教学效果，并通过参加物理创新竞赛等活动，达到知识内化、知识迁移、知识创新。

表1　课程章节思政元素的教学设计

课程章节	重要思政元素	相关联的专业知识或教学案例
直流电路分析	探索精神、辩证思维	1. 讲授基尔霍夫定律时，将适用的范围从节点、回路拓展到封闭回路和开路等更广泛的应用范围，启发学生思考和讨论，培养学生的科学探索精神和守正创新精神。 2. 讲授叠加定理的原理，引导学生分析该定理的优缺点，确定其适用范围，结合我国革命农村包围城市的案例，启发学生思考矛盾统一的哲学思想，培养辩证唯物主义科学观
单相交流电路	辩证思维、民族自信、创新精神	1.引入爱迪生和特斯拉的交直流世纪之战的案例，客观分析直流与交流电路的特点和应用范围，培养学生的辩证思维。 2.在学习电容的交流特性时，通过调研我国超级大电容和新能源汽车发展现状，增强民族自信心和社会责任感。 3.介绍目前超级大电容的研究热点——石墨烯技术和我国石墨烯技术研究走在世界前列的现状，激发学生的创新精神
三相交流电路	科学精神、职业道德	1. 通过三相负载的星形连接与三角形连接下不同的电路特点，分析实际应用中的正确连接方式，培养学生实事求是的科学精神。 2. 通过实际案例中三相功率的计算练习，启发学生总结出两套公式，并讨论各自适用情况，培养因地制宜的科学思想。 3. 通过分析生活中实际电路出现故障的后果、保险丝安装错误导致触电等案例，培养学生严谨求实、安全第一的职业道德和素养
电动机与机电控制	民族自信、创新精神	1. 引入我国处于世界领先水平的盾构机案例和先进无人码头继电控制系统介绍，增强民族自信心，激发爱国主义情怀。 2. 让学生调研国产家电的市场占有率，了解其发展现状，讲述国产小家电奋起直追国外品牌到智能化小家电返销国外的案例，激发学生的创新精神

课程章节	重要思政元素	相关联的专业知识或教学案例
变压器与输电系统	制度自信、创新精神、社会责任、工匠精神	1. 引入特高压输电技术的案例，讲解先进的输电技术和"西电东输"的政策保证了低廉的电价，增强学生制度自信。 2. 介绍李立涅院士团队在特高压输电发面的巨大成就、我国特高压输电技术全球领先和国际输出的案例，激发学生的创新精神和社会责任感。 3. 视频展示大国工匠王进作为一名普通的高压线检修工人在特高压输电技术的实际应用中所起的作用，培养学生精益求精、献身事业的工匠精神
安全用电	职业道德、人文关怀	1. 结合触电方式的分析和保护措施的实施，在介绍安全用电知识时，强调电路检修安全保护措施。通过引入触电的真实案例，展示触电严重后果培养学生严谨求真、精益求精的职业道德和专业素养。 2. 在电路分析中注重对使用者和维修人员安全保护的电路设计，培养"以人为本、安全第一"的人文关怀
模拟电路、数字电路	科学精神、社会责任、创新精神、技术伦理	1. 通过整流电路的理论计算和实际波形之间的差距分析，培养实事求是品质和批判精神。 2. 通过调研我国芯片产业现状，了解突破"卡脖子"技术的紧迫性，培养社会责任感和使命感。 3. 通过观察和调研生活中的电路需求、设计与实现设计性实验中设置小型电路，培养学生的创新精神和技术伦理观

五、实施案例

案例1：让学生开展电费调研，在知识教学上引入输电系统，在思政教学上由低廉的电费激发学生爱国情怀（见图1）。

我国特高压输电技术在全球属于领先地位。正是由于强大的特高压输电网络，我国的居民用电和工业用电费用排在主要发达国家之后，稳定的供电技术与低廉的电价促使我国工业快速发展，居民生活水平提升。由此引入输电系统的重要性，提高学生学习兴趣，同时增强民族自信心和自豪感。引导学生分析我国居民电价低于工业电价，而经济最发达的美国和日本则是工业电价低于居民电价这一现象的深层原因在于我国国家制度保障人民利益至上，从而增强其制度自信、道路自信。

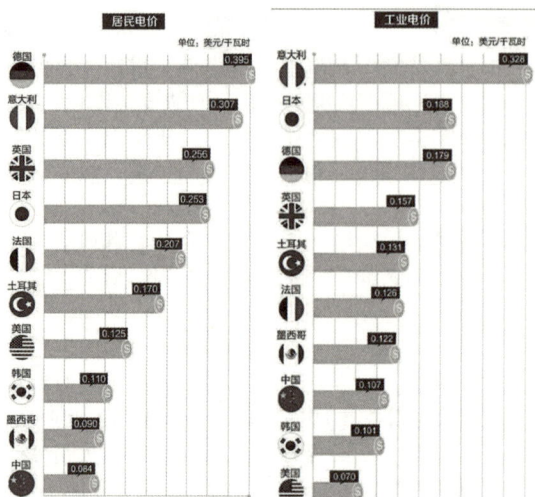

图1　案例1

案例2：以李立涅院士先进事迹为例，知识教学上引入高压输电，在思政教学上培养不畏艰难、勇攀知识高峰的科学精神（见图2）。

在讲述高压输电原理和作用时，介绍我国处于全球领先地位的特高压输电技术。李立涅院士团队自主研发的特高压输电技术创造37项"世界第一"，牵头的"特高压±800kV直流输电工程"项目荣获国家科技进步奖特等奖。他参加和组织建设了中国第一条330kV交流输电工程及多条特高压直流输电工程。李立涅院士是我国特高压输电技术第一人，他说过"世界上没有的，中国就要搞"，这种敢为人先的精神可激发学生学习动力和培养自力更生、不畏艰难、勇攀知识高峰的科学精神。

图2　案例2

案例3：以高压带电检修工作事迹为例，知识教学上引入安全用电，思政上引入工匠精神和奉献精神（见图3）。

讲述安全用电知识时，分析触电方式和保护措施，强调不能带电操作的职业素养。引入高压线路带电检修的困难和国家电网检修工人的奉献精神。通过央视《大国工匠》纪录片视频，介绍特高压输电线检修工人创造了在660kV特高压输电线路带电检修的记录。特高压输电技术输出到国外，除了科研团队，还需要熟练的技术工人。王进是行走在特高压线上的一线工人，他扎根本职工作，不断试验与改进，实现了660kV超高压输电网络带电检修，创造了纪录。他说"再危险的工作也要有人去干""我不是英雄，我只是一个普通的电力工人，能让每家每户用上电就是我的责任"。通过这些朴实的话语，大国工匠精益求精、献身事业的精神能激励学生作为普通人立足于本职工作，将工作做到极致，用自己微薄的力量为国家发展、民族复兴添砖加瓦的学习热情。

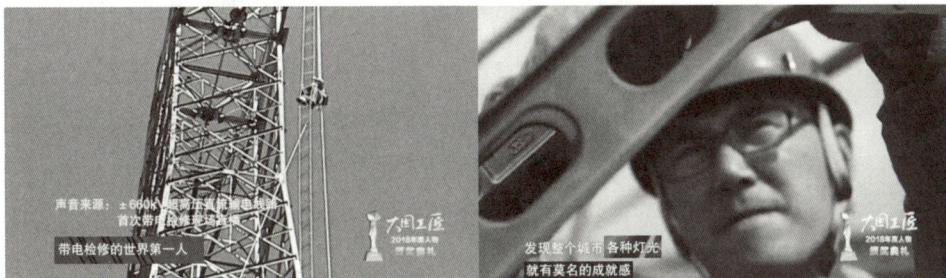

图3　案例3

六、特色及创新

（一）创建"学而信、学而思、学而行"电工学课程思政模式

课前调研我国在本领域领先的技术或产品，介绍相关科学家及工程师的生平事迹，通过中华优秀传统文化的融入、爱国主义情怀的植入，以求"学而信"。课中教学中贯穿"透过现象看本质"，引导学生思考所学知识中所蕴含的哲学思想，培养学生的辩证唯物主义科学观，实事求是、精益求精的科学伦理观，做到"学而思"。课后相关前沿技术调研、小制作实践等，贯彻"理论指导实践，实践检验理论"的科学观，促进"学而行"。

（二）建立"践悟、行践"电工学线上线下混合教学方式

利用网络课堂丰富的案例库和视频教学库，让学生从实践中感悟知识原理，加深对线下课堂教学的理解。利用所学知识在网络课堂上进行虚拟仿真电路设计，制作实用小电路，挑选作品参加物理创新竞赛，用实际应用践行理论学习。

七、教学效果

（一）提升学生学习兴趣与参与度

开展课程思政教学以来，面向两届学生，建立起思政元素渗透教学体系，以

电工电子领域我国先进技术和优秀科学家介绍为课程导入，增强学生民族自信心和自豪感；在知识讲解中融入唯物主义辩证法，以培养正确的人生观、世界观、价值观；在网络课堂中进行知识点剖析和实际应用视频资料分析，灌输理论联系实际的科学观。大大提高了学生的学习兴趣与参与度，如变压器的教学在引入思政案例后，学生在网络课堂上的课后思考中表现积极，认真思考问题，踊跃给出思考结果，如图4所示。

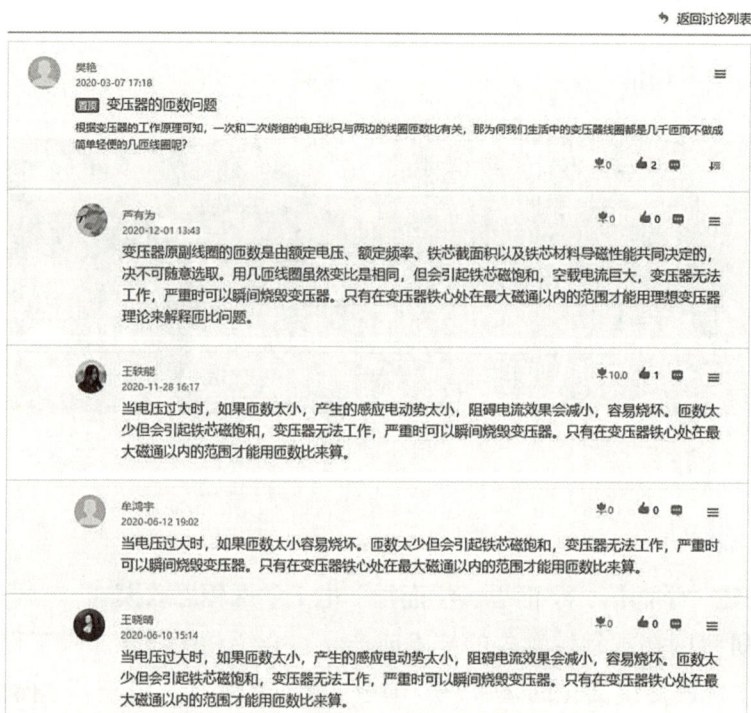

图4　网络课堂

（二）提升学生动手能力与创造力

在第三课堂开展"以赛促学"活动，用所学知识设计电路，参加竞赛。如学生结合所学电机知识，基于实际需求，设计了智能防夹降噪关门装置，在省级物理创新设计大赛中获得了二等奖，并申请了实用新型专利，如图5所示。

临床免疫学检验技术

郑晓群、王彩虹

温州医科大学　检验医学院（生命科学学院）

一、课程概况

　　"临床免疫学检验技术"是医学检验技术国家一流专业建设点、医学技术省一流学科的主干课程，主要讲授免疫学技术及其在临床检验领域中的应用。该课程以社会主义核心价值观为引领，融入思政元素、学科专业前沿知识，采用多种教学方式方法，创新课堂教学，在知识、能力、素质和价值等四个维度达成课程教学目标，促进学生全面发展，培养具有技能熟练、良好临床检验分析思维和人文精神的医学检验技术专业人才。

二、课程目标

（一）知识目标

　　能够理解免疫学技术原理及应用；能够理解免疫性疾病的检验指标及其意义。

（二）能力目标

　　能够熟练进行免疫学技术的操作；能够对检验结果进行解释及分析；能够对免疫性疾病案例进行初步分析，具备一定临床思维能力。

（三）素质目标

　　培养学生自主学习能力，树立终身学习理念；培养学生团队合作及敢于探究的创新精神。

（四）价值目标

　　以"守正、创新、尊重、奉献"为价值观引领，培养学生高尚品质及职业认同感，树立专业自信；培养学生尊重标本、尊重生命的意识，树立良好的医学人文素养。

三、思政元素

　　将家国情怀、专业自信、使命担当、匠心精神、创新精神、技术报国、诚实守信和人文素养等育人元素融入课程教学中，实现专业课程的价值引领、知识传授与能力培养的有机融合。各章节思政元素详见表1。

表1　课程思政元素

课程知识点	思政元素映射与融入方法
1. 概述	讲授免疫学技术的发展历程及其应用，使学生树立专业自信
2. 抗原抗体反应的特点	讲授与讨论相结合，让学生认识量变与质变的关系，培养学生的科学思辨能力
3. 单克隆抗体的制备	讲授单克隆抗体技术发明过程（诺贝尔生理学或医学奖），培养学生的科学精神和创新思维
4. 放射免疫技术	讲授放射免疫分析（RIA）技术发明过程（诺贝尔生理学或医学奖），培养学生的科学精神和创新思维
5. 荧光免疫技术	讲授荧光蛋白的发现和应用（诺贝尔生理学或医学奖），培养学生的科学精神和创新思维
6. 酶免疫技术	举例讲授酶免疫技术在临床和科研中的广泛应用，使学生树立专业自信
7. 化学发光免疫技术	讲授我国自主研发的化学发光仪器和试剂在新冠病毒抗体检测中的应用，培养学生技术创新、技术报国的意识
8. 固相膜免疫分析技术	举例讲授POCT助力于健康中国建设，培养学生的专业自信、使命担当
9. 流式细胞分析技术	从流式细胞术的发展历程引发学生思考科技创新的重要性，培养学生树立技术创新、技术报国的意识
10. 临床免疫检验自动化分析	从检验仪器发展历程引发学生思考科技创新的重要性，培养学生技术创新、技术报国的意识
11. 临床免疫检验的质量保证	通过临床案例引导学生要尊重标本、保证检验结果的准确性，培养学生的匠心精神和诚实守信意识
12. 感染免疫检验	以举例、呈现图片的形式分享抗疫经历，并进行师生交流互动，培养学生的家国情怀及使命担当意识
13. 自身免疫的机制	讲授免疫系统的两面性，引导学生坚持辩证思维，培养学生的科学思辨能力
14. 获得性免疫缺陷病	讲授中华红丝带行动，引导学生不歧视艾滋病患者，培养学生的医者仁心、人文关怀精神
15. 肿瘤标志物的发现	讲授肿瘤标志物的发现，培养学生的科学精神和创新思维
16. 移植配型	倡议学生加入中华骨髓库，挽救白血病患者，点燃他人生命的希望，培养学生的大爱及无私奉献精神

四、设计思路

（一）建立专业课程思政团队

学院课程思政研究中心及课程思政建设联盟（与马克思主义学院联合）的成立，将思政课教师和专业课教师有机融合在一起，建立常态化交流机制，让思政教师助力专业课程的课程思政建设，为课程思政的实施提供科学理论指导，提升专业课程团队的思政育人水平。

（二）完善课程思政教学目标

将课程思政目标写进教学大纲。在新版教学大纲修订过程中，课程团队经过反复研讨，确定了课程教学的总体目标，制定了课程思政实施计划，并在知识和能力目标基础上，结合各章节知识点增加了情感态度价值目标，为课程思政的进一步开展提供了指导意见，实现专业课程的价值引领。

（三）设计课程思政教学融入点

从与专业知识点密切相关的社会热点、历史事件、科学故事、临床案例、学科发展、教师个人经历等方面入手，挖掘背后蕴含的育人元素和价值理念。遵循适合、适时和适度的原则，采用多维度、多路径融入，将思政案例以图片展示、视频或音频播放的形式进行呈现，并通过教师讲授、学生讨论、师生交流、实践体验等方式使课程教学与思政教育同频共振，形成协同效应。

（四）创新课堂教学方式方法

本课程以线上课程和虚拟仿真实验等资源为基础，适时融入课程思政，采用对分课堂、翻转课堂、案例教学及生讲生评等多种教学方法，形成了"三层次、四模块、三维度"线上线下相结合的混合式教学模式，从课前、课中、课后三个维度实现导学、研学、练学（见图1）。

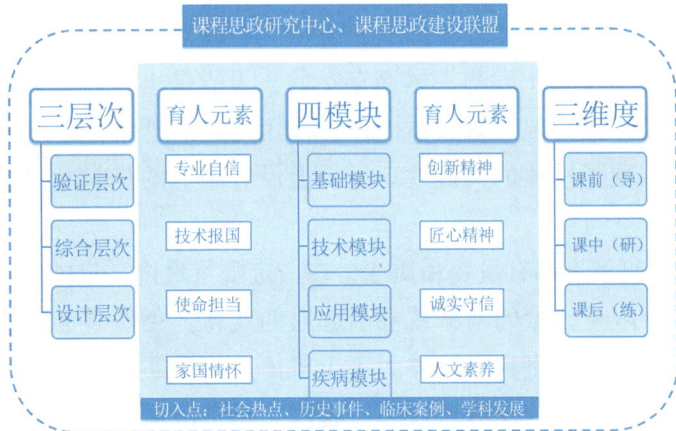

图1　课程设计思路

五、育人元素实施案例

案例1：抗体的"两面性"

1.知识点

抗体及自身抗体的特点。

2.育人目标

（1）引导学生正确理解抗体的利弊，树立正确认识观。

（2）引导学生坚持唯物辩证法，培养学生的辩证思维能力。

3.教学过程

抗体是适应性体液免疫的效应物质，由B淋巴细胞受抗原刺激后产生，抗体通过与相应抗原的特异性结合来发挥免疫学效应，最终达到清除抗原的目的。事物都具有两面性，抗体也是一把双刃剑。当抗体用于阻挡外来病原体的入侵时，它能有效地调动起多种功能来清除病原体。但是，在一些感染性疾病中产生的抗体并不足以对机体产生保护作用，相反这些抗体帮助细胞通过补体受体或Fc受体将病原摄入从而促进感染，即所谓的感染增强型抗体。因此，在考虑免疫预防或疫苗设计时，常常需要解决的是如何让抗体尽量发挥抗感染作用，同时最大限度地降低其副作用。此外，在器官移植中，抗体也会产生不利的影响。移植器官在受者体内为非己成分，即抗原，会刺激机体产生相应抗体，引起特异性免疫反应，对移植器官进行排斥。当机体免疫功能失调时，机体会产生针对自身组织细胞的抗体，即自身抗体，当自身抗体与自身抗原结合后，会激活补体系统和免疫细胞，造成自身组织细胞损伤。正常人体血液中可有低滴度的自身抗体，有助于清除衰老变性的自身成分，但如果滴度过高，就可能对机体造成损伤，导致自身免疫性疾病。

4.思政元素

科学认识观：任何事物都存在两面性，事物的发展变化是由矛盾运动造成的，矛盾是指事物自身所包含的既相互排斥又相互依存，既对立又统一的关系。马克思主义认为任何事物都是作为矛盾统一体而存在的，矛盾是事物发展的源泉和动力。在此案例中，抗体在正常情况下对人体的保护作用与在病理条件下对人体的损伤作用是一对矛盾体，体现了抗体的两面性。世界上没有绝对的是与非，需要我们用科学的认识观来对待。

辩证思维：任何事物都有量变和质变，在一定限量之内，量的改变不致影响事物的质，但超过这个限量，量的增减就会引起质的变化。免疫学也同其他科学一样充满着辩证法。一般认为少量自身抗体无害于机体，相反还起到清除体内衰老细胞和突变细胞的作用。若自身抗体数量过多，超越了正常限度，则会造成自身攻击，使自身组织受到损害。这一案例提醒我们要运用哲学辩证思维，正确认识抗体功能。

案例2：生命因您而精彩

1.知识点

器官移植前的组织配型。

2.育人目标

（1）引导学生积极捐献造血干细胞，树立无私奉献精神。

（2）培养学生尊重生命、关爱他人的优良品质。

3.教学过程

器官和组织移植是20世纪最重要的医学成就之一，随着免疫生物学和免疫遗传学的发展，移植排斥反应的免疫学本质及其遗传学基础被阐明，为临床开展人类同种移植奠定了基础。

中国造血干细胞捐献者资料库，简称"中华骨髓库"，前身是1992年经卫生部批准建立的"中国非血缘关系骨髓移植供者资料检索库"。2001年12月，中央机构编制委员会办公室批准成立中国造血干细胞捐献者资料库管理中心，主要负责中国造血干细胞捐献者资料库总体规划的制定和实施，管理和规范开展志愿捐献者的宣传、组织、动员，管理全国造血干细胞捐献者资料库的HLA（人类白细胞抗原）分型资料，面向全国及国（境）外开展检索和造血干细胞采集、移植等相关服务工作等。截至2021年4月30日，中华骨髓库库容达295万人份，捐献造血干细胞11239例，患者申请查询94969例。

近年来，从大学生到各行各业的爱心人士，造血干细胞和器官捐献的事例不断涌现，所有这些爱心人士和团体正温暖着每座城市。在倡导和呼吁器官捐献的道路上，高校一直走在全国前列。在温州医科大学有一支"生命相髓"志愿服务队，一直致力于造血干细跑捐献宣传。他们从2005年起步，于2014年成立全国首家以在校大学生为法人代表的骨髓捐献组织——温州市生命相髓造血干细胞捐献宣传公益中心。目前，"生命相髓"志愿服务活动已是开展大学生生命教育、奉献社会的重要平台。2020年8月以来，已经有3名学子成功捐献造血干细胞，两次捐献造血干细胞的大学生陈泽伟说："我是学预防医学的，治病救人本身就是我的职责和责任，我想先从个人做起，再把造血干细胞捐献推广到更多的群体。"他的事迹得到了社会各界的赞扬，让学生体会到个人的无私奉献对于他人和社会做出的巨大贡献，倡导在尊重社会伦理的前提下，充分调动和发挥各类群众团体的积极性，组织动员公众加入造血干细胞捐献队伍，弘扬奉献精神。他的故事温暖着每座城市。世界因无数鲜活的生命而闪耀，生命因您的无私奉献而精彩！

4.思政元素

无私奉献精神：通过上述案例，学生体会到了志愿者的无私大爱精神，他们这样一群人才为无数饱受病痛折磨的患者带来生命的转机，为诸多心力交瘁的家庭带来希望的曙光。新时代强烈呼唤奉献精神，要以志愿者们为榜样，立足岗位传承弘扬奉献精神，坚持用理想支撑奉献、用忠诚诠释奉献、用奋斗书写奉献，切实增强使命感、责任感和紧迫感，敢于担当、勇于负责，迎难而上、攻坚克难，把心思集中在想事上，把本领体现在干事上，把目标锁定在成事上，让奉献精神在新时代闪耀出最耀眼的时代光芒。

尊重生命，关爱他人："生命相髓"志愿服务事迹体现了尊重生命、关爱他人的品质。我们不仅要尊重自己的生命，还要懂得伸出援助之手关爱他人，不断提升自身生命的价值。"生命相髓"行动不仅为患者带来了身体康复的可能，更为他们带来了心灵上的慰藉。只要我们每个人都能够尊重生命，热爱世界上的一切生灵，那么这轮暖阳定会照亮每一个黑暗的角落，也会使我们自己的和他人的生命更加有意义。世界因无数鲜活的生命而闪耀，生命因您的无私奉献而精彩！

六、特色及创新

（一）专业教育与思政引领的有机统一

课程坚持教书与育人相统一，深度挖掘课程体系中所蕴含的思想价值和精神内涵，并与知识点相融合，提升课程育人温度，培养学生的科学人文情怀。课程坚持言传与身教相统一，课程团队杨建荣老师为学生们讲述其援汉抗击新冠肺炎疫情的亲身经历，极大地激发了学生的学习热情和专业的使命感，让学生树立强烈的家国情怀和责任担当意识，并愿为健康中国贡献自己的力量。

（二）线上教学与线下教学的深入融合

课程设计以在线课程和虚拟仿真实验等线上学习资源为基础，融合对分课堂、翻转课堂以及合作学习等多种教学方法，形成了"三层次、四模块、三维度"的线上线下相结合的混合式教学模式，从课前、课中、课后三个维度实现导学、研学、练学，并通过思政案例库的建设，将思政育人元素融入课堂，实现专业课程的价值引领、知识传授与能力培养的有机融合。

（三）专业教师与思政教师的强强联合

学院课程思政研究中心及与马克思主义学院课程思政建设联盟的成立，将思政课教师和专业课教师融合在一起，建立常态化交流机制，让思政教师助力专业课程的课程思政建设，为课程思政的实施提供理论指导，提升课程团队的思政育人水平。

七、教学效果

课程通过课程思政的实施及教学方法的创新，学生学习主动性明显提高，有较强的学习获得感，在各类竞赛中表现突出，获华东六省一市医学检验专业技能大赛特等奖，全国及省生命科学竞赛一、二等奖。教师教学理念不断更新，能有效运用多种教学方法与技术，获省优秀教师、校教学名师、校教坛新秀、校教学贡献奖等荣誉；获2项省教学成果奖，获全国医学检验青年教师讲课比赛和微课比赛一等奖。课程获全国医学检验校际研讨会课程案例一等奖，得到刘辉、倪培华等知名专家及同行的高度评价。

接下来本课程将在新医科建设背景下，以大健康、大检验理念为引领，主动服务健康中国战略，进一步优化在线课程资源，完善混合式教学模式，强化课程思政，加快新形态教材建设，打造优质师资队伍，提升人才培养质量。

生物化学

郑凯迪

温州医科大学　基础医学院

一、课程概况

"生物化学"是临床类专业的基础核心课程，一般在大二第二学期开设，授课采用线上线下结合、虚拟实践结合的方式。共有100个学时，课时较密集，师生接触时间多。在学生系统学习学科知识的基础上，"春风化雨"般地融入社会主义核心价值观，从"修己、为学、待人、处事"四个维度精心挑选思政案例、设计教学内容，严谨组织教学实施，一方面能够在知识传播中实现价值引领，坚定学生信念，增强学生对专业的认同感；另一方面能够在价值传播中凝聚知识底蕴，增强学生对医者仁心、救死扶伤的认识，把对学生专业素养和专业态度培养有机结合起来，浑然天成。最终目的是培养出"作风严谨、医德高尚、医术精湛"的医学工作者。

二、课程目标

（一）知识目标

系统地掌握生物化学的基本原理和知识结构；掌握研究生物化学的基本方法和手段；理解和熟悉常用的用于生物化学研究的各种常见技术、设备和方法。

（二）素质目标

培养学生善于观察、善于动手、勤于思考的科学态度；培养学生分析问题和解决问题的能力，注重课本理论知识学习和医学实践相结合，激发学生的学习热情，培养专业兴趣。在教学中应注意贯彻"少而精"原则，适当联系临床实践，采用讲授、自学等形式，培养学生实事求是的科学态度和一定的自学能力。

围绕"大健康"理念，在教学过程中实时融入人文教育、爱国主义教育和职业素养教育等，以提升医学生的个人涵养和人文精神，增强文化自信，体现"爱国、敬业、法治"等社会主义核心价值观引领，达到全方位育人的目的，满足新时代教育的要求。

（三）价值目标

培养学生"敬佑生命、救死扶伤、甘于奉献、大爱无疆"的医者精神，引导学生对"生命、责任、担当"意义的深刻理解，塑造正确的世界观、人生观、价值观，教育学生担当起时代赋予的责任和使命。

三、思政元素

深入挖掘每个章节的思政内涵和育人元素建立课程思政案例库，在教学实施中把案例恰到好处地融入生物化学的知识点当中，将思政建立在一定的专业知识之上，把德育与专业课有机融合，让学生感到"有意思""都爱听""真相信"。选取生动的案例让学生从学科专业知识中去领悟思政内涵，从而内化于心、融化于魂，使"生物化学"课中的课程思政与思政课程比翼齐飞、同向同行，最大限度地发挥育人效果。

在课程组织过程中，采用讲授、讨论、观看视频资料、阅读文献、角色扮演、辩论赛等形式进行思政内涵的深入探讨，还通过邀请道德模范、生物化学领域优秀专家学者做事迹分享，让学生通过学习先进事迹，解读新时代青年使命，并激励学生拼搏进取，展现青春奋进姿态，引导学生为实现中华民族伟大复兴的中国梦而不懈奋斗。

四、设计思路

（一）构建"一体两翼三联动"立德树人体系

"一体两翼三联动"立德树人体系架构贯彻"全员、全过程、全方位"育人理念，将课程思政实践落到实处。即以"立德树人"为课程思政的"一体"核心，教师团队和学生团体教学相长构建课程思政"两翼"，以思政专业课教师联动、道德模范和专家学者联动、专职辅导员联动形成"三联动"机制，全面落实课程思政（见图1）。

课程思政

教师团队 ◄ 立德树人 ► 学生团体

道德模范和专家学者联动　　思政专业课教师联动　　专职辅导员联动

图1 "一体两翼三联动"立德树人体系

（二）学生学业评价体系增加"课程思政"的比重

在"课程思政"立德树人理念指导下，修订课程标准，将德育元素融进原来的素质目标，制定"课程思政"教学总目标，指导"课程思政"教案的设计和实施。教学大纲除了注重知识教育目标，还突出能力目标和思想素质总体目标，在知识教育的同时，弘扬社会主义核心价值观，注重学生敬业精神、责任意识及工匠精神的培养，并将学生学业评价体系中"课程思政"的比重增加至10%（见图2）。

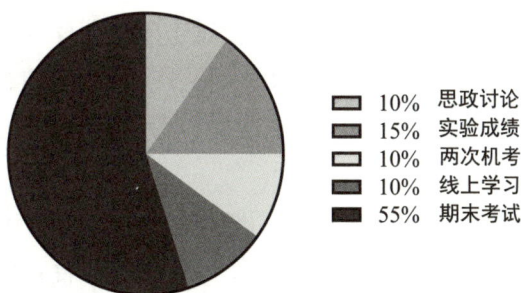

图2 "生物化学"课程评价体系组成

（三）设计生物化学"课程思政"教学方案

在生物化学的课堂教学设计中，教学方案中的思政元素设计主要从"修己、为学、待人、处事"四个维度进行撰写，要充分挖掘其科学人文精神，重点强化科学素养、创新意识、人文关怀、生命健康和职业素养教育，增加学生学习的乐趣和情感认同，提高对本专业的认同感和自信心，获得情感教育和人文关怀并提升职业素养。在具体的教学案例中，要始终坚持情理结合、理论联系实践，用实例分析使德育教育晓之以理、动之以情，提升"课程思政"的说服力和实效性。例如，在讲授"DNA突变与修复"时的课程思政设计如图3所示。

图3 "DNA突变与修复"讲授过程中思政案例的设计

（四）开展线上线下讨论，深入挖掘"课程思政"内涵

为了让学生对案例中涉及的思政内涵进行深入思考，我们在"浙江省高等学校在线开放课程共享平台"生物化学课程中的讨论区发布思政案例，学生可以就案例发言讨论，培养学生正确认识和分析事情的能力。

线下讨论课是将班级分成6个小组，每组分别进行知识点和思政案例展示，展示方法可以是PPT讲解结合辩论赛、情景剧等形式，其他小组共同参与对知识点内容和案例的"课程思政"内涵进行深入讨论，引导学生从中汲取营养，提升思想内涵。3次讨论课如表1所示。讨论课的知识点应属于生物化学与分子生物学范畴。思政内涵应该体现：世界观、人生观、价值观、人格、诚信精神、共情意识、道德修养、合作意识、科学精神、人文情怀、审美意识、劳动观念、政治认同、法治意识、爱国情怀、社会责任等。

讨论课的考核成绩采用百分制，占生物化学课程总成绩的10%，由四部分组成：各小组的组间评分、组内评分、网上讨论评分和老师的综合评价分。其考核成绩组成如图4所示。

表1 基础医学专业"生物化学"课程思政的教学安排（76学时）

授课学时	授课内容
14	结构生物化学
3	思政讨论课
30	代谢和机能生物化学
3	思政讨论课
23	分子生物学
3	思政讨论课

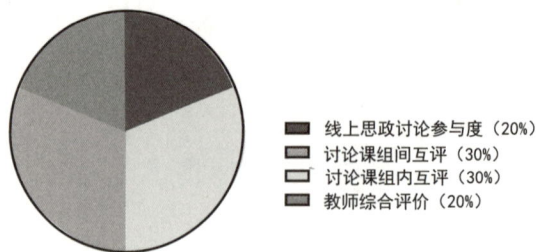

图4 思政讨论课考核成绩组成

（五）应用多种教学方法组织实施"课程思政"

课程知识与思政元素融合点的发掘是课程思政的重点，而两者的有效融合是成功实施课程思政的难点。我们根据所发掘的素材和生物化学特点，综合运用发弹幕、案例驱动法、小组讨论、小组竞赛、角色扮演和目标考核等方法充分挖掘蕴含在生

物化学专业知识中的德育元素，实现专业课与德育的有机融合，使思想政治理论因为建立在一定的专业知识之上，而变得"有意思""都爱听""真相信"，从而最大限度地发挥育人效果。

我们还推出邀请道德模范、专家学者进课堂活动，邀请他们介绍自己的先进事迹和科研历程，让学生贴近道德模范，聆听榜样故事，汲取精神力量。

五、育人元素实施案例

进行课程思政设计不但要选准专业知识与思政内容的契合点，还要抓准思政案例合适的切入点，将学习专业知识和立德树人无缝地融合在一起，使学生如春在花，如盐在水，在不知不觉中接受思政教育。下面以"细胞信号转导的分子机制"一章为例，阐述生物化学中思政案例的实施过程。

（一）课堂设计

（1）要在介绍了信号转导的基本概念之后，再进行案例导入，使后面的机制讲解有一定的理论基础。案例导入要自然。

（2）在介绍毒品作用机制的同时，强调信号转导的过程。

（3）介绍吸毒的危害，引导学生们讨论拒绝毒品该怎么做。

（4）介绍禁毒戒毒相关法规，要做到不贩毒，不吸毒，远离毒品，珍爱生命。

课堂设计具体如图5所示。

（二）思政案例

2018年11月26日，歌手陈某凡因吸毒被行政拘留。2018年12月4日，陈某凡被石景山分局责令接受社区戒毒三年。

（三）讨论主线

1.毒品作用和成瘾的分子机制

毒品是如何发挥作用，又为什么会让人上瘾并难以戒除呢？目前研究认为这与人脑中的多巴胺有关，多巴胺在体内由酪氨酸在酪氨酸羟化酶的催化下生成（见图6）。瑞典学者阿尔韦德·卡尔森（Arvid Carlsson）因确定多巴胺为脑内信息传递者，赢得了2000年诺贝尔医学奖。多巴胺又被称作"快乐物质"，它能够传递兴奋及愉悦等信息。

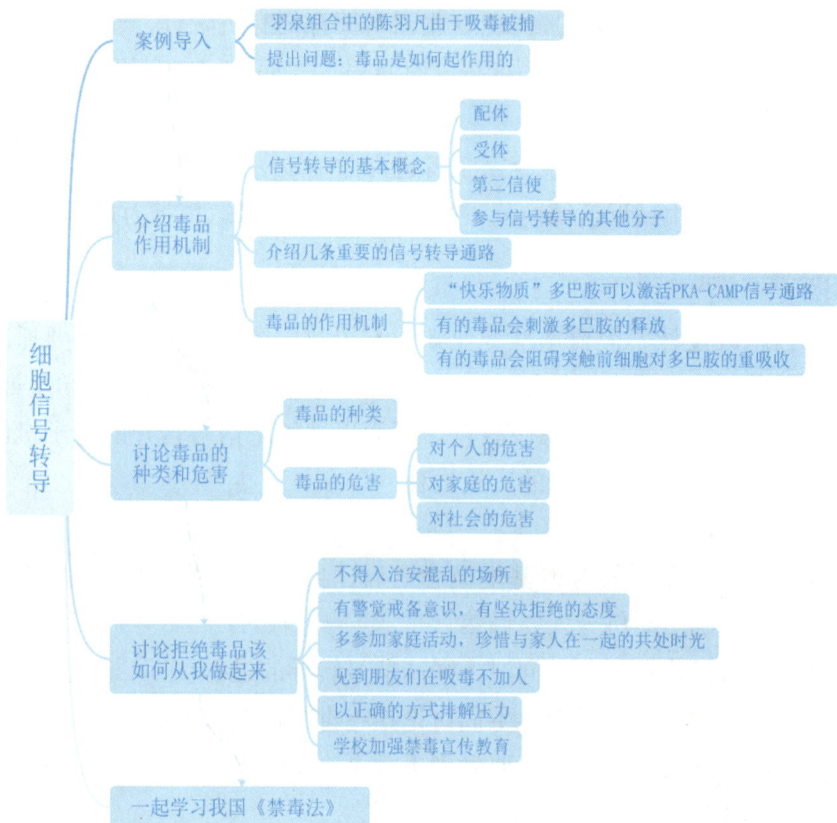

图5　以毒品作用机制为案例进行"细胞信号转导"知识点思政讨论课的实践

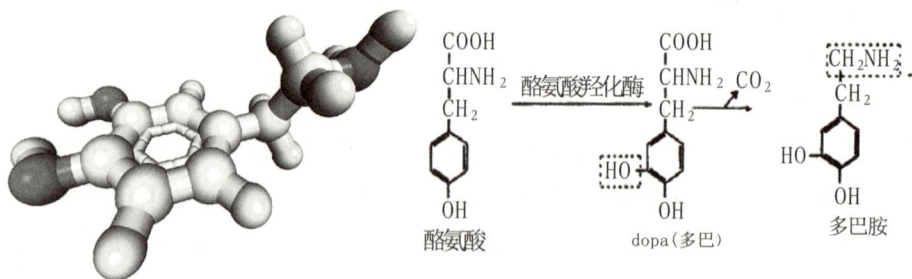

图6　多巴胺的分子模型和多巴胺的合成

　　产生的多巴胺与人脑中的多巴胺受体结合。多巴胺受体为七次跨膜的G蛋白偶联受体，目前已分离出五种多巴胺受体。当多巴胺与受体结合后，受体活化激活下游的腺苷酸环化酶AC，AC催化cAMP的合成，cAMP再激活蛋白激酶A（PKA），PKA再使其下游分子磷酸化，从而传递信息，并让人最终产生幸福快乐的感觉。

　　在吸毒时，当毒品进入大脑后，有的毒品会刺激多巴胺的释放，有的毒品会阻碍突触前细胞对多巴胺的重吸收。这样，多巴胺就会持续与受体相互作用，持续产生欣快感。从图7可以看出，可卡因让多巴胺上升了350%，冰毒让多巴胺上升了1200%。

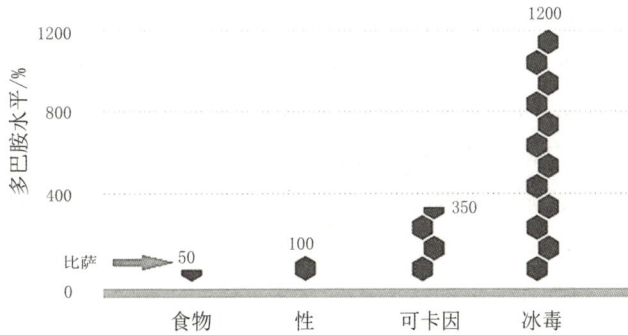

图7　外界刺激或活动对大脑多巴胺释放的影响

　　毒品引起的多巴胺高水平并不能一直维持。停止成瘾物质摄入，多巴胺含量就会下降，甚至降得比正常水平还低。只有不断递增毒品的用量，才能保持人体生理、心理上的平衡。反复多次后，人体对毒品的耐受性提高，药物作用逐渐减弱，吸毒者只能以更大的剂量连续不断抑制身体反应（见图8）。一旦停止外来供应，大脑一时又无法补充多巴胺，人就会出现因多巴胺分泌失调引发的各种生理症状，如流涕、流泪、头昏脑涨、乏力嗜睡，甚至有万蚁噬骨的不适痛楚。这就是我们失去了抑制痛感的机制的下场。这就会使吸毒者愈陷愈深不能自拔。

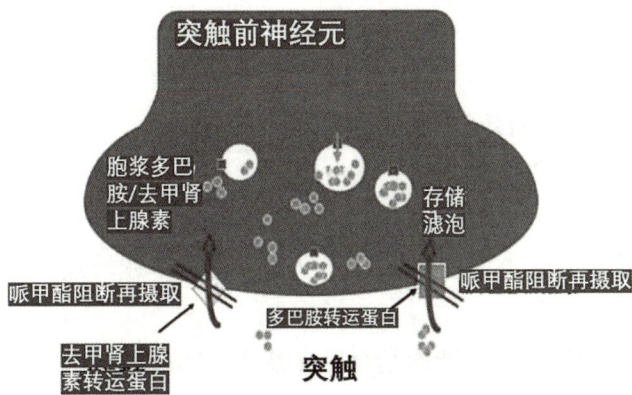

图8　毒品阻碍多巴胺的重吸收

来源: Wilens T，Spencer T J.Handbook of Substance Abuse. Neurobehavioral Pharmacology, 1998: 501-513。)

2.毒品的种类和危害

常见的毒品有冰毒、海洛因、大麻、吗啡、可卡因等，还包括人工化学合成的致幻剂、兴奋剂类毒品。根据新型毒品的毒理学性质，可以将其分为四类：第一类，以中枢兴奋作用为主的苯丙胺类兴奋剂；第二类是致幻剂；第三类，兼具兴奋和致幻作用的毒品，如摇头丸；第四类，中枢抑制作用物质。

毒品的危害：① 损害身心健康，1/4的吸毒成瘾者在开始吸毒5~15年后死亡；②威胁社会安全，吸毒后可能产生妄想和幻视、幻听，易行为失控，严重威胁社会公共安全；③耗费社会财富，吸毒者购买毒品将花费大量资金，损害家庭财富，而贩毒分子潜逃国外，社会财富也随之受损，戒毒机构的构建、戒毒设施及药物的购买、戒毒专业人员的培养等也会耗费大量人力与财力。

3.拒绝毒品该怎么做

（1）不要进入治安复杂的场所。

（2）有警觉戒备意识，对诱惑提高警惕，采取坚决拒绝的态度，不轻信他人。

（3）多参加家庭活动，珍惜与家人在一起的时光。

（4）见到朋友们在吸毒，当他们劝你加入时，如果你觉得断然拒绝会遭到殴打，那么就找个借口走开，千万不要相信"尝一下不上瘾"的说法，很多人都是相信了才沦陷其中，不能自拔。

（5）以正确的方式排解压力。

（6）学校要加强禁毒宣传教育，拓宽宣传教育渠道，丰富宣传教育形式。

4.关于毒品的法律法规

一起学习《中华人民共和国禁毒法》部分内容。

引用《人民日报》官博点评：毒品贻害无穷，必须冷酷到底；人生总要奔跑，但千万别跑错方向。

六、特色及创新

（一）以多样的教学方法组织实施课程思政

通过慕课、翻转课堂、线上线下混合式教学等形式，使思想教育工作更接地气和更具活力，提高"课程思政"育人水平。在课程组织过程中，采用讲授、讨论、观看视频资料、阅读文献、角色扮演、辩论赛、邀请本领域道德模范和专家学者做事迹分享等方式进行教学。

（二）以专业知识为基础，选取结合临床及生活的思政案例

生物化学能够从分子水平阐述疾病发生的机制。在选取思政案例时，我们注重挖掘临床中蕴含的思政教育素材，使学生能够将理论运用于实践，同时增强学生的职业认同感，坚定救死扶伤的信念。

七、教学效果

（一）"生物化学"进行课程思政教学提高了教学效率

在本课程中开展课程思政教学后课堂的氛围变得更轻松、更活跃，激发了学生的学习兴趣，巩固了学生对知识点的记忆。91%的学生认为课程思政案例的使用使知识点更容易理解，对知识点的记忆更深刻（见图9）。问卷调查结果显示，相同的知识点，进行课程思政教学的班级比没有进行课程思政教学的班级的答题准确率提高了12个百分点（见图10）。

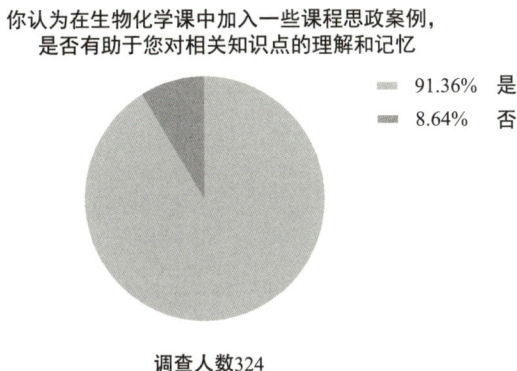

你认为在生物化学课中加入一些课程思政案例，是否有助于您对相关知识点的理解和记忆

- 91.36% 是
- 8.64% 否

调查人数324

图9 生物化学课程中进行课程思政是否有助于对相关知识点理解的问卷调查结果

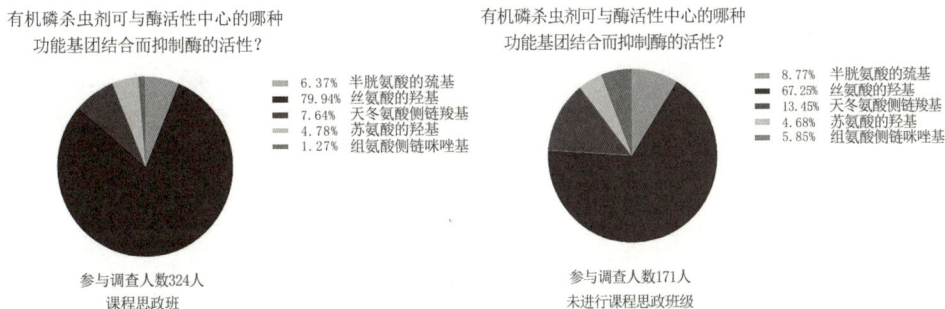

有机磷杀虫剂可与酶活性中心的哪种功能基团结合而抑制酶的活性？

- 6.37% 半胱氨酸的巯基
- 79.94% 丝氨酸的羟基
- 7.64% 天冬氨酸侧链羧基
- 4.78% 苏氨酸的羟基
- 1.27% 组氨酸侧链咪唑基

参与调查人数324人
课程思政班

有机磷杀虫剂可与酶活性中心的哪种功能基团结合而抑制酶的活性？

- 8.77% 半胱氨酸的巯基
- 67.25% 丝氨酸的羟基
- 13.45% 天冬氨酸侧链羧基
- 4.68% 苏氨酸的羟基
- 5.85% 组氨酸侧链咪唑基

参与调查人数171人
未进行课程思政班级

图10 生物化学课程中进行和未进行课程思政教学后学生答题的准确率调查

（二）"生物化学"进行课程思政教学实现了价值引领

问卷调查结果显示，近60%的学生认为生物化学课程中加入课程思政案例对其道德品质的影响非常大或较大，只有4.32%的学生认为影响非常小。41.36%的学生认为生物化学课程思政教学有助于提升其职业道德和职业素养，32.72%的学生认为课程思政有助于其形成正确的三观，12.96%的学生认为课程思政教学有助于增强职业信念，还有12.96%的学生认为课程思政教学有助于培养哲学思维（见图11）。

您觉得生物化学课程中思政案例体现出来的
精神对您道德品质的影响程度多大？

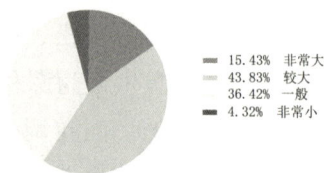

- 15.43% 非常大
- 43.83% 较大
- 36.42% 一般
- 4.32% 非常小

参与调查人数324人

您认为生物化学进行课程思政
教学起到了什么样的作用？

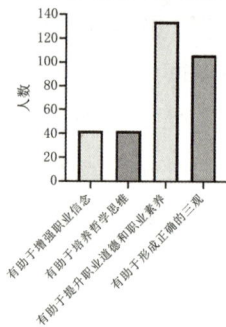

图11　生物化学中进行课程思政教学对学生思想的影响

数控技术

周建强、林　峰、王建臣、邓小雷、郑小军

衢州学院　机械工程学院

一、课程概况

数控技术是现代先进制造技术的基础，与中国智造紧密相关，是机械设计制造及其自动化等专业的一门专业必修或方向必选课。它是在机械类、电类基础课程教学的基础上讲授现代制造系统中的数字控制技术，其先修课程包括电工技术、电子技术、数字电路和模拟电路、计算机原理及接口技术等。

本课程教学要求学生掌握机电设备的制造、调试、检测、运行和维护等方面所需要的基本理论、知识和技能，并从国家战略规划、爱国主义教育、工匠精神等方面，融入思政元素，始终坚持"自主、合作、探究的学习方式与启发、讨论、参与的教学方式"，旨在培养学生综合运用机械设计、机械制造和机电控制理论，分析并解决复杂工程问题的能力，促进学生"人人成才，人人出彩"。

本课程由衢州学院机械工程学院开设，共40学时，其中6学时为实验课，安排在第6学期开课。

二、课程目标

（一）知识目标

了解数控技术研究现状和发展趋势，掌握数控装置、插补原理、伺服系统、检测原理、数控编程技术、数控机床结构及故障诊断等基本知识。

（二）能力目标

掌握数控机床结构与工作原理，会分析、选用和设计数控机床；掌握数控技术编程方法，能完成中等难度零件数控加工程序的编制、分析和调试。

（三）素质目标

学生工程创新意识强，具有较强的团队协作精神和复杂机电工程问题的综合设计、开发、管理能力。

（四）价值目标

强化工科学生工程伦理和工匠精神的价值引领，使学生形成对振兴中国高端装备制造领域的责任感和使命感。

三、思政元素

课前，以爱国主义教育和"大国工匠"等视频学习为切入点。通过线上调查问卷，了解学生对专业的认知度情况、对本专业能工巧匠和杰出行业专家认知情况等，专业教师根据收集到的学生线上学习行为数据，掌握学生整体思政教育缺失情况，并通过课程平台，让学生家长掌握学生的课程学习状态，再通过图表、视频和数据，以及本专业毕业学生的成功案例和行业杰出事迹传播，激发学生兴趣，提升学生对本课程本专业的认可度。

课中，以勇于创新、工匠精神和敬业精神为融合点。以企业真实工作过程场景为落脚点，在实操训练项目过程中，让学生主动参与零件的加工制造，以安全生产、质量第一为宗旨的指导仿真，细化过程考核，重点考核学生小组参与热度、团队协作氛围、质量管控能力和安全操作规范落实情况，让学生在过程中潜移默化地吸收，弱化结果考核（见图1）。

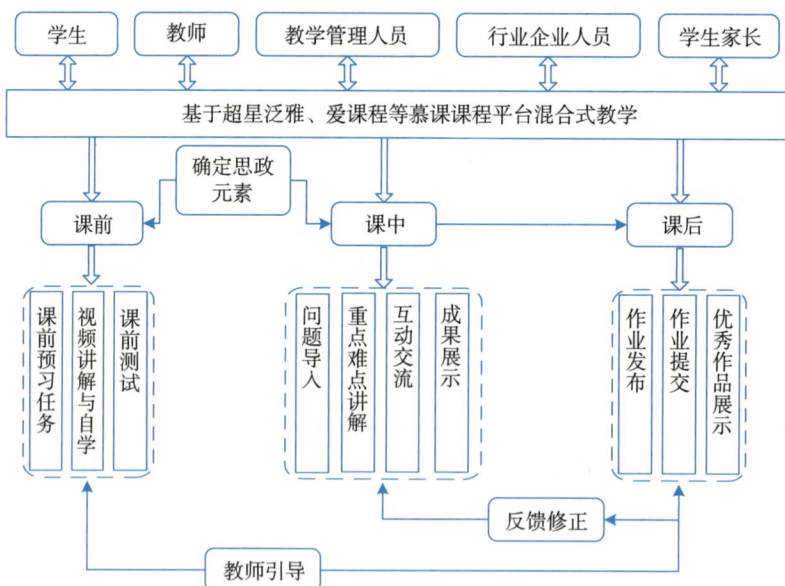

图1　融入思政的混合式教学框架

课后，教师根据课程教学内容，发布作业任务，要求学生课外通过自学，按时提交作业，教师对每份作业都有一个翔实的评价，以尊重学生的劳动成果，对优秀作品在下次课中进行展示。

四、设计思路

通过深入企业调研本课程相关岗位能力，结合课程特点提炼思政案例，探索思政元素融入课程，重构教学过程，注重团队协作精神培育，采用翻转课堂教学模式，教学设计分课前内容准备、课堂知识内化和课后知识获取三个阶段。其中，课堂教学采用情景教学、项目化教学、研究性教学、问题导向教学等教学法，并大量采用数控虚拟仿真软件，提供真实的工程案例，激发学生学习热情。课后通过第二课堂创新实践，引导学生将所学课程知识内容应用到学科竞赛、大学生双创项目的解决方案中，强化对学生工程能力的培养。课程章节思政元素的教学设计见表1。

表1　课程章节思政元素的教学设计

项目化教学		教学内容（部分）	思政元素切入点	课堂教学组织实施	学时
项目一	数控技术概述	1. 数控切削加工概述 2. 切削运动和切削用量 3. 金属切削过程 4. 金属切削刀具	1. 详述机械加工行业在国家 GDP 中的比重，培养学生热爱机械工程专业的家国情怀；2. 切削三要素的取值直接体现精益求精的工匠精神	1. 切削运动和切削用量的概念及应用（图解）；2. 视频讲解金属切削过程；3. 详解金属切削刀具、角度、角度的取值范围	4
项目二	数控加工工艺规程	1. 工件加工时的定位 2. 定位基准的选择 3. 工艺路线的拟定 4. 加工余量和工序尺寸的确定 5. 工艺尺寸链的确定	1. 通过工艺尺寸链的详解进一步培养学生工艺读图的能力，培养学生一丝不苟的工匠精神；2. 用具体零件讲解定位基准的选择并训练学生；3. 通过加工余量和工序尺寸的确定，让学生懂得一道道工序的推进关系	1. 用齿轮、轴、法兰等零件讲解定位基准的选择并进行比较；2. 通过加工余量和工序尺寸的确定，倒推出每一道工序尺寸；3. 通过工艺尺寸链的详讲进一步培养学生工艺读图及工艺计算的能力	2
项目三	数控车床及通用夹具	1. 数控车削的工艺特征及分类；2. 数控车床通用夹具	1. 通过参观操作数控车床，了解国内外数控系统的功能，让学生懂得自主创新的重要性；2. 通过参观操作数控车床通用夹具，强化学生对工装的认识	1. 通过参观操作数控车床，让学生熟悉数控车削的工艺特征及分类；2. 通过参观操作数控车床通用夹具，让学生了解常用的数控车床通用夹具	2
项目…	…	⋮	⋮	⋮	⋮
项目九	数控机床机械结构	1. 数控机床典型主轴部件结构，数控机床对进给运动要求；2. 数控机床导轨的基本要求、分类和特点；3. 常见机械传动故障分析	分析数控系统、数控检测装置、伺服电机等关键核心零部件的性能特点，阐述机械工程师应具备的工程伦理、工匠精神和家国情怀	1. 采用多媒体与虚拟仿真拆解辅助讲授数控机床的机械结构等知识；2. 对比德国、日本等国家生产的数控机床本体结构设计，强调学生要善于学习当前国际先进的生产技术及制造理念，产品设计制造要以人为本	4

五、实施案例：数控铣削加工技术专题

本节课利用信息技术与现场教学相结合，讲授数控铣削加工机床工件坐标系的设定方法，分析数控铣削加工刀具补偿的建立过程，阐述如何利用子程序编程的方法，实现零件的分层铣削。课程讲解过程采用数控仿真软件进行辅助教学，通过仿真模拟将整个加工过程直观立体地展示出来，通过现场机床端的实践操作视频，印证典型零件的数控铣削加工过程。

（一）教学背景分析

1.教学内容分析

数控机床为什么要建立工件加工坐标系？数控系统如何在工作台上找到已经装夹好的待加工工件并开始进行走刀？数控铣床是通过什么样的形式实现零件的粗加工的？为什么需要建立刀具的补偿？零件的分层铣削加工是如何实现的？基于问题导向，展开数控铣床工件坐标系建立、数控铣加工刀具补偿建立以及子程序编程方法等知识点的教学。

2.学生情况分析

学生对数控机床的结构有了初步的认识，对零件的数控铣削工艺有了基本的了解，已初步掌握常用的数控编程指令，但对如何实现零件的数控铣削加工，以及常用机加工零件的加工方法及技巧还不熟悉。

3.教学方式与教学手段说明

采用线上线下混合式教学模式，课前通知学生事先通过校内SPOC课程平台，进入数控技术课程网站，自学"数控铣削加工专题"PPT课件，并完成视频任务点——数控铣床对刀操作，熟悉本课教学内容（见图2）。

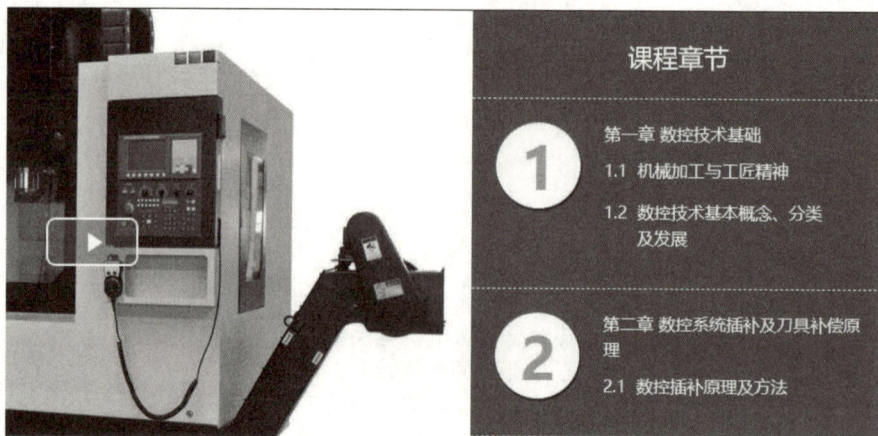

图2　本课程线上资源

线下授课内容分为四部分，先是复习与引入、讲授正课（工件坐标系建立、刀

具补偿、子程序应用）、练习与作业、小结。在每一项下都有很多小的分支，细化到每一个知识点，并插入一些相应的视频、习题等辅助教学链接。

4.技术准备

要准备的资源有PPT课件、数控仿真软件、视频。数控仿真软件输入程序备用，准备工件样品。为学生提供有关数控铣削加工的国家一流课程平台的网页链接，支持学生在网络环境下学习。

（二）教学目标设计

1.知识目标

（1）了解零件工件加工坐标系的建立方法，注意区别G92与G54的用法。

（2）掌握数控加工刀具补偿（G41、G42、G43）的基本用法。

（3）子程序编程的基本方法与技巧。

2.能力目标

（1）提高学生的想象和思维能力。

（2）具有典型零件的数控加工方案选择的能力。

（3）培养学生数控铣削加工工艺及编程能力。

（4）具备独立操作数控机床的能力。

3.过程和方法

教法：互动提问式复习+讲练式习题讲解=合格样品过关。

学法：巩固知识+编程练习+模拟仿真+实践操作→学会。

4.情感、态度、价值观

通过零件工艺设计路线分析，结合国家倡导的"创新、协调、绿色、开放、共享"的新发展理念，要求学生注意零件加工方法的创新，既要考虑零件数控加工工艺设计的科学性、合理性，也要考虑节能环保，注重智能工厂、数字化车间、未来工厂的全流程要素搭建。通过探究激发学生热爱科学的兴趣，培养学生的创新精神和实践能力，逐渐养成认真负责的工作态度。

（三）教学过程设计（表2）

表2 教学过程与教学资源设计

教学过程	教学内容	教学方式及学生活动
教学引入 3分钟	复习回顾： 1. 数控机床坐标系是如何规定的？ 2. 数控铣削加工切削用量三要素。 新课引入： 	互动提问式 教师通过提问引导学生复习，学生思考、讨论、回答。 通过切削三要素的取值直接体现精益求精的工匠精神
	数控机床为什么要建立工件加工坐标系？数控系统如何在工作台上找到已经装夹好的待加工工件并开始进行走刀？ 为什么需要建立刀具的补偿？零件的分层铣削加工是如何实现的？	
讲授 新课 7分钟	知识点1：数控铣床工件坐标系设定 1. 工件坐标系设定，G92、G54-G59格式及参数说明。 2. 教师讲解，数控仿真演示。 3. 视频案例展示	总结归纳、辅助视频、师生互动、校验程序、讲练结合

教学过程	教学内容	教学方式及学生活动
讲授 新课 5分钟	知识点2：数控铣床刀具补偿设定 1. 零件加工刀具半径补偿 2. 零件加工刀具长度补偿	总结归纳 辅助视频
课堂练习 7分钟	 1. 给定典型案例，学生自编程序，并在课程平台讨论区里发布。 2. 运用知识点1，在数控仿真软件中输入自编程序，在系统中设定工件坐标系，进行零件仿真加工，验证程序编写的正确性	师生互动、 校验程序
课堂讨论 3分钟	刀具半径补偿建立的有效途径思考	师生互动、 校验程序
讲授 新课 5分钟	知识点3：数控铣床加工子程序编写技巧 1. 子程序编写指令M98\M99格式及参数说明； 2. 教师讲解，数控仿真演示； 3. 视频案例展示	总结归纳，辅助视频； 师生互动，校验程序； 讲练结合
课堂练习 10分钟	1. 如何实现零件的分层铣削加工？ 2. 给定典型案例，学生自编程序，并在课程平台讨论区里发布。 3. 运用知识点1，在数控仿真软件中输入自编程序，在系统中设定工件坐标系，进行零件仿真加工，验证程序编写的正确性	发挥团队精神，现场小组讨论，在笔记本中进行工艺设置、程序编制、零件加工仿真，学生、教师共同完成
课堂小结 5分钟	1. 刀具半径补偿建立方法； 2. 子程序应用特点	教师总结
布置作业 3分钟	超星泛雅课程网上平台作业发布：从零件加工数控工艺、编程、仿真、加工、零件到完成，制作视频，上传作业	

（四）教学流程（见图3）

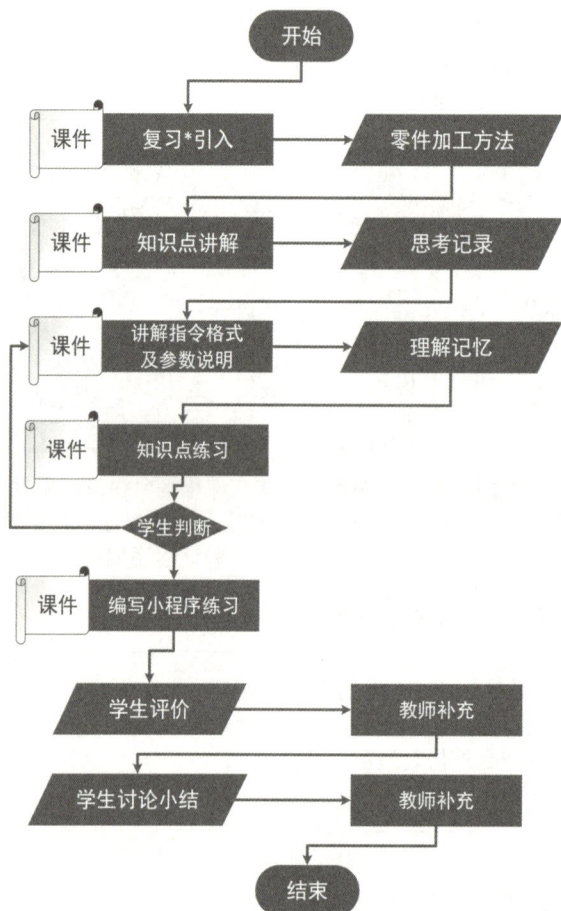

图3　数控铣削加工技术专题教学设计流程

六、特色创新

（一）学用结合，学以致用

坚持教学案例来自实际企业项目，理论知识讲授与解决工程问题相结合，提升课程的综合性、应用性。在教学中，引导学生参与企业难题。如分析机床特征误差的机理，提出温度传感器在机床上的优化布置方法，为机床热误差建模、补偿提供理论依据。

（二）以赛促学，学赛结合

教学内容与机械创新设计大赛、工程训练大赛相结合，鼓励学生积极参赛；课堂解决设计技术问题，课后竞赛获得创新学分；激发学生创造力，培养学生的创新意识；提升课程内容的新颖性。

七、教学效果

（一）虚拟仿真软件教学效果好

学生充分学习教师预先发布在课程平台上的知识内容，包括PPT、零件加工短视频等线上课程资源，课前对线下课程拟讲解的内容有初步了解。通过现场教学，教师利用南京斯沃数控仿真软件，现场运行数控加工程序并呈现零件数控加工效果，使学生熟悉操作机床零件数控加工的一般过程。学生经过课堂学习讨论，课后自行从课程平台上下载数控仿真软件，自己去编程并运行程序，提高课堂学习效果。

（二）线上线下混合式教学互动性强

学生经过课前预习、课堂充分的交流讨论、课后自学并线上提交作业的学习活动，对学习变得更为主动、更富有热情，对数控技术的领悟更加深刻。基于线上课程平台任务点的设计，学生发布课堂讨论帖子、点击观看课程网络视频、提交作业等，过程性的学习评价在系统中能自动记录，作为学生课程最终成绩的评定依据。

（三）学生学习积极性比较高

教学中增加了大量工程实际问题，提高了学生的工程应用能力；课程内容结合创新设计开展，增强了课程的创新性；针对实际装置的设计训练，提高了学生综合运用知识、解决实际问题的能力；项目教学，提高了学生自主学习、开发能力和团队协作能力。

（四）学生综合应用能力提升明显

依托创新工作室，打造课外学习基地，实现课程高阶性；依托教师在企业建立的博士工作站，充实课程设计内涵，增加挑战度；依托学科竞赛，激发课程的活力，提高设计创新性。通过近五年的教学实践，学生参加与本课程相关的学科竞赛，屡创佳绩：获机械设计大赛全国一等奖2项、省一等奖6项；获机器人大赛全国一等奖5项（见图4）。

图4　与本课程相关的第二课堂创新活动（学科竞赛、大学生新苗计划）

材料力学

徐 锋

台州学院 航空工程学院（智能制造学院）

一、课程概况与课程目标

"材料力学"是台州学院机械设计制造及其自动化专业（浙江省一流专业、"十二五"新兴特色专业）的一门专业核心课程，课程开设于第三学期，共54课时（含6个实验课时），也是本专业学生较早接触到的理论联系工程实践的专业技术基础课程。该课程主要研究工程结构中构件的强度、刚度和稳定性问题，旨在通过课程教学达到以下目标。

（一）知识目标

明确材料力学的研究任务和解决问题的基本思路，能够针对构件基本变形的安全和经济性问题进行分析和计算，并将应力状态理论运用于组合变形等复杂问题的强度和刚度分析。

（二）能力目标

能够使用常见的力学测试设备对材料进行力学性能的测定，具备将所学理论或实验技术用于解决本专业实际问题的能力。

（三）素质目标

能够理解力学在国家制造业中发挥的作用，能够对一般机械工程中的材料力学问题进行识别，并用辩证的思维进行分析、建模和求解。

其中，素质目标主要聚焦学生的人生观、价值观和世界观培养，结合课程内容，把从事机械专业所必须具备的严谨的工匠精神和职业操守作为基本准则，让学生在学习过程中能够潜移默化地意识到个体发展和国家发展之间的关联，找准学校、专业及个人定位，树立坚定信念，做一个敢于担当、志向明确的对社会有用的栋梁之材，并通过工程案例解析汇报的教学环节完成该课程目标的评价。

二、课程思政元素与设计思路

将思政元素紧密结合课程内容，着重从课程的能力培养环节如学科竞赛、项目汇报、虚拟仿真综合实验和教师科研等方面反向挖掘育人元素，将思政育人建立在能力培养的基础上，实现思政育人与能力培养同向同行。

（一）育人元素

育人元素包括家国情怀、可持续发展的低碳设计和绿色制造理念、机械工程师的职业操守、匠人精神和辩证性思维。

（二）教学切入点

教学切入点有绪论、各章节中涉及安全与经济问题的知识点、教师科研成果、虚拟仿真实验、学科竞赛和翻转课堂。

（三）具体内容设计

具体的内容设计与育人目标和教学方法如表1所示。

表1　课程思政的具体内容、育人目标和教学方法设计

序号	教学内容概述	课程思政育人目标	教学方法
1	绪论：介绍材料力学的研究对象、研究内容和研究方法，从长征系列运载火箭、国产航母山东舰乃至体育运动等一系列青年人关注的领域中发掘力学之美	了解力学在国家发展建设中的应用和中国智慧在世界工程技术领域中的话语体系，树立以自强使国强的学习志向	案例教学、课堂讨论
2	扭转：扭矩及其传动轴的强度和刚度问题，说明扭矩之于机械，特别是汽车有着重要意义，并从国产汽车销量、自主研发和海外并购等方面引出中国民族汽车工业的崛起	激励机械专业的学生树立专业志向，为让国家成为世界的先进技术中心努力奋斗	案例教学、课堂讨论、课堂训练
3	强度和刚度校核：介绍各章节涉及强度及刚度的案例时，譬如选择汽车、船舶、航空航天等领域相关材料的合理性时，既要认识到国内行业与发达国家的差距，又要认识到这些行业的快速进步	培养学生的辩证性思维，能够合理认识事物的两面性，并在潜移默化中意识到个体发展和国家发展之间的关联，做一个敢于担当、志向明确的有用之才	
4	材料选择和尺寸设计：各章节涉及材料选择和尺寸设计时明确说明微小改变可能带来的灾难性后果，因此要权衡经济性因素，做到安全与经济的统一		
5	虚拟仿真综合实验：学习典型材料力学性能测试、应变测试、有限元仿真等课程教学中无法有效开展的解决工程问题的多元方法	培养学生解决力学问题的多元方法以及作为工程师需要具备的职业操守和匠人精神	教师示范、学生操作
6	工程案例汇报解析：让学生在行业领域中挖掘力学问题，通过背景调研、工程应用、互问互评、感想感悟和持续改进的方式进行项目汇报	积极探索、勇于质疑、学思结合、知行合一	翻转课堂、课堂讨论
7	科研成果进课堂：教师基于自身在产品低碳设计领域的研究成果分享产品全生命周期的绿色制造理念	理解可持续发展、碳达峰、碳中和等热点问题以及对中国制造产生的影响	案例教学、课堂讨论
8	学科竞赛：力学竞赛中的火箭推进装置设计和机械设计竞赛中的助老、助残机构设计	用所学所知解决实际复杂工程问题，以匠人精神理解技术应用的重要性	课外指导

（四）实施路径及方法

实现课程思政的目标关键在教师，重点在学生，难点是方法。思政育人的实施路径可以让学生从感官认知的"入耳"到知行合一的"入脑"再到文化自信的"入心"（见图1）。由此从"认知层面—行为层面—精神层面"的逻辑递进关系来实现育人目标，各个层面的具体方法如下。

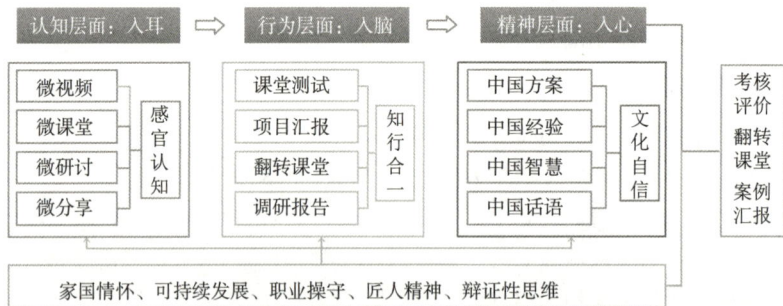

图1 课程思政育人元素在教学中的实施路径

1.认知层面

充分利用信息化的社交网络学习平台和"材料力学"课程积累的线下多微素材（图2、图3），将育人元素和教师在产品全生命周期低碳设计方面的研究成果融入微课堂、微视频和微研讨等，逐步实现从"教师讲、学生听"的"入耳"学习演变为"学生讲、教师听，学生做、教师评"的"入脑"感知。

2.行为层面

时刻把握"材料力学"课程的安全与经济性的辩证关系，把知识传授与能力训练有机结合，在学科竞赛、虚拟仿真综合实验、科研项目等能力培养环节中潜移默化地培养学生的匠人精神和辩证性思维，通过课堂测试、项目汇报、翻转课堂等形式鼓励学生在问题分析和方案解决方面做到积极探索、勇于质疑、学思结合、知行合一（图3）。

3.精神层面

通过总结和凝练与力学相关的典型工程实践中的中国方案、中国经验和中国智慧，让学生深刻感知中国在世界工程技术领域中的话语体系，培养学生卓越工程师的家国情怀，逐步实现从"入脑"的知行合一演变为"入心"的文化自信。

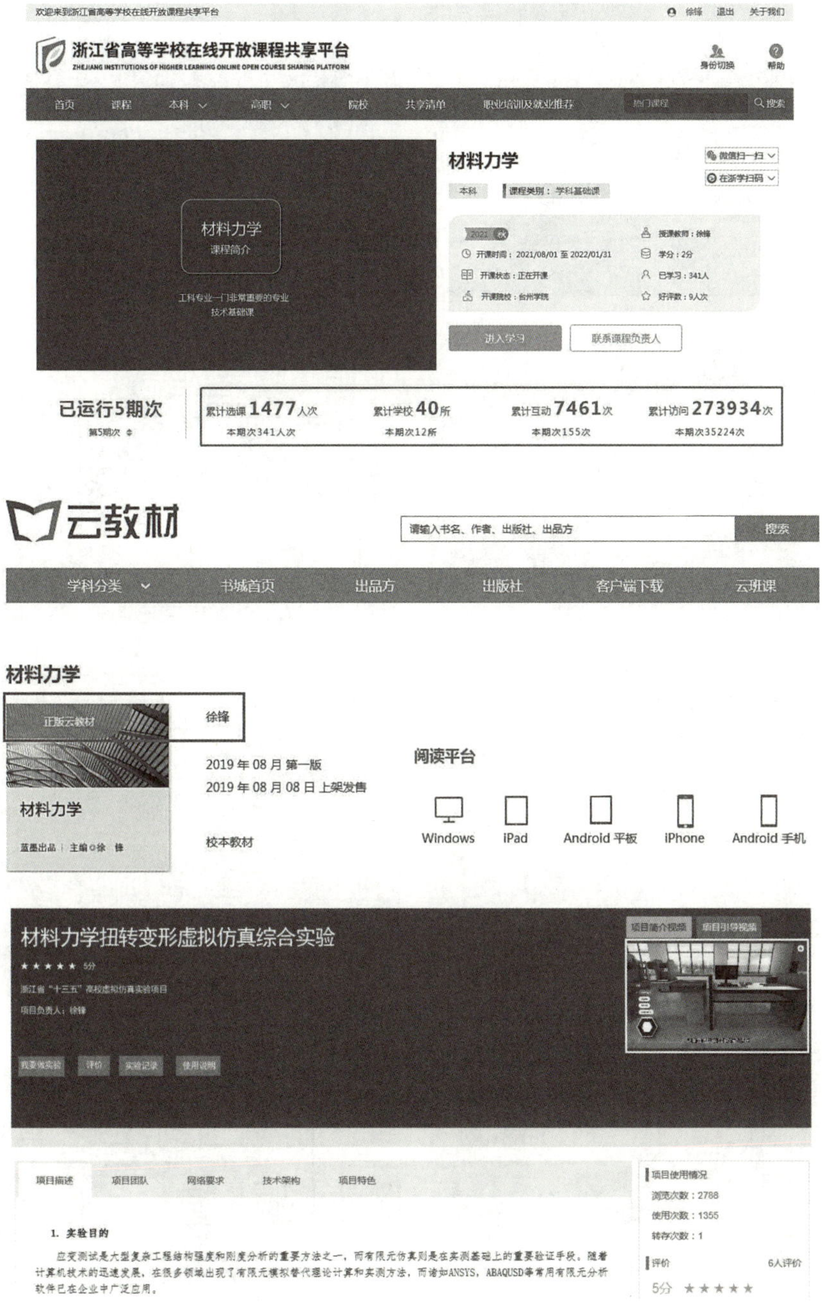

图2　课程平台、云教学及虚拟仿真平台等多维度线上学习资源

微报告

微研讨

微分享

微实践

微视频　从一辆车的"心脏"说起

虚拟仿真综合实验

课堂测试

翻转课堂

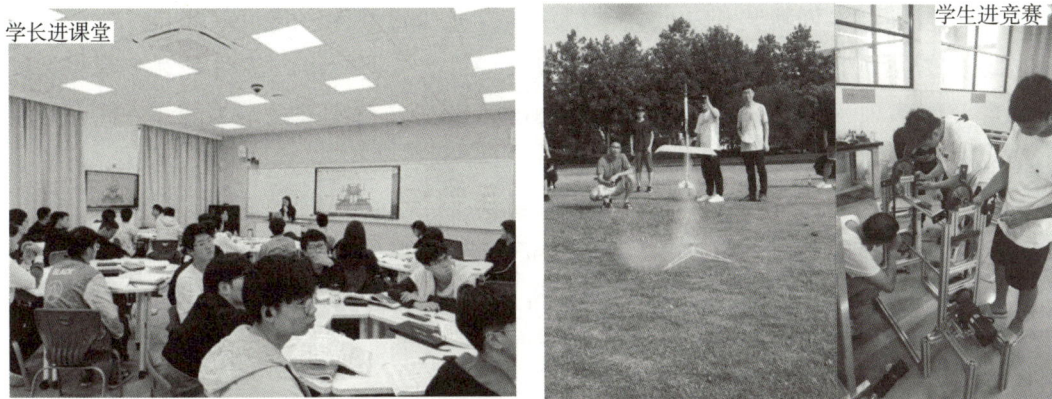

学长进课堂 学生进竞赛

图3 课程思政在实际教学过程中的实施案例

三、特色与创新

（一）育人元素与多微素材有机交融

借助课程作为省级线下、线上线下混合式一流本科课程积累的多微素材，将育人元素有效嵌入微视频、微课堂、微研讨和微分享中，通过微社交和信息技术等多元融合的教学方法把知识传授的方式逐渐从"教师讲、学生听"的"入耳"学习演变为"学生讲、教师听"的"入脑"感知。

（二）育人元素与能力培养同向同行

注重课程内容、课程目标与育人元素的有机融合，把虚拟仿真、案例分析、工程应用等能力培养环节作为育人元素的重要切入点，并将育人目标在能力培养中升华，让学生带着对课程的兴趣潜移默化地实现从"入脑"的知行合一演变为"入心"的文化自信。

四、教学效果

通过实践，学生在学科竞赛和虚拟仿真实验等将知识应用于解决复杂工程问题的能力培养环节中，对课程在国家发展和专业应用方面的认可度大幅提升，在"自主选题—案例汇报—回应质疑—持续改进"的翻转课堂活动中能够通过教师引领和团队协作的方式结合课程内容、工程应用和匠人精神实现"知识—能力—素养"的进阶式课程目标。学生对课程的认知从"闻风色变"到逐渐喜欢，评课评教数据学院领先，在试卷深度和难度相当的情况下，学生卷面各项数据稳步提升（见表2），大面积低分现象明显改善（见图4）。另外，学生积极参加省级大学生力学竞赛和机械设计竞赛，共获得一等奖1项、二等奖3项、三等奖8项，实现学校在此项赛事的重大突破。课程教学创新于2019年获得浙江省"互联网+教学"优秀案例一等奖，2020年获得全国机械类课程最佳教学案例奖，2021年获得浙江省教师教学创新大赛二等奖、教学学术创新奖和基层教学组织奖，浙江省课程思政示范课堂，浙江省课程思政优秀案例一等奖，台州学院教学成果一等奖、课程思政优秀案例一等奖和优秀教学奖等多项荣誉。"材料力学"课程2019—2020年分别被认定为浙江省线下及混合式一流本科课程。

表2　近三年期末试卷卷面成绩统计

授课学期	总人数／人	及格人数／人	及格率／%	最高分	最低分	平均分	40分以下人数／人
2018—2019 年第2学期	45	18	40	93	13	50.4	14
2019—2020 年第2学期	43	26	60	98	7	60.3	9
2020—2021 年第1学期	46	37	80	98	40	70.8	0

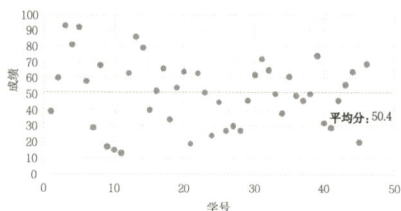

2018—2019年第2学期卷面成绩分布

（a）

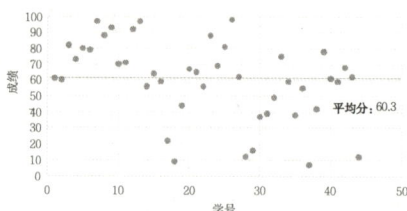

2019—2020年第2学期卷面成绩分布

（b）

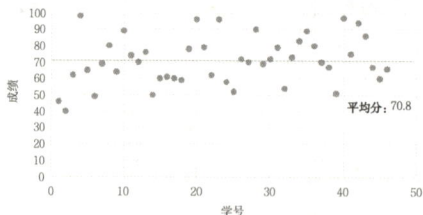

2020—2021年第1学期卷面成绩分布

（c）

图4　2018—2021年期末卷面成绩分布

　　基于课程建设所取得的成效表现为，2020年以来笔者已受邀在全国机械类课程教学方法研讨会、浙江省本科高校理工类课程思政论坛、浙江省高校青年教师研修班思政沙龙以及台州学院红船精神论坛等不同场合中分享并推广了课程的教学改革成果（见图5），多元融合的"材料力学"课程教学改革与实践案例已由清华大学出版社公众号面向全国推广。

图5　在多个论坛或研讨会上进行教学成果推广

病理学

陈光平

丽水学院　医学院

一、课程概况

病理学是研究疾病的病因、发病机制、病理变化、结局和转归的医学基础学科，为疾病的诊断和防治提供理论和实验依据。在医学教育中，病理学以人体解剖学、组织胚胎学、生理学、微生物学等课程为学习的基础，同时又为后续临床课程的学习奠定了基础。因此，病理学在基础医学和临床医学之间起着十分重要的桥梁作用。本课程的学习目标是使医学生掌握病理学的基本理论、基本知识、基本技能，能运用辩证唯物主义的思想与方法发现问题、分析问题和解决问题，并且培养学生爱国主义情怀、科学精神，提升学生医者仁心、人文素养。

病理学课程由丽水学院医学院开设，作为临床医学等专业的一门学科基础必修课和核心基础课程，包括绪论模块、总论模块、各论模块、感染性疾病模块。课程共56学时，安排在第四个学期开课。

二、课程目标

（一）知识目标

（1）掌握病理学的基本概念、病理变化和临床病理联系。

（2）熟悉疾病病因、发病机制、转归及结局。

（3）了解疾病的前沿研究进展。

（二）能力目标

（1）学会运用比较方法，观察正常和病理大体标本、正常和病理组织切片的病理变化，能够识别常见疾病的基本病变。

（2）运用病理学知识分析临床案例的能力，能根据病理变化做出初步诊断。

（3）培养学生辩证思维能力，培养学生观察问题、分析问题和解决问题的能力。

（三）价值目标

（1）立德树人，培养以爱国主义、家国情怀为核心的"情感"目标。

（2）以医者仁心和科学精神为核心的"态度"目标。

（3）以社会主义核心价值观为核心的"价值观"目标。

三、思政元素

病理学课程蕴含的重要思政元素有：爱国主义、科学精神、人文素养、社会责任、辩证思维、法治素养等。具体如下：

（一）爱国主义

爱国主义是我们民族精神的核心，是中华民族团结奋斗、自强不息的精神纽带。在开展课程教学的过程中，以钟南山、李兰娟院士为榜样，让学生把自己的理想同祖国的前途、把自己的人生同民族的命运紧密联系在一起，扎根人民，奉献国家。

（二）科学精神

在开展课程教学的过程中，让学生认识到一切从实际出发，培养学生坚持实事求是、以科学的思维方法以及思维能力开展医疗诊断的意识，同时培养学生的求真精神，增强学生的科学素养，从而提高病理学教学改革的效果。

（三）人文素养

希波克拉底说："医生有两种东西能治病，一是药物，二是语言。"在病理学课程教学中，重视人文素养教育与病理学课程教学的有效结合，重视医学生人文素养的提升，培养学生人文关怀精神，采取行之有效的方法和途径提高医学生的人文素养。

（四）社会责任

社会责任教育与病理学的课程教学进行有效的结合，这样才能够培养学生的担当意识以及职业道德意识，让学生了解到救死扶伤的真正意义，增强学生的社会责任感。

（五）辩证思维

在病理学课程教学过程中，融入辩证思维教育，其主要教学结合点是培养学生的辩证思维能力，增强学生在疾病诊断过程中抓住主要矛盾、分析解决矛盾的能力。

（六）法治素养

开展病理学教学改革的过程中，让学生认识到"以患者为中心"的现代医疗服务模式，重视在治疗过程中患者的隐私权、生命健康权和知情同意权等，提高法治素养，处理好医患关系，防止发生医疗纠纷。

四、设计思路

课程的设计思路如表1所示。

表1 课程章节思政元素的教学设计

课程章节	重要思政元素	相关联的专业知识或教学案例
绪论模块	爱国主义、科学精神、人文素养、社会责任、医者仁心	讲授新学期第一课，导入共和国勋章获得者钟南山院士的抗疫事迹，他用实际行动诠释了何为医者仁心，何为民族脊梁！他是医学生的心中"偶像"。 在讲授病理学绪论时，介绍南宋时期著名法医学家宋慈所著《洗冤集录》，培养学生追实求真的科学精神。 在讲授病理学发展历史时，导入我国老一辈病理学家取得的巨大科研成就，培养学生爱国主义精神、科研探索精神、人文素养，帮助学生树立正确的人生观、价值观
总论模块：组织适应修复、局部血循环障碍、炎症、肿瘤	爱国主义、科学精神、辩证思维、人文素养、社会责任、法治素养、医者仁心	1. 在讲授去神经性萎缩时，导入"糖丸爷爷"顾方舟的案例，他"花费一生只做了一颗小糖丸，却拯救了全中国的孩子"，引导学生树立爱国主义思想、科学精神、医者仁心。 2. 在讲授组织损伤时，让学生认识不当的诊疗操作会造成医源性损伤，在将来诊疗工作中，要关心爱护患者，树立职业责任感，具备医者仁心。 3. 在讲授血栓形成原因时，介绍长期卧床患者血流缓慢是血栓形成的原因之一，要避免并发症发生，增强学生责任心，打造和谐医患关系。 4. 在讲授血栓形成对机体影响时，介绍其对人体既有不利方面，也有有利的方面，培养学生辩证思维和分析、判断的能力。 5. 在讲授羊水栓塞时，通过介绍"8·10湖南湘潭产妇死亡事件"，建议学生课余学习《医疗事故处理条例》，能依法依规地处理医患纠纷，提高法治素养。 6. 在讲授炎症渗出时，介绍"白细胞通过变形运动穿越血管壁进入结缔组织，行使抗炎，最后牺牲"的过程。结合"抗疫"情况，赞美支援湖北抗疫的"逆行者"，让学生树立家国情怀、科学精神、社会责任感。 7. 在讲授炎症表现时，引导学生用辩证法思想认识局部表现和全身反应、急性炎症的不同结局，学会辩证分析病情演变、疾病转归，提高学生分析问题和解决问题能力。 8. 在讲授炎症败血症时，导入白求恩医生的案例，让学生学习白求恩精神，即伟大的国际主义精神，毫不利己、专门利人的无私奉献精神，对技术精益求精的精神。 9. 在讲授肿瘤时，导入"临终关怀"时，要培养学生尊重生命、敬畏生命的品质，培养学生人文素养、医者仁心、敬业精神。 10. 在讲授"癌前疾病"内容时，培养学生利用辩证思维分析癌前病变、非典型增生、原位癌、浸润癌等动态发展过程，对肿瘤早期发现有重要意义

课程章节	重要思政元素	相关联的专业知识或教学案例
各论模块：心血管系统、呼吸系统、消化系统、生殖系统、泌尿系统疾病	爱国主义、科学精神、辩证思维、人文素养、社会责任、法治素养、医者仁心	1. 在讲授冠状动脉粥样硬化时，引导用学生辩证思维分析脂质沉积时，从脂纹期发展为纤维斑块和粥样斑块，最后出现继发改变，让学生既学到专业知识，又培养辩证思维能力。 2. 在讲授高血压病病因时，引导学生在临床诊疗时，要关心患者情绪反应，减轻其精神压力，使患者保持心理平衡，体现人文精神素养、医者仁心。 3. 在讲授呼吸系统疾病时，播放"雾霾素材"视频，培养学生树立社会责任感，参与大气污染综合治理。 4. 在讲授"病毒性肺炎"时，导入驰援抗疫一线的最美逆行者"舍小家、顾大家"的先进事迹，激发学生家国情怀、社会责任感，树立社会主义的道路自信和制度自信。 5. 在讲授"肺尘埃沉着病"病因时，导入"张海超开胸验肺事件"的案例，引导学生对尘肺等职业病进行讨论，培养学生法治意识，避免医疗纠纷及医疗事故。 6. 在讲授胃溃疡病因时，通过讲述巴里·马歇尔和罗宾·沃伦发现幽门螺杆菌的事迹，激发学生树立勇于实践的创新精神和追求真理的科学精神，推动医学事业发展。 7. 在讲授病毒性肝炎时，介绍全国肝炎日（7月28日）的由来，引导学生将来为肝炎防治事业、为"健康中国行动"做出新贡献。 8. 在讲授生殖系统疾病时，导入中国现代妇产科泰斗林巧稚的故事，培养学生爱国主义精神、科学精神、爱岗敬业品质、医者仁心。 9. 在讲授泌尿系统疾病时，介绍世界肾脏病日（3月第3周）的由来，引导学生树信念、重责任、强人文、有大爱。 10. 在讲授尿毒症时，讨论肾移植的社会、伦理、法制问题，培养学生社会责任意识、医德医风、医学伦理素养、法制意识
感染性疾病模块：新冠肺炎、结核病、病毒性肝炎、艾滋病、性病等	爱国主义、科学精神、人文素养、社会责任、医者仁心	1. 在讲授感染性疾病教学中，介绍新中国成立后我国传染病及寄生虫病的发病率、死亡率大大降低，说明我国社会制度的优越性，激发学生爱国主义情怀。 2. 在讲授结核病时，讲述我国防治结核病措施和免费保障治疗，体现我国社会主义制度的优越性，培养学生预防意识、社会责任、医者仁心。 3. 在讲授艾滋病时，要强调生命健康权是基本人权的重要组成部分，关爱艾滋病病人是全社会的责任，培养学生人文素养、医者仁心、医学伦理（隐私人格）素养

图1是课程"新型冠状病毒肺炎"的设计思路。

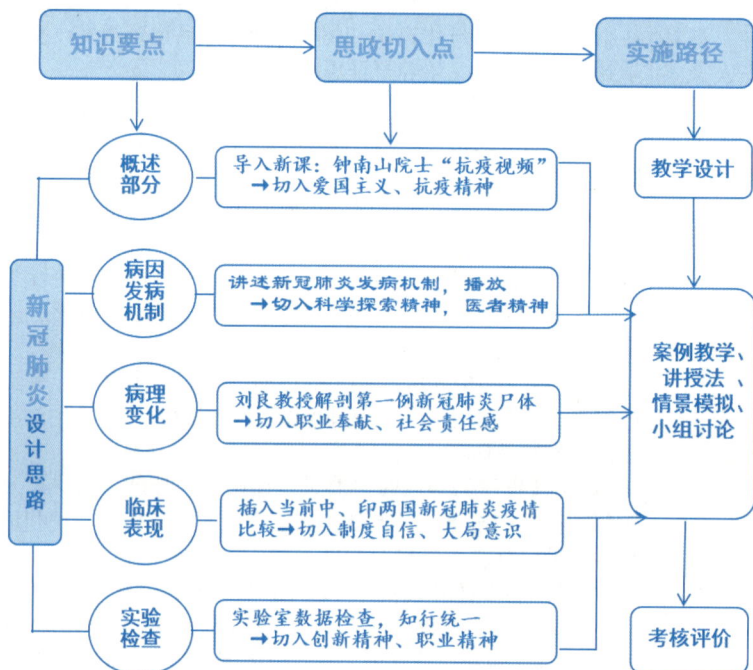

图1　病理学章节——"新型冠状病毒肺炎"的设计思路

五、实施案例

案例1：新课以钟南山院士《一张刷屏网络感动了全国人的照片》导入，诠释了爱国主义、抗疫精神、医者仁心。

2020年1月18日傍晚，在疫情最危急的时候，"没有特殊情况，不要去武汉！"84岁的钟南山院士号召国人，自己却逆行武汉防疫最前线。列车上，他累得仰头靠在椅背上休息，他的眼镜还架在脸上，电脑屏幕仍然是工作状态。这张抗疫"最美"逆行者网络照片，是课程思政最鲜活的教材，钟南山院士用实际行动诠释了何为医者仁心，何为民族脊梁！钟南山院士成了医学生们心目中的"偶像"。

案例2：讲述华中科技大学刘良教授团队为了探求新冠肺炎疾病真相，将生死置之度外，解剖了第一例新冠肺炎逝者遗体，表现了科学精神、职业道德、社会责任。

刀尖舞者，险！ 2020年2月16日，刘良教授团队解剖世界首例新冠肺炎逝者遗体（见图2）。作为一群刀尖上的舞者，他们知险而进——向最核心、最危险的地方前进。追寻真相，冲！ 2月28日，世界首例新冠肺炎逝者遗体解剖报告公布，提示气道大量黏液栓，主要引起远端肺泡损伤。3月4日，《新冠肺炎诊疗方案》（第七版）新增了"病理改变"一章，包含了刘良教授团队进行的解剖与病理研究成果，为后续临床治疗提供了重要参考意见。他们用实际行动表现了科学探索精神、职业道德、社会责任。

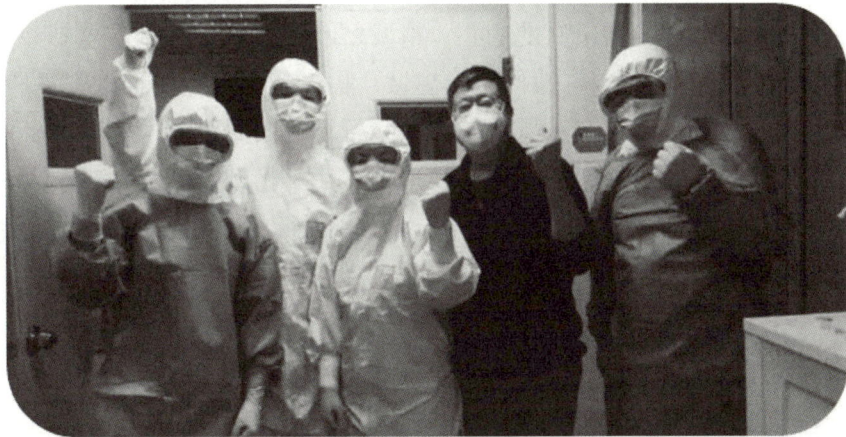

图2　华中科技大学刘良教授团队

案例3：通过中、印两国新冠肺炎疫情防控的情况比较，显示我国防疫效果显著，彰显我国的制度优势和治理能力。

到2021年9月30日12时止，根据印度卫生部公布的最新数据，过去24小时内，印度新冠肺炎确诊病例33739980例，单日新增确诊病例23529例，新增死亡病例311例，累计死亡448062例，且呈逐日上升的趋势（见图3）。同日，我国无新增本地新冠肺炎确诊病例。中印两国的防疫情况比较，展现了我国以习近平同志为核心的党中央英明领导、科学决策，体现了人民至上、生命至上的理念，彰显了中国的制度优势和治理能力。

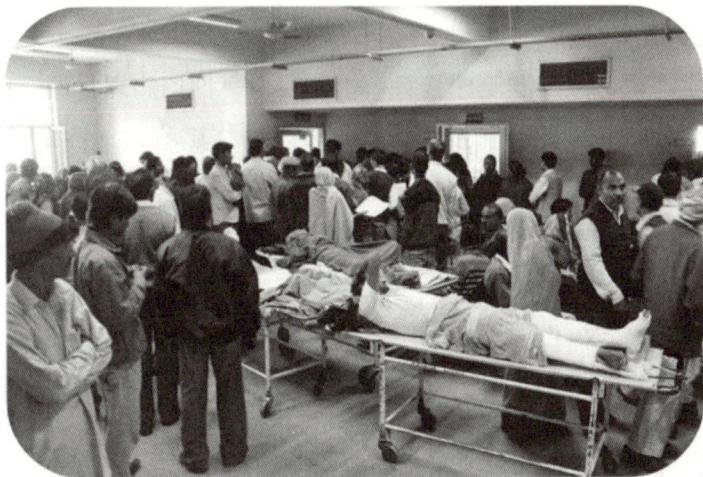

图3　印度某医院新冠肺炎患者诊疗现场

案例4：以广大医务人员抗击新冠肺炎疫情为例，体现了抗疫精神、职业精神、人文精神和创新精神。

"病人在哪里，我们的战场就在哪里！"在抗击新冠肺炎疫情斗争中，广大医务人员用必胜之心、责任之心、仁爱之心、精诚之心为医者仁心做出全新注解（见图4），是"新时代最可爱的人"。他们对党忠诚、勇于担当的精神面貌，以骁勇善战、敢于全胜的顽强作风，走在前、干在先的实际行动，向党、国家和人民交出了一份满意答卷。他们身上集中体现了爱国主义精神、斗争精神、职业精神、人文精神和创新精神，为践行社会主义核心价值观增添了亮丽色彩。

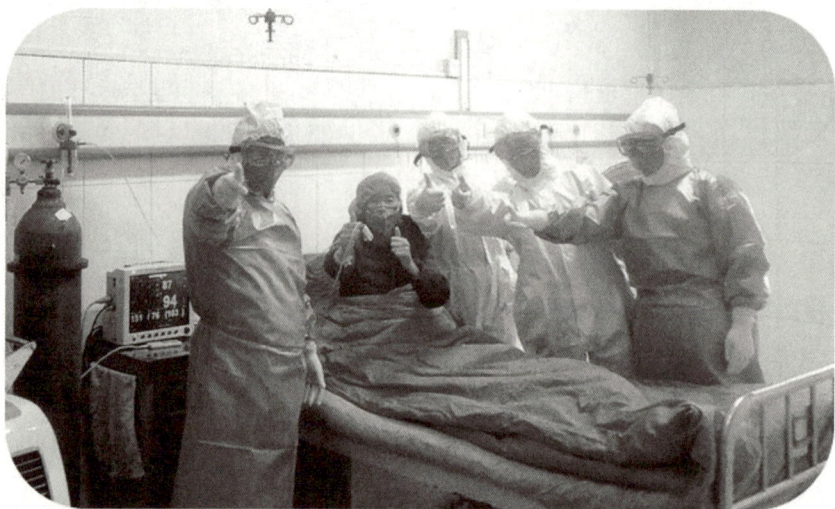

图4 医护人员抗击新冠肺炎疫情纪实

六、特色及创新

（一）创新育人目标，构建"课程思政"育人体系

修订病理学课程标准，制定课程育人价值目标，挖掘病理学课程中的思政元素，融入病理学课程教学过程中，构建"三位一体"课程思政目标体系，即培养以爱国主义、家国情怀为核心的"情感"目标，培养以医德医风和科学精神为核心的"态度"目标，培养以社会主义核心价值观为核心的"价值观"目标。

（二）创新教学设计，丰富"课程思政"教学手段

根据课程育人目标，重新设计教学方案和教学活动，在课程教学中找到契合点，导入课程思政教学案例，使课程思政贯穿教学全过程，发挥价值引领作用。采用案例教学法、情景模拟法等方法，丰富和拓展"课程思政"教学手段，让学生主动参与教学活动，实现知识传授和价值引领的双重作用。

（三）创新考核方式，增加"课程思政"考核内容

创新病理学课程考核评价体系，将课程思政纳入过程性评价中，其通过学生小组评分、教师评定来实现，占学生考核形成性评价的10%。考核学生是否树立社会主义核心价值观，是否树立正确的"三观"，是否具备医者仁心、良好的人文素养等。

七、教学效果

（一）受到了学生们好评

"病理学"课程思政结束后，我们开展了学生满意度调查——对2018级临床医学专业学生进行了在线问卷调查。对105份有效收回问卷的统计学分析结果显示，有96%的学生支持课程思政教学新模式，98%的学生认为"有利于培养爱国主义、科学精神"，95%的学生认为"有利于树立正确的人生观、价值观和世界观"，98%的学生认为"有利于培养'敬佑生命、救死扶伤'的医者精神和法治素养"。

（二）学校教学督导评价

病理学课程思政能够将课程思政元素与专业知识进行有机的融合，做到春风化雨立德，润物无声树人，在讲授学生医学知识和技能的同时，培养学生的爱国主义精神、人文素养、科学素养以及职业道德素养，起到示范引领作用，是一种可复制、可推广的"课程思政"的育人模式。

（三）课程思政建设成果

病理学课程被认定为2021年浙江省高校"线下一流"课程、浙江省高校"课程思政"示范课程；病理学课程荣获得2021年浙江省高校课程思政教学改革"优秀教学案例一等奖"；病理学课程思政加入基础医学部教师党支部第二批"全国党建工作样板支部"培育创建内容：创建"党建+课程思政"模式，打造"课程思政"改革强；病理学课程思政教育模式在我校临床医学、护理专业、康复治疗学专业中得到示范、推广。

电路原理

吴秀山 —

浙江水利水电学院　电气工程学院

一、课程概况

电路原理课程以分析电路中的电磁现象、研究电路的基本规律与分析方法为主要内容。课程理论严密、逻辑性强，具有广阔的工程背景。学生通过学习本课程，建立对集中参数电路的分析、设计能力，为后续电类相关课程学习准备必要的电路知识。课程倡导独立自主的科技创新，引导学生能够运用辩证唯物主义的思想与方法观察问题、分析问题和解决问题，增强爱国主义情怀，将价值塑造、知识传授、能力培养有机融合，是培养上手快、有后劲的高素质应用型人才的重要一环。

该课程由浙江水利水电学院电气工程学院开设，是我校电气能源类、自动化类、智能电网各专业的第一门专业基础课程。课程内容分直流电路、交流电路、动态电路和实验，四年制本科64学时/专升本56学时，其中线上16学时（1学分），线下分别为40学时/32学时，实验8学时，每学期开课。

二、课程目标

（一）知识目标

（1）能够熟练使用线性非时变电路的基本概念、定理及分析方法对电路进行分析与求解。

（2）理解储能元件的特性，掌握动态电路方程的建立和初始值的确定，掌握一阶电路的零输入响应、零状态响应和全响应，以及一阶电路的三要素法。

（3）掌握正弦量信号有效值、相量表示、电路定律的相量形式。理解复阻抗、复导纳的概念，掌握正弦稳态电路的相量分析方法，以及平均功率、无功功率、视在功率、复功率、功率因数的概念及计算。

（4）掌握三相电路星形连接、三角形连接下的线电压（电流）与相电压（电流）的关系。理解互感和互感电压的概念及同名端的含义，了解含有互感电路的计算，理解变压器和理想变压器模型，掌握理想变压器的阻抗变换特性。

（二）能力目标

(1)能运用数学、自然科学和工程知识，正确识别和判断各类电气工程问题的内涵，能够结合数理模型对电气工程问题进行建模与求解。

（2）提高理论联系工程实际能力和运用多种分析方法对一些复杂电路工程问题进行分析计算的能力。

（3）能根据实验方案构建实验项目，开展实验操作并获得有效实验数据；对实验结果进行分析、解释与评价，进一步利用数据处理等手段获得合理有效结论。

（4）能够跟踪社会进步与科技发展趋势，结合个人或职业发展需求，培养自主学习能力，并能理解、归纳和提出相关见解。

（三）价值目标

（1）增强民族自豪感和自信心，以水利水电、特高压、中国高铁等领域取得伟大成就鼓舞学生，同时面对复杂国际形势与挑战，加快实现中华民族的科技自强自立，激发学生的社会责任感和科技报国的爱国情怀。

（2）正确利用矛盾的普遍性和特殊性对待电路分析过程中同一问题不同的解决方法，引导学生树立和坚持正确的矛盾观点。

（3）面对"双碳"的国家核心战略，引导学生围绕水利水电，统筹汇集风光新能源电力的新问题、新挑战，为实现中华民族的伟大复兴而奋斗。

三、思政元素

从电路的基本规律、基本定理、伟人事迹、中国改革开放以来的巨大成就及国际国内的热点事件中挖掘与设计课程思政元素，并在课程教学中巧妙融入，如盐入水，着重引导学生树立远大理想，培养辩证思维、科技报国情怀与家国情怀，结合本校特点重点将"态度、相助、感恩、诚信、情怀、信仰"等德育元素有效融入，最终升华为"为实现中华民族的伟大复兴而奋斗"。

（一）科技报国

讲述近年来关于电路研究的理论成果和发明创造成指数增长，特别是在集成电路、特高压、中国高铁、航空航天等领域所取得的重要成果，来激发学生探索未知、敢于创新、不断学习的热情，建立电路原理与其他学科的交叉创新思维，培养学生独立自主、严密精确的科技素养，激励学生加倍努力学习。

（二）辩证思维

在电路分析过程中，同一问题有不同的解决方法，各种方法都有其优缺点，让学生辩证地对待各种矛盾，从矛盾的普遍性和特殊性的哲学高度看待事物的多面性，引导学生树立和坚持矛盾观点，分析其中公开或潜在的矛盾，能在正视和解决矛盾中获得发展的契机。

（三）家国情怀

讲解电路技术的快速发展，特别是大力宣讲中国近年来在水利水电、特高压、中国高铁等领域所取得的重要成果，增强学生的民族自豪感和自信心，引导学生正确认识世界和中国发展大势，面对"碳达峰"和"碳中和"的国家战略，围绕水利水电，统筹汇集风光新能源电力的新问题、新挑战，探讨其对社会发展的影响，从而坚定为实现中华民族的伟大复兴而奋斗的信念。

四、设计思路

电路原理课程理论体系严密、逻辑性强、知识点多、分析计算多，工程应用背景广。学生普遍反映难学、难记、难用。在新时代教育背景下，课程创新教学方法，构建符合本校人才培养目标的"线上＋线下"混合式一流课程，以克服学生学习的痛点和难点，激发学生学习兴趣。为了将思政教育有效融入课堂，课程教学全程开展课程思政，以知识传授与价值引领有效结合为教学目标，以实现立德树人为根本任务。通过课程思政教学设计，将思政元素落实到位，并贯穿教学实施全过程。结合本校特点将育人元素有效融入课堂教学，并采用"知识＋技能＋态度"考核评价机制，让评价成为有力的育人手段，达成培养具有上手快、后劲足的高素质应用型人才，从而实现习近平总书记对我校"建设高质量、有特色的水利水电学校"的期望，具体实施路线如图1所示。

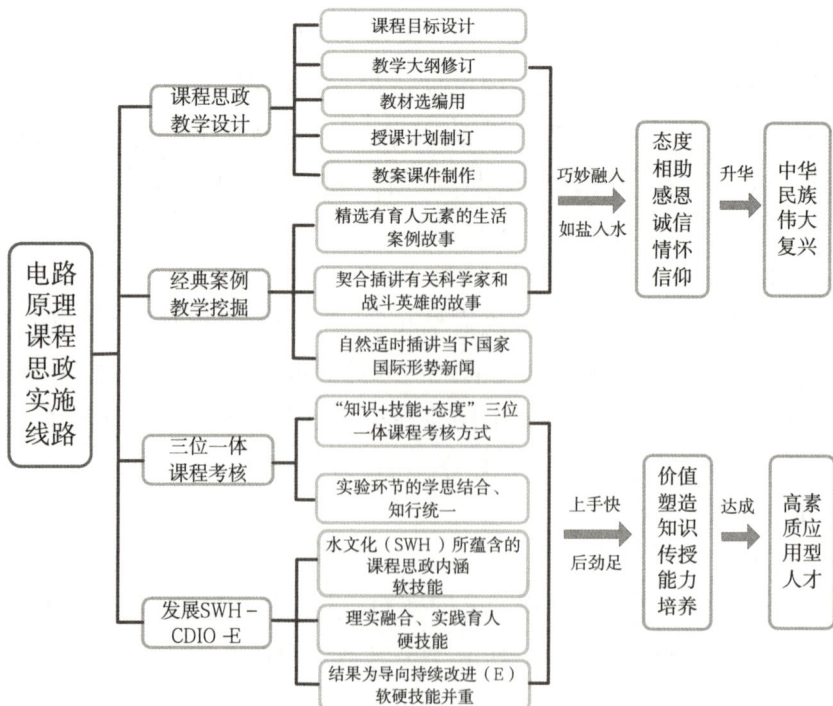

图1　电路原理课程思政实施线路

依据课程大纲，根据课程思政实施路线，不断挖掘思政元素，课程思政映射与融入点、教学实施、实施目标三者——对应，不断挖掘和融入，具体设计如表1所示。

表1　课程思政知识点、映射点和达成目标（节选）

知识要点	映射点	达成目标
电路发展史-伟人事迹	积极进取的人生态度	教育学生发愤图强、励志科技报国
直流电路分析方法	辩证对待各种矛盾	同一问题不同的解决方法，辩证地看待问题
交-直流电之争	真理的追求	怀疑、批判、不断自我扬弃的科学精神
交流电-特高压技术	中国创造和中国引领	增强民族自信心和自豪感
实验及故障分析	敬畏生命、敬畏规章、敬畏职责	安全第一、生命至上
课程随堂实验	学思统一、知行合一	精益求精的工匠精神和良好职业素养的培养

课程采用"知识+技能+态度"三位一体课程考核方式。细化考核内容和考核比重，制订并执行详细的综合考核方案，评价主体由以前的单一主体，变为多元化的评价主体。评价涉及学生的平时过程、学习态度、实验协作等各个环节，充分发挥以学生为主体的课堂教学组织实施功能，有利于知识课堂向能力课堂转变，是能力取向的知识教育体系实施效果的重要体现，课程采用的考核方式如图2所示。

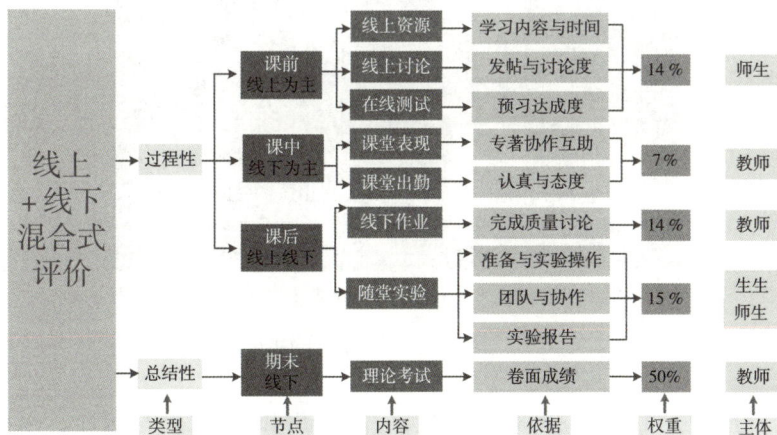

图2　课程采用的"线上+线下"混合式评价方式

五、实施案例

案例1：讲述科学家奋斗经历、奋斗故事，以及中国当前面对的各类严峻挑战，激发学生的基础研究热情（见图3）。

在讲解电路基础知识时，适时将推动电路发展的科学家引入课堂，引导学生学习科学家精神——胸怀祖国、服务人民的爱国精神，勇攀高峰、敢为人先的创新精神，追求真理、严谨治学的求实精神，淡泊名利、潜心研究的奉献精神，集智攻关、团结协作的协同精神，甘为人梯、奖掖后学的育人精神。新中国成立以来，广大科技工作者在祖国大地上树立起一座座科技创新的丰碑，也铸就了独特的精神气质（2020年9月11日，习近平总书记在北京主持召开科学家座谈会并发表重要讲话），激发了学生学习热情和投身科技报国的信念。

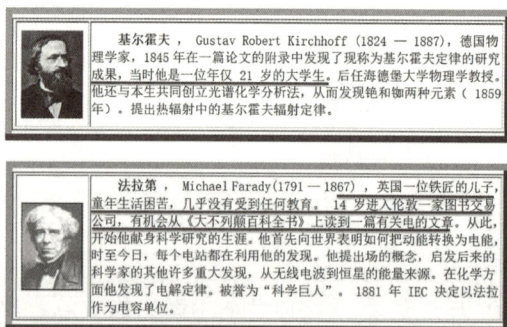

基尔霍夫，Gustav Robert Kirchhoff（1824 — 1887），德国物理学家，1845年在一篇论文的附录中发现了现称为基尔霍夫定律的研究成果，当时他是一位年仅21岁的大学生，后任海德堡大学物理学教授。他还与本生共同创立光谱化学分析法，从而发现铯和铷两种元素（1859年）。提出热辐射中的基尔霍夫辐射定律。

法拉第，Michael Farady（1791 — 1867），英国一位铁匠的儿子，童年生活困苦，几乎没有受到任何教育。14岁进入伦敦一家图书交易公司，有机会从《大不列颠百科全书》上读到一篇有关电的文章。从此，开始他献身科学研究的生涯。他首先向世界表明如何把动能转换为电能，时至今日，每个电站都在利用他的发现。他提出场的概念，启发后来的科学家的其他许多重大发现，从无线电波到恒星的能量来源。在化学方面他发现了电解定律。被誉为"科学巨人"。1881年IEC决定以法拉作为电容单位。

(a)推动电路发展的科学家之基尔霍夫和法拉第

（b）国家最高科学技术奖获得者（2000年、2001年和2020年）

图3　案例1——科学家的精神

案例2：分析叠加定理应用的局限性，并且与其他方法展开对比，从而辩证地看待问题（见图4）。

在讲解电路原理的叠加定理时，在每一个独立源在叠加定理中的作用分析结果后，引入当代青年学生作为中华民族伟大复兴的一员，"每一个人都了不起"，一定要"不负韶华、只争朝夕"。在叠加定理的例题分析中，针对一个题目分析叠加定理应用的局限性，并且与其他方法展开对比，引导学生树立和坚持矛盾观点，分析其中公开或潜在的矛盾，理解矛盾存在发展的条件，辩证地看待问题。

图 4　案例 2——叠加原理延伸和与其他方法之比较

案例 3：以影视短片、国家战略等为例，辩证认识电力发展对社会和法律的影响（见图 5）。

讲解完直流电路转入交流电路时，通过影视短片引入直流电与交流电的世纪之争，从而探讨这是科学之争还是商业之争。接着引入中国特高压输电技术的发展历程、取得的成就，增强学生的民族自豪感和自信心，引导学生正确认识世界和中国发展大势，特别是面对"碳达峰"和"碳中和"的国家核心战略，围绕水利水电，统筹汇集风光新能源电力的新问题、新挑战，分析电力行业的发展与巨变对社会、法律等的影响。

（a）交流电与直流电世纪之争

（b）中国特高压发展成就与双碳目标

图 5　案例 2——交流电的发展

六、特色及创新

（一）做好课程思政教学新设计，思政元素不断挖掘并融入课堂教学，贯穿教学全过程

把课程的育人元素、德育元素、思政点，列入教学计划和课堂教授的重点思考内容，进行教学新设计。课程思政进课程大纲、进教案和课程设计、进教学资料（含PPT）、进学生考核、进教学评价；并且严把意识形态关，贯穿教材"选编用"，积极推进新形态教材建设。融入了与课程内涵紧密相关的思政元素，充分发挥了课堂教学作为主渠道的育人功能；课程实施知识+技能+态度三位一体课程考核，充分体现了课程的全方位育人功能。

（二）依托线上、保障有力

依托国家级线上一流课程平台，开展线上课程思政教学资源库建设，探索"互联网+"课程思政的有效教学形式。利用线上大数据，实现学习过程全跟踪、评价过程全覆盖、课程进度全监控，实现了学生个性化培养。

（三）"线上"学习与"线下"教学深度融合

创新教学方法，课前以国家线上一流课程为依托，学生预习自学为主，师讲生学。课中线下课堂反转，以学生为主体、教师为主导，学生认真备、激烈辩，生讲生学；教师呈论题、启发问、强创新，师生互动；课后线上线下交叉混合，线上讨论区、QQ群师生互问互答，实验室、教室随时答疑解惑，师生研讨。多种教学方法和手段融合运用，取得了良好效果（见图6）。

七、教学效果

（一）课程得到了学生的普遍肯定

课题组教师有强烈的教学改革意识，近年来立项多项各类教改项目，发表多篇教改论文，成果显著。教学改革实施让学生从理论到实践接受了全面有效的教育，极大地提高了学习兴趣，充分调动了其学习主动性、参与各类科技活动的积极性，节选的学生学习感受如图7所示，课程得到了大量五星好评。

网络学习　　实验操作　　实验仿真

网络答疑

图6　课程实施过程及学生答疑（节选）

发表于 2020-06-14 19:33:48　第9次开课

★★★★★　　1

结合线上、线下学习，混合过程，有效促进教师与学生线上线下的互动，提升教学效率;老师建课、管课、参与互动、组织课堂，侧重学生能力培养;学生自由、自主、自助的学习。归纳了建立在线翻转课堂教学的成效:一是通过网络可提前释放知识点和阅读资料，让学生有的放矢，自主完成高效的预习。二是通过在线课程管理软件及时了解学生课前预习的情况，学生提前了解讲课内容，提前做好预习准备，带着问题听课，才能实现课堂的翻转。线下的课程又对线上的内容做出补充，及时查漏补缺，巩固学习内容，是非常好的学习模式。并且对于不会的内容可以查看回放，多次学习，深入理解知识点，减轻老师的负担和学生的压力

发表于 2020-06-14 18:37:43　第9次开课

★★★★★　　2

我感觉该课程混合式教学对我的帮助很大，线上看视频可以多次反复观看，解决一下子没有听懂的问题，不会像线下那样一下子不注意一个知识点就过去了，然后后线上的作业也是做完就出答案，可以让我做完就知道自己在哪一个地方错了，及时改正，印象深刻。最后在线下把一些自己反复看视频看答案不能解决的问题给老师，让老师帮我们解决，既让学生可以听到自己想解决的问题，又节省了老师的工作量。

发表于 2020-06-14 15:07:59　第9次开课

★★★★★　　2

这学期因为突如其来的疫情原因，我们进行了小时候作文中的未来式学习 线上学习。对比了回到学习的教室来说，发掘首先一点，无论是线上学习还是教室面对面学习，态度都是首要的，永远叫不醒装睡的人和永远教不会不用心学习的人是一个道理，所以以对于线上的课程评价首先要建立在有在家里真的听课学习的基础上。对于我来说，我的感受是线上学习要比线下学习效率高，可能是这本课的特点所在，知识点都偏理论话，网上的ppt+雨课堂的教学方式是我个人所喜爱的，因为近视的原因，如果在教室里上课，各种电路图的分析与衍生看的很费劲，如果看不清或许就是自弃开始思想走神什么的，而网上的教学更加清晰且沉浸感更强。这个平台虽然有时候会出点问题，但是作为教学目的的话，已经很不错了。给予五星好评！

图7　学生评价（节选）

（二）学生课外科技成绩逐年提升

以电路原理、模拟电子技术、数字电子技术等课程为引领，加以后续的电力电子技术、单片机原理与接口等课程，以学院智能控制协会、电子协会、科创协会等学生社团为支撑，以大学生创新创业计划、挑战杯、电子设计竞赛、智能小车竞赛等学科竞赛为抓手，提升学生相关创新和实践能力。学生竞赛气氛进一步浓厚，学

生创新创业积极性进一步提高，成绩突出（见图8、表2）。

（a）稳压电源

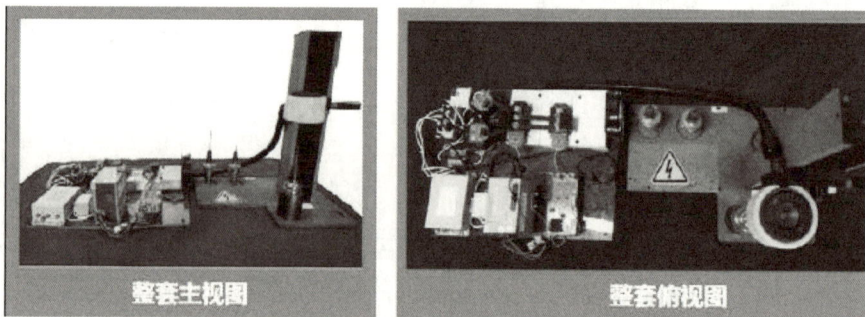

整套主视图 整套俯视图

（b）一种刀柄热装机

图8 学生作品展示

表2 近年来与课程相关的学生课外科技获奖

序号	竞赛名称	获奖情况
1	2019 年"TI 杯"浙江省第七届大学生电子设计竞赛	省一等奖 2 项、省二等奖 1 项、省三等奖 5 项、成功参赛奖 3 项
2	2019 年第五届浙江省"互联网 +"大学生创新创业大赛	铜奖 1 项
3	2019 年第九届全国大学生计算机应用能力与信息素养大赛全国总决赛	本科组一等奖 1 项，专科组一等奖 1 项
4	2020 年"TI 杯"浙江省第七届大学生电子设计竞赛	省一等奖 2 项、二等奖 2 项、三等奖 1 项、成功参赛奖 5 项
5	2020 年第六届浙江省"互联网 +"大学生创新创业大赛	铜奖 1 项
6	2020 年第十五届全国大学生智能汽车竞赛浙江赛区选拔赛	省一等奖 1 项
7	2020 年第十四届"西门子杯"中国智能制造挑战赛全国初赛	国家三等奖 2 项
8	2021 年第六届浙江省"互联网 +"大学生创新创业大赛	银奖 1 项
9	2021 年浙江省第十七届"挑战杯"交通银行大学生课外学术科技作品竞赛 二等奖	二等奖 1 项

（三）课程建设初见成效

课程团队教师教学热情高，经验丰富，成果显著，团队老中青梯队合理。团队教师每年积极参加全国电类基础课教学研讨会、培训会，紧跟时代步伐，加强与外界交流与沟通，大力推动课程改革，围绕"线上＋线下"混合式教学进行了不断的探索，线上采用国家在线一流开放课程，线下该课程2019年被评为校三位一体考核课程，并立项教育部产学合作协同育人和省高等教育"十三五"教育改革研究项目。2020年被评为校首批课程思政示范课程和校本科一流课程，2021年被立项为省级"线上＋线下"混合式一流课程（见图9）。

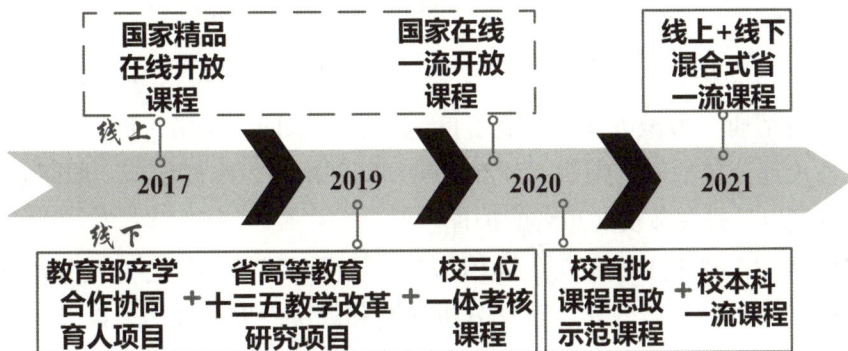

图9　课程建设历程

外科护理学

李光兰 ——

杭州医学院　护理学院

一、课程概况

外科护理学是护理学专业的一门专业课程，主要内容包括总论和各论两部分。总论包括水电解质和酸碱失衡、休克、麻醉、围手术期、感染、创伤以及肿瘤患者的护理；各论部分包括颅脑疾病、颈部疾病、胸部疾病、腹部疾病、周围血管疾病、泌尿系统疾病以及骨关节疾病患者的护理。

本课程教学主要采用理论与实践相结合，线上与线下相结合，充分发挥学生的学习主动性和创造性，培养学生独立分析问题和解决问题的能力，以及批判性思维能力和沟通能力。

该课程由杭州医学院护理学院开设，共124学时，其中理论80学时，校内实践24学时，医院课间见习20学时。

二、课程目标

（一）知识目标

（1）说出常见外科疾病的概念、病因、临床表现和治疗原则。

（2）列出外科常见疾病的围手术期护理措施。

（3）解释外科疾病病理生理变化和辅助检查意义。

（二）能力目标

（1）能够运用外科护理学知识，提出护理问题，制订护理计划。

（2）能够根据患者病情变化，分析变化的理论依据，提出解决问题的方法。

（3）能够熟练操作常见外科护理技术。

（4）能够对外科疾病患者进行个性化健康教育。

（三）价值目标

（1）通过围手术期护理，领悟到生命的宝贵，尊重生命，敬佑生命，关心和爱护服务对象，救死扶伤，甘于奉献。

（2）通过技能操作，培养科学严谨工作态度，养成良好职业道德和行为规范。

（3）通过教学实习，体验护理价值，树立为患者服务的意识，培养社会责任感。

（4）通过拓展阅读、实践活动，关注国情民情，了解国家对外科护理人员的需求，担负起肩上的责任。

三、思政元素

护理职业是一份爱的职业和奉献的职业，是直接服务人民和服务社会的工作。在教学中着重培养学生的职业价值、爱岗敬业和使命担当精神。

（一）职业价值

通过外科专科护理知识的学习，理解临床对外科专科化护理人员的需求。护理正沿着专科化的方向发展，如外科手术室专科护士、造口专科护士、移植专科护士、肿瘤专科护士等，以此引导学生对职业价值的思考，树立职业自信。

（二）爱岗敬业

在授课过程中融入外科护理学发展中涌现出的优秀外科护士司堃范、史美黎、刘淑媛、鲜继淑等南丁格尔奖获得者的先进事迹，激励学生以此为榜样，培养爱岗敬业精神。帮助学生树立为护理事业而奋斗的信心和决心，同时启发学生思考学习的价值和意义，引导学生树立为祖国医疗卫生事业奉献的信念。

（三）使命担当

通过拓展阅读、社会实践等活动，让学生关注国情民情，了解国家和社会对护理人员的需求，特别是国家遇到突发公共卫生事件、自然灾害等人身安全遭到危险的时候，护士要勇于站出来，到祖国最需要的地方去，发扬救死扶伤精神，担负起肩上的责任。

四、设计思路

本课程坚持从立德树人和护理岗位的实际需求出发，主要体现以下三个方面的设计思路。

（一）坚持立德树人

重新梳理课程内容，深度挖掘思政元素，把思政元素编入大纲，写入教案。在课堂教学中围绕价值塑造、能力培养和知识传授三位一体进行授课。把护理人员爱岗敬业的典型案例和外科护理技术结合在一起，把职业道德和专业知识融为一体，将正确的价值追求、理想信念有效地传递给学生，做到专业教育和核心价值观教育相融共进，培养国家需要、社会需要的高水平应用型外科护理人才。

（二）体现"两性一度"

通过系统设计，把知识、能力和素质有机融合，体现高阶性；在教学中把学科前沿知识、医疗发展和护理最新指南等及时融入课堂，体现时代性；在课前和课后均布置一定难度的作业，提高课程的挑战度，同时培养学生自学能力和创新思维，为学生继续教育和终身学习奠定基础。

（三）符合临床需要

按照护理人才培养方案的要求，依据临床对外科护士的要求制定教学大纲，聘请临床一线专家和护士参与课程授课，同时安排学生到医院课间见习，使教学和临床无缝对接，培养临床需要的外科护士。

将思政元素融入课程的教学设计如表1所示。

表1　课程章节思政元素的教学设计

课程章节	重要思政元素	相关联的专业知识或教学案例
绪论	爱岗敬业、职业价值	1. 融入外科护理学发展中涌现出的优秀外科护士，如司堃范、史美黎、刘淑媛、鲜继淑等南丁格尔奖获得者的先进事迹，激励学生以此为榜样，帮助树立为护理事业而奋斗的信心和决心。 2. 启发思考学习的价值和意义，引导学生树立为祖国医疗卫生事业奉献的信念
创伤急救	制度自信	融入"5G时代的智能外伤急救系统"视频，介绍我国科技发展带来的医疗进步，我们每个人都在享受国家科技发展带来的福利。帮助学生树立制度自信，强化对社会主义制度的认同和激发对祖国的热爱
创伤护理	家国情怀	融入杭州医学院1952届护理毕业生王雪蕉的英雄事迹。王雪蕉在1952年毕业，同年作为杭州市组织的第二批医疗队成员奔赴朝鲜战场。在朝鲜战场七个月时间里护理无数个创伤伤员。王雪蕉老人经历战争烽火洗礼，心中铭刻下深深的爱国主义情怀和坚定的共产主义信仰。我们邀请王雪蕉老人为学生做讲座，并安排学生采访。在采访快结束时，80多岁高龄的王雪蕉老人说："假如祖国需要，我将还上战场。"这种家国情怀深深感动着每一位学生
烧伤护理	医疗自信、制度自信	1. 烧伤概述环节融入我们国家几代人开展烧伤救治的临床研究和实验研究，创建了严重烧伤救治的"中国方案"，现在治疗水平处于世界领先地位，彰显了我们国家在烧伤救治方面的实力。 2. 我国烧伤救治水平，走在世界的前列，这与国家经济实力和科技进步是分不开的，教学中帮助学生树立科技自信和医疗自信，从而树立制度自信
感染护理	团队协作、使命担当	1. 讲述新冠肺炎疫情期间涌现出的最美逆行者抗击疫情的故事，邀请我校附属医院抗疫护士为学生做讲座和授课。 2. 宣扬全国人民万众一心、同舟共济的守望相助精神。培养学生与国共担当的责任感
麻醉护理	文化自信	融入扁鹊使用药酒麻醉的故事和华佗发明麻沸散的故事，介绍博大精深的中医麻醉发展历史，弘扬中国传统文化，帮助学生树立文化自信
造口护理	职业价值	1. 融入"造口专科护士"的发展，让学生了解专科护士的培养和专科护理的发展现状。 2. 开阔学生视野，让学生了解目前国内专科化护士发展方向，培养职业认同感，帮助树立职业信心，为职业生涯规划打下基础

续表

课程章节	重要思政元素	相关联的专业知识或教学案例
手术室护理	慎独精神、爱伤观念	介绍手术室无菌原则和慎独精神，强化"一切为了患者"的理念。同时通过实践强化学生的无菌观念和爱伤观念。培养学生责任心，在工作中做到恪尽职守，树立全心全意为患者服务的意识
肝胆疾病护理	使命担当、探索精神	介绍中国外科肝胆之父吴孟超的事迹，是他让中国肝脏外科成为国际肝脏外科的领跑者。引导学生领悟高尚医德和精湛医术，培养学生追求卓越的精神

五、实施案例

案例1：职业价值

在"造口护理"章节，介绍造口专科护士在护理中的角色功能、工作范畴以及专业技能特点，同时介绍我国专科化护理的发展以及国家对专科化护士的培养等。疾病的专科化治疗越来越细，患者对专科化护士的需求也越来越多，专科护士也越来越受到医院管理者、医生和同行的认可和支持。

目前我国专科化护士还不能满足临床的需要，教学中应激发学生努力学习，思考未来职业发展方向。引导学生早日做好职业生涯规划，树立为护理事业奋斗的远大目标（见图1）。

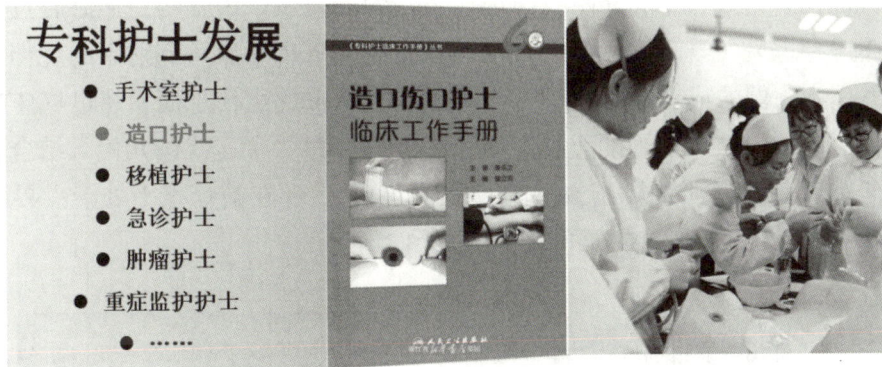

图1　案例1

案例2：使命担当

在"肿瘤护理"章节，介绍我国恶性肿瘤的发病率和死亡率以及每年治疗肿瘤的费用等。学习此内容之后倡导学生走进社区，对广大居民进行肿瘤预防知识的宣讲，宣讲以"治"为主，转为以"防"为主。同时强调早诊断、早治疗、早康复的健康理念。为"健康中国2030"尽一份力，为健康中国做出贡献，发挥当代医学生的价值（见图2）。

图2　案例2

案例3：医疗自信

在"烧伤护理"章节，介绍我国现代烧伤学的发展。1958年，上海震旦大学医学院附属广慈医院（现瑞金医院）成功救治炼钢工人邱财康。邱财康的烧伤总面积达89%，这一病例的成功抢救突破了当时国外文献报道烧伤总面积超过80%的治疗"极限"，引起国内外医学界的重视。如今已60多年过去了，我国几代人结合临床开展实验研究，创建了严重烧伤救治的"中国方案"，现在治疗水平处于世界领先地位，彰显了我国在烧伤救治方面的实力（见图3）。

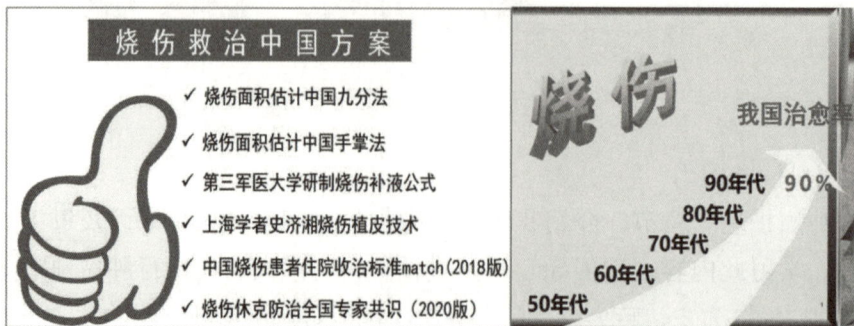

图3　案例3

六、特色及创新

（一）知识传授和价值引领相结合

在教学中把护理知识点和思政元素结合。如在"烧伤概述"章节，融入我国烧伤发展和医疗的进步；在引入教学目标时插入英雄小伙救火救人的视频；在讲到烧伤面积估计时采用中国九分法，讲述我国科学家制定九分法的依据。整个教学过程把介绍中国方案和弘扬正能量与知识传授巧妙结合。

（二）学生自学和老师引导相结合

以学生为中心，培养学生自学能力。课前线上布置作业，请学生结合视频及PPT在线学习，并把课前查找的资料提交课程网站。线下组织学生开展讨论，老师讲解重点难点等。

（三）课内学习和课外活动相结合

课内对学生知识传授和价值引领，课外实践强化育人效果。课后安排学生走进社区，宣传疾病预防知识和康复知识。结合"健康中国2030"战略要求，倡导疾病以"治"为主转为以"防"为主，引导学生树立为人民服务的意识。

七、教学效果

（一）学生评价此课程有价值引领作用

课后问卷调查显示94%的学生喜欢此课程，81%的学生认为此课程渗透思想政治教育，94%的学生认为该课程对自己人生观和价值观有影响（见图4）。学生对课程的评价如图5、图6所示。

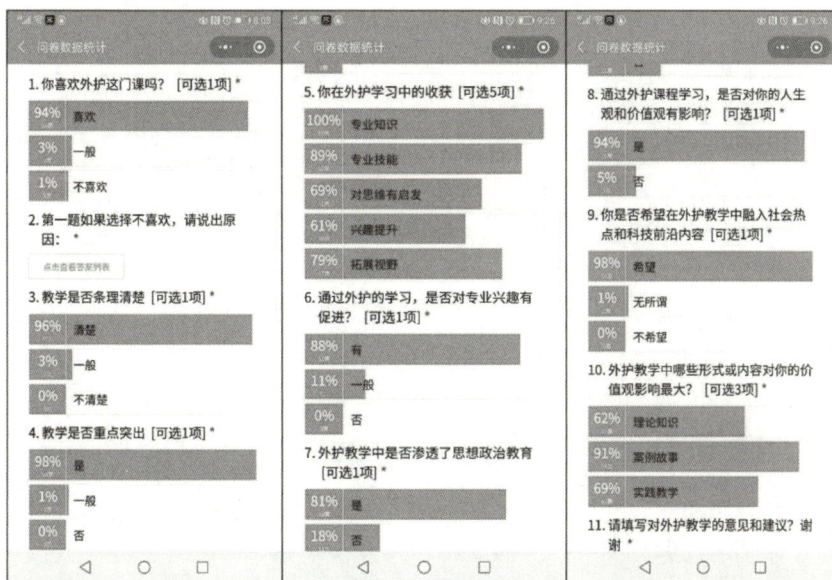

图4　学生调查问卷

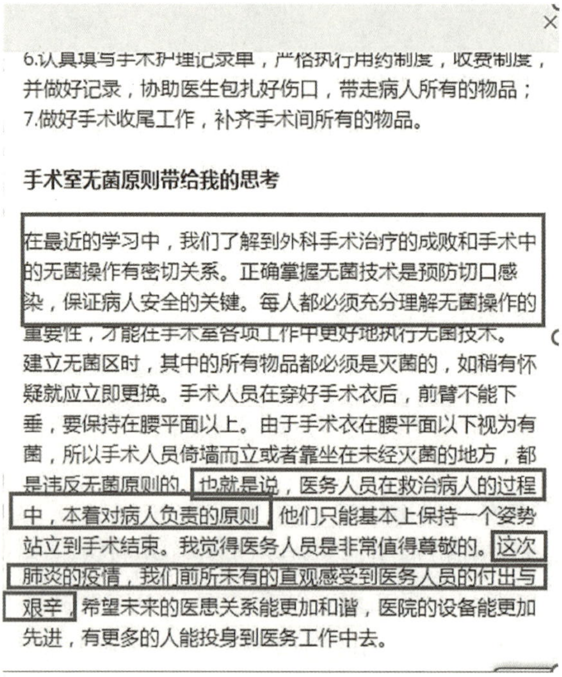

6.认真填写手术护理记录单，严格执行用药制度，收费制度，并做好记录，协助医生包扎好伤口，带走病人所有的物品；
7.做好手术收尾工作，补齐手术间所有的物品。

手术室无菌原则带给我的思考

在最近的学习中，我们了解到外科手术治疗的成败和手术中的无菌操作有密切关系。正确掌握无菌技术是预防切口感染，保证病人安全的关键。每人都必须充分理解无菌操作的重要性，才能在手术室各项工作中更好地执行无菌技术。建立无菌区时，其中的所有物品都必须是灭菌的，如稍有怀疑就应立即更换。手术人员在穿好手术衣后，前臂不能下垂，要保持在腰平面以上。由于手术衣在腰平面以下视为有菌，所以手术人员倚墙而立或者靠坐在未经灭菌的地方，都是违反无菌原则的。也就是说，医务人员在救治病人的过程中，本着对病人负责的原则 他们只能基本上保持一个姿势站立到手术结束。我觉得医务人员是非常值得尊敬的。这次肺炎的疫情，我们前所未有的直观感受到医务人员的付出与艰辛，希望未来的医患关系能更加和谐，医院的设备能更加先进，有更多的人能投身到医务工作中去。

图5 实验课后学生评价

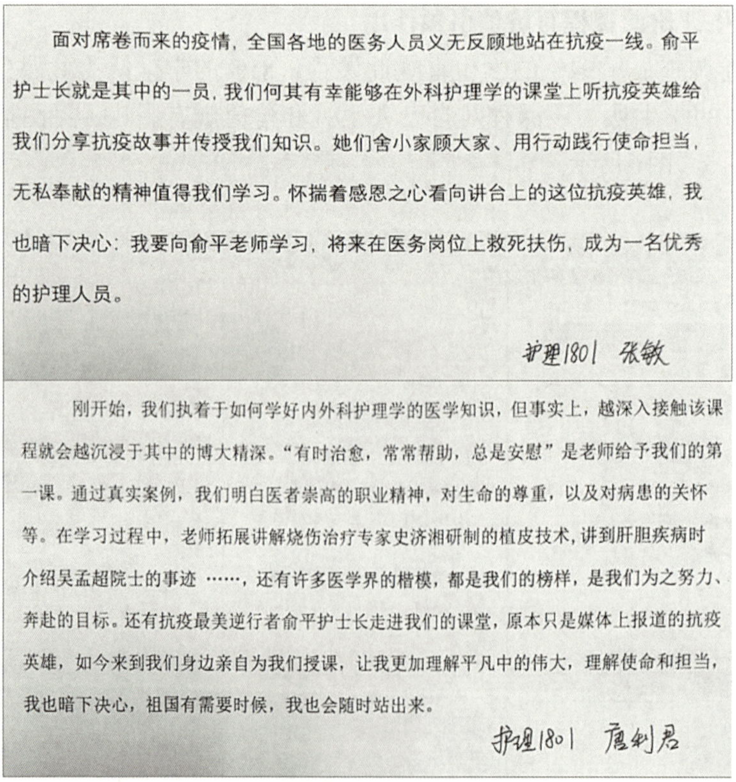

面对席卷而来的疫情，全国各地的医务人员义无反顾地站在抗疫一线。俞平护士长就是其中的一员，我们何其有幸能够在外科护理学的课堂上听抗疫英雄给我们分享抗疫故事并传授我们知识。她们舍小家顾大家、用行动践行使命担当，无私奉献的精神值得我们学习。怀揣着感恩之心看向讲台上的这位抗疫英雄，我也暗下决心：我要向俞平老师学习，将来在医务岗位上救死扶伤，成为一名优秀的护理人员。

护理1801 张敏

刚开始，我们执着于如何学好内外科护理学的医学知识，但事实上，越深入接触该课程就会越沉浸于其中的博大精深。"有时治愈，常常帮助，总是安慰"是老师给予我们的第一课。通过真实案例，我们明白医者崇高的职业精神，对生命的尊重，以及对病患的关怀等。在学习过程中，老师拓展讲解烧伤治疗专家史济湘研制的植皮技术，讲到肝胆疾病时介绍吴孟超院士的事迹……，还有许多医学界的楷模，都是我们的榜样，是我们为之努力、奔赴的目标。还有抗疫最美逆行者俞平护士长走进我们的课堂，原本只是媒体上报道的抗疫英雄，如今来到我们身边亲自为我们授课，让我更加理解平凡中的伟大，理解使命和担当，我也暗下决心，祖国有需要时候，我也会随时站出来。

护理1801 唐利君

图6 课程结束后学生评价

（二）校内督导组和校外专家评价高

该课程坚持立德树人，在教学中使用多种教学方法，受到了学校督导组和校外专家的一致好评（见图7、图8）。

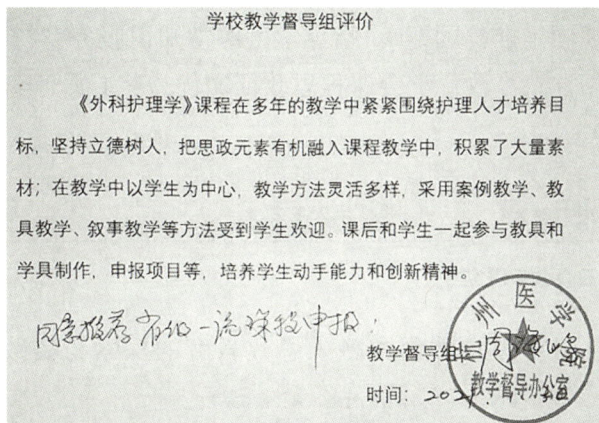

图7　学校督导组评价

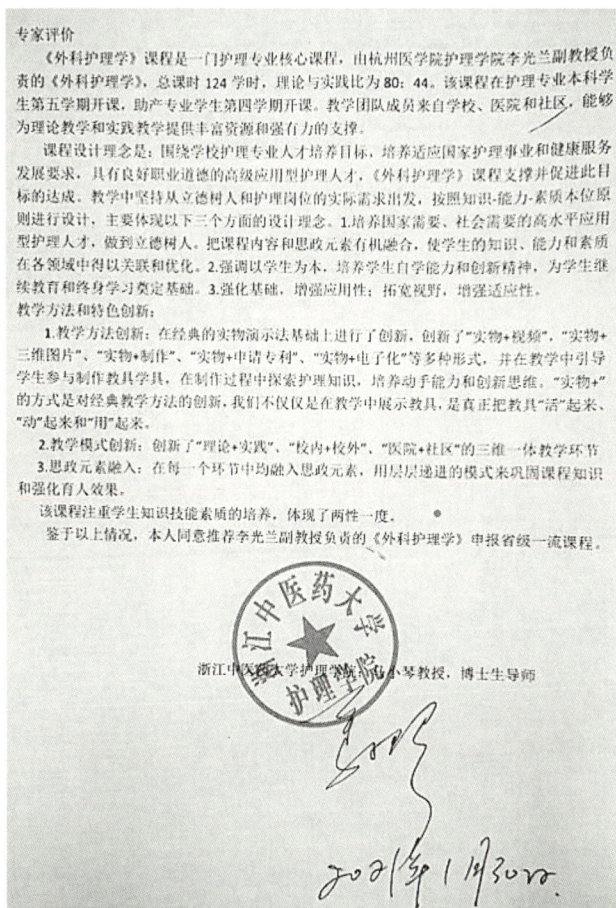

图8　校外专家评价

（三）课程思政建设成果多

经过近几年的课程思政建设，取得了一系列成绩。课程负责人获批浙江省教育厅第一批省级课程思政教学项目1项，完成校级课程思政重大招标项目1项，获批校级课程思政重点建设项目1项，获得校级教学成果特等奖1项，指导学生参与省级挑战杯红色专项活动1项（推荐国赛）。指导学生医学知识服务乡村振兴项目获校级三等奖1项，获得浙江省高等教育学会课程思政征文优秀奖1项，核心期刊发表课程思政论文3篇（见图9）。

第20卷第3期 2021年6月　浙 江 医 学 教 育 *Zhejiang Medical Education*　Vol.20 No.3 Jun.2021

·教育教学研究·

外科护理学课程中融入思政教育的探索与实践

李光兰，何菊仙，张　纯，张玲芝@
（杭州医学院，浙江 杭州 310053）

摘　要：为了提升外科护理学课程融入思想政治教育的效果，从思政元素的提炼、教学过程的融入、教学效果的评价等方面进行探索和实践。尝试采用"理论＋实验""课内＋课外"以及"校内＋校外"三方面结合的方法，收到很好的效果。这些做法能够使学生在接受专业知识的同时接受思政教育，为护理专业的课程教学提供了新的思路。

关键词：外科护理学；课程思政；探索；实践

中图分类号：G641　**文献标识码**：A　**文章编号**：1672－0024(2021)03－0004－03

Exploration and Practice of Ideological and Political Education in the Course of Surgical Nursing

LI Guanglan，HE Juxian，ZHANG Chun，ZHANG Lingzhi@
（Hangzhou Medical College，Hangzhou 310053，China）

图9　外科护理学课程思政相关论文发表

临床生物化学检验技术

褚美芬

杭州医学院　检验医学院

一、课程概况

　　临床生物化学检验技术是研究与疾病诊断、治疗和预防相关的生物化学标志物及其检测技术和方法的一门应用性学科，其主要任务是研究人体器官、组织、体液的化学组成和生化过程，以及疾病、药物对这些过程的影响，为疾病诊断、病情监测、药物疗效、预后判断和疾病预防等方面提供信息和理论依据。该课程教学团队坚持以学生为中心，在教学过程中多维度融入思政元素，旨在培养学生爱国爱民情怀、职业责任、担当精神和批判性思维，从而达到知识传授、能力培养和价值塑造相统一，最终达到立德树人的教学目标。

　　该课程由杭州医学院检验医学院开设，作为医学检验技术专业的一门核心课程，共128学时，安排在第六学期开课；作为全校专业拓展的公共选修课程，共36学时，每学期开课。

二、课程目标

　　（一）知识目标

　　（1）掌握临床生物化学检验技术的基本理论和基础知识；临床各种生化检测项目的基本原理及方法学评价。

　　（2）熟悉生物化学指标与疾病发生、发展和转归的关系以及在疾病诊断中的应用价值。

　　（二）能力目标

　　（1）知道临床生化检验的工作流程，能正确检测临床各种生化项目并进行准确报告。

　　（2）熟悉临床各种生化仪器的特点、原理，并能进行实验参数设计。

　　（3）能对临床生化检验各种项目进行质量控制分析。

　　（三）素质目标

　　（1）具备医学检验工作者应有的职业道德和行为规范、科学严谨的工作态度和实事求是的工作作风。

（2）有较强的生物安全意识；具有熟练的医学检验实践能力和善于解决问题的综合能力。

（四）价值目标

（1）具有"敬佑生命、救死扶伤、甘于奉献、大爱无疆"的医者精神，始终把人民群众生命安全和身体健康放在首位。

（2）尊重患者，善于沟通，提升综合素养和人文修养。

（3）注重学思结合，知行统一，具有勇于探索的创新精神与素质，能适应社会对医学检验高水平人才的需要。

三、思政元素

本课程旨在培养有情怀、有温度的检验人，课程设计不仅注重对学生基本理论、基本技能等岗位胜任能力的培养，更注重激发学生对医学的兴趣和探索，对生命的尊重和呵护，对职业的认同和热爱；着重培养学生大爱无疆的精神、科技强国的信念与家国情怀。

（一）大爱无疆

本课程通过情景模拟、案例教学、榜样引领等方式，引导学生树立验真求实、精益求精的职业态度，平凡中践行大医精诚的使命；培养学生敬佑生命、救死扶伤、甘于奉献和大爱无疆的医者精神。

（二）科技强国

通过引入科学人物，培养学生坚持理想信念、努力不懈的科学精神，树立科技兴则民族兴、科技强则国家强的信念。

（三）家国情怀

通过引入我国王应睐等杰出科学家在人工合成结晶牛胰岛素方面的成就，大力宣传迈瑞自动生化分析技术，引导学生正确认识世界和中国发展大势，培养学生不怕困难、勇于探索的精神以及坚定的民族自豪感。

四、设计思路

为了将思政教育有效融入课堂，根据医学检验技术专业人才培养目标，本课程团队通过"一个中心"（立德树人）、"两条主线"（检测技术、疾病诊断）、"三大模块"（临床生化检测技术、临床生化检验项目、临床生化检验质量控制）重塑课程；通过"四个结合"（理论实践、线上线下、课内课外、虚实结合）、"多个维度"（民族自豪、生命至上、责任担当、严谨求实、科学素养等思政元素）进行教学设计，并将真实的临床案例、学科前沿知识融入讨论，从而达到知识传授、能力培养和人格塑造的有机统一，如表1所示。

表1　课程章节思政元素的教学设计

课程章节	重要思政元素	相关联的专业知识或教学案例
绪论	家国情怀、民族自信	1.通过介绍临床生物化学检验的概念及岗位主要任务，明确本课程在医学检验中的地位，激发学生的学习热情，鼓励学生学好本领，为祖国医学检验事业而刻苦学习。 2.在讲述临床生物化学检验的发展历程时，介绍第一个检查尿液蛋白的物理试验方法是由中国人发明的，又如在新中国成立伊始，大批爱国科学家如吴宪教授毅然放弃国外优越的生活和学术条件，投入百废待兴的建设中，为后续学科的发展打下了坚实的基础，以此激发学生的民族自豪感和爱国情怀
酶学检测技术	创新精神、责任担当	1.在讲述酶促反应动力学时，引入诺贝尔化学奖"酶催化反应的立体化学研究"，鼓励学生只有打好基础，才能有更大的创新。 2.通过引入诺贝尔化学奖"酶催化反应的立体化学研究"，让学生明白，只有不断改革和技术创新，才能占领核心技术的制高点，以此培养学生创新思维，提高创新能力
自动生化分析技术	民族自信、责任担当	1.通过了解中国品牌迈瑞自动生化分析仪，激发学生的民族自信和自豪感。 2.通过了解世界全自动生化分析仪的发展认识我国存在的差距，激发学生奋发图强的意志，增强学生的责任感和使命感
血浆蛋白测定	价值引领、造福人民	通过引入"三聚氰胺事件"，介绍凯氏定氮法测定血清总蛋白，激发学生的思想碰撞和情感体验，实现对学生的价值引领，将所学的科学知识用于造福人民，祛除人类之病痛，从而引导学生树立正确的世界观、人生观和价值观
与高脂血症有关的生化检验	科学精神、科技强国	通过引入美国科学家因在胆固醇新陈代谢方面的贡献而获诺贝尔奖，培养学生坚持理想信念、努力不懈的科学精神，树立科技兴则民族兴、科技强则国家强的信念
与糖尿病有关的生化检验	民族自豪、勇于探索、科学精神	在介绍胰岛素是降低血糖的主要激素时，引入我国科学家王应睐团队从1958年开始探索用化学方法合成胰岛素，于1965年完成结晶牛胰岛素的全合成。这是世界上第一个人工合成的蛋白质，为人类认识生命、揭开生命奥秘迈出了可喜的一大步，以此为切入点培养学生不怕困难、勇于探索的精神以及坚定的民族自豪感
与电解质和酸碱平衡紊乱有关的生化检验	生命至上、大爱无疆	1.在介绍高钾血症和低钾血症时，通过真实的临床案例引出危急值的报告方式，培养学生患者至上、生命至上的医学理念。 2.在讲解血气分析指标和酸碱平衡紊乱判断时，引入"新冠肺炎"临床病例，提高学生专业自豪感，从而培养学生的家国情怀和职业责任感

续表

课程章节	重要思政元素	相关联的专业知识或教学案例
与急性心肌梗死有关的生化检验	职业责任、生命至上	通过介绍心肌损伤标志物项目的选择和检验结果的报告，让学生体会本章节的学习意义和职业救死扶伤的崇高，培养学生患者至上、生命至上的医学理念，恪守职业道德和职业规范。 1. 在介绍心肌损伤标志物的选择时，引导学生站在患者的角度思考：在保证检测项目对疾病诊断意义的前提下，检测项目的选择应如何避免过度检测，尽量减轻患者的病痛和经济负担？ 2. 检验报告：对于急性心肌梗死患者而言，时间就是生命，快速发出检测报告，缩短检测周期非常重要
与微量元素异常有关的生化检验	尊重科学、辩证思维	1. 通过对某些微量元素检测、保健行业欺诈事件的介绍，培养学生独立思考和尊重科学的职业素养。 2. 在介绍微量元素的作用和检测必要性时，通过播放目前微量元素检测在儿童中大行其道的现状和专家对这个问题看法的视频，让学生体会大学生应该做一个有独见之虑的人
与骨代谢紊乱有关的生化检验	工匠精神、辩证思维	通过播放"谁动了我的维生素 D"视频，让学生观看实际工作中遇到检测结果出错时如何步步分析最终找到原因，让学生体会在实际工作中严谨认真和对异常结果抽丝剥茧的钻研精神的重要性，培养学生的逻辑辩证能力和批判性思维，让学生领悟知行合一，体会医学检验的工匠精神
临床生化检验质量控制	严谨求实、精益求精、责任担当	1. 通过对正确度和精密度的介绍，引导学生养成认真负责的工作态度，培养学生严谨求实、精益求精的工匠精神。 2. 检验的核心是检测结果的准确性，临床生化检验的质量控制贯穿整个检验的过程。在讲述室内质量控制方法和室间质量控制方法时，通过引入一系列真实临床案例，启发学生对如何评判检测结果正确性的思考，对检测一旦失控该向什么方向去寻找问题所在的思考，培养学生独立思考和解决问题的能力，增强大学生的责任担当

五、实施案例

案例1：血糖浓度的调节

降低血糖浓度的主要激素为胰岛素，引入我国科学家以王应睐为首的团队从1958年开始探索用化学方法合成胰岛素，经过周密研究，于1965年完成结晶牛胰岛素的全合成（见图1）。这是世界上第一个人工合成的蛋白质，为人类认识生命、揭开生命奥秘迈出了可喜的一大步。以此为切入点，培养学生不怕困难、勇于探索的精神以及坚定的民族自豪感。

图1　1965年王应睐团队完成结晶牛胰岛素的全合成

案例2：与酸碱平衡紊乱有关的生化检验

本章由课程团队成员2020年抗疫英雄夏骏老师亲自授课，引入"新冠肺炎"临床病例，讲授血气分析指标和酸碱平衡紊乱判断，让学生领悟本章的学习意义（见图2）。夏老师的言传身教，激励学生承担起一名医学检验工作者的神圣职责，服务人民，为国奉献，从而培养学生家国情怀和职业责任感，以及救死扶伤、甘于奉献和大爱无疆的医者精神。

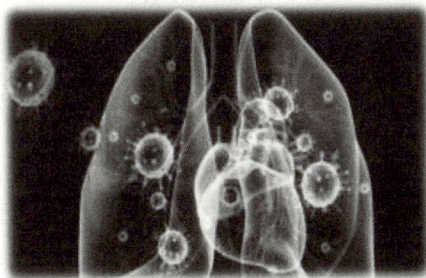

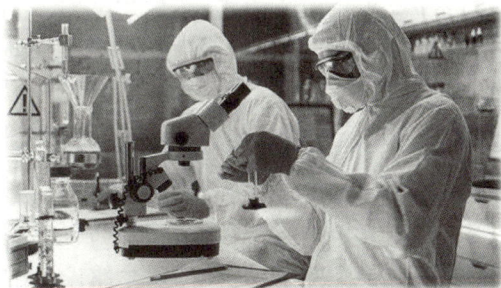

图2　新冠肺炎案例

案例3：与高脂血症有关的生化检验

家族性高胆固醇血症的主要原因是低密度脂蛋白受体（LDL-R）数量减少，引入美国科学家Goldstein和Brow因研究LDL-R在胆固醇代谢和调控中的关键作用，于1985年获诺贝尔医学或生理学奖的案例。这一研究打开了我们理解胆固醇与动脉粥样硬化关系的一扇大门。以此为切入点，培养学生坚持理想信念、坚持不懈的科学精神，树立科技兴则民族兴、科技强则国家强的信念。

六、特色及创新

（一）基于先锋模范的师长引领

本课程领衔主讲人褚美芬教授为浙江省第五届师德先进个人，并荣获杭州医学院"卓越教学奖"和首届"博爱潜心教学奖"；夏骏老师获"浙江省抗击新冠肺炎疫情先进个人"等。以这两位老师为榜样，通过言传身教，在潜移默化中培养学生爱国荣校情怀和职业责任感（见图3）。让学生深切感受，今后无论是在什么岗位都需要尽职尽责做好本职工作，提高自己的专业技术水平，保持科学严谨的工作态度，承担起一名医务工作者的神圣职责，服务人民，为国奉献。

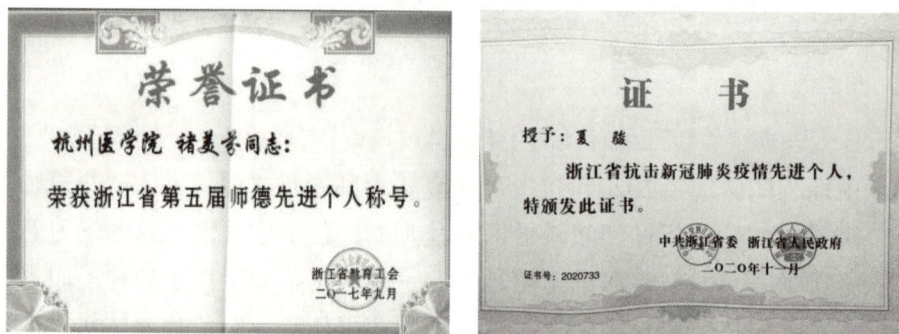

图3　课程团队教师部分获奖证书

（二）基于"一个中心""两条主线""三大模块"的课程重塑创新

由学校专任教师和临床一线专家组成的本课程教学团队，以"立德树人"为中心，通过"两条主线"（疾病诊断、检测技术）、"三大模块"（临床生化检测技术、临床生化检验项目、临床生化检验质量控制）重塑课程，通过一系列科学人物、关键事件、案例故事、专业认同等切入，让学生真切感受临床生化检验服务于临床、服务于社会，使其成长为德才兼备的应用型医学检验技术人才。

（三）基于"四个结合""多个维度"的教学设计创新

本课程团队通过"四个结合"（理论实践、线上线下、课内课外、虚实结合）、"多个维度"（民族自豪、生命至上、责任担当、严谨求实、科学素养等）教学设计，并将真实的临床案例、学科前沿知识融入讨论，自始至终传授医学检验工作者应有的职业道德和行为规范，倡导以仁心仁术服务人民健康，同时培养学生深度分析、勇于创新的精神和能力。

七、教学效果

本课程开展课程思政教学以来，面向3届学生，取得了一定的成效，主要有以下几个方面：

（一）学生素养不断提高

1.学生评价

学完该课程，老师的言传身教坚定了自己的理想信念，提升了对社会主义核心价值观的理解，同时对自己创新创业也有所启发。

2.学生表现优

课程思政的开展和建设，不仅丰富了学生的专业知识，培养了学生的科学素养，还培养了学生回报母校、回报社会的人文情怀。比如：2016级医学检验技术专业有1名学生把第一个月工资捐赠母校；2016级医学检验技术专业有3名实习生在定点医院支援抗疫工作；学生党员定期进社区进行志愿者服务，在老师的指导下，利用所学的专业知识帮助社区居民进行高脂血症、糖尿病等慢性病的监测和管理（见图4）。

图4　学生党员定期进社区进行志愿者服务

3.学生获奖

课程思政实施以来，教学团队教师指导的学生获大学生国家创新创业训练计划项目6项，获浙江省第十届生命科学竞赛一、二、三等奖3项，获浙江省第十六届"挑战杯"大学生课外学术科技作品三等奖5项，获华东六省一市高等院校医学检验技术专业技能大赛团体特等奖和个人操作金奖（见图5）。

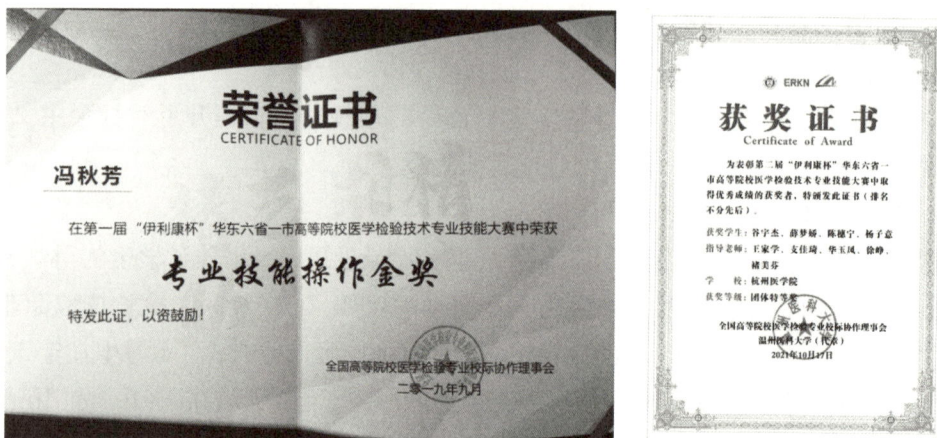

图5　课程团队教师指导学生部分获奖证书

（二）课程建设成效明显

本课程为浙江省第二批精品在线开放课程（省级线上一流课程），2019年获浙江省高校首批"互联网＋教学"优秀案例二等奖，2021年获学校教学成果奖二等奖，2021年7月被立项为浙江省高等学校课程思政示范课程。

本课程依托中国大学MOOC平台（见图6）和浙江省高等学校在线开放课程共享平台开课。两大平台运行以来，累计学习人数达8000多人，并得到了良好的评价，特别是在2020年新冠肺炎疫情期间，为全国兄弟院校"停课不停学"提供了优质线上教学资源，充分发挥了课程共享作用，具有良好的示范效应。

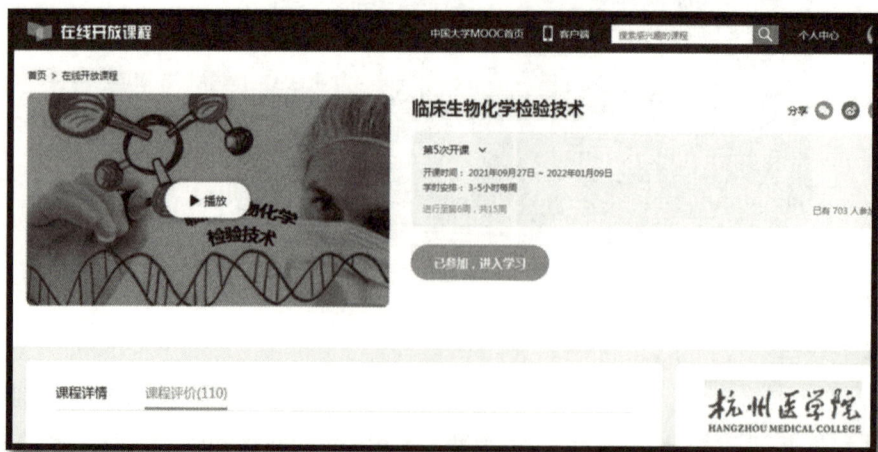

图6　本课程在中国大学MOOC平台运行

医学信息检索与利用

方雅青

杭州医学院　公共卫生学院

一、课程概况

课程概况如表1所示。

表1　课程概况

课程名称	教材	任课教师	教学方法
医学信息检索与利用	人民卫生出版社出版的《医学文献检索与论文写作》	方雅青、朱丽娜、胡慧美	讲授法、小组讨论法、项目驱动法

二、课程目标

课程目标的具体内容如表2所示。

表2　课程目标

目标	具体内容
（一）知识目标	1. 掌握信息素养的含义，信息安全与保护措施，中国知网、维普、万方、搜索引擎、PubMed 等数据库检索方法和检索技巧，医学信息的利用，信息计量学分析方法，医学论文的结构与撰写流程，综述与论著的异同点，参考文献的著录，SCI 论文撰写与投稿流程等； 2. 熟悉国内外常用的医学数据库的结构、检索原理，搜索引擎的评价标准，循证医学资源检索； 3. 了解国内外其他相关数据库概况，医学信息检索的发展与前沿动态
（二）技能目标	1. 具备信息检索、分析与信息利用能力； 2. 具备开展医学论文写作的能力； 3. 具备解决实际问题的医学信息检索与利用技能
（三）德育目标	1. 树立积累、交流和传承医学科学研究经验与成果的责任感与使命感； 2. 具备刻苦钻研、勇于探索创新、力攀学术高峰的工匠精神； 3. 掌握科学思维方法，具备较强的实践能力，具备独立思考和解决问题的能力； 4. 遵守学术道德规范，具备良好思想道德品质； 5. 遵守相关法律法规，具备较强的信息保护意识与规范的信息行为活动

三、思政元素与设计思路

将思政元素融入课程的教学设计如表3所示。

表3　思政元素融入教学内容

教学内容	课程思政设计思路、映射融入点及教学方法	课程思政元素
绪论、医学信息资源与利用、信息安全与保护	从鲁迅的《药》阐述医学科学事业的发展在推动社会进步中的作用，以及医学论文在医学经验与成果积累、交流、继承和发展中的意义。借助牛顿的名言"如果我看得比别人更远些，那是因为我站在巨人的肩膀上"，帮助学生树立高度的责任感与使命感（讲授、项目式学习、小组讨论）	1.使命担当砥砺家国情怀，激发使命担当，培养学生增强积累、交流、继承和发展医学科学研究经验与成果的责任感与使命感。
医学信息检索基础	组织学生阅读学术论文《我国智能化信息检索发展与研究现状》，使学生了解我国信息检索技术发展历程，培养学生灵活使用各种检索技术，提高检索效率与对信息的利用能力（讲授、项目式学习、小组讨论）	
信息计量学	通过学习报告《筑梦七十载，奋进科研路——从全球学术文献数据看中国科研发展》，培养学生崇尚科学精神，树立创新意识，督促学生自立自强、力攀学术高峰，为祖国的科技进步贡献智慧和力量（项目式学习、讲授、自主学习、小组讨论）	
中文数据库	通过学习视频《国之脊梁：屠呦呦》，培养学生掌握科学思维方法，利用信息检索技术搜索专业相关文献，关注专业发展前沿热点问题，关注我国科技实力（项目式学习、讲授、直观演示、自主研究、团队协作、小组讨论）	2.科学精神掌握科学思维方法，具备刻苦钻研的品质与较强的实践能力，具有勇于探索创新、勇攀学术高峰的工匠精神。
网络信息资源	通过网络信息质量分析，使学生具备去伪存真、去粗取精、为我所用的实践能力。通过学习《关于加强网络信息保护的决定》的要点，开展信息法律与法规教育，使学生懂得以法律来保护和约束自身的信息活动和信息行为（项目式学习、讲授、直观演示、团队协作、小组讨论）	
英文数据库、引文检索系统	培养学生独立思考和解决问题的能力，鼓励学生充分利用信息检索技术搜索专业相关文献，关注本专业国内外发展前沿热点问题以及思考对我们的启示（讲授、项目式学习、直观演示、自主研究、团队协作、小组讨论）	
医学论文撰写	从热点事件"翟天临学术不端事件"入手，通过学术论文抄袭、剽窃案例，使学生进一步理解信息素质的三个层面，使其在今后的学习工作中做到潜心科研、原创内容与科学引用（讲授、项目式学习、直观演示、自主研究、小组讨论、团队协作汇报）	

续表

教学内容	课程思政设计思路、映射融入点及教学方法	课程思政元素
项目式研讨	通过项目式小组讨论和现场汇报，帮助学生掌握科学的思维方法，培养创新能力，使其具备独立思考与解决实际问题的能力（项目式学习、自主研究、小组讨论、团队协作汇报）	3.职业素养 遵守信息法律法规，遵守学术道德规范，具备良好的思想道德品质，具备较强的信息保护意识与规范的信息行为活动，具备独立思考和解决问题的能力
检索综合实例分析讲解	观看纪录片《国士无双——钟南山》，激励学生勇攀科研高峰，通过综合实例提高学生综合素养，提高知识融会贯通与信息综合利用能力（项目式学习、自主研究、小组讨论、团队协作汇报）	

四、课程思政教学模式

本课程紧紧围绕教育部2020年5月28日印发的《高等学校课程思政建设指导纲要》（以下简称《纲要》）与2019年10月31日印发的《关于一流本科课程建设的实施意见》（以下简称《意见》）文件精神，以课程思政为引领，以"一全程二资源三阶段四模块"为指导，围绕提升医学生信息综合利用能力这一目标展开教学活动。

一全程即以课程思政为主线全程开展课程思政引领指导的教学工作，课程思政全方位融入课程教学，包括课程思政融入教学目标、教学内容、教学过程、教学评价等。

二资源指本课程的两种教学资源——线上课程网站资源与师生共建资源，目前已积累35个课程思政学习收获视频或PPT，1个浙江省微课大赛二等奖双语视频，32个微课视频，以及52个学生自主探究视频或PPT。资源开发过程中邀请学生积极参与，更注重学生的沉浸式深度自主学习，更有利于培养学生的综合素质能力。

三阶段包含教学活动的课前、课中、课后三个阶段。课前主要通过课程网站开展预习与课前测，课中结合教师课堂面授与课程资源展开教学，课后在课程网站进行课后测与主题讨论，并完成相应的课程思政自主探究学习。

四模块即教学过程中的"学""思""悟""行"四大模块。在"学"阶段主要通过教师讲授和小组讨论融入思政元素，"思""悟""行"阶段主要通过学生课程思政汇报、科研报告阅读心得、参与课程思政微课拍摄等方式来提高课程思政教学实效。通过这四个模块的学习达到对知识的"博""雅""通""达"（见图1）。

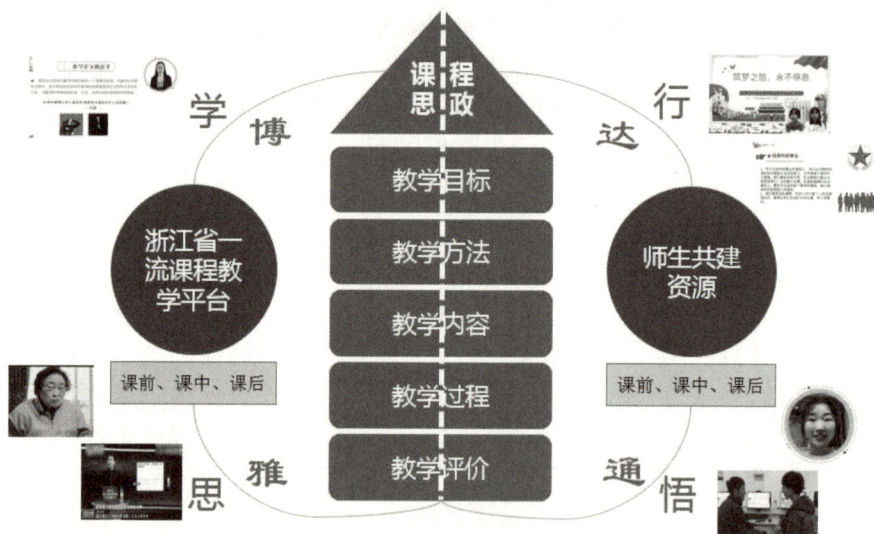

图1　四模块

五、课程特色与创新

本课程将思政元素与专业知识有机融合，强化价值引领，提高医学生的信息综合利用能力，从而实现医学生"价值塑造+能力自信"。特色与创新总结如下（见图2）：

1.课程建设方向与时俱进

《纲要》指出：落实立德树人根本任务，必须将价值塑造、知识传授和能力培养三者融为一体、不可割裂。《意见》指明了提升课程高阶性、增强创新性与突出挑战度这一方向。本项目以课程思政为引领，以一流课程建设为契机，培养学生信息素质，提升信息检索与综合利用能力。

2.课程思政全员全过程全方位渗透

融入课程思政元素，引导学生树立正确的科学研究价值观，尊重知识产权，遵守学术诚信，拒绝学术剽窃，通过多种途径提高自身信息素养，掌握科学思维方法，富有创新精神，能独立思考并解决问题。

3.教育理念紧跟时代步伐

课程组真正树立"以学生为中心"的现代教育理念，充分发挥学生主观能动性，参与课程思政微课录制、课程思政分析报告等，师生共建课程思政教学资源，切实提高课程思政教学实效。

4.创意思政汇报助力教学

通过创意汇报在学术中融入趣味，在趣味中体会学术，并将专业知识与思政元素充分结合，让学习活力在学思践悟中充分迸发。

5.契合学生内在需求，受益面广

教学活动以课程思政教学模式——"一全程二资源三阶段四模块"为指导，契合本科生内在需求，与专业有机结合，与研究生课程紧密衔接，与课程思政紧密融合，做到学有所思、思有所悟、悟有所行。

6.基础扎实，教改科研经验丰富

本课程为浙江省线上线下混合一流课程，课程组教改、科研经验丰富，主持多项国家级、省部级研究项目，第一或通信作者发表SCI收录论文40余篇，为项目顺利实施提供保障。

图2　特色与创新

六、教学效果

本课程主要采用问卷调查、深度访谈以及学生课程思政学习收获汇报开展教学效果评价与反馈。近两期调查结果显示，学生在价值、知识、能力方面均有一定的收获。在价值塑造方面，普遍表示会不负使命，培养创新精神，勇攀科学高峰，肩负起推动医学科学事业发展的使命，并遵守相应的学术道德规范，做到潜心钻研，科学引用（见图3）。

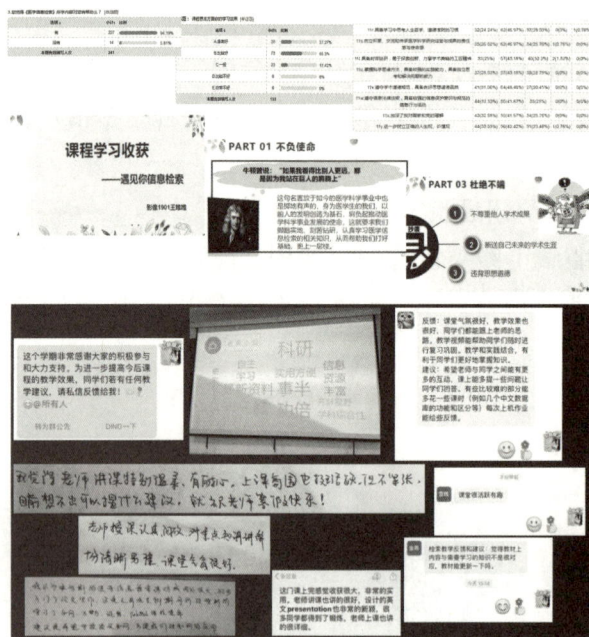

图3　课程教学效果反馈

七、育人元素实施案例

杭州医学院育人元素实施案例一"医学论文的意义"见表4，实施案例二"医学论文的撰写"见表5。

表4　医学论文的意义

一、基本信息		
内容	医学论文的意义	时长	10分32秒
二、课程思政教学过程		
教学环节	教学内容与教学方法	教学目的
1.创设情境，孕育新知	由鲁迅的《药》和牛顿的名言引出医学论文写作的作用与意义（讲授法）。（思政切入点1） 请学生小组讨论并进行思考。引导学生将肺痨的治疗演变与牛顿的名言，以及医学科学技术发展和医学科研成果的经验积累传承结合，理解医学论文的作用与意义 	使学生在课堂伊始就充分认识到医学论文在医学科学研究中的重要性与必要性，树立投身医学科学事业的坚定信念

二、课程思政教学过程		
2.师生互动，探索新知	由教师介绍本次课的教学内容与教学目标并进行教学内容讲授，讲授期间注重师生互动、生生互动，共同探索新知。（讲授法、小组讨论法、项目驱动法、汇报法） ①医学论文的意义。 教师：医学研究的经验和所取得的成果需要用论文的形式去总结记录，为医学科学事业的积累、交流、继承和创新提供条件和依据。引导学生讨论、思考并发言。（思政切入点2） 同学1：萧伯纳说过："倘若你有一种思想，我也有一种思想，而我们彼此交流，那我们将各有两种思想。"科技工作者通过论文写作与发表进行学术交流，能促进研究成果的推广和应用，有利于科学事业的繁荣与发展。 同学2：关于学术传承，我想最典型的例子就是屠呦呦老师带领团队攻坚克难，让青蒿举世闻名。 同学3：学术论文能有助于启迪学术思想，激发写作灵感，有利于研究方案的改进。 ②医学论文的特点。 组织学生讨论医学论文的撰写特点：科学性、严谨性、准确性、逻辑性、创新性、规范性与实用性。引导学生认识到科研严谨是学术研究的重要品质（思政切入点3）	使学生树立积累、交流和传承医学研究经验与成果的责任感与使命感 培养学生刻苦钻研、勇于探索创新、勇攀学术高峰的工匠精神 培养学生科学严谨的态度和实事求是的作风
3.归纳小结，知识强化	本次课主要讲授了医学论文的定义、意义与特点，在总结过程中通过测试题再次强调一定要秉承实事求是的科学态度，不能因为所谓结果的需要而篡改数据（思政切入点4）（讲授法）	内容梳理，强化学生认知，再次强调科学精神

表5　医学论文的撰写

一、基本信息		
内容	医学论文的撰写	时长	10分15秒
二、课程思政教学过程		
教学环节	教学内容与教学方法	教学目的

续表

二、课程思政教学过程		
1. 创设情境，孕育新知	从"翟天临学术不端事件"入手，强调拒绝学术抄袭与剽窃、遵守学术道德与规范的重要性。（讲授法、小组讨论法） 教师提问：结合翟天临事件谈一谈学术诚信 (academic integrity) 与学术剽窃 (plagiarism)。（思政切入点 1）	引导学生树立科学的学术态度，树立潜心科研、原创内容、科学引用的决心
	 请学生小组讨论、思考并发言。 同学：在获取和利用信息的过程中，我们必须遵循信息道德，学术剽窃是不可取的。在做学术研究时，我们应该潜心科研，自主挖掘有效信息，合理科学引用其他人的研究成果，做到内容原创，诚信交流	
2. 师生互动，探索新知	由教师介绍本次课的教学内容与教学目标并进行教学内容讲授，讲授期间注重师生互动、生生互动。（讲授法、小组讨论法、项目驱动法） ① 医学论文的结构、基本格式与撰写步骤。 ② 医学论文撰写实例讲解。 请学生查阅国内外 COVID-19 相关论文，并比较国内外主要防控措施，了解我国在新冠肺炎疫情控制方面做出的贡献并相互讨论分享。（思政切入点 2） ③ 医学论文投稿。 教师讲解相应内容，并再次提醒学生遵守学术道德规范，切勿一稿多投。	通过学术论文实例，激发学生的爱国之情。

二、课程思政教学过程		
2.师生互动， 探索新知	④《筑梦七十载，奋进科研路》科研报告阅读分享。 组织学生阅读科研报告，撰写并分享自己的学习心得。 同学：新中国成立时，我国科研人员不足五万人，到现在中国论文产量与美国相差不大，在此期间，中国科研无疑取得了巨大的进步和成就。作为大学生，在今后的科研道路中，我们应该为发展中国科技实力而奋斗（思政切入点3）	通过科研报告学习，培养学生刻苦钻研、勇于探索创新、力攀学术高峰的工匠精神。 鼓励学生克服困难，潜心科研，为祖国的科研事业贡献自己的力量
3.课堂延伸， 巩固拓展	教师组织学生课后进一步观看纪录片《国士无双——钟南山》，学习科研楷模钟南山的事迹，学习钟院士刊发的主要论文，并分享自己的所学所想（思政切入点4）	加深学生对医学科研事业的认知

结构力学

方鹏飞、查支祥、王韬

浙大宁波理工学院　土木建筑工程学院

一、课程概况

"结构力学"是土木工程专业非常重要的专业基础课，在整个课程体系中处于承上启下的核心地位，课程主要培养具备工程结构受力分析与计算能力的学生。课程的主要内容包括杆件结构的几何构造分析方法、静定结构（多跨梁、桁架、刚架、组合结构、拱等）的内力计算、影响线绘制、位移计算、超静定结构的内力计算（力法、位移法和力矩分配法等）和结构动力计算等。

"结构力学"是校级一流课程，课程理论性强、知识点多且复杂，对于大部分学生来说学习结构力学比较枯燥和烦琐，存在一定的困难。因此，课程教学过程中，让学生端正学习态度显得极为重要。教学过程中引入思政教育，如典型工程及其结构力学问题、力学科学家励志事迹等。正确引导学生，帮助学生树立正确的人生观与价值观，养成吃苦耐劳、坚韧不拔的精神，从而提高学习质量与效果，确保教学目标得到更优质的完成。

二、课程目标

（一）知识目标

（1）熟悉各类杆件结构的特征和简化方法。

（2）掌握各类静定结构和超静定结构内力和变形的计算分析方法。

（3）掌握简单结构动力计算方法。

（二）能力目标

通过本课程的学习，学生能掌握复杂工程问题的分析能力和计算能力，提高自学能力和表达能力，为学习后续专业课程、完成毕业设计打好理论基础。

（三）价值目标

（1）培养学生综合运用专业基础知识解决工程实际问题的意识和能力。

（2）具备爱国情怀、民族自豪感和扎实的工作作风。

（3）培养严肃认真的科学态度和责任心。

（4）树立正确的职业道德观，拥有团队协作、创新和竞争的工匠精神。

三、思政元素

课程的主要思政元素包括：

（1）培育学生具备辩证的唯物主义思想和求是的科学精神。

（2）培育学生具有爱国情怀、文化自信和民族自豪感。

（3）培育学生具有严谨、扎实的工作作风和正确的职业道德观。

（4）培育学生具有团队协作、创新和竞争的工匠精神。

四、设计思路

课程思政教学设计如表1所示。

表1　课程思政教学设计

序号	课程内容	思政教育内容	思政教育切入点	实施方法
1	工程结构计算简图的选取和课程学习要求	具有辩证的唯物主义思想、"本质方法论"的思维方式和求是科学精神	在讲解工程结构力学计算体系简化过程中，坚持简约、抓住事务本质的原则和方法；讲解课程学习要求时，强调作业的规范性，做到实事求是	教师讲授和案例教学为主
2	静定结构受力分析	培育爱国情怀、文化自信和民族自豪感	针对静定结构中桁架和三铰拱的受力特点，引入赵州桥、鸟巢等工程案例，让学生领略中华文化和伟大工程的魅力	案例教学、情境教学为主
3	超静定刚架的计算	培育严谨、扎实的工作作风和正确的职业道德观	讲解超静定结构组成规律和计算过程中，引入丰城电厂施工平台倒塌事故，分组开展讨论，设置道德困境进行案例剖析	采用分组讨论、问题教学法
4	结构模型制作	培育团队协作、创新和竞争的工匠精神	结合大学生结构设计竞赛，引入结构模型制作环节，将理论与实践相结合，提高学生分析问题和解决问题的能力	小组合作学习、探究研讨式学习为主

五、实施案例

案例1：结构计算简图的选取——辩证唯物主义思想和求是科学精神的教育

1. 教学目标

掌握工程结构简化力学计算模型的选取原则和方法，能进行简单实际工程计算模型的选取。

2. 思政育人教学设计

课程教学中融入思政元素，如表2所示。

表2 案例1的思政教学

教学内容	思政元素切入点	育人目标
结构的计算简图及简化要点	讲解结构体系简化、杆件简化、节点简化、支座简化的过程中，体现"存本去末"原则	培养学生透过现象看本质，从实际出发，分清主次、略去细节，抓住事物的主要矛盾，树立"本质方法论"的思维方式
课程学习要求	强调平时作业的规范性，按照工程计算书的要求完成	培养学生实事求是、诚实守信、不弄虚作假的作风，具备规范、严谨的科学精神

3.实施过程

（1）在课程绪论部分，讲述结构力学计算模型的简化方法和要点，突出其在专业课学习中的重要性。培养学生坚持"存本去末"的思想。引入实际工程案例（工业厂房的结构计算，见图1）进行教学。教育学生在工程结构设计和事故处理中，要抓住事物的本质，忽略次要的影响因素，真正了解结构的实际受力特性，体现辩证唯物主义和本质方法论的哲学思想，教育学生看问题、做事情始终要抓住要点。

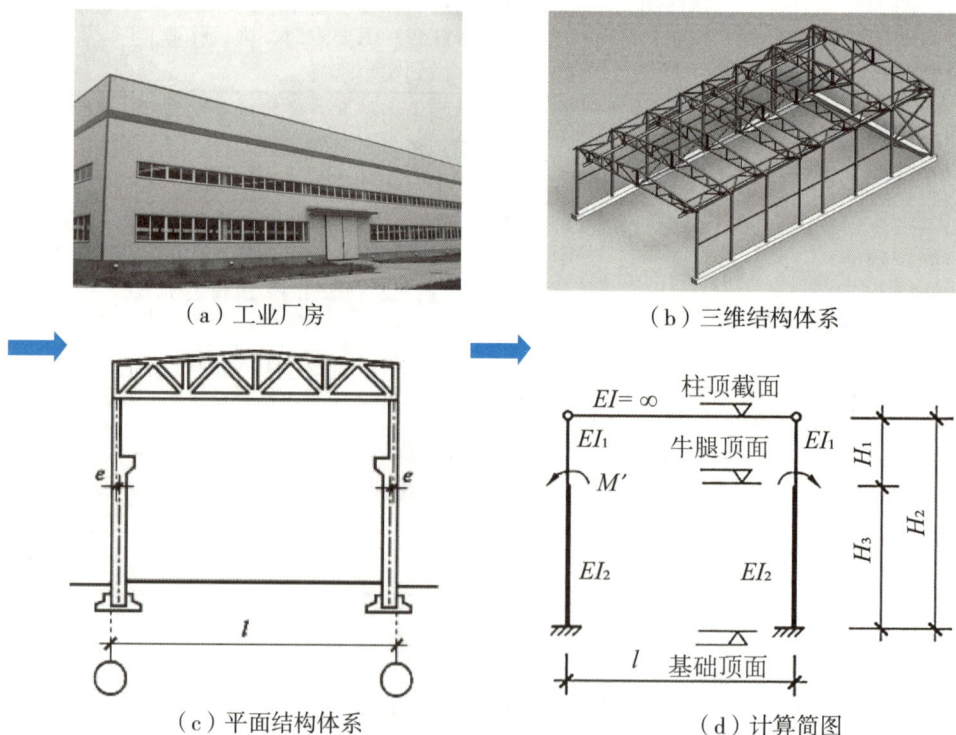

（a）工业厂房　　（b）三维结构体系　　（c）平面结构体系　　（d）计算简图

图1 结构计算简化——育人元素分析过程

（2）平时作业要求中，明确作业对知识掌握的重要性，规范书写计算过程。要求学生自己动手完成作业，不抄袭，做到诚实守信，培养学生具备规范、求是的科学精神。

案例2：静定结构的计算——爱国情怀、文化自信和民族自豪感的教育

1.教学目标

掌握静定平面桁架和三铰拱的计算原理和方法，能计算不同荷载作用下的平面桁架和三铰拱结构。

2.思政育人教学设计

课程教学中融入思政元素，如表3所示。

表3　案例2的思政教学

教学内容	思政元素切入点	育人目标
三铰拱的计算	通过介绍赵州桥的工程实例，体现我国古代匠人的聪明睿智，让学生领略中华文化的博大精深	介绍赵州桥工程实例，培养学生对专业的认同感，树立文化自信和民族自豪感
静定平面桁架的计算	在讲授平面桁架计算原理时，通过介绍鸟巢的设计、施工过程，让学生感受伟大工程的魅力	通过介绍鸟巢设计、施工过程中的难点，引导学生树立正确的学习目标，培养学生的民族自豪感

3.实施过程

（1）讲解三铰拱的工程背景时，引入赵州桥的案例。赵州桥由隋朝李春负责建造，迄今已有1400多年（见图2）。赵州桥为单跨石拱桥，1991年被评为国际土木工程历史古迹，是活生生的千年大计的典范。赵州桥是先人认识自然、改造自然、尊重自然的一个经典代表作，充满了中国优秀传统文化。通过这个案例，能够增强学生的文化自信和民族自豪感，体现我国古代匠人的建造智慧，提高学生的专业认同感，引导学生树立积极的学习态度。

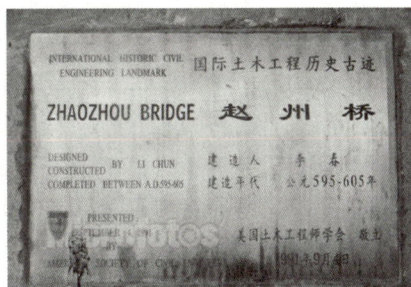

（a）桥梁全貌　　　　　（b）国际土木工程历史古迹

图2　赵州桥

（2）讲解平面桁架计算原理时，主动引入鸟巢的工程案例。鸟巢是被誉为"第四代体育馆"的伟大建筑作品（见图3）。主体结构是一个典型的桁架结构，体现了中国传统文化中镂空的手法、陶瓷的纹路、红色的灿烂与热烈，与现代最先进的钢结构设计完美地相融在一起。让学生感受设计过程中如何体现绿色、科技和人文的

特点，增强学生的爱国情怀、文化自信和民族自豪感，端正学生的学习态度，提高学习积极性。

图3　鸟巢结构

案例3：超静定刚架的计算——严谨、扎实的工作作风和正确的职业道德观的教育

1.教学目标

掌握超静定刚架计算的原理，能选用合适的方法（力法、位移法和力矩分配法）计算超静定刚架。

2.思政育人教学设计

课程教学中融入思政元素，如表3所示。

表3　案例3的思政教学

教学内容	思政元素切入点	育人目标
超静定刚架的计算	讲解超静定刚架计算方法过程中，培养学生在遇到烦琐的计算时，做到耐心细致。引入工程案例，分组讨论，设置道德困境进行案例剖析	通过学习复杂结构的计算原理和方法，培养学生不畏困难，善于钻研，严谨扎实的工作作风。通过工程事故分析，培养学生正确的工程伦理素养和职业道德观

3.实施过程

（1）在讲解超静定刚架的概念和组成规律时，结合生活实例从浅到深、化难为易，说明多余约束能提高结构的稳定性和安全性。在讲解超静定结构的优点时，通过我国多起城市立交匝道倾覆破坏的例子，说明超静定结构相比静定结构有更大的安全度（见图4）。但超静定结构计算要比静定结构复杂，教育学生不要有畏难情绪，要知难而上，不急不躁，具备严谨、踏实的工作作风。

图4　城市立交匝道倾覆

（2）讲述工程案例——11·24丰城电厂施工平台倒塌事故。截至2016年11月24日22时，江西丰城电厂三期扩建工程倒塌事故已造成73人遇难，2人受伤。经调查发现，施工方在7号冷却塔第50节筒壁混凝土强度不足的情况下，违规拆除模板，造成上部筒壁混凝土和模架体系连续倾塌坠落（见图5）。现场施工工况与设计工况严重不符。

在工程案例引入中，分组开展讨论，给学生设置某种道德困境，当经济和安全不能兼顾时，让学生站在工程师的角度，做出伦理选择。工程建设各方都应按照工程实际设计条件的要求，遵守土木工程相关规范和规章制度，教育学生具备正确的工程伦理素养和职业道德观。

图5　丰城电厂施工平台倒塌事故

案例4：结构模型制作——团队协作、创新和竞争的工匠精神的教育

1.教学目标

学生能够利用掌握的力学原理分析实际问题，并能完成结构模型设计和制作。

2.思政育人教学设计

课程教学中融入思政元素，如表4所示。

表4　案例4的思政教学

教学内容	思政元素切入点	育人目标
结构模型制作	结合大学生结构设计竞赛，学生设计结构模型，撰写计算书。与小组成员合作完成模型制作，提高学生分析问题和解决问题的能力	小组成员合作完成结构模型的设计和制作，培养学生善于钻研的精神、团队协作能力、创新和竞争的工匠精神

3.实施过程

基于理论学习，引入浙江省大学生结构设计竞赛题目，将学生分组（约3～4人/组），进行结构模型设计，小组成员经过充分讨论、计算，最终完成设计方案，并撰写规范的设计计算书。小组成员互相协作，利用规定的材料制作结构模型，并进行加载试验（见图6）。

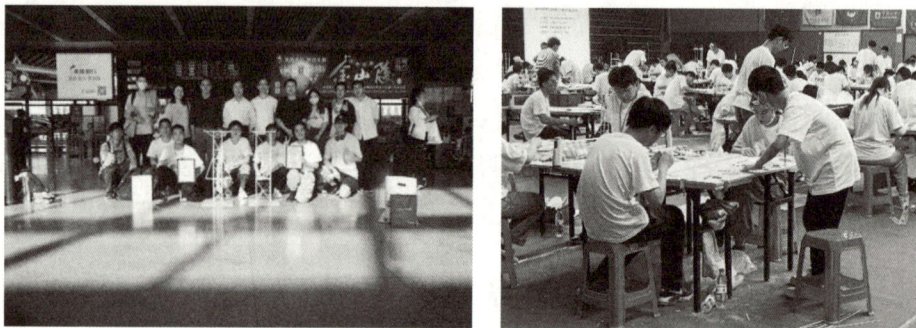

图6　大学生结构设计竞赛现场

在课程实践中，通过模型设计、制作和加载等一系列流程，学生能将理论知识和实践相结合，锻炼学生的创新意识和能力。通过模型制作，有效培养学生的创新能力，同时让学生拥有团队意识和竞争意识。

六、特色及创新

（一）开展基于工程事故场景的工程伦理教育方法

在工程事故引入过程中，学生进行分组并开展讨论，每组学生分别设置某种道德困境，经济和安全不能兼顾时，让学生站在工程师的角度，做出伦理选择。通过对案例的剖析和讨论，提升未来工程师的伦理素养和社会责任感。

（二）知识学习与学科竞赛相结合

组织学生参加结构设计竞赛，促进学生对理论知识掌握与社会实践的深度融合，有效培养学生的创新能力，让学生拥有团队意识和竞争意识，有助于探索土木工程专业卓越工程人才培养路径。

七、教学效果

通过"结构力学"课程思政教学的开展，提炼思政育人元素，提高学生对课程学习的思想认识，调动学生的学习热情；通过形式多样的教学，达到预期的教学效果。

（一）问卷调查

为更好地推动课程思政教学的开展，及时了解思政教学中存在的问题，在2019级学生中开展了问卷调查。本次问卷主要面对土木工程193班、194班（共54人），回收有效问卷47份，问卷有效回收率为87%，符合调查要求。主要的统计结果如下：

1.毕业规划方面

统计表明，考研比例相对较高（49%）。"结构力学"课程是研究生考试中非常重要的专业基础课，说明学生对本课程的知识内容掌握比较牢固，增强了学生的学习自信心（见图7）。

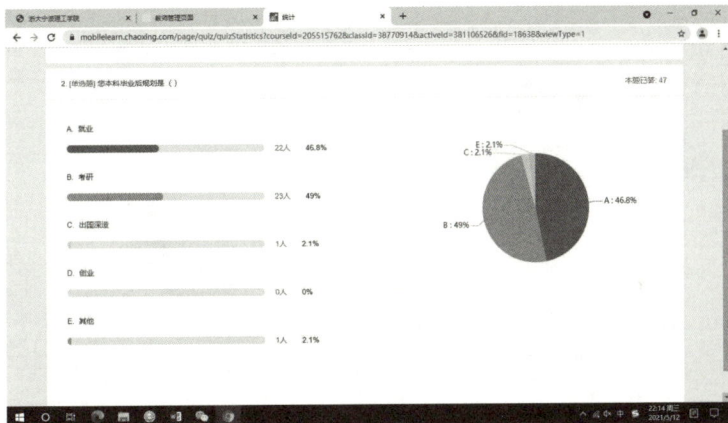

图7　毕业规划

2.兴趣度方面

55.3%的学生对课程思政感兴趣（见图8）。学生认为课程思政在知识传授过程中，提高了其思想认识（33.4%）、综合分析能力和团队协作能力（26.4%）等（见图9）。

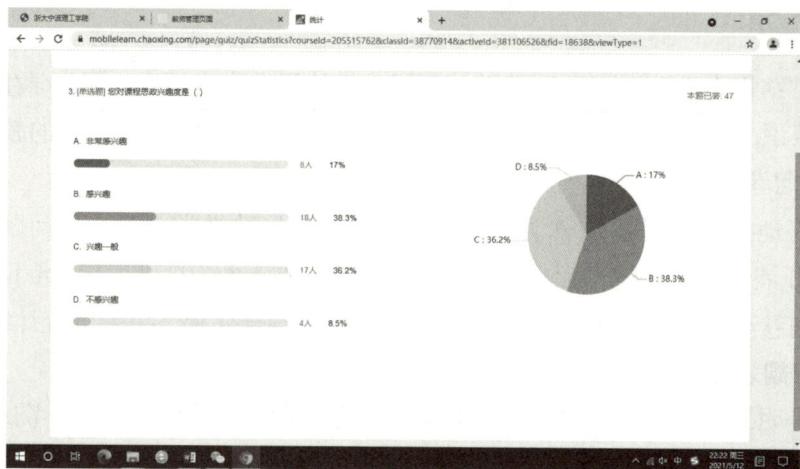

图8　兴趣度

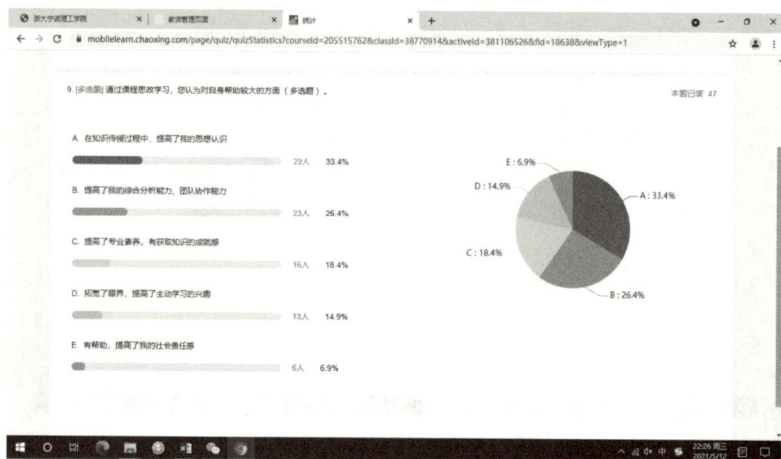

图9　自身能力提高

3.教学内容方面

学生对课程思政教学内容的全面性给予了肯定，包括辩证唯物主义思想（22.2%）、创新能力（22.1%））、扎实的工作作风（17.5%）、严谨的科学精神（21.4%）、工匠精神（14.9%）（见图10）。最后也对课程思政教学提出了意见和建议。根据学生反馈的意见，我们提升与改进课程思政教学方法，体现了持续改进的教学理念。

8.[多选题]您认为本课程思政教学内容主要包括（　）。　　　　　　　　　　　　　　　　　本题已答：47

A. 培育辩证的唯物主义思想　　　　34人　22.2%

B. 培育创新能力　　　　34人　22.1%

C. 培育扎实的工作作风　　　　27人　17.5%

D. 培育具有严谨的科学精神　　　　33人　21.4%

E. 培育工匠精神　　　　23人　14.9%

F. 其他　　　　3人　1.9%

F: 1.9%
E: 14.9%
A: 22.2%
D: 21.4%
C: 17.5%
B: 22.1%

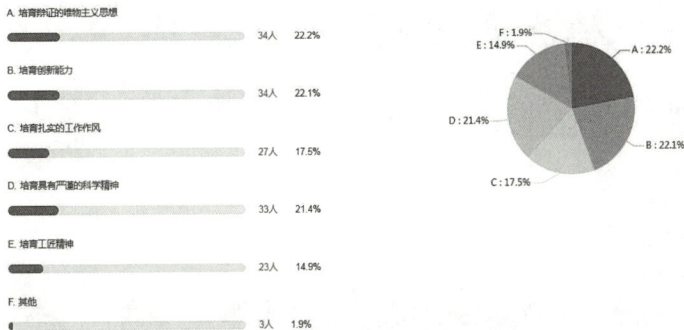

图10　课程思政教学内容

（二）学习效果

课程思政教学在2018级学生中开始实施，从2017级和2018级学习成绩来看，引入思政教学模式增强了学生学习的自信心，通过率和平均成绩均有较大的提升，且成绩分布更加科学合理（见表2）。2021年学生在浙江省第十九届大学生结构设计竞赛中获得二等奖（见图11）。

表2　2017级、2018级"结构力学"期末成绩

分数段	土木工程172班（传统教学）	土木工程182班（混合式教学）	备注
90分以上（优秀）	6.25%	11.11%	
80 ~ 89分（良好）	15.63%	18.52 %	
70 ~ 79分（中等）	9.38%	22.22%	
60 ~ 69分（及格）	18.75%	22.22%	
不及格（不及格）	50.02%	25.92%	
平均成绩	57	68.9	

（三）学生创新能力

课程思政教学培养了学生的工匠精神和创新能力，使学生的实践能力也得到了提升。2021年学生在浙江省第十九届大学生结构设计竞赛中获得二等奖两项（见图11）。

图11　大学生结构设计竞赛获奖

理论力学

李美琴

温州理工学院　智能制造与电子工程学院

一、课程概况

　　理论力学是高等工科院校普遍开设的一门专业基础课，讲述力学的基础理论和方法体系，理论性非常强，同时又贴近工程实际，具有技术科学属性，在解决很多现代科技问题中能直接发挥作用，同时为学生后续学习机械原理和机械设计等专业课程打下必要的基础。

二、课程目标

　　为了贯彻国家"立德树人"的教育方针，结合学校"应用型大学"的办学定位，面向区域经济社会发展需求，依托省级特色机械工程专业，培养高素质应用型人才，制定本课程教学目标如下。

（一）知识目标

（1）使学生全面认识宏观机械运动的一般规律。

（2）让学生系统掌握处理力学问题的一般方法。

（二）能力目标

（1）使学生具备运用力学的概念和理论解决工程实际问题的能力。

（2）使学生具有清晰严密的抽象思维能力和一定的分析计算能力。

（三）素质目标

（1）培养学生辩证看待问题、挖掘个人潜能的能力。

（2）让学生体会集体智慧优势，培养团队协作能力。

（3）培养学生的安全设计意识，树立良好的职业道德。

（4）激发学生科技报国的家国情怀和使命担当。

三、思政元素

　　本课程涉及以下四个层次的思政元素。

（一）个人层面：个人自信

课程授课对象为一年级本科生，作为本地院校学生，他们往往缺乏自信，在高中习惯被动学习，对大学的独立自我学习心有排斥。而力学作为一门逻辑性、理论性非常强的学科，注重用辩证的思维分析力学问题，致力于发现世界运行的客观规律，通过现象看本质，培养学生独立思考的能力；事物的特性在不同的条件下会发生转变，在不同的参考系中物体的运动也会发生变化，对比人生，个人通过足够的努力，达到转变条件，也能变劣势为优势，故而需要挖掘自身的优点。

（二）集体层面：团队合作

在现代社会，团队作战是常态。学生在高中主要是以接受知识为主，较少在项目中接受团队协作训练。在本课程中，以小组讨论、头脑风暴等教学活动帮助学生熟悉团队合作流程，体会集体智慧优势，有助于培养学生的团队合作意识。

（三）职业道德：安全第一

对于本专业要培养的机械行业工程师来说，安全设计、安全生产是第一要务。力学为工程实际问题提供必要的分析计算，为后续产品设计、维护、生产提供必要的数据支撑。在本课程中涉及的热点事件、电影等案例，要依据工作情境，综合考虑各种因素，特别是其中隐含的力学类安全风险，根据力学理论做好分析计算工作，以此为基础提供必要的预防措施，保证安全。

（四）国家层面：家国情怀

在工程事件中，很多工程师为了国家荣誉、人民安全，不顾危险冲在第一线，引导学生感受他们的大无畏精神，学习如何爱岗敬业、爱家爱国。

四、设计思路

思政元素和教学内容的有机融合通过以下两种方式实施。

（1）精选和专业知识紧密相关的思政素材，挖掘其本身蕴含的思政元素和专业知识，比如新闻热点事件（宜家抽屉柜倾倒致儿童死亡事件、某景区的游客冲出玻璃滑倒事件）、爱国电影《我和我的祖国》、人车相撞交通事故等，这些都是身边发生的事，具有警示的教育意义，让学生情感上易代入，同时涉及相关力学理论知识。这些力学知识的掌握可以有效地规避此类风险的发生，两者紧密相连，在知识能力培养中自然而然地实现课堂思政，达到教书育人的目的。

（2）通过教学活动开展隐式思政教育，比如头脑风暴、小组讨论、小组汇报等活动，这些需要团队合作的活动，可以让学生感悟集体的力量，体会团队合作的优势，学习团队分工合作，减少个人学习的焦虑和压力感，充分挖掘每个人的特长，增加学生的自信。

专业课程思政既要注重方式和质，也要把握思政的量，所谓过犹不及，在理论力学课程中筛选七个章节进行课程思政教学，每个章节的思政教学环节以及思政目标见表1。

表1　理论力学思政内容设计

序号	章节	思政教学环节设计	思政目标
1	绪论	①通过我国古代上窄下宽柜子，了解力矩在实际中的应用；②通过理论力学发展史的学习，发现力学规律之间的联系	①感受我国古人的智慧，增强学生的民族自信；②学会运用力学思维方式，透过现象看到本质
2	摩擦	①以小组为单位开展头脑风暴活动，罗列摩擦在实际中的有利以及有害作用案例；②分析宜家抽屉柜倾倒的原因，思考产品设计和平衡理论之间的关系；③观看《我和我的祖国》电影片段，看主人公如何利用铁鞋，克服恐高，爬上旗杆进行电焊操作	①学会辩证地分析现象和问题，挖掘出事物的积极面和自身的潜力；②体会小组讨论的思想火花碰撞，感受团队合作的优势，学会团队分工协作，培养团队合作意识；③体会安全设计的重大意义，树立良好的职业道德；④感受工程师的责任感和使命感，培养家国情怀
3	空间力系和重心	①观看"重车压梁"抗洪新闻，思考其背后蕴含的力学原理；②分析竞赛机器人的配重设计，思考重心的作用	①感受列车司机毅然站到抗洪救灾第一线履行自己责任的勇敢担当，激发学生的爱国情怀；②重心就像人心，只有把人心摆正，做人做事才不失衡
4	点的合成运动	了解同一个动点相对不同坐标系的不同运动形式，掌握三种运动之间的关系	从不同的参考系看物体会呈现不同的运动形式，做人有时候也需要转换视角，发现人生的不同面，发现个人独有的优势
5	刚体平面运动	掌握基点法、速度瞬心法、投影法求解刚体上任一点速度	所谓条条大路通罗马，解决问题的方法永远不止一种，要学会多角度看问题，学会挖掘自身优点，增加自信心
6	动量定理	①了解某景区发生的玻璃滑道事故，分析其背后隐含的力学原理；②了解交通事故中导致人员伤亡的力学原因	树立交通安全意识，树立安全设计意识，尊重自己以及他人的生命
7	动能定理	掌握动能定理内涵，理解能量守恒	人的精力在一定时间内是恒定的，要合理规划我们的生活，有效利用我们的能量，寻找当前对自身有价值、有意义的事情并投入进去，有付出才会有收获

五、实施案例

以第四章节摩擦（2学时，80分钟）为例，分析育人元素在专业课堂中的实施示范，具体参见表2。

表2　摩擦章节专业教学内容和课堂思政设计

教学内容和教学过程	专业知识与思政的融合
环节一：创设情境、导入新课 【知识回顾】（5分钟） 观察下图，回顾"受力分析、平衡"知识点。 【师生互动】+【启发提问】 思考：摩擦存在的力学问题该如何处理？ 【头脑风暴组】+【个人对照组】 以"生活中的摩擦"为主题，罗列哪些摩擦是有利的，哪些是有害的。 【学生汇报】+【教师点评】（10分钟） 【设计意图】 通过爬梯子案例，引出摩擦概念，通过师生互动、生生互动，加深学生对摩擦现象的理解，结合课程思政，对学生的知识进行补充，对价值观进行引导。 **环节二：课堂讲授、突出重点** 【课堂讲授】（12分钟） 提前预习智慧树平台上相应的微课视频。 简讲摩擦力类型、特点。 对比各类摩擦力。 【课堂讲授】 摩擦角、自锁现象、自锁存在条件判断。 【视频演示】（3分钟） 通过自锁与不自锁螺杆的运动视频演示，对比物块在斜面上的移动，提出自锁概念。	1.通过有利和有害摩擦举例，引导学生**从辩证的角度思考，一个事物只要我们正确使用，总是可以发现其有利的地方**，作为学生更要**挖掘自身的长处，发现自己的优势，**而所有的有利的摩擦利用都是在一定的条件下实现的，要发挥个人的长处需要量变达到质变，才能实现人生的价值，而**努力是唯一途径**。 2.通过对比头脑风暴组和个人对照组罗列出的案例数量和质量，一方面**鼓励有创意的想法，给予肯定**，激发学生自信心；另一方面让学生体会集体智慧的优势，让学生**发现团队合作的重要性，树立合作意识**。

教学内容和教学过程	专业知识与思政的融合
【设计意图】 摩擦作为高中已学知识，课堂中突出重点"自锁"，通过视频演示、对比高中物体在斜面静止问题，引导学生对比、思考，让学生对自锁有一个更深刻和直观的感受，同时螺杆作为机械行业中的一个典型零件，帮助学生建立力学和后续机械原理、机械零件等课程的联系。 **环节三：案例分析、迁移内容** 【案例示范】（10 分钟） 针对下图摩擦存在的问题，教师示范分析计算过程。 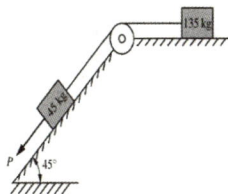 【学生课堂练习】（15 分钟） 求下图物体运动的力。 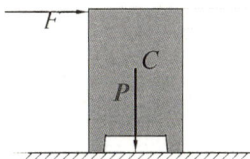 【学生做题】+【教师反馈】 【教师小结】 综合考虑问题情境，注意摩擦力是处于什么状态。 【线索预埋】 观察该物体的尺寸、运动和摩擦之间是否存在关系，如果存在，又是什么关系？ 【设计意图】 通过教师的示范、学生的模仿练习，让学生初步熟悉摩擦存在的力学问题该如何分析，引导学生在进行知识迁移应用时加入自己的一些思考，培养学生的低阶应用能力，同时预埋线索，为后续复杂工程实例的分析计算打下基础。	

续表

教学内容和教学过程	专业知识与思政的融合
环节四：工程实例、巩固提升 【实际案例】（20分钟） 分析宜家马尔姆6抽屉柜倾倒使儿童致死事件，已知该柜子的宽度80厘米，深度48厘米，高度124厘米，抽屉深度（内部）45厘米，柜子重量29.94千克，思考其发生事故的原因。 	
【小组讨论】+【小组汇报】 学生分组，讨论类似实际案例该如何入手。如果没有思路，可先明确是哪部分工作无法开展。 【启发式提问】 提问1：抽屉柜作为一个六面体，根据事故发生情况，该如何简化为二维力学模型？ 提问2：这个案例和课堂练习有没有类似之处？ 提问3：该物体受到哪些力？力的作用线位置如何？ **提问4：如果柜子会发生倾倒，柜子和地面之间的摩擦系数和尺寸有什么关系（线索启动）？** 提问5：假设柜子不会发生倾倒，能够允许多重的小朋友站在柜子上？ 提问6：如果柜子上面增加重物，比如电视机，对事故发生是否会有影响？ 提问7：为了避免该事故发生，我们可以采用哪些措施？ （其中，提问6、7视时间可作为课后思考作业） 【小组讨论分析】 【教师点评】 分析实际案例，注意观察和课堂案例之间的关系，思考能否用同样的思路进行分析。 【设计意图】 通过这个新闻事件，吸引学生注意力，本质上，这个案例和之前的课堂练习是同一类力学问题，但是作为一个实际工程案例，其难点是学生很难把它和课堂知识直接联系。通过递进式启发提问，打通理论和实际之间的最后一里地，结合小组讨论、汇报，让学生进一步熟悉团队合作流程，增强团队合作能力，同时巩固和提高学生利用理论知识分析和解决实际问题的能力。更重要的是引发学生思考，一个合格的设计师在设计时如何用专业知识去避免类似悲剧发生，培养他们的安全意识和职业道德。	3. 该事故发生的背后原因是该柜子存在设计漏洞，对高宽比过大引起倾倒的风险没有给予足够重视。作为机械工程专业学生，在进行产品设计时，**安全是我们第一要考虑的问题**，在设计时要全面考虑各种风险，做好必要的力学分析计算，**要有基本的安全意识、责任意识**。

教学内容和教学过程	专业知识与思政的融合
环节五：课堂总结、布置任务 【章节总结】（5分钟） 思考结构尺寸、力、摩擦之间的关系，思考力学对机械工程专业的重要性，以及机械类专业毕业生要具备怎样的职业素养。 【播放视频】 播放电影《我和我的祖国》中林治远教授爬旗杆的片段，让学生注意爬杆中所用的铁鞋，布置课后大作业。 	4.通过观看电影片段，一方面让学生感受那个时代我们的工程师前辈为了祖国大业，能够克服恐惧，不顾危险勇爬旗杆的大无畏精神；另一方面让学生体会我们劳动人民的智慧，铁鞋提供的摩擦力在高空作业中发挥了巨大作用。
课后作业	线上作业完成摩擦章节课后的概念测试题。 思考作业（可选） 分析报告（小组作业＋个人总结）根据电影片段，请分析摩擦在人爬旗杆中所起的作用，并分析为了保证安全可靠，这个爬杆铁鞋的尺寸要满足什么条件？ 小组分工：数据查询、力学模型建立、分析计算、使用注意事项学习。 个人心得总结：作为新时代的工程师应该具备哪些素养？

六、特色与创新

（一）从生活中来，思政教育更有温度

本课程的教学案例大多来源于生活实际，经过精心设计，不仅具有很高的知识价值，而且因为接地气而有温度，让学生更能共情和投入，让学习变得更生动自然，促进能力培养和价值引领同向并进。

（二）以学生为主体，助推学生自我成长

以小组讨论、小组汇报、头脑风暴等活动为载体，让学生亲身体验，在学中做、做中悟，学会团队协作，学会平衡个人和团队的关系，学会自我学习、自我表达，在潜移默化中实现自我成长。

（三）发挥教师作用，递进式推进教学

结合线上平台，在线下课堂突出学生专业能力的培养和立德树人目标的实现，遵循教学规律，教师用递进式提问进行引导，由浅入深，由外及内，由理论到实际，以润物细无声的方式实现育人和育才的统一。

七、教学效果

通过引入有教育价值的工程案例和新闻事件吸引学生的注意力，以小组讨论、小组汇报、头脑风暴等活动活跃课堂气氛，增加学生学习的兴趣（见图1、图2）。最近两期学生评教分值从95.37上升到96.05，说明本课程得到了大部分学生的认可，但最终的育人效果是否达到预期，还需要长期的观察和实践的检验。

图1　小组讨论

图2　小组汇报

建筑设计基础

章 瑾、司 舵
同济大学浙江学院

一、课程概况

同济大学浙江学院作为独立学院位于嘉兴南湖之滨，红船之畔，自2009年开始建筑学专业正式招生以来，已招收逾十届近千名建筑学学生。学校所在地嘉兴既是一方孕育华夏文明的文化沃土，又是一处滋养建党文化的红色圣地，光荣地承载着历史留存下来的厚重的民族文化和红色精神。因而弘扬"红船精神"与传承浙江地域文化具有内在的一致性。学院建筑学专业教学的定位突出自身特色，一直致力于弘扬"红船精神"和传承地域文化的设计与社会服务实践。将整个建筑设计基础教学体系分为两大板块进行解读，走"两头延伸拓展"的创新之路：一是体现创新意识、手为先的建筑形态构成实践；二是凸显"红船精神"和地域文化内涵，迎合了教学需要渗透各类知识、优势互补的体系建设所需（见图1）。

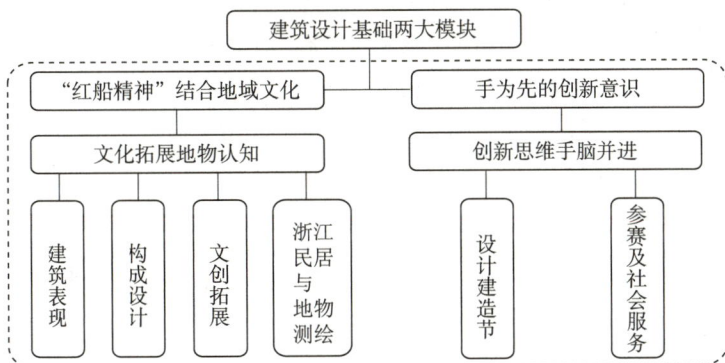

图1 建筑设计基础两大模块

"建筑设计基础"是建筑学专业的入门课程，课程提供了大量的图文解析，有助于初学者直观地了解建筑理论与设计实践，强调形体与空间、建筑图纸的阅读与绘制、构成设计的方法与内容、建筑的发展与思考、复合空间的设计与建构。当下基于对新工科背景下创新人才的培养，课程教学重点强化建造环节的建构作用与思维拓展，采用"专题性+阶段性+动手性"的教学模式，构建凸显创新意识、地域精神和手为先理念的"建筑设计基础"一流课程。

二、课程目标

"建筑设计基础"课程教学设定三维目标：第一，知识目标，基础训练营造匠人匠心。合理延续设计基本训练，大量使用最直观、有效的体验教学，让学生有很好的参与性和体验性。第二，能力目标，设计建构传承地域文化。着重强化设计建构，使学生走个性化的创新发展之路，拓展学生的建构思维。第三，素养目标，文化创意服务社会实践。结合地域文化特色传播"红船精神"，在新工科背景下结合社会需求培养有创新意识和文化认同感的建筑师（见图2）。

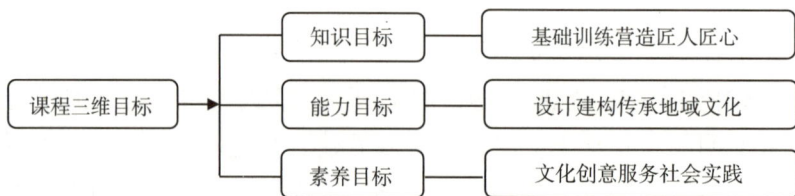

图2　建筑设计基础课程三维目标

三、思政元素

结合课程目标及内容设计，选取弘扬"传统文化"、展现"家国情怀"、体现"工匠精神"、培养"学科素养"和"团队协作"、加强"生态文明建设"作为主要的思政元素，如表1所示，与课程任务相融合，实现专业课与课程思政的有机融合（见图3）。

表1　课程章节思政元素的教学设计

课程章节	课程思政育人目标	教学方法
大地之情——城乡阅读调研	注重学思结合、知行统一，将"读万卷书"与"行万里路"相结合，扎根中国大地了解国情民情，在实践中增长智慧才干	直观教学（深化认知）
初心成画——民居手绘表现	我们的祖辈以世代积累的智慧，创造出了我国特有的建筑文化，传承和再创造东方美学的地域文化及传统建筑，赋予它更深层次的内涵，为传承我国优秀建筑文化添砖加瓦	任务驱动、边讲边练（行为塑造）
忆禾故里——文化创意设计	围绕红色文化、地域文化、历史文化等独特的文化资源进行构成设计，通过建筑表现创意实践，表达建筑本身及其所体现的艺术性，以及爱国、爱家乡的思想教育性，充分展示新时代文化创新内涵	任务驱动、边讲边练、生讲生评（文化认知）
地域文化——平面构成设计	引导学生自觉传承和弘扬中华优秀传统建筑文化，全面提高学生的审美和人文素养，增强文化自信	任务驱动、边讲边练、生讲生评（文化认知）

续表

课程章节	课程思政育人目标	教学方法
民居色彩 ——色彩采集重构	植入江南民居文化与精神传承的建筑学特色课程建设研究。民居不仅传递建筑之美，而且蕴藏着深厚的文化内涵，让学生从中感受到古代匠人们的杰出创造能力和不求闻达的创作精神	任务驱动、边讲边练、生讲生评（文化认知）
文博展示 ——创意空间设计	将社会实践、志愿服务和创意空间设计相结合，大力弘扬红船精神。教育引导学生立足时代、深入生活，树立正确的建筑创作观	任务驱动、研讨教学（情感认同）
设计建构 ——砖建构实践	强调建造环节的建构作用与思维拓展，培养学生精益求精的大国工匠精神，激发学生以专业报国的家国情怀和使命担当	任务驱动、现场教学、边做边评（思维拓展）

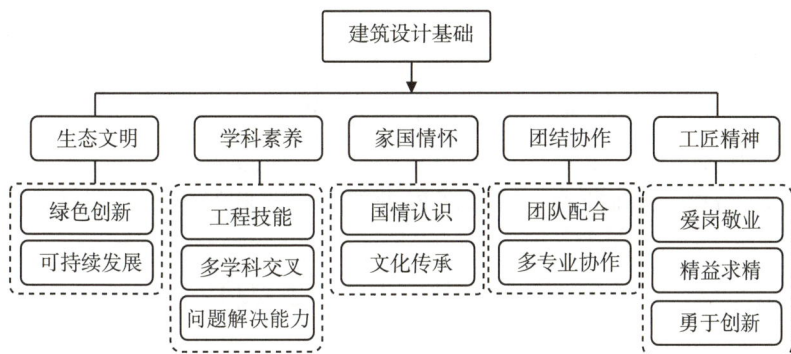

图3　建筑设计基础课程思政元素

四、设计思路

　　限于课时和大一学生基础知识的薄弱，以及学生对建筑文化的理解和感悟，课程教学引导学生从物质空间建构到精神家园塑造，激发其关注热爱人居环境的意识，追求优秀的职业工匠精神素养和正确的文化自信价值观。同时，围绕红色文化、地域文化、历史文化等独特的文化资源进行教学设计，充分展示新时代文化创新内涵。同时将社会实践、志愿服务和创意空间设计相结合，大力弘扬"红船精神"（见图4）。

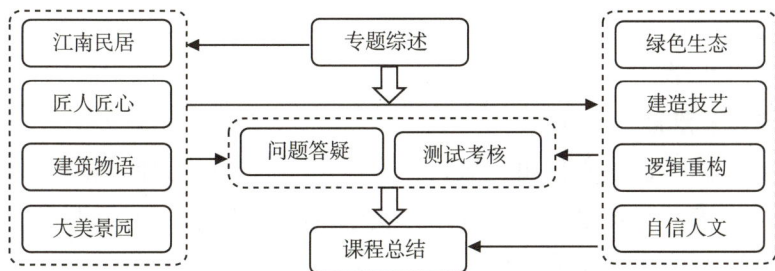

图4　建筑设计基础课程设计思路

在教学过程中贯穿"教师主导，学生主体，手为先，手脑并进"的理念，使学生通过本课程的学习，掌握一种设计思维，塑造一种建造精神（见图5）。按照先学后教的设计思路，以时间轴建立教学模式，可大致分为先行探索、协作研讨、拓展巩固三个阶段，层层递进。

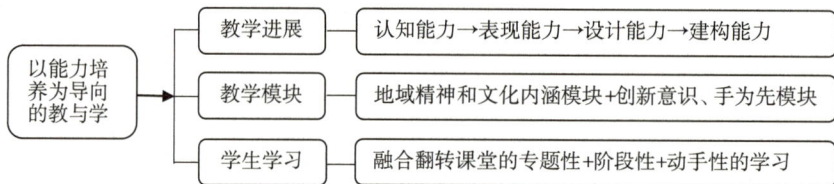

图5　建筑设计基础课程"教与学"

五、实施案例

案例：建筑文化传承设计——以江南民居为例

1.教学目标

（1）知识目标，基础训练。通过课程讲解、实践调研分析，理解江南民居及地域建筑文化。

（2）能力目标，建构创意。通过技能训练，表现和表达建筑，掌握三大构成，在进行建筑设计中学习借鉴。

（3）素养目标，文化内涵。通过传承创造，积极探究和体会中国建筑的特征，结合生活实际，激发学生热爱家乡、热爱祖国的热情（见图6）。

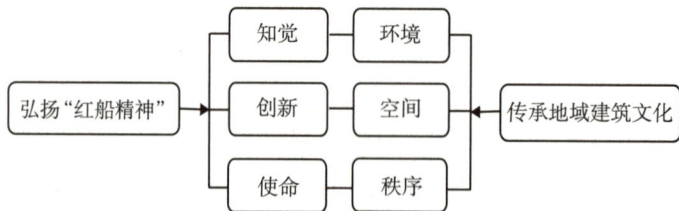

图6　实施案例教学目标

2.教学对象

建筑学专业大学一年级学生。

3.教学重点及难点

我国幅员辽阔，建筑文化源远流长，表现出不同的地方建筑特色，民居更是其中最为生动的代表性建筑之一。富有东方美学的地域文化及传统建筑，需要我们对其传承和再创造，赋予它更深层次的内涵。

4.教学方法及模式

自主探究式教学方法：提前发放任务书，提前搜集资料；在课堂教学中以教师为主导，学生为主体，学生提问、探究、归纳；课下答疑整合，使学生获得知识技能和学习方法。

线上线下结合教学模式：采用混合式教学模式，组织学生在线观看课程视频，在充分感悟内容的基础上，以此为素材而进行设计再创造。

5.教学内容及过程

由教师和学生互动活动组成，对应相应的设计意图，分为导入、分析、实践、拓展等，如表2所示，多个教学环节环环相扣，层层递进。

表2　实施案例教学内容及过程

教师活动	学生活动	设计意图
导入 我国幅员辽阔，建筑文化源远流长，表现出不同的地方建筑特色，民居更是其中最为生动的代表性建筑之一。民居和劳动人民的关系是最直接，也是最密切的，而且具有浓厚的民族和地方特点	欣赏我国传统民居图片，搜集相关资料，进行调研分析	利用美妙的建筑图片，吸引学生注意力，同时插入本课主题"建筑文化"这个知识点
分析 地域特色鲜明的江南民居是当地居民根据当时的自然条件和生活方式创造出来的居屋形式。从历史发展及空间处理等方面进行分析，几千年来先民们在这块土地上不断繁衍生息，传承着居住和生活的方式	分析江南民居随着气候、地形环境以及人们生活习俗的发展改变，而呈现出丰富多彩的发展和变化。这些都是在进行建筑设计中可以借鉴学习的	民居不仅传递建筑之美，而且蕴藏着深厚的文化内涵，更让学生感受到古代匠人的杰出创造能力和不求闻达的创作精神
实践 大地之情——城乡阅读 初心成画——民居表现 忆禾故里——文创设计	学生运用建筑学专业所学的知识和技能，用心去聆听，用画笔去传达，通过建筑表现创意	历史需要传承和发展，创新也需要历史的积累和沉淀。表达建筑本身及其所体现的艺术性，以及爱国、爱家乡的思想教育性
拓展 地域文化——平面构成 民居色彩——采集重构 文博空间——立体构成	学生三大构成需要完成从感性到抽象的提炼，使具象形态变为抽象形态的高度升华和概括。同时在设计中传承红色基因，力求利用简单的材质打造出别具一格的艺术之味	目的在于引导学生从物质空间建构到精神家园塑造，激发其关注热爱人居环境的意识，追求优秀的职业工匠精神素养和正确的文化自信价值观

6.教学效果及反思

学生反馈平时容易忽略身边的美，总觉得那些老建筑朴实无华没有新鲜感，但学了本课程后，能知其然，又知其所以然，感受到中国建筑里乃至我们身边常常熟视无睹的房屋、建筑群蕴藏着动人的智慧。在自主探讨过程中，教师引导学生如何运用传承，为深入学习提供了帮助。尤其结合和加强设计训练，提升了学生的思维和表达能力，这是本课程中学生反映的最大的收获。

六、特色与创新

　　课程将原先已有的特色教学、学生活动、科研服务和社会实践中较为分散的各部分内容进行整合形成整体，重点在"红船精神"的全面贯彻和地域文化特色的表达。课程将多元化评价机制、过程性考核及集中建造以及社会服务实践纳入成绩管理中，让学生带着为人民设计的认识来完成低年级的建筑学设计基础课程学习。全力打造科学、有效的创意人才培养模式，努力培养出新型的复合型建筑人才（见图7）。

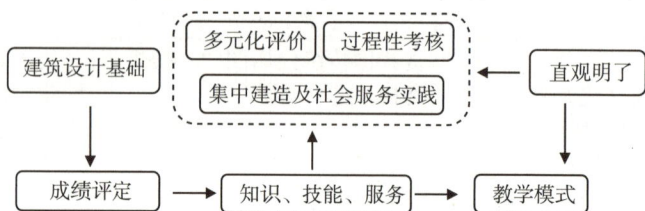

图7　建筑设计基础课程特色与创新

七、教学效果

　　"建筑设计基础"课程于2018年开展课程思政教学，本课程被评为2021年浙江省第一批省级课程思政示范课程（本科），获2019年浙江省本科高校省级"线下一流课程"、2020年浙江省本科院校"互联网＋教学"优秀案例（线上线下混合课程）一等奖。以同济大学浙江学院为主导，联合同济大学、苏州大学建设的线上课程"步入建筑的殿堂——建筑设计初步"，已在智慧树平台上线两期，累计选课学校15所，选课人数2648人，累计互动2027次，力求为本领域高校师生和社会学习者提供优质的课程教学资源。

　　（1）学生感到形象鲜明和生动有趣，其积极性、主动性得到充分的调动和激发（见图8）。

图8　建筑设计基础课程教学活动

（2）将专业理论学习和教学实践项目融合，让学生从多种形式入手，在学习和创作中明确"红船精神"的深刻内涵和时代价值，积累更多文化知识，提高其整体的设计素养水平，将设计学以致用（见图9）。

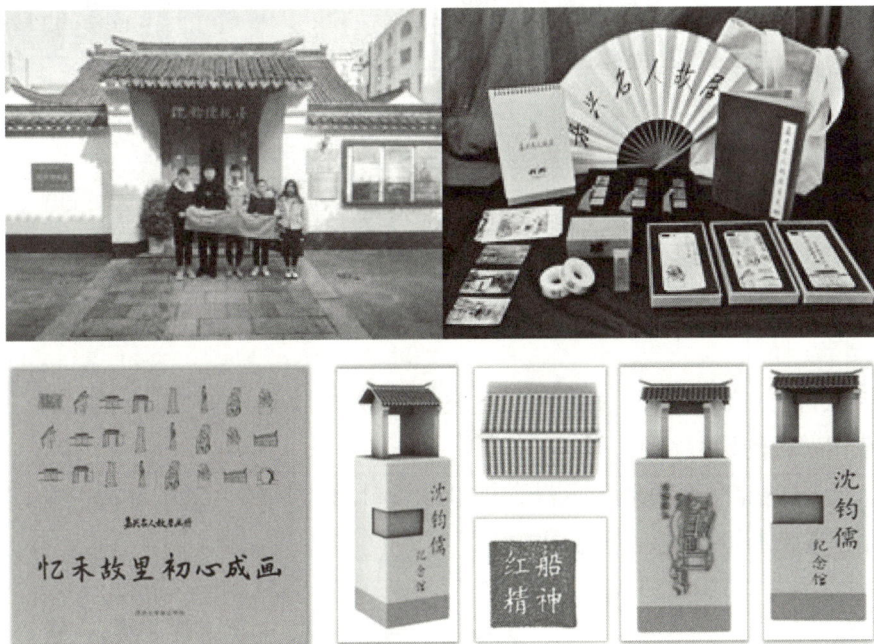

图9　建筑设计基础课程实践项目

（3）由理念延伸到实际建造和社会服务的互动过程，激发设计创意，提高创意的广度和深度，更好地提升时代价值和设计品质（见图10）。

图10　建筑设计基础课程社会服务

（4）结合课程设计学生创作了大量结合创新意识传承地域文化的设计、美术作品及论文等，获得了优异成绩（见图11、图12）。

图11　建筑设计基础课程获奖作品

图12　建筑设计基础课程学生成果

"凡物求高，必广其基"，我们一直尝试在教学中寻找一种具有社会性、时代性和地方性相融合的课程特色。

（1）始终坚持理论联系实际，合理延续设计基本训练、基础在先、技能于本的理念，用建筑践行匠人匠心（见图13）。

图13　基本训练践行匠人匠心

（2）结合地域特色强化实战建构，用设计传承地域文化（见图14）。

图14　特色强化传承地域文化

（3）文化创意与社会服务实践结合，用创意弘扬"红船精神"。强调形体与空间、建筑图纸的阅读与绘制、城市的观察与思考、建筑设计的方法与内容、复合空间的设计与建构（见图15）。

图15　设计建造弘扬"红船精神"

通过弘扬"红船精神"、传承地域文化、手为先的建筑形态构成的教学基础模块搭建，建筑设计基础教育的整体性更为清晰，"建筑设计基础"课程紧扣"坚定学生理想信念，教育学生爱党、爱国、爱社会主义、爱人民、爱集体"主线，用建筑践行匠人匠心，用设计传承地域文化，将文化创意与社会服务实践结合，用创意弘扬"红船精神"，在教学中形成了社会性、时代性和地方性相融合的课程思政教学特色。课程注重培养学生的认知能力、表现能力、设计能力和建构能力，实现知识传授、能力培养和价值引领的有机融合。

单片机技术

安康

杭州师范大学钱江学院　理工分院

一、课程概况

单片机技术课程从2014年开始基于CDIO工程教育理念引入案例驱动、研发教材、开发课程学习APP、建设师生互动学习平台、建设MOOC平台等做法，构建"多平台、多终端"多样化学习环境，不断改进教学方法，高质量推动课程改革。

基于建构主义学习理论，以学生发展为中心，将思政元素、职业素养融入课程教学内容，将社会热点和身边鲜活事例与教学内容有机结合，使思政元素的融入更周密。通过课程思政导入教学内容，采用OBE成果导向教学，将科研成果作为案例项目引入课堂教学，分层递进式设计教学内容，通过有效安排课前（引入七步训练法）、课中（课程思政、教师主导–学生主体、PBL问题导向、对分课堂、线上线下翻转教学）、课后（作品创作、线上话题交流、线上笔记）活动，提高学生自主学习、合作学习能力，通过项目创作增强学生完成作品的自信心，形成锲而不舍的钻研精神和科学态度。借助线上学习平台获取学生学习行为数据，了解学生素质、知识和技能掌握情况，了解学生的国家观、价值观和文化观，并对学生学习轨迹信息进行分析，及时改进精准教学（见图1）。

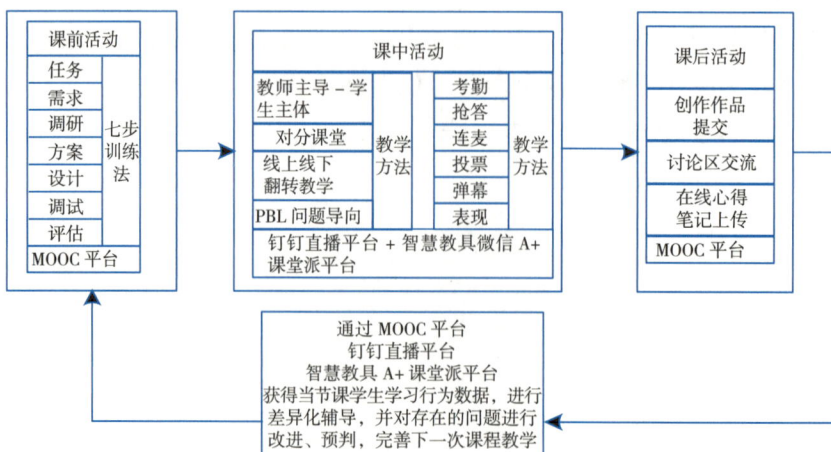

图1　教学设计流程

二、课程目标

（一）知识目标

（1）掌握单片机体系架构、硬件组成及C语言编程方法。

（2）掌握单片机扩展项目（流水灯、按键、数码管、蜂鸣器等）的工作原理与设计方法。

（3）掌握中断、定时器/计数器和串行通信的工作原理与设计方法。

（二）能力目标

（1）学生具备电子系统开发能力、软件和硬件调试能力。

（2）学生具备技术创新能力、分析问题和解决问题能力。

（三）价值目标

（1）使学生理解我国科技领域取得的巨大进步，树立制度自信。

（2）引导学生发现我国科技领域的创新实践，帮助学生掌握科学世界观、方法论。

（3）通过调研和讨论了解中国科技的现状，关注中国问题，筑牢实践基础。

（4）通过案例研讨和实践教学，激发学生励志、求真、力行，增强学生的社会责任感和创新精神。

三、思政元素

（一）构建课程协同育人长效机制

（1）基于"四有"标准（有人：教师自身为人师表和专业过硬；有料：案例复杂多样与紧贴前沿知识；有情：师生配合默契及分析过程有趣；有果：研究结果有用且解决问题有效）选取我国在单片机技术发展中的经典案例，如中国航天、中国高铁、中国通信、中国芯片应用于课堂教学，通过利用技术前沿分析、实现方案、软件与硬件解决重大技术攻关项目实现中国智造产业提升过程，培养和训练学生严谨的科学态度和科学方法，培养学生敢于探究、勇于质疑的科学精神。

（2）基于"四求"学生发展理念（求真：引导学生追求真理和客观公正；求新：激发学生创新意识和善于探究；求深：鼓励学生深层思考和举一反三；求用：培养学生学以致用和实践能力），通过自主、合作、探究、创作因材施教，针对教学内容设计与教学内容关联的思政案例，采用BOPPPS教学策略，将教学活动设计为导入、目标、前测、参与式学习、后测、总结六个环节，给予学生充足的学习参与机会，激发学生技术创新能力，鼓励学生深层思考和举一反三。

（二）增强民族自豪感，培养创新精神

（1）树立学生制度自信，增强民族自豪感。讲解我国科学技术背景、政策和体系建设的进步，使学生树立民族自豪感和制度自信，让学生体会中华民族五千年文明形成的价值观和文化主体性。

（2）通过思政建设，培养学生创新与思辨能力。引导学生去发现和理解科学技术中的中国创新，将知识传授与价值引领有机统一。通过讨论和辩论敦促学生关注现实问题，关注国家关键核心技术攻坚，以中国如何破解"卡脖子"技术为典型案例，让学生进行讨论和辩论，促使学生去搜索文献和资料，更好地理解中国科学研究的政策导向，不断提高思辨能力。

四、设计思路

（一）课程思政元素切入与衔接

（1）以"三大教育"为思政元素：①科学精神教育（追求真理、批判质疑、探究创新）；②工程伦理教育（品德高尚、行为规范、责任担当）；③实践能力教育（动手能力、团队协作、人际交往）。

（2）在课程教学中切入：①问题引入自然，结合实例科学论述；②介绍优秀工匠精神人物，以及发生的真人真事；③以项目制形式参与，结合第一课堂案例引导和第二课堂科研竞赛。

（3）在课程教学中实施：①教师对基本概念和理论陈述不同观点并进行科学诠释，对不完善理论提出修正和发展；②结合智慧农业、智慧家居、智慧交通、智慧城市等行业精选8个控制技术典型案例深入剖析；③将学生分组以团队形式参与系统项目开发，检验知识掌握程度，通过答辩、成果验收进行师生研讨。

（二）课程思政在教学内容中的融合

将思政元素与单片机各章教学内容充分融合，如表1所示。

表1　思政元素与教学内容融合

教学内容	思政元素融入
第1章：单片机概述	通过介绍中国单片机技术发展历程，将最新的技术成果在课上展示，让学生加深对课程、专业、中国科技的认同感，增强爱国精神，树立远大理想
第2章：单片机硬件体系结构；第3章：单片机C语言设计	调研中美贸易战中的芯片核心技术和软件开发，学生对硬件（麒麟 Kirin 核心芯片制造）、软件（鸿蒙 HarmonyOS 应用软件开发）调研答辩，让学生了解中国科技发展现状，关注中国问题
第4章：单片机实现单个LED灯闪烁；第5章：单片机实现花样流水灯闪烁	通过杭州钱江新城城市灯光秀所展示的LED技术成果，让学生感受中国科技发展的强劲动力；将电子社团学生成果商用爱心闪动流水广告牌导入课程教学，激发学生对电子项目开发技术的热爱
第6章：单片机控制独立按键	纪念建党100周年，通过按键、流水灯、蜂鸣器进行电子音乐播放器创作；唱红歌感党恩，让学生感受红色文化，增强爱国主义教育和革命传统教育
第7章：单片机实现数码显示	通过央视春晚除夕夜守岁倒计时时间数码显示，让学生感受单片机技术产品在中国传统文化中的实际应用，培养学生形成良好的职业素养和人文素养
第8章：单片机实现外部中断	通过中国航天工程登月机器人报警系统结合外部中断知识，引导学生追求真理，激发学生创新意识

教学内容	思政元素融入
第9章：单片机定时计数器	通过《我和我的祖国》电影中香港回归祖国时间精准定时结合定时计数器知识，让学生感受中国综合国力的强大，树立爱国自信心，增强民族自豪感
第10章：单片机串行通信	通过2018年央视开学第一课，C919总设计师吴光辉院士讲述"中国创造"的幕后故事，让学生感受以创造向未来，鼓励学生积极培养动手实践能力，在新时代节点上更好地向未来出发

五、育人元素实施案例

通过潜移默化的方式结合工程案例驱动设计动态翻转教学，并引入混合式课程教学过程，以"单片机实现花样流水灯闪烁"为例实施，依据BOPPPS教学策略优化设计（见图2）。

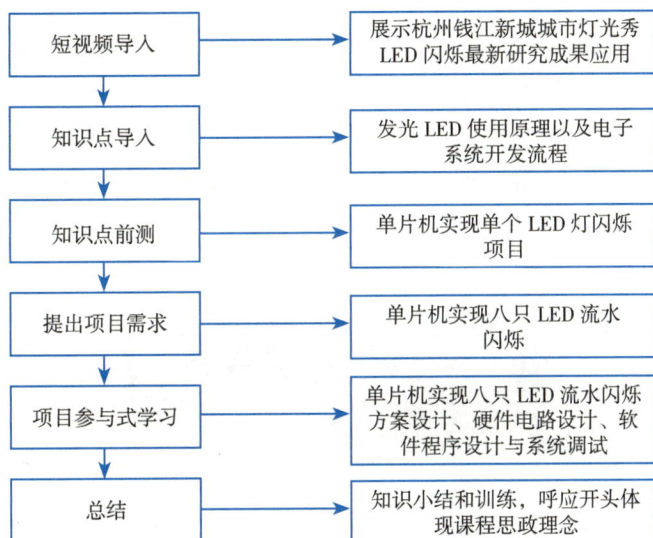

短视频导入 → 展示杭州钱江新城城市灯光秀LED闪烁最新研究成果应用

知识点导入 → 发光LED使用原理以及电子系统开发流程

知识点前测 → 单片机实现单个LED灯闪烁项目

提出项目需求 → 单片机实现八只LED流水闪烁

项目参与式学习 → 单片机实现八只LED流水闪烁方案设计、硬件电路设计、软件程序设计与系统调试

总结 → 知识小结和训练，呼应开头体现课程思政理念

图2　花样流水灯教学策略优化

（一）课前

教师发布任务需求、微视频、电子课件，学生根据教师发布的教学资源利用学习平台自主学习并提交学习报告，教师根据学生学习情况了解学生对花样流水灯闪烁知识点的掌握情况，对于预习效果差的学生进行线上/线下一对一辅导。

（二）课中

采用BOPPPS教学策略设计。

1.导入

将思政元素导入（杭州钱江新城城市灯光秀视频，见图3），师生互动交流（面答与弹幕），感受中国科技发展日新月异，增强学生爱国自信和家国情怀，让学生思考30栋高层楼宇呈现灯光秀巨幕背后的物理器件"发光LED"，帮助学生分析本节课掌握的思政目标。

图3　杭州城市灯光秀思政元素

2.目标

引入科研作品爱心闪动流水广告牌成果（见图4），在课上展示，帮助学生分析本节课要掌握的知识、要培养的能力和要达成的价值目标。

3.前测

教师在"课堂派"发布评测项目对学生知识点进行前测，根据前测作品完成效果，动态调整翻转课堂，选择对分课堂教学。

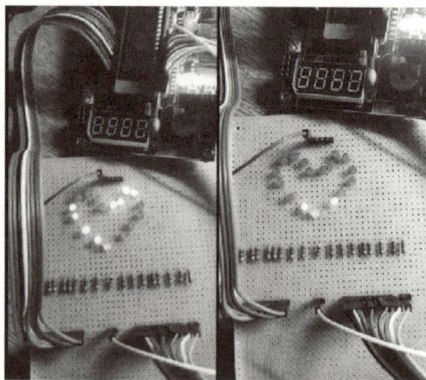

图4　爱心闪动流水广告牌成果

4.参与式学习

对分课堂一半授课时间教师为主角，引入花样流水灯闪烁案例，将案例穿插在知识点学习全过程。讲解"花样流水灯硬件电路设计"时，结合工匠精神要求学生注重细节，一丝不苟，做到精益求精；讲解"花样流水灯软件编程"时，阐述实践的重要性，引导学生从动手实践中寻找答案；讲解"系统软件和硬件调试方法"时，引导学生树立诚实守信、严谨负责的职业道德观；系统设计完成后通过项目创作，激发学生内心深处强烈的求知欲和好奇心，增强作品完成自信心，形成锲而不舍的钻研精神和科学态度，将思政元素巧妙地融入教学内容中，深化知识学习，注重育人功能发挥。

另一半授课时间学生为"主角"，学生自主学习、合作学习、交流讨论，重点在电路硬件设计和软件程序设计，对学生分组，3～5人一组，按小组开展讨论（见图5），分享学习体会，互相解答难点，最后对学生学习成效以小组为单位展示汇报和交流，同时要求学生将设计完成的C语言程序在单片机开发板上调试。实际调试过程中学生分析问题并给予解决，提升学生在项目分析中主动思考、探索的能力，并在团队学习中形成集体智慧，学生在彼此经验分享过程中体会进步，反省过失，在实践体验中，培养自身的通用素质和专业核心技能。

图5　学生合作学习交流研讨

5.后测

课上高阶拓展训练，教师发布训练要求：利用提供的爱心LED扩展电路，以小组为单位，每组自由发挥，设计自己喜爱的爱心LED闪烁流水形态。该部分注重学生知识高阶性的培养，拔高知识难度，通过团队合作培养学生解决复杂问题的综合能力和高阶思维（见图6）。

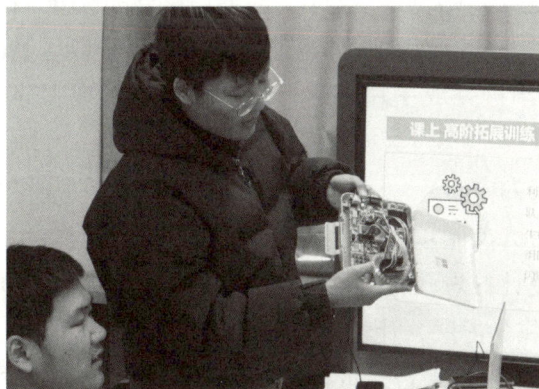

图6　学生高阶训练现场答辩

6.总结

教师对本节教学内容进行回顾并总结，结束时通过播放杭州钱江新城城市灯光秀视频与课堂开始灯光秀思政案例导入前后呼应（见图7），进一步激发学生的课程认同感、专业认同感、中国科技发展认同感，进一步增强学生的爱国自信、家国情怀。

图7　课程结束对学生的寄语

（三）课后

教师利用课程学习平台发布本节知识点作业、拓展话题和下次课预习任务，学生独立完成并在线提交，同时及时检查自己的学习效果。对于学生知识点掌握的薄弱环节，教师通过多种技术学习平台给予学生在线答疑解惑，使学生对本节知识点不断地进行内化和吸收，直至掌握。

六、特色及创新

（一）体现课程思想性、前沿性和时代性

基于OBE成果导向设计与课程内容关联的思政元素案例，结合科研成果工程案例导入课堂教学，教学内容分层次设计"基本理论→基础案例→综合案例→阶段项目训练→创新案例"，五部分内容逐次递进。引入人工智能、物联网技术最新的研究成果，帮助学生循序渐进完成单片机学习，培养学生发现、分析、解决问题的高阶能力和创新精神。

（二）以学生发展为中心

培养学生对单片机控制项目自主、合作、探究、创作的能力。课堂教学采用BOPPPS教学策略将设计的思政案例导入，采用头脑风暴法、小组讨论法、实时反馈法、案例分析法、合作学习法，让学生充分参与课堂知识学习全过程。

基于建设的多元化学习平台，依据测评结果区间预判和反馈机制，对学生预习效果与测评结果评估构建一种可控的单片机翻转课堂教学新模式，动态调节授课形态，形成教学闭环。

（三）学生综合素质评价

线上/线下融合、过程性评价与终结性评价结合构建多元化课程评价体系。平时成绩依据MOOC平台实施线上考核，更加注重学生学习过程，引入项目阶段考核，通过作品自评+小组互评，提升学生完成作品自信心，通过互评监督激励学生更加努力，考查学生综合素质发展。

七、教学效果

目前，课程已在浙江省高等学校在线开放课程共享平台运行5轮，累计选课463人，跨校共享28所，课程累计访问量达637739次。对电子信息工程专业18级、17级、16级三轮开课由平台导出学习数据如表2所示。数据分析结果显示：学生积极参与线上学习，参与度逐年提高；线上学习多样性和教学策略不断优化，通过混合教学，兼容差异化学习，动态灵活调整教法，调动学生积极性，学生单片机技术开发能力逐年提高。

表2　学习数据分析　　　　　　　　　　　　　　　单位：%

班级	数字出勤率	在线作业提交率	试题互动参与率	测试正确率	阶段考核通过率	期末总评通过率
电子1801	99	84	84	84	100	97
电子1802	99	85	83	85	100	100
电子1701	95.7	81	80	82	100	95
电子1702	93.9	82	81	80	100	98
电子1601	95	79	79	79	100	94.2
电子1602	90	80	78	80	100	97

通过对单片机课程改革创新，近3年课程面向高阶性与挑战度方面育人成效如下：学生获得科研项目20余项，学生作为第一作者发表论文10余篇，学生作为第一发明人申请专利15项，申请软件著作权13项。基于单片机技术学生参加全国大学生电子设计大赛、全国机器人设计大赛、全国工程训练大赛，电子信息工程专业16级获2个省二等奖、1个省三等奖；电子信息工程专业17级获1个省一等奖、2个省二等奖、2个省三等奖；电子信息工程专业18级获1个国家二等奖、1个国家三等奖、3个省二等奖、3个省三等奖。学生通过竞赛和科研，建立师生之间深厚的情感，促进师生双方合作意识的发展，教师走进学生内心深处，帮助学生形成良好的学习伦理、尊师重教。在比赛和科研过程中锻炼学生成功与失败理性平和的心态，在项目开发过程中体悟人生，帮助学生形成良好的职业伦理，提升学生社会责任感，培养学生不甘落后的自信心和坚韧的品质。

免疫基础与病原生物学

罗冬娇、邵鸯凤、周金成 ——

杭州师范大学钱江学院　护理分院

一、课程概况

　　免疫基础与病原生物学是护理学专业的核心基础课程，涵盖医学免疫学、医学微生物学和寄生虫学三部分内容，主要包括免疫系统的组成、结构和功能，免疫应答的发生机制、规律和相关疾病，各种病原微生物和寄生虫的生物学性状、致病性与免疫性，以及运用所学知识进行疾病的检测和防治。共计90个学时，于第三学期开课。学习本课程有助于学生树立正确的世界观、价值观、生命观和健康观。本课程被评为2019年杭州师范大学钱江学院"课程思政"教学改革项目。

二、课程目标

（一）知识目标

　　（1）掌握各类微生物和寄生虫的形态结构、生长代谢、致病性与免疫性特点，以及免疫学的基本理论和基本技术。

　　（2）理解免疫功能异常所致疾病及其发生机制，以及各种病原体的致病机制。

（二）能力目标

　　（1）解释临床常见的免疫现象以及运用免疫学知识预防和治疗疾病。

　　（2）学会常用免疫学诊断技术，以及细菌、寄生虫标本的检测技能。

（三）价值目标

　　（1）增强制度自信，培养爱国情怀。

　　（2）理解医学的严谨性和专业性，弘扬"人道、博爱、奉献"的红十字精神，树立职业自豪感、职业情怀，养成职业道德修养。

　　（3）形成全心全意为民众健康服务的专业精神、以维护和促进人类健康为己任的专业价值观。

　　（4）具有在专业实践中有效沟通的能力和团队合作精神。

　　（5）具有坚持不懈的科学探究精神。

三、思政元素

思政元素包括免疫和病原微生物领域杰出人物介绍、时事热点讨论、传统医学的认识、红十字精神"人道、博爱、奉献"的弘扬、国家规划与政策介绍等，如我国对消灭天花的贡献、"衣原体之父"汤飞凡、屠呦呦与青蒿素、顾方舟与脊髓灰质炎、"HIV CCR5基因编辑婴儿事件"、抗击新冠肺炎疫情等。

四、实施案例

（一）案例概况

人类免疫缺陷病毒（Human Immunodeficiency Virus，HIV）属于"病原微生物"部分第21章逆转录病毒内容，医学类专业学生在建立自身防护意识以外，更要思考在今后的职业生涯中，如何做到尊重、关爱HIV患者，减轻其心理负担、增强其治疗依从性，帮助患者建立健康的意识，这对提高该疾病的社会控制效果具有重要的意义。因此在知识传授过程中，需要引导学生对社会责任感、专业价值观、职业道德观和人生意义的思考，激发责任与担当意识。

（二）单元教学目标

1.知识目标

掌握HIV致病性，理解其形态与结构、抵抗力特点。

2.能力目标

运用所学知识做好卫生宣教及防治工作；在第二课堂实践中具有沟通和团队合作能力。

3.价值目标

（1）构建社会主义核心价值观、为人类健康事业奋斗的职业观和价值观。

（2）提升护理职业认同感、自豪感和责任感。

（3）具有求真探索、无私奉献的科学精神。

（4）恪守学术道德规范，保持对科研伦理的尊重。

（三）思政元素

（1）介绍HIV的发现历程，研究者因此发现而获2008年诺贝尔医学或生理学奖；介绍宣传12月1日"世界艾滋病日"。

（2）2011年彭丽媛担任世界卫生组织"结核病和艾滋病防治"亲善大使，2017年荣获"杰出成就奖"，获奖感言："爱心是我们抗击疾病最好的疫苗。"通过"云互动"，在线回答青年学生提问，鼓励青年人做自己健康的守护者、防艾知识的传播者和防艾工作的志愿者，努力为遏制艾滋病流行贡献力量。

（3）解析"红丝带"含义：关心、希望、支持。

（4）讨论中国特色的防艾工作——"四免一关怀"、全国一盘棋、每月疫情定期公布、扫黄打非与高危行为干预并存、禁毒与美沙酮门诊及针具交换共存等的开展。

（5）针对2018年"HIV CCR5基因编辑婴儿事件"，讨论生物医学研究中科学和伦理的遵守。

（6）开展"我与'艾滋患者'的拥抱"活动。

（7）播放反歧视艾滋公益短片《永远在一起》。

（8）开展大学生性安全教育。

（四）HIV课程思政教学设计与实践

利用雨课堂平台，线上线下通过讲授、讨论、视频、PPT、资料搜集汇报、开展第二课堂等方式，构建起全方位育人格局。表1是本课程"思政教学"的具体设计和实施方案。

表1 HIV课程思政教学设计和实施

知识点	案例内容	教学方法	德育目标
新课引入	1. 公益短片《永远在一起》； 2. 彭丽媛荣获"杰出成就奖"：爱心是我们抗击疾病最好的疫苗	1. 观看视频； 2. 讲授； 3. 讨论：2020年12月1日"世界艾滋病日"，青年一代应做些什么？	1. 激起学习的兴趣和共情，以及对艾滋病患者的同理心； 2. 唤起使命和担当意识、职业情怀和社会责任感
逆转录病毒的特点	1.HIV发现历程； 2.HIV发现"优先权之争"	1. 讲授； 2. 雨课堂调查：了解学生对HIV的认知程度，引导学生讨论： ①对HIV易感的人群是什么； ②不属于HIV传播途径的是什么	1. 倡导求真、善于思考、勇于探究科学难题的精神； 2. 恪守学术诚信并自律； 3. 理解科学研究工作的严谨、奉献、团队合作及大局观
HIV的传播途径	1. 12月1日"世界艾滋病日"的意义； 2. "红丝带"的含义解析	1. 雨课堂调查：控制艾滋病传播与流行最有效的措施是什么 2. 讨论	激起为人类健康事业奋斗的使命感
HIV形态与结构	1. 世界首例"HIV CCR5基因编辑婴儿事件"； 2.122位科学家联合声明：强烈谴责首例"HIV CCR5基因编辑婴儿事件"	1. 雨课堂调查：你是否了解"HIV CCR5基因编辑婴儿事件"？ 2. 讨论：生物医学伦理审查的意义	1. 恪守学术道德规范，保持对科研伦理的尊重； 2. 运用正确的辩证思维方式，敬畏生命
HIV的防治	1. 中国特色的艾滋病防治工作："四免一关怀"等政策 2.2017年湖南长沙106名大学生感染HIV事件 3. AIDS "鸡尾酒疗法"创始人何大一	1. 讨论：宣传和普及艾滋病知识的重要性； 2. 视频：HIV黄金阻断72小时	1. 党和社会主义制度优越性的体现； 2. 形成正确的健康意识，弘扬真诚、忠诚、自律的美德； 3. 形成坚韧不拔和无私奉献的科学研究精神

续表

知识点	案例内容	教学方法	德育目标
课外实践活动:艾滋病"患者"街头求抱,应者寥寥,令人寒心	1. 我与"艾滋患者"的拥抱; 2. 大学生性安全教育	1. 雨课堂调查:我国目前大学生感染艾滋病主要的传播途径是什么; 2. 讨论:作为个人,如何预防 HIV 感染? 3. 视频:艾滋病科普教育与警示教育辩论赛	1. 树立平等、奉献、尊重的护理职业观; 2. 弘扬真诚、忠诚、自律的美德
小结与课后思考题	1. 医务人员 HIV 职业暴露防护工作指导原则; 2. 你如何看待艾滋病患者的护理工作?	小组讨论与 PPT 汇报: 1. 大学生性安全教育问题; 2. 面对艾滋病的流行,我们应该做些什么? 3. 如何看待艾滋病患者的护理工作?	1. 临床护理工作认真严谨、尊重保密职业道德和职业素养的养成; 2. 提升护理职业认同感和自豪感

1. 课堂教学的实施过程

课前观看公益短片《永远在一起》,介绍彭丽媛担任世界卫生组织"结核和艾滋病防治"亲善大使,荣获"杰出成就奖",感言"爱心是我们抗击疾病最好的疫苗",激起学生心底共鸣和社会责任感,唤起对艾滋病患者的同理心(见图1)。引导学生讨论第33个"世界艾滋病日",如何"携手防疫抗艾,共担健康责任",做自己健康的守护者、防艾知识的传播者和防艾工作的志愿者,努力为遏制艾滋病流行贡献力量。课中,精心设置专业知识与思政元素相结合的问题,以引发思考。比如在介绍HIV传播途径时,设置如下题目:你认为对HIV易感的人群是什么? A. 静脉吸毒者;B. 性乱者;C. 同性恋者;D. 每个人。通过"即时投票"结果可了解学生的认知情况,事实上我们每个人都是易感者,而题中前三种是高危人群,进一步引发大学生对性安全教育问题的思考。在HIV结构特点教学中,选择时事热点"首例HIV CCR5基因编辑婴儿事件",向学生提问122位科学家联合声明强烈谴责的依据和意义是什么,引发学生对开展科学研究和医疗活动必须遵循有关法律法规和伦理准则的思考(见图2)。在HIV防治中,讨论中国特色的艾滋病防治工作——"四免一关怀"、全国一盘棋、每月疫情定期公布、扫黄打非与高危行为干预并存、禁毒与美沙酮门诊及针具交换共存等的开展,让学生真切感受到社会主义制度的优越性,党为人民服务的宗旨,同时警示学生要形成正确的健康意识,弘扬真诚、忠诚、自律的美德(见图3、图4)。课后通过实践活动、小组作业完成等,提升护理职业认同感和使命感。

图1　思政元素一

图2　思政元素二

2.第二课堂的设计与实施

利用第二课堂，加强知识的内化和延伸，使思政目标内化于专业知识之中，通过与社团、学工组织联合开展丰富多彩的第二课堂活动。如12月1日是"世界艾滋病日"，可以开展大学生性安全教育问题系列讲座、大学生性知识竞赛。在校园里或合适的公共场所开展艾滋病相关知识调研和宣传，比如暴露后预防的黄金阻断72小时宣传等。采取的形式应该多样化，受众面广，比如微信公众号推送、录制微视频、开展心理微课、问卷调查等。在开展"我与'艾滋患者'拥抱"活动中，让学生代入患者角色，手拿小展板，写上"我是艾滋患者，抱我一下好吗"，引导更多人参与（见图3）。真切体会患者的心理感受，消除歧视，给予患者更多关怀和宽容。寻找如何让民众减少恐惧的策略，明白防艾工作任重道远，增强护理职业的责任感和使命感。让学生在各级各类活动中逐步形成以维护和促进人类健康为己任的专业价值观。

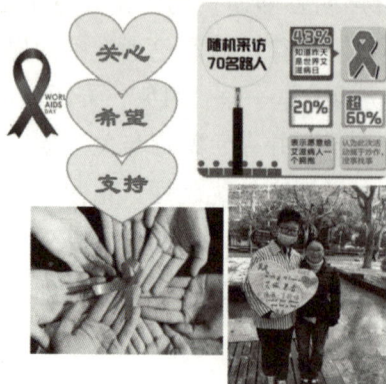

图3　思政元素三

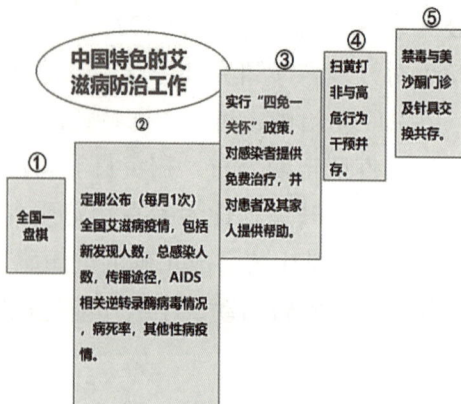

图4　思政元素四

五、特色与创新

（一）激发学习兴趣，拓宽知识体系

问卷结果显示，学生希望引入思政素材，最喜欢的是对时事热点的讨论、相关知识领域的杰出人物介绍、传统医学的认识、相关法律法规阐述等。自然渗透的思政元素能给予他们积极的思想指导，启发思考并付诸行动，激发探究新知识的渴望。比如在讲授HIV感染时，贺建奎团队利用"CRISPR-Cas9基因编辑技术"对编码CCR5分子的基因进行修饰，从而人为制造对HIV抵抗的胚胎。让学生讨论：是否存在脱靶效应？基因被改造的婴儿出生后是自然人吗？该基因混入人类基因池会带来什么样的影响？这一系列问题能引发深远的思考，拓宽既有的知识结构。其中，涉及的基因编辑技术、脱靶效应、病毒感染细胞机制等问题将促使学生去查阅相关文献资料，从而丰富自己的学科知识。

（二）持续多维度的德育渗透

教学过程中提倡学生多参与、多感受、多认知，去改变和提高精神境界。本次课程内容采用多种形式的体验活动，适时了解学生对知识点的掌握情况，层层展开，学生主动参与其中，课堂反响热烈。在课后作业及第二课堂实践中，各组分工合作，围绕问题搜集整理资料，引入视频，制作PPT，小组上台分享，如谈"普遍防护原则"的观念、对患者家属的健康教育、建立健康道德的行为规范、心理护理的重要性、尊重患者隐私权等关键问题。相关思政案例以Word文档形式和PPT课件进行课前推送，让学生在预习过程中自然融合思政，引发思考。

（三）广泛、多元、强时效的思政案例库

作为教师，要时时关注本专业领域动态、社会高度关注的时事热点问题，比如每年的诺贝尔医学或生理学奖、生物医学领域的重大发现等，推送高质量的文章，引导学生着眼于有价值、有深度的资讯。在教学中引入时效性高、震撼力强的案例，对经典案例进行必要的补充，同时围绕这些案例开展教学设计，鼓励学生参与案例讨论分析、内化思政内涵。例如，世界首例"HIV CCR5基因编辑婴儿事件""HIV发现历程""中国特色防艾策略"、造血干细胞移植的"柏林病人"和"伦敦病人"所带来的启示等。

六、教学效果

（一）教师评价

"免疫基础与病原生物学"是学院首批课程思政教学改革项目。以本次课程内容为例，我们开展了面向全院的公开课观摩活动，学院领导、督导和老师们的听课评价为优秀，认为本次课程内容契合当下实际的需要，在课堂教学的前、中、后多个环节适时融入思政元素，教学方法多样化，注重知识的内化和吸收，实施了有效的专业知识与德育教育的融合。

（二）学生评价

课程结束后，我们自行设计调查问卷，包括19个条目和1个开放性问题（请你列出本课程印象深刻的思政元素）。在参与的2017级（145人）、2018级（141人）共286名学生中，近90%的学生认为引入思政元素是非常重要或比较重要的，而且认为思政元素应体现振兴中华为己任的爱国意识、爱岗敬业的责任意识、追求真理的科学观、认真严谨的学术态度、学术诚信和职业道德等。相比2017级，2018级学生的认识也在提升。学生对思政素材感兴趣并能认真听讲，觉得在授课过程中渗透思政内容的时机非常自然，并认为结合课程具体知识点或案例穿插地讲授效果最好，并认为课程思政对其世界观、人生观、价值观产生积极的影响，95%的学生认为拓展的思政内容能启发思考与行动（见图5）。本次多种师生互动参与的教学设计有利于加深掌握艾滋病相关知识，认识到护理工作的复杂性与挑战性，由此也产生了职业的成就感和使命感。

你认为在专业基础课程中引入思政元素的重要性是（　）

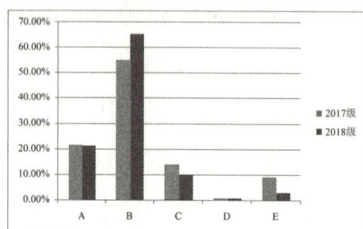

A.非常重要　B.比较重要　C.不太重要
D.完全没必要　E.是否引入无所谓

你觉得本课程老师在授课过程中渗透思政化内容的时机（　）

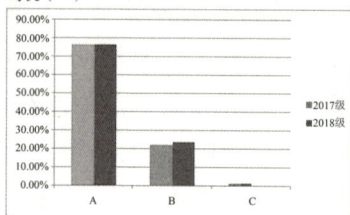

A.非常自然　B.自然　C.勉强或刻意

你觉得老师在专业课程中讲授思政内容对你的世界观、人生观、价值观产生的影响是（　）

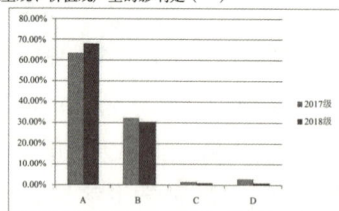

A.有用，给予我们积极的思想指导，使人们正确待人处事
B.一般，课程学习有这方面的要求，听听也无妨
C.没用，都是理论性的，对实际生活没什么用处
D.不清楚

对于你所学习的专业基础课程，你认为适合体现的思政元素有哪些？（多选题）

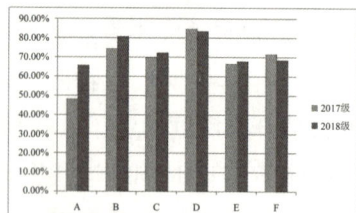

A.振兴中华为己任的爱国意识　B.爱岗敬业的责任意识
C.追求真理的科学观　D.认真严谨的学术态度
E.学术诚信　F.职业道德

图5　调查问卷结果

结合护理学专业特点，构建"政治+思政+人文"协同育人格局，通过挖掘和提炼每门课程中所蕴含的家国情怀、社会责任、道德情操、人文精神等思政元素，在课堂内外、相应知识点中恰当融入，就能形成合力，使我们的青年一代成为有理想、有担当、有情怀的医护工作者。对教师而言，课程思政意味着理念的更新与角色的进阶，教学相长，在对课程思政改革不断地思考、实施、反馈的循环中，自身也将成为一个有理想信念、有道德情操、有扎实知识、有仁爱之心的"四有好老师"。